포스트모던 시대의 한국 여성신학

Un-Sunn Lee
KOREAN FEMINIST THEOLOGY IN A POSTMODERN AGE
A Dialogue with Confucianism, Feminism and Pedagogy

포스트모던 시대의 한국 여성신학
1997 초판
지은이: 이은선／펴낸이: 김구인

ⓒ 분도출판사(등록: 1962년 5월 7일 · 라15호)
718-800 경북 칠곡군 왜관읍 왜관리 134의 1
편집부: (0545)971-0629
영업부: 〈본사〉 (0545)971-0628 FAX. 972-6515
〈서울〉 (02)266-3605 FAX. 271-3605
우편대체 계좌 : 700013-31-0542795
국민은행 계좌 : 608-01-0117-906

ISBN 89-419-9713-5 04230

ISBN 89-419-9751-8 (세트)

값 6,500원

아시아 신학 IX

포스트모던 시대의 한국 여성신학

유교 · 페미니즘 · 교육과의 대화 속에서

이은선 지음

분 도 출 판 사

책을 내며

1988년, 스위스에서 귀국한 후 그동안 여러 기회를 통해서 발표되었던 글들을 모아 한 권의 책으로 묶으려 하니, 1980년 대학교 4학년 때의 여름방학이 생각났다. 학교는 정국의 혼란으로 휴교 상태에 있었고 나는 당시 아버지(신학자 李信)가 소개해 주신 서남동의 『전환시대의 신학』을 읽으면서 감동에 빠져 있었다.

그후 감리교 신학대학 대학원으로 진학을 해서 두 학기를 보내고 남편과 함께 바젤로 건너가서 처음 삼여 년간 빠져들었던 주제는 세계관적인 것이었다. 그래서 그것을 「떼이야르 드 샤르댕에게 있어서의 새로운 종교」라는 글로 마무리지었다. 거기서 얻어진 그 새로운 세계관의 윤리적 적용과 실천의 문제와 접하게 되면서, 그러나 나는 다시 15세기 중국 명대(明代)의 왕양명과 18세기 스위스의 개신교 사상가 H. 페스탈로치를 소개받게 되었다. 이때부터 나의 주요한 관심 대상은 우리 동아시아의 유교 전통이 되었다. 특히 유·불·선 삼교의 종합적 시각을 지녔던 송대(宋代) 이후 신유교의 사상가들에 의해서 파악되었던 초월의 이해는 나를 깊이 매료시켰으며 거기서의 윤리적·교육적 적용들은 나의 사고와 삶의 지평을 확장시켰다. 그 대화의 파트너로 삼았던 페스탈로치를 통해서 나는 유럽 정치사의 발전과 교육이 가지는 정치-사회적 실천의 문제, 그 구체적 교육방법론의 탐색을 위한 심리학적 전망 등을 배웠으며, 그러한 전망 속에서 이제까지 교육학과에서의 여러 과제들을 담당할 수 있었다.

여성신학 및 여성학에의 관심은 1988년 귀국 후에 본격적으로 일깨워진 것이다. 결혼 후 곧바로 유학을 떠나서 물론 거기서 두 아이도 낳고 길렀지만 그때까지의 나의 의식에는 성(性)과 관련된 깨우침이 적었다. 그러나 유학 말기에 2년여의 시간을 남편 없이 아이들과 함께 학위논문과 씨름하면서 겪었던 여러 경험들과, 또한 한국에 돌아와서 곧바로 맞이하게 된 여성으로서의 여러 실제적 역할들은 나로 하여금 여성의식에 근본적으로 눈뜨게 만들었으며, 이제까지의 나의 삶의 많은 부분들이 의식하지는 못했지만 바로 그러한 우리의 성(性) 이해에 의해서 결정적으로 영향받아 왔다는 사실을 알게 되었다. 이제 성의 요소는 나에게 있어서 초월과 절대자를 생각하는 데 있어서도 그렇고, 또한 그 기준과 가치의 실천을 위한 방법론의 탐색 작업을 위해서도 결코 간과될 수 없는 한 근원적인 요소가 되었으며, 그리하여 나의 이제까지의 신학적 · 철학적 작업은 자연스럽게 여성신학적 · 철학적 작업이 되었다.

불문학도로서 폴 틸리히의 『그리스도교 사상사』를 읽으면서 거기서 그가 제시했던 사상사의 '커다란 종합'(the great synthesis)의 원리에 대해 깊이 공감했었다. 그러면서 나도 그 대화합의 사상가가 되어야겠다고 다짐했었다. 문화와 종교, 동양과 서양, 육체와 정신 등의 화합과 종합을 꿈꾸면서 그 대화합의 원리를 다시 신유교의 태화(太和)와 만물일체(萬物一體)의 이상에서 발견했고, 그후의 '여성의 원리'에 대한 탐색은 나에게 바로 그러한 화합의 길이 여성적 실천의 길임을 일깨워 주었다. 오늘 우리의 시대를 문명사적 전환의 시기이며 포스트모던의 시대라고 말하는 것은 바로 이러한 대화합의 원리와 윤리에 대한 강한 요구의 표현이라고 생각한다.

몇 년 전 영화 「양철북」(die Blechtrommel)에 대한 단상을 쓰면서 불현듯 떠오른 세 단어 '聖, 性, 誠'이 이상과 같은 나의 포괄적 관심과 탐구의 대상을 잘 표현해 주는 귀한 언어가 되었다. 앞으로의 나의 과제도 역시 이 세 단어와의 씨름이 될 것이다. 그러나 삶의 시간이 더해가면서, 아이들이 점점 더 커가면서, 그와 더불어 삶의 모든 다양한 부분들이 서로 연결되어서 결코 그냥 스러지는 것이 없고 모두 그 자취들을 남기면서 짜여져 간다는 것을 깨닫게 되면서 나의 관심은 점점 더 후자의 성(誠)에 기울어지는 것을 느낀다. 결코 이 셋의 선후나 내외, 순서 등을 나눌 수 없는데도 말이다. '지극한 정성'〔至誠〕이야말로 하느님의 얼굴이고, 사람의 참 모습이며, 자연의 그대로임이며, 교육이고, 순간마다의 실천이라고 생각되어서 이 일에 더욱 힘쓰고 싶어지는 것이다.

이것은 이제까지의 나의 작업이 주로 사고 속에서 질서를 세우는 데 주력한 것이었다면 앞으로는 더욱 그 사고 속의 생각들〔言〕을 현실로 이루어내는 일〔成〕을 원한다는 것이고, 또한 그 성(誠)의 구체적인 방법론에 대한 탐색을 소망하는 것이리라.

성(聖)과 속(俗), 유교와 그리스도교, 여성과 남성, 유교 전통과 페미니즘, 종교와 과학, 윤리와 교육 등 이제까지 도저히 연결될 수 없는 것처럼 보였던 것들을 서로 연결시켜 보려고 좌충우돌해 오는 가운데, 그동안 많은 분들의 사랑과 격려가 있었다. 한국 여성신학회의 여러 선배들 — 손승희·김윤옥·최만자·이경숙·최영실·김순영·정현경 등 — 은 개인적으로 많은 가르침과 배려를 베풀어 주었고, 발표 때마다 애정어린 비판과 격려를 주었다. 그동안 여성신학회의 서기와 편집위원으로 지내면서 그들과 같이 누릴 수 있었던 즐거움과 기쁨은 커다란 것이었다. 며칠 전 1주기 추모식을 가지게 되었던 고 변선환 학장님은 본인에게 끊임없이 유교 연구를 격려하셨고 여러 발표 기회를 마련해 주셨다. 나중에는 한국 여성신학에 대해서도 깊은 관심과 사랑을 보여주셨다. 본인의 이러한 학문적 사고들을 강의와 토론들을 통해서 같이 기뻐하고 공감해 준 세종대학교 여러 제자들에게도 감사드린다. 처음에는 생소하기도 했지만 신학과 철학과의 대화를 통해서 교육의 지평을 넓히려는 나의 노력에 그들은 공감해 주었다. 끝으로 남편 이정배 교수는 내가 도저히 더 이상 할 수 없겠다고 포기하려 할 때마다 나를 또 뒤에서 밀어주고 끌어주었으며, 어떤 때는 그의 인내와 격려가 야속하기까지 했지만 그러한 사랑과 희생, 격려는 나에게 근원적인 힘이 되어주었다. 나의 삶과 학문을 위해서 지금도 염원하시고 쉬지 않고 기도하시는 어머니, 그분의 기도와 사랑은 한계가 없으시다.

논문 한 편을 쓸 때마다는 최선을 다했다고 생각했지만 이렇게 모아놓고 보니 부끄러울 뿐이다. 또한 그동안 이미 중복해서 발표한 것들도 있고 또한 내용상의 반복도 있어서 염려가 없지 않다. 그러나 유학에서 귀국한 후 8년여의 시간을 마치고 다시 안식학기를 위해 떠나는 시점에서 그동안의 작업들을 모아보고 싶었다. '포스트모던 시대의 한국 여성신학' — 이 주제로 모아질 수 있을 것 같았기 때문이다. 부족한 글의 출판을 맡아주신 분도출판사의 강 안토니오 신부님께 깊이 감사드린다. 그분의 열려진 마음이 없었더라면 이 책의 출판은 불가능했을 것이다. 또한 세종대학교 교육학과 여러 제자들 — 정인진·박봉순·김준형 등 — 의 수고에도 감사드린다. 우리 삶에서 보이는 많은 사람들의 수고를 우리가 어떻게 다 열거할 수 있겠는가?

1996.8.18. 가회동에서
이 은 선

차 례

제 2 부

"性"에 대한 새로운 관계 정립

제 3 부

"誠"의 윤리와 그 교육적 적용

논문 출처

(처음 발표된 연도순으로 실었으며, 왼쪽 번호는 이 책에 실린 번호임)

⑨ 「왕양명과 페스탈로치의 인간 교육에 있어서의 종교적·철학적 근거」, 『교육철학연구』 제7호, 한국 교육철학회, 1989년.

③ 「여성신학과 기독론」, 『기독교사상』, 1991년 5월호.

⑩ 「孝와 교육 — 동양의 孝 윤리·서양의 책임 윤리의 비교 연구와 그 교육적 종합」, 『교육학연구』, 제29권 제3호, 1991년.

⑪ 「마하트마 간디 사상의 포스트모더니즘적 조명」, 『종교다원주의와 한국 신학 — 변선환 박사 은퇴기념 논문집』, 한국 신학연구소, 1992년.

① 「유교와 기독교 — 그 만남의 필요성과 의미」, 『신학사상』, 1993년 가을, 한국 신학연구소.

⑤ 「포스트모더니즘과 페미니즘 그리고 교육」, 『교육철학연구』, 제11호, 한국 교육철학회, 1993년.

⑥ 「여성신학에서의 여성의 경험에 대한 해석학적 이해」, 『한국 여성의 경험』, 한국 여성신학회 연구지 제1집, 1993년, 대한기독교서회.

④ 「과학시대에서의 종교와 여성」, 『여성신학논집』 제1집, 이화여자대학교 여성신학연구소, 1995년 2월.

⑦ 「유교와 페미니즘 — 그 관계의 탐색을 통한 한국적 페미니즘 전망」, 『동양철학 연구』 제15집, 한국 동양철학 연구회, 1995년.

⑫ 「여성의 원리, 공존의 윤리 — 그 실천의 의미와 가능성」, 『사랑하며 신학하며 — 서광선 교수 은퇴기념 논문집』, 문학과 지성사, 1996년.

② 「유교적 기독론 — 기독론의 교육적 지평 확대를 위한 한 시도」, 『한국 종교문화와 그리스도』, 한국 문화신학회편 제1집, 도서출판 한들, 1996년.

⑧ 「21세기와 한국 여성신학」, 한국 여성신학회 제5회 학술 심포지엄, 1996년 5월 18일.

제 1 부

"聖"에 대한
새로운 이야기

유교와 그리스도교 ― 그 만남의 필요성과 의미

1. 시작하는 말

『뜻으로 본 한국 역사』의 저자 함석헌 선생은 그의 책 마지막에서 지금까지의 우리의 역사를 "갈보"의 역사로 평하면서 주체적이지 못하고 시대마다 전래된 사상에 의해서 철저히 변해버리는 우리의 모습을 갈보의 그것과 비교했다.[1] 그리스도교가 중국을 통해 전래된 후 200년이 지나가는 요즘 우리의 모습은 아시아의 그 어느 나라에서도 ― 오랫동안 서양의 식민지였던 필리핀을 제외하고 ― 유래를 찾아보기 힘들 정도로 그리스도교 국가의 그것이 되었다. 우리 한민족의 역사가 바로 19~20세기부터 시작된 것이 아니라면 우리들의 대부분은, 특히 한국의 그리스도교인들은 자신들의 문화 전통과 철저히 단절된 채 마치 고아처럼, 아니면 새로 막 부자가 되어서 바로 산 옷으로 화려하게 치장했지만 그것을 벗겨보면 아무것도 내놓을 것이 없는 그런 모습이 된 것 같다. 이러한 '식민지 그리스도교인'의 모습을 청산하는 것이 오늘날 우리의 시급한 한 과제라면, 이 작업을 우리는 여기서 유교와 그리스도교와의 만남을 통해 시도해 보려고 한다.

그리스도교가 우리 나라에 전래되기 이전 우리 조상들의 정신세계는 유·불·선 삼교에 의해서 형성되었다. 특히 유교는 우리 나라의 마지막 왕조인 조선왕조(1392~1910)가 그 치국 이념으로 삼으면서 나라의 중심 이념이 되었고, 우리가 다 아는 바대로 우리 나라에서 맨 처음 그리스도교와 만난 사람들은 유교학자들이었다. 이렇게 보았을 때 유교와 그리스도교간의 대화는 우리들에게 그 어떠한 종교간의 대화보다도 더 절실한 문제이고, 또한 여기서의 창조

---

[1] 함석헌, 『뜻으로 본 한국 역사』(서울: 제일출판사, 1979), p.386.

적인 만남이야말로 동아시아 전통과 서양 전통의 만남의 정수를 보여주는 것이라 하겠다.[2]

중국계 여성신학자이자 철학자인 줄리아 칭도 지적하기를 이제까지 그리스도교 신학자들이 불교에 대한 관심으로 인해 유교와의 대화를 소홀히해 왔는데, 오히려 유교야말로 그 "윤리적 관심"(ethical concern)으로 인해 그리스도교와 더 잘 상관될 수 있다고 했다.[3] 1583년 중국 땅에 첫발을 내디딘 예수회 신부 마테오 리치(Matteo Ricci, 1552~1610)도 선교를 위해 처음에는 불교승처럼 차림을 하고 불교의 용어를 빌려 그리스도교 복음을 전파하려 했으나, 얼마 안 되어 중국인의 본 정신과 관심은 유교에 있다는 것을 깨닫고 곧 그 차림을 바꾸고 유교를 공부하면서 그와의 대화를 시작하였다.[4] 우리 나라에서의 상황도 이와 다르지 않다. 그러나 유교와의 대화에서 끊임없이 제기되는 문제, 그렇다면 유교가 과연 종교냐, 단순히 철학과 윤리의 차원에 한정된 것이 아닌가, 오히려 외형적으로 뚜렷하게 종교의 모습 — 승려가 있고 사찰이 있는 등 — 을 가지고 있는 불교와의 대화가 의미있는 것이 아닌가라는 물음들이 있다. 이 물음들에 대해 동아시아의 정신세계를 더욱더 근원적이며 포괄적으로 이끌어 온 유교의 정신 속에서 그 나름의 독특한 영성과 초월성을 밝혀 내고, 또한 그것이 오늘날에도 여전히 역할을 하고 있다고 보면서 그 빛에서 이제 또한 우리에게 (특히 한국인에게) 더 이상 외래 정신이 아니게 된 그리스도교의 복음을 이해해 보려는 시도가 유교와 그리스도교의 대화이다. 그 한 대화에서 줄리아 칭은 유교를 하나의 "세속적 종교"(a secular religion)로 보았다.[5]

이 대화에의 요구는 그러나 오늘날 포스트모던의 시대, 종교다원주의의 시

---

[2] Hans Küng / Julia Ching, *Chiristentum und chinesische Religion* (München / Zürich: Pieper, 1988), p.11ff. 한스 퀑 / 줄리아 칭 지음. 『중국 종교와 그리스도교』, 이낙선 옮김(분도출판사, 1994).

[3] Julia Ching, *Confucianism and Christianity* (Kodansha International Tokyo, New York & San Francisco, 1977), p.xxiii.

[4] Jacques Gernet, *Christus kam bis nach China* (Artemsi Verlag Zürich und München, 1984), p.22ff.

[5] Julia Ching, op. cit., p.9.

대, 그리고 '그리스도교 이후'(post Christian)와 '신 죽음 이후'의 시대에 더 이상 우리 아시아 그리스도교인들에 의해서만 제기되는 문제가 아니다. 오늘날 서구 현대주의가 강하게 비판받고 그것의 정신적 지주였던 그리스-로마적 그리스도교 세계관이 뿌리에서부터 흔들리고 있는 까닭에 서구인들은 이제 자신들 종교의 배타적 절대성과 우월성을 주장할 수 없게 되었다. 그리하여 오늘날의 책임있는 그리스도교 신학자들은 이제 그리스도교가 맨 처음 그리스-로마의 정신세계와 만났을 때처럼, 그리고 중세의 오랜 잠을 깨고 현대 과학정신과 만났을 때와 같이 오늘날 세계의 다양한 문제들과 동양 종교들의 등장 앞에서 자신의 모습을 새롭게 규정해 나가기를 원한다.[6] 그리스도교의 정체성이 바로 이러한 주변과의 적극적인 ― 자기 비판적이고, 또한 상대방을 변화시키는 ― 대화에 있다고 할 수 있다면,[7] 오늘날의 종교간의 대화를 통한 그리스도교의 자기 갱신은 그의 사활을 위한 중대한 관건이 된다.

　이상과 같은 문제의식을 가지고 우리는 유교와 그리스도교의 대화를 시도해 보는데, 먼저 다음 장에서는 중국과 우리 나라에서 이제까지 행해졌던 그 만남의 과정을 아주 개괄적으로 더듬어 보면서 그 가운데서 드러난 대화의 중심 관건들을 정리해 볼 것이다. 다음으로 3장에서 우리는 그 드러난 중심 테마에 따라 16세기 중국에서 자신의 급진적인 초월 경험[心卽理]에 근거하여 당시의 건조한 합리주의적 주희(朱熹, 1130~1200) 철학에 반기를 들고 일어난 양명(陽明)의 사상이 어떻게 종교적으로 이해되면서 오늘날 그리스도교 이후 포스트모던 시대에 새롭게 요구되는 그리스도교 신학과 만나질 수 있는지를 살펴볼 것이다. 마지막 4장에서는 이 대화에서 얻어진 관점들을 오늘날 우리 시대에 필요한 새로운 영성을 위해 의미지어 보려고 한다. 이것은 곧 여기서 얻어진 결론들을 두 전통들 사이의 '서로 자극하며 서로 보완하는' 관계에서 파악하면서 그것을 우리 시대의 한 대안적 영성의 모습으로 제시해 보려는 것이다.

---

[6] T. F. 드라이버, 『변화하는 세계와 그리스도』, 김쾌상 역(서울: 대한기독교출판사, 1984), p.61.

[7] 이은선·이경 엮음, 『李信의 슐리어리즘과 靈의 신학』(서울: 종로서적, 1992), p.19ff.

2. 유교와 그리스도교가 만나면서 드러난
세 가지 대화 관건

그리스도교와 중국 종교들과의 대화의 시도에서 독일 신학자 한스 큉은 먼저
세계종교를 세 개의 커다란 군으로 묶는데, 그것들은 곧 먼저 셈족 계통의 '예
언자 종교'로서 유대교, 그리스도교, 이슬람교를 포함하고, 다음은 힌두교나
불교, 마니교 등을 포함하는 '인도 신비종교'이고, 그 셋째가 '중국 지혜종교'
(Weisheitreligion)로 묶을 수 있는 고대 중국 종교, 유교, 중국화된 불교, 도
교라고 한다.[8] '예언자'(Prophet), '신비가'(Mystiker), '현인'(Weiser)으로
대표되는 세 종교군 중 중국의 현인종교에서는 서양 종교에서 볼 수 있는 교회
와 국가의 구별, 성직자와 정치가 등의 구별이 없기 때문에 '나이'에 대한 존
중과 그것이 가져오는 '지혜'에 대한 존경이 매우 높았음이 지적된다.[9] 그의 대
화 파트너 줄리아 칭에 따르면 조상숭배와 점술활동으로 주로 실행되던 고대
중국 종교가 기원전 6세기경 급격한 인본화의 과정을 겪으면서 인본주의를 종
교로 하는 "한 윤리적 인본주의"(ein ethischer Humanismus), 그녀의 또 다
른 표현대로 하면 "한 세속적 종교"(a secular religion)의 모습인 유교(儒敎)
또는 유가(儒家)의 모습으로 자리잡기 시작했다고 한다.[10]

　전통적인 서양적 의미의 '종교'(religion)의 개념 ― 조직적인 교회와 그에
수반되는 성직자단, 그리고 뚜렷이 규정된 도그마와 규약들 등 ― 으로 보면
고대 유교는 거기에 부응되는 점도 있고 그렇지 않은 점도 있지만, 그러나 유
교의 진정한 관심은 그 중심 가르침인 '인'(仁, humanity)에서도 표현되듯이
'여기 이곳'에서의 구체적인 인간 삶에 관한 것이다. 이 구체적인 삶에서의 인
간다운 질서와 조화를 추구하는 유교는 그러므로 그의 영성을 한 휴머니즘의
모습으로 표현한다고 할 수 있다.[11]

---

[8] Hans Küng / Julia Ching, op. cit., p.11ff.　　　　[9] Ibid., p.15.　　　　[10] Ibid., p.91ff.

[11] Julia Ching, op. cit, p.9; Rodney L. Taylor, *The Religious Dimensions of Confucianism*
(State University of New York Press, Albany), p.145.

마테오 리치를 포함한 예수회 선교사들이 처음 중국에 왔을 때는 이러한 유교보다는 불교에 대해 더 많이 알고 있었다. 또한 중국인 자신들도 처음에는 그리스도교를 불교의 한 종파로 오해했었다고 한다.[12] 그러나 우리가 이미 언급했듯이 마테오 리치는 중국에서의 중심 가치체계가 불교가 아니라 유교인 것을 알고 그것을 공부하면서, 특히 공자 자신의 가르침인 고전 유교가 그 한 신성한 존재자에 대한 경외와 뛰어난 도덕적 가르침으로 인해 그리스도교와 더 상응될 수 있다고 생각하였다고 한다.[13] 이같은 이유로 리치는 자신을 더 이상 한 승려나 종교가로 나타내기보다는 철학자나 도덕가 또는 학자로 표현하였다.

그러한 그가 유교의 지성인들에게 그리스도교 복음을 전하기 위해 중국어로 쓴 책 『천주실의』(天主實義, 1603)에서 그리스도교 신앙의 기초적인 내용들을 다음 세 가지로 정리하였다. 즉, ① 하느님, 하늘과 땅의 창조자에 대한 가르침이고 ② 영혼의 불멸에 관한 것이며 ③ 선한 행위의 보상과 악한 행위의 처벌에 관한 것이다.[14] 그리스도교의 모든 신비를 한꺼번에 다 드러낼 수는 없다고 생각한 리치는, 그러나 먼저 자신의 하느님(Deus)을 중국어로 천주(天主, the Lord of Heaven)로 표기하면서 그 창조주 하느님이 유교에서 말하는 상제(上帝)와 천(天)과 상응됨을 가르쳤다. 우리가 잘 알다시피 이 그리스도교 하느님(Deus)과 '천주' 또는 '상제', '천'과의 등가화는 그후 많은 논쟁을 일으켰으며, 이 논쟁 속에 유교와 그리스도교의 초월의식〔신(神) 개념〕의 차이성과 상관성이 표현된다. 먼저 그리스도교 측에서의 반응을 보면 1610년 리치가 죽기까지는 이 중국 문화와의 유화가 별 문제가 되지 않다가 그의 후임자 니콜라우스 롱고바르디(Nicolaus Longobardi) 신부에 의해 첫번째로 의문이 제기되었다. 그는 당시 중국인들이 그들의 '상제'를 인격적이고 유일하며 전능한 창조신으로 이해하는 것이 아니라 그와는 달리 우주를 정돈하고 순환시키는 한 비인격적 힘으로 이해한다는 것을 알았다.[15] 그리하여 그는 특히 신유학자들의 '천' 개념에 의심을 품으면서 '천주'라는 중국 개념의 사용을 반대하고 대신

---

[12] Julia Ching, op. cit., p.14.　　　[13] Ibid.　　　[14] Jacques Gernet, op. cit., p.29ff.

[15] Ibid., p.38; Julia Ching, op. cit., p.20.

라틴어 'Deus' 발음의 중국어와 일본어 표기를 제안했다.[16] 여기에 대한 논쟁은 그후 계속 번져나가 예수회 안에서도 여러 차례의 반복이 있었고, 후에는 전례 문제와 함께 예수회 전교사들과 프란치스칸, 도미니칸들 사이의 종파 갈등으로 표현되었다. 또한 19세기에 들어와서는 개신교 선교사들이 가담되면서 '상제' 용어가 다시 쓰이기도 했으나, 가톨릭 교회는 최종적으로 '상제'와 '천'은 제외한 '천주' 개념의 사용에만 머물렀다.[17] 줄리아 칭에 따르면 한국에서는 이 하느님 용어에 대한 문제가 중국이나 일본에서보다는 덜 심각했는데, 왜냐하면 먼저는 한국이 그리스도교를 받아들인 것이 중국의 번역서를 통해서였고, 둘째는 한국에는 이미 그 나름대로 최고의 존재를 위한 한 인격적인 색채를 띤 이름 '하나님'(Hananim)을 가지고 있었기 때문이라고 한다.[18] 한국 가톨릭 교회의 창시자 이벽(李蘗, 1754~1786)의 저서로 알려진 『천주공경가』와 『성교요지』를 보면, '천주'와 '상제' 등의 개념이 사용되면서 유교의 사상체계를 가지고 그리스도교의 창조주 하느님이 설명되는 것을 볼 수 있다.[19] 한국 개신교 최초의 변증신학자 탁사 최병헌 (崔炳憲, 1858~1927)도 그리스도교의 하느님(Deus)을 유교가 경외하던 상제나 상주(上主), 천, 도(道) 등으로 번역하면서 이 양자를 이명동일체(異名同一體)로 보았다.[20]

이러한 전통 유교와의 융화적 입장과는 반대로 유학자들로부터 제기된 거센 반발을 살펴보면, 특히 『서학변』(西學辨)을 지은 주자학자 신후담(愼後聃, 1702~1761)은 천주교의 하느님이 창조주로서 인간적으로 인식되었다고 반박하면서 성리학의 자연의 개념인 천리(天理)를 대응시킨다.[21] '천지가 개벽되었다'고 믿는 그로서는 '천지를 제작했다'는 말은 참을 수가 없었고, "저 위대한 '상제'를 목수에 비해서는 안된다"고 하면서 결국 상제를 리(理)로 보게 되었

---

[16] Julia Ching. op. cit., p.21.   [17] Ibid.   [18] Ibid., p.21.

[19] 이성배, 『유교와 그리스도교 — 이벽의 한국적 신학원리』(왜관: 분도출판사, 1979), p.48ff.

[20] 변선환, 「濯基 崔炳憲 목사의 토착화 사상」, 『한국 그리스도 사상』 제1집(서울: 한국 그리스도 사상연구소, 1993), p.209.

[21] 이성배, 앞의 책, p.155ff.

다.[22] 이에 대해 서학에 대한 한국 유학자들의 반응을 탐색한 최동희 교수는 이것은 서학에서는 '상제'를 의지적으로 보는 데 반해 신후담은 자연적으로 보는 것이라고 한다.[23] 그리하여 천주에 관한 이야기는 리(理) 또는 태극(太極)에 관한 이야기로 이어져서 리치가 '태극'과 '리'에서 어떠한 신적인 요소도 발견하지 못한 것에 반해 신후담을 서열상 상제 위에 순수한 '리'로서의 '태극'을 두게 되며, 그렇게 되면 천지 개벽은 '태극'에서 유래되는 것이고 '상제'는 이렇게 생성된 천지만물을 단지 주재하는 데 그치게 된다는 것이다.[24]

이상과 같은 유교와 그리스도교 사이의 신(神) 개념에 관한 논쟁은 그 다음으로 두번째 대화의 관건이 되는 '영혼 불멸'의 가르침에 연결된다. 앞에서도 우리가 지적했듯이 리치는 처음부터 그리스도교의 모든 신비를 다 드러낼 수는 없다고 생각했기 때문에 예수에 관해서는 짧게 언급했을 뿐이며,[25] 대신에 중국인들의 자연적 이성에 의해 받아들여질 수 있는 인간의 영혼 불멸에 관한 것을 가르치기를 원했다. 이미 유교 전통에서 그 중심 의례로 행해지고 있는 조상 제사들을 본 그는 그리스도교의 영혼 불멸의 가르침이 유교의 가르침과 상치되지 않는다고 생각하였다. 그리하여 그는 중국의 주요 제사인 '하늘에 대한 제사'〔祭天〕와 '공자에 대한 제사'〔祀孔〕, 그리고 '조상숭배'〔崇祖〕를 인정하였다. 그러나 우리가 잘 알다시피 이러한 판단은 나중에 앞의 '상제' 칭호건과 함께 가톨릭 교회 내에서 커다란 전례문제를 야기시켜 급기야는 로마 교황의 간섭으로 상제 또는 경천(敬天) 용어의 사용이 금지되었고 공자에 대한 제사도 우상숭배로 낙인찍혔으며, 1742년 교황의 칙령(*Ex quo singulari*)으로 중국의 모든 전례가 결정적으로 거부되었다. 가톨릭 교회의 판단은 하늘에 제사를 드리던 고대 중국인들은 우상숭배자들이며, 당시의 유교인들은 무신론자들이고, 또한 조상에 대한 제사는 그들에 대한 단순한 예의가 아니라 영(靈, spirit)으로 생각하기 때문에 우상숭배나 미신이고 공자는 우상숭배자였고 무신론자였다

---

[22] 최동희, 『서학에 대한 한국 실학의 반응』(서울: 고대 민족문화연구소 출판부, 1988), p.82.
[23] 위의 책, p.82.　　　　[24] 위의 책, p.84; 이성배, 앞의 책, p.159ff.
[25] Jacques Gernet, op. cit., p.29.

는 것이다.[26] 예수회는 1773년 교황령에 의해 해산이 명령되었다.

줄리아 칭에 따르면 유교 또는 유가를 지칭하는 서양의 용어 'Confucianism'은 사실 하나의 잘못된 말이라는 것이다. 그 이름대로 하면 Confucianism이란 '공자라는 이름을 가진 사람에 의해서 전개되는 이야기'라는 뜻인데, 그것을 그리스도교를 지칭하는 'Christianity'와 대비되는 용어로 사용할 때 사실 유교에서는 그리스도교에서 예수 그리스도가 차지하는 결정적인 역할과 의미만큼 공자는 그렇지 않기 때문이라고 한다.[27] 이러한 지적에서도 나타나듯이 그리스도교의 영혼 불멸의 가르침과 관련되어서 제기된 유교의 제례문제는 결국 그리스도교의 '그리스도론'(Christology)과 '인간론'의 문제로 연결된다는 것을 알 수 있다. 19세기 중반 중국 고전의 방대한 영역으로 유명한 영국의 개신교 선교사 제임스 레게(James Legge, 1815~1897)도 유교와 그리스도교를 비교 연구하면서 그가 생각하는 그리스도교 우월성의 마지막 근거를 '예수의 부활 사건'에서 보았다. 그에 따르면 이 부활의 주제에 도달했을 때는 그것은 그리스도교에 대한 "신의 보증"(the divine stamp)이라는 것이다.[28]

반면 이 주제에 대한 유교학자들로부터의 비판도 거세었다. 17, 18세기 중국이나 일본, 한국에서 행해진 그리스도교 비판은 그 교리의 비이성성, 인간의 주어진 경험보다는 신의 계시라고 주장되어지는 것의 황당함, 그리하여 불교의 한 아류 같은 것이라는 평가였다.[29] 우리 나라의 안정복(安鼎福, 1712~1791) 같은 이는 사람의 생사를 대체로 기(氣)의 집산이라고 보는 관점에서 '기'란 본래 늦고 빠른 정도의 차이는 있지만 흩어지고 마는 것이므로 영원히 흩어지지 않는다는 주장은 옳지 않은 것이라고 반박한다.[30]

세번째 대화의 주제가 되는 '선행에 대한 보상과 악행에 대한 처벌', 즉 그리스도교의 천당과 지옥에 대한 가르침이 유교인들의 눈에 가장 생소하게 비쳤

---

[26] Julia Ching, op, cit., p.23.　　　　[27] Ibid., p.7.

[28] James Legge, "The Chinese Religions, as copmpared with Christianity", p.284(본 논문의 출처는 그 표지의 분실로 인해 밝히지 못하게 되었다).

[29] Julia Ching, op. cit., p.25.　　　　[30] 최동희, 앞의 책, p.118ff.

던 것 같다. 이미 불교의 윤회설에 접하여 강한 비판을 제기했던 유교인들은 비록 그리스도교인들이 불교를 비판하지만, 그들의 천당과 지옥설도 결국 같은 미신을 증거하는 것이라고 반박한다.[31] 또한 유교인들은 비판하기를 그리스도교가 천당/지옥을 가지고 화복을 가리는 것은 참으로 이기적인 발상이고 그것은 유교 군자의 가르침과 어긋난다는 것이다. 왜냐하면 유교 군자의 도(道)란 이미 천(天)이 부여한 본성을 가지고 그 교육의 덕을 확장하는 것이고, 또한 '천'이 마련한 인륜을 살펴 마땅히 해야 할 '도'를 다하라는 것인데, 오직 복을 구하고 화를 두려워하는 마음에서 행한다면 그것은 성현의 성심(誠心)의 가르침에 어긋나기 때문이라고 한다.[32] 이 그리스도교의 내세관을 중심으로 한 토론은 결론적으로 그리스도교와 유교 사이의 '윤리관'에 관한 대화라는 것을 알 수 있다. 성호 이익(李瀷, 1682~1763)은 서학에서의 천당지옥설에 대해 아마 그쪽 나라에서의 풍속이 급속히 좋지 못하게 변하여 그것을 구제하기 위해 생겨난 것인지도 모른다고 추측하였다.[33] 그러나 이러한 유교 쪽에서의 평가와는 달리 리치가 북경에서 활동할 때 보좌신부였던 디에고 데 판도하(Diego de Pan-toja, 1571~1618) 신부의 『칠극』(七克, 1604, 중국 신유학자들을 위해 중국어로 쓴 400여 면의 그리스도교 수양서)에 보면 다른 평가를 볼 수 있다. 이 책에 보상을 받겠다는 희망을 가져서는 안된다는 신유교의 입장은 고상하게 들릴지언정 사람들에게 선을 행하고자 하는 의지를 약화시켰고, 따라서 백성들이 바랄 것이 없을 때 의욕적으로 힘을 쓸 수가 없다는 근거로 그리스도교의 천당지옥설이 옹호되었다.[34] 또한 그리스도교가 처음 전래되었을 때, 그 신부들의 헌신적인 생활로 비록 반대하는 사람들에게조차 감동을 주었다는 사실과 우리나라에서도 그리스도교의 전래를 통해 음주호색의 문제, 청결의 문제, 정직성의 문제가 거론되면서 뚜렷한 변화가 이루어졌다는 것은 부인될 수 없는 일이

---

[31] 이성배, 앞의 책, p.152.　　　[32] 위의 책, p.157.　　　[33] 위의 책, p.152.

[34] 김승혜, 「『七克』에 대한 硏究 — 그리스도교와 신유학의 초기 접촉에서 형성된 수양론」, 『종교다원주의와 한국 신학 — 변선환 학장 은퇴 기념 논문집』, (천안: 한국 신학연구소, 1992), p.591.

다. 그와 더불어 천주교를 받아들인 유학자들이 이제 죽음 후의 세계에 대해서까지 답을 얻었다고 하면서 크게 기뻐했던 것도 같이 생각돼야 한다.

이렇게 하여 우리는 이 장에서의 탐구를 통해 유교와 그리스도교 사이의 대화의 관건들을 다음과 같이 세 가지로 정리해 볼 수 있게 되었다. 첫째, 신(神)에 대한 이해와 관련하여 그 내재성과 초월성간의 관계의 문제; 둘째, 인간의 구원과 관련한 공자와 예수 이해, 또는 자기 행위와 은총의 문제와 악의 문제; 셋째, 세계의 의미실현을 위한 윤리의 문제와 또한 그 안에서의 도덕과 형이상학(종교)간의 관계의 문제이다.[35] 다음 장에서의 우리의 과제는 이 세 가지의 주제가 어떻게 오늘날 그리스도교 이후 포스트모던적 상황에서 새롭게 다루어질 수 있는가를 보는 것이다. 줄리아 칭도 지적했듯이 오늘날 그리스도교 신학과 철학이 점점 더 인간화되어 인간의 구체적인 상황에서 시작하기 때문에 한 참된 인본주의의 모습인 유교와의 대화가 더 용이하다고 한 것처럼, 유교 전통에서 이 인간화, 내면화의 길을 누구보다도 급진적으로 간 16세기 양명의 사상과의 대화는 가능한 것으로 여겨진다.

3. 왕양명과 그리스도교 이후 시대의 그리스도교 신학

1) 양명의 심(心) 이해와 그리스도교 이후 시대 그리스도교 신(神) 이해

21세기를 향하고 있는 요즘 우리가 다양한 맥락에서 듣는 '포스트모던'이라는 수식어는 오늘날 우리가 사는 세계에서의 세계관의 전환(paradigmshift)의 의미를 담고 있다. 아시아에 사는 우리들은 우리가 그것을 원하든 원치 않든간에 19세기 서구의 산업혁명 후 지구 전체가 그들의 합리적 과학정신에 의해서 포괄되었다는 것을 인정해야만 했는데, 그러나 오늘 그 서구의 '현대정신'(modernity)이 한계를 드러내고 있다는 말이다. 이 서구 현대정신의 한계란

---

[35] 참조: 張春申·이정배 역, 『하늘과 사람은 하나다 — 중국적 신학의 초석』(왜관: 분도출판사, 1991), p.94ff.

바로 그것의 초월적 근거가 되는 서구 그리스도교 영성의 한계를 의미하는 것이고, 더 좁게는 그의 전통적인 신 이해의 문제성을 드러내는 것이다.

유교와 그리스도교를 아주 단순화시켜 비교할 때, 유교는 인간에 대한 관심이 첫째 주제인 데 반해 그리스도교는 신(神)중심적이고, 또 유교는 그 인간과 세계 안의 내재성으로서의 초월에 대해 얘기하는 반면 그리스도교는 이 세계와 철저히 구분되는 타자성으로서의 초월에 대해 이야기해 왔다고 할 수 있다. 그런데 오늘 이러한 철저한 타자성, 이원적인 구조 안에서의 절대자로서의 신에 대한 이야기가 그 한계성을 드러내고 있다면 그것과는 다른 것을 얘기하는 동양적 사고와의 대화는 창조적인 것이 된다. 완전한 타자로서의 신의 죽음이 결국 자신의 죽음이 되고(patricide means suicide)[36] 그리하여 급기야는 모든 것이 철저한 무의미성에로 해체되어 버리는 것을 막고자 한다면 — 이것이야말로 오늘날의 신앙과 종교의 의미인데 — 하느님과 초월에 대한 "새로운 이름"이 찾아져야 한다는 것이 요즘 긴박하게 대두되는 요청이다.[37]

15세기말, 1472년 후기 명 왕조 시대에 태어나 당시 12세기부터 중국의 지적 세계를 지배한 정주(程朱) 철학에 대해 일어난 양명의 심학(心學)도 유사한 문제의식에서 출발했다. 11세기 송나라 시대에 그 전의 도교와 불교의 극성에 대해 중국 정통사상을 부흥시킨다는 의지로 시작된 '신유교'(Neo-Confucianism)운동은 태극(太極)과 리(理), 성(性) 등의 개념으로 대변되는 주희 사상에서 집대성되었다. 만물의 근원(the Ground of Being)으로서의 태극(太極, the great Ultimate) 개념은 주희가 주돈이(周敦頤: 1017~1073)에게서 배워왔는데, 후자는 그것을 『역경』(易經)에서 빌려와 만물의 우주론적 근원을 밝히는데 사용했다.[38] 이것은 곧 유교의 초월에 대한 이해가 신유가들에 의해 더욱 합

---

[36] M. C. Taylor, *Erring – A Postmodern Theology* (Chicago & London: the University of Chicago Press, 1984); D. R. Griffin 외, *Varieties of Postmodern Theology* (State University of New York Press, 1989), p.31.

[37] Gregory Bateson and Mary Catherine Bateson, *Angels Fear Toward an Epistemology of the Sacred* (Bantam Books, 1988), p.8.

[38] Un-Sunn Lee, "Die religiöse Grundlage der Menschenbildung bei H. Pestalozzi und Wang Yang-ming", Diss. Basel Universität, 1987, p.133. 참조: Julia Ching, op. cit., p.129.

리화되고 내면화되었다는 것을 의미하는데, 주희는 그것을 더 존재론화시켜 만물의 존재와 생성의 법칙인 리(理, the Principle) 또는 천리(天理, the Principle of Heaven)와 일치시켰고, 특히 인간에서는 그 본체(the Original Substance)로 여긴 성(性, the Nature)과 일치시켜 초월과 세계의 신비한 합일을 표현했다.[39] 신유교가들의 생각에서는 고대 중국의 경전 속에 나타나는 상제(上帝, the Lord-on-High)나 제(帝, the Lord)는 다름아닌 자연론의 '태극'이나 '리'의 신인동형적 표현이었던 것이다.[40]

주희가 '태극'을 만물의 '리'와 일치시키고 인간의 '성'과 하나로 본 것[性卽理] — 줄리아 칭은 그리하여 신유교의 이러한 초월 이해가 서양 중세의 신비가 마이스터 에크하르트(Meister Eckhart, 1260~1327)와 현대의 떼이야르 드 샤르댕(Teilhard de Chardin, 1881~1955)의 그것과 유사하다고 지적하였다[41] — 은 그 자체가 하나의 급진적 내면화이지만,[42] 300여 년 후의 양명의 눈에 비친 그것은 부족한 것이었고 그 안에 한 심각한 존재론적 문제를 내포한 것이었다. 즉, 주희에 따르면 인간의 존재[心]는 리(理, formal principle)와 기(氣, material force)라고 하는 두 가지의 존재원리에 이루어져 있는데, '기'의 방해로 밝히 드러나 있지 못한 '리'의 추구가 인간의 본분인바, 자기 속에 본체[性]로서 놓여져 있는 '리'를 깨닫기 위해서는 만물 속에 똑같은 것으로서 놓여 있는 만물의 '리'를 탐구[格物]하라는 것이었다. 이러한 주희의 가르침[性卽理와 格物]에 따라 양명은 만물의 이치를 탐구함으로써 초월[性, 또는 理]에 이르려고 노력하였으나, 그러한 주지주의적·객관주의적 방식을 통해서는 도저히 이를 수 없다는 것을 알았다. 곧 그 가르침대로라면 인간[心]과 초월[理] 사이의 심연이 너무 깊은 것이었고, 그리하여 그 가르침은 결국 존재론적 이원론에 빠지게 되며, 이것은 유가 정통의 도(道), 곧 '사람은 누구나 다 성인이 될 수 있다'는 가르침에도 상치된다는 것을 발견했다.[43]

---

[39] Ibid., p.138ff.   [40] Julia Ching, op. cit., p.133ff.   [41] Ibid., p.127.

[42] 이은선, 「왕양명과 페스탈로치(H. Pestalozzi)의 인식론적 존재 물음 비교연구」, 『종교연구』 제5집(한국 종교학회, 1988), p.89.

이같은 절망감에 빠져 있을 때에 양명은 용장의 한 유배지에서 신비로운 체험을 통해 그토록 찾아 헤맸던 '리'가 바로 자신의 심(心) 속에 내재해 있다는 것을 깨달았다. 즉, 유명한 심즉리(心卽理, 마음이 곧 하늘이다)를 경험한 것이다.[44]

양명의 '심즉리'의 경험이란 초월의 더욱더 급진적인 내재화의 경험이다. 주희가 인간의 마음 중에서 본체[性]를 따로 나누어서 그것만을 초월[理]과 관계시키고, 또한 객관적인 리(理, 太極)에서부터 시작하여 인간과 세계에로 들어오는 반면 양명은 인간 마음 전체가 초월과 직접적으로 관계있다는 것이고 그리하여 바로 그 마음이 모든 존재와 도덕의 근원이 되고 원리가 된다는 것이다. 그리하여 후자에 따르면 우리의 배움은 이러한 주관에서부터 시작되어야 하고 주관 밖에 초월[理]이 있는 것이 아니라는 말이다.

줄리아 칭은 이러한 양명의 신비적 합일 사고는 "인간의 신(神)에 대한 혈연적 하나됨"을 말하는 것이라고 한다. 또 그녀에 따르면 그것은 마이스터 에크하르트의 사고와 매우 유사한 것이고 또한 서양 중세적 신비사고를 이어받은 '절대정신'(der absolute Geist)으로서의 신을 말하는 헤겔(F. Hegel, 1770~1831)이나 '절대자아'(des absolute Selbst)를 얘기하는 쉘링(F. Schelling, 1755~1854)과 유비될 수 있다고 한다.[45] 본인의 생각으로는 이뿐 아니라 서구 현대신학의 아버지 슐라이어마허(F. Schleiermacher, 1768~1834)의 종교 이해와 매우 유사하다고 여겨지는데, 슐라이어마허는 그 당시의 차가운 계몽주의자, 도덕가들과는 달리 종교의 본질이란 "무한자에 대한 직관과 감각"이고, "모든 개별적인 것을 전체의 일부분으로, 모든 한정된 것을 무한자의 표현

---

[43] Un-Sunn Lee, op. cit., p.142ff. p.260 각주 참조.
　참조: 김용옥, 『절차탁마대기만성』(서울: 통나무), p.71. 여기서 김용옥도 고 이상은 교수와 모종삼 교수의 말을 들어 밝히기를 孟學의 관점에서 말한다면 "陸王이 정통이요 程朱가 이단"이라고 지적한다.

[44] Un-Sunn Lee, op. cit., p.123; Julia Ching, *To Acquire Wisdom – The Way of Wang Yang-ming (1472~1528)*, ph. D. Diss. Australian National Univ., 1972 (Columbia University Press, 1976), p.44.

[45] Julia Ching, *Confucianism and Christianity*, p.137.

들로 보는 것"이라고 하였다.[46] 종교란 "우주"(das Universum)에 대한 직관과 느낌이고, "세상의 모든 주어진 것을 신의 활동으로 보고 모든 것을 무한한 전체와 연결된 것으로 나타내는 것"이라는 슐라이어마허가 그후 현대신학의 새로운 방법론으로서 더욱더 인간화되었으며 내면화되었고 육화된 하느님 인식에의 길을 열어놓은 것같이, 양명의 위와 같은 급진적 초월의 내면화는 그로 하여금 더욱 통전적이고 실천적으로 사고하게 하였다.

양명은 당시의 극심한 지적·도덕적 타락이 바로 주희 철학의 차가운 이성주의와 객관주의에서 기인된 것임을 알고 오늘날 우리에게도 그 의미가 크게 드러나는 심즉리(心卽理)와 지행합일(知行合一)의 경험을 다음과 같이 역설했다:

> 사물의 모든 이치는 마음의 밖에 있는 것이 아니다. 마음은 하나일 뿐이다. 그 완전한 측은함으로 말하면 인(仁)이라고 부를 수 있고, 옳은 것을 얻은 것으로 말하면 의(義)라 할 수 있으며, 정리된 것으로 말하면 리(理)라 할 수 있다. '인'과 '의'를 마음 밖에서 찾을 수 없거늘 왜 '리'들을 마음 밖에서 찾으려 하는가? 사람들이 '리'들을 마음 밖에서 찾으므로 지(知)와 행(行)이 나뉘어졌고 '지'와 '행'이 하나라는 유가의 가르침은 곧 '리'를 마음 안에서 찾는 것이다.[47]

이리하여 이제까지의 양명의 심(心) 이해를 통해서 본 바에 의하면 유교에 그리스도교에서 말하는 창조신앙이나 창조신화가 없다는 것이 결코 유교에 초월의식〔神觀〕이 없다는 것이 아니라는 사실이 다시 한번 밝혀졌다. 하버드의 유학자 두유명(Tu Wei-ming)에 의하면 그것은 단지 그리스도교적인 창조신화가 없다는 것뿐이고, 따라서 "창조신화의 결여라기보다는 존재의 연속성에 대한 의뢰가 중국인들로 하여금 자연을 '비인격적인 우주적 기능들의 포괄적 조화'

---

[46] F. Schleiermacher, *Über die Religion-Reden an die gebildeten unter ihren Verachtern* (Vandenhoeck & Ruprecht, Göttingen, 1967), p.53.

[47] *Instructions for Practical Living and other Neo-Confucian Writings by Wang Yang-ming*, trans by Wing-tsit Chan (New York: Columbia Univ. Press, 1964), pp.94-5.

로서 파악하도록 고무"하였다는 것이다.[48] 따라서 위의 두 교수도 인용한 모오트 교수도 그의 『중국 문명의 철학적 기초』에서 다음과 같이 말하였다. 즉, "고대 중국의 우주관과 우주발생론은 신화나 종교체계가 해주는 설명보다 현대물리학이 제공하는 설명에 어느 정도 더 가까운 듯하다"는 것이다.[49] 요즘의 포스트모던 그리스도교 신학자들이 화이트헤드(A. N. Whitehead, 1861~1947) 등과 대화하면서 바로 현대물리학과 수학의 세계관과 만날 수 있는 새로운 그리스도교 창조신앙과 신관을 찾고 있는 것을 볼 때, 이 화이트헤드 등과 매우 유사하다고 여겨지는 중국 신유교 사상과의 대화는 참으로 고무적이다.[50]

2) 양명의 양지론(良知論)과 그리스도교 이후 시대의 그리스도론

이제까지 본 바와같이 양명은 심즉리(心卽理)를 이야기하면서 인간과 초월 사이의 완벽한 합일을 주장했지만, 삶의 현실을 보지 못한 것이 아니었다. 즉, 인간이 이렇게 초월과 하나임에도 불구하고 현실에서 나타나는 많은 악(惡)의 문제들, 전통적인 유가에서의 도심(道心)과 인심(人心) 구별, 그리고 그의 통찰에 의하면 지(知)와 행(行)이 하나인데도 불구하고 알면서도 행하지 않는 많은 사람들, 이러한 현실 앞에서 양명은 자신의 '심즉리'의 주장이 부족함을 느끼면서 그 이론이 나온 지 거의 7년 후인 1514년경부터는 자신의 가르침을 존천리 축인욕(存天理逐人欲, to preserve the Principle of Heaven and to get rid of selfish human desires)으로 바꾸어서 표현하였다.[51]

이러한 양명의 변화를 그리스도교와의 대화의 관점에서 보면 그것은 다름아닌 그리스도론의 등장의 의미와 같다. 왜냐하면 그리스도론이란 곧 인간의 죄악과의 관련하에서의 구원에 대한 이야기이기 때문이다. 예수는 그리스도교에 있어서 결정적인 규준이다. 그의 삶과 가르침을 신의 계시로 믿는 것이 그리스

---

[48] 두유명(Tu Wei-ming), 「존재의 연속성: 중국의 자연관」, 루너 편저, 『자연 그 동·서양적 이해』, 이정배·이은선 옮김(서울: 종로서적, 1989), p.123.

[49] F. W. Mote, 권이숙 옮김, 『중국 문명의 철학적 기초』(부천: 인간사랑, 1991), p.35.

[50] D. R. Griffin (ed), *Varieties of Postmodern Theology*, p.40ff.

[51] Un-Sunn Lee, op. cit., p.159.

도교의 핵심이다. 예수 그리스도는 그리하여 공자가 유교에 의미하는 것보다 훨씬 더 결정적인 의미를 가져왔고, 따라서 이제까지 그리스도교인들은 다른 종교들과의 대화에 있어서 그 다른 가르침들을 영감의 원천이나 행동의 규준들로는 볼 수 있었지만, 항상 예수 그리스도에 대해서는 부차적인 것으로 여겨왔다.[52] 다시 말하면 예수 그리스도의 철저한 배타적 유일회성이 주장되었으며, 조금 더 열렸다고 하면 포괄적 그리스도론의 모습이었다.[53]

그러나 오늘날 포스트모던의 시대, 종교다원주의의 시대, 탈가부장주의의 시대에 그것이 더 이상 견지될 수 없다는 것이 드러나면서 여러 차원에서의 커다란 패러다임의 전환을 요구받는다. 료따르가 포스트모던 시대의 핵으로서 "메타 이야기"의 해체를 얘기했다면 그리스도교의 그리스도론이야말로 인류가 가졌던 어떠한 메타 이야기보다도 더 거대한 것일 것이다. 그것의 해체 내지는 수정은 불가피하게 되었다.[54]

먼저 우리 누구나와 관계되어 있는 성(性) 차원에서 보면 이제 남성 신학자들도 만일 그리스도교가 여전히 예수에게서만의 신의 유일한 계시성을 주장한다면 그의 남성성은 여성들에게는 달리 해석될 수 있는 가능성을 가지지 못하며, 따라서 그 그리스도는 여성들에게는 결국 여전히 소외의 언어가 될 수밖에 없다고 인정하였다.[55] 같은 구조를 가지고 우리가 민족의 차원, 종교간의 관계의 차원에서 생각해 볼 때, 서구 그리스도교의 오래된 배타주의와 우월주의는 지양되어야 한다. 미국 신학자 톰 드라이버는 그의 『변화하는 세계와 그리스도』에서 이러한 상황이란 교회가 어렵게 코페르니쿠스 혁명과는 화해를 했으면서도 아직 아인슈타인의 상대성 시대에 대해서는 거의 생각지도 못하고 있는 것이라고 지적하였다.[56] 그에 따르면 오늘날 교회는 "다원주의를 사랑하게 되는

---

[52] Julia Ching, *Confucianism and Christianity*, p.6.

[53] 폴 F. 니터, 『오직 예수 이름으로만?』, 변선환 역(서울: 한국 신학연구소, 1986), p.199ff.

[54] Jean-Francois Lyotard, *Das postmoderne Wissen. Ein Bericht*, hrg., von Peter Engelmann (Edition Passagen, 1986), p.102ff.

[55] Mark Kline Taylor, *Remembering Esperanza* (New York: Orbis Books, 1990), p.157ff.

[56] T. F. Driver, 앞의 책, p.76.

신학적 인준, 특히 그리스도론적 인준이 결여"되어 있고, 그리하여 "모든 시대를 위한 단 하나의 그리스도만이 존재한다는 관념을 청산하기 전에는 다원주의와 상대성에 대한 진정한 신학적 이해에 도달할 수 없음"이 지적된다.[57]

이러한 입장에서 밝히는 그리스도교 역사에서의 그리스도론의 전개 과정에 따르면 원래 예수와 그의 부활을 경험한 추종자들 — 바울도 포함하여 — 의 신앙은 종말론적·무정부적 '하느님 신앙'이었다. 그러나 그것이 지연되고 초기 교회가 형성되자 교회는 그 자체를 유지하고 통일시키기 위해 그러한 초기의 가르침을 뒤집어 버렸다. 즉, 현재-미래에 있는 하느님 나라 외에는 최종적인 것이 없다고 가르쳤던 바로 그 예수가 하느님의 최종적 형식이라고 선포되었고, 그는 단지 '하느님의 말씀'에 그치지 않고 '하느님의 마지막 말씀'이 되었다는 것이다.[58] 이렇게 가장 개방적이었던 것이 가장 폐쇄적으로 변함으로써 그리스도교는 유대교와 인연을 끊게 되었다. 또 다른 대화가 힉에 의하면 초대 교회가 그리스-로마 문화권으로 넘어가면서 유대교의 '신의 아들'의 이미지가 '성육신'과 '유일회적인 신성화'의 개념으로 굳어졌다고 밝힌다.[59] 이것은 곧 여성 신학자 류터의 표현대로 하면 "종말론인 것의 부당한 역사화"이고,[60] 그리스-로마적 사고의 절대적·배타적 범주들로의 존재론화라는 것이다. 그리하여 "'신의 아들'로부터 '아들이신 신', 삼위일체의 제2위에로의 매우 중대한 전이"가 일어났으며,[61] 이러한 과정으로 이제 하느님은 예수의 모습에 감금당하게 되었고, 이것은 곧 그리스도가 과거의 예수의 모습에 포로가 된 것이다.[62]

이러한 상황에 직면하여 니터 같은 신학자는 그 대안으로서 "신 중심적 그리스도론"(a theocentric Christology)을 제안하였다. 전통의 그리스도론이 예수에 대한 이해를 그의 절대적·배타적 범주들로 존재론화하여 "그리스도 독재주

---

[57] 위의 책, p.79.　　　　[58] 위의 책, p.29.

[59] "Jesus and the World Religions", in: *The Myth of God Incarnate*, John Hick (ed.), (London: SCM Press), pp.172-6, in: 폴 F. 니터, 앞의 책, p.245.

[60] Rosemary Radford Ruether, Faith and Fratricide (New York: Seabury Press, 1974), p.248, in: T. F. 드라이버, 앞의 책, p.56.

[61] P. F. Knitter, 앞의 책, p.245.　　　　[62] T. F. Driver, 앞의 책, p.109.

의"(Christofacism)나 "그리스도 우상주의"(Christolatry)[63]에 빠져버린 것에 반해, 이것은 오늘날의 다원화된 상황에 직면하여 더욱더 관계적이고 역동적으로 사고하려는 것이다. 즉, 예수를 유일회적이지만 "관계적·유일회적"으로, 다시 말하면 신은 오직 예수 안에서만 만나지는 것이 아니라 예수 안에서 "참으로" 만나지는 것으로 이해하려는 것이다.[64] 이것은 곧 예수가 원래 가르쳐 준 대로 다시 신 중심적으로 생각하자는 것이며, 또한 신약성서에 나타난 예수의 유일회성에 대한 고백들 — 예를 들어 "그를 통하지 않고서는 누구도 아버지께 올 수 없다"(요한 14,6), "예수는 하느님의 외아들이다"(요한 1,14), "인간을 구원할 수 있는 다른 이름이 없다"(사도 4,12) — 을 경험적·형이상학적 실재에 대한 사실적 언술로 받아들이는 것이 아니라 종교의 언어, 사랑의 언어, 고백의 언어로 받아들이자는 것이다.[65]

이러한 신 중심적 사고가들에 따르면 위의 신 중심적 사고야말로 죽은 자의 하느님을 믿는 것이 아니라 산 자의 하느님, 부활하신 그리스도를 믿는 일이다. 우리가 앞장에서 제임스 레게의 예수 부활에 관한 언급에서도 보았듯이 어느 누구도 사실적으로 죽음으로부터 부활하여 다시 산 예는 없기 때문에 예수의 부활이야말로 그의 절대적 유일회성을 확립시켜 주는 것이 아니냐는 반문은 이제까지 신학적 논쟁에서뿐만 아니라 평범한 신앙인들의 주장 속에서도 끊임없이 들려진 것이었다. 그러므로 이 부활에 대한 논의가 다시 행해져야 하는데, 신중심적 사고가들은 이러한 역사적 부활에 대한 강조가 가지는 신학적 의미를 놓치지 않으면서도, 그 부활 사건이 바로 주관들에 의해, 예수 주변의 사람들에 의해 경험되었고 고백되었기 때문에 부활이 되었다는 것을 지적한다.[66] 이와 마찬가지로, 그 부활 사건이 오늘 우리들의 현재-미래에서 조성해 내는 일이 없을 때에는 그 역사적 사실의 입증도 아무런 의미가 없다는 것이다.[67] 이것은 다시 말하면 과거의 그리스도가 아닌 오늘 우리가 우리의 삶에서 그리스

---

[63] Mary Daly, *Beyond God the Father* (Boston: Beacon Press, 1973), p.69ff.

[64] P. F. Knitter, 앞의 책, p.248.　　[65] 위의 책, p.294.

[66] 위의 책, p.314.　　[67] T. F. 드라이버, 앞의 책, p.44.

도로 다시 만나는 하느님, 그 하느님을 믿는 것이 신앙이며 그것이 부활신앙이라는 말이다. 이런 의미에서 또 다른 신학자 마크 테일러도 틸리히를 들면서 말하기를 그리스도 사건에서 예수가 누룩과 효소로서 "필요한"(necessary) 요소이지만 "충분하지는 않았다"(but not exhaustive)고 한다.[68] 그에 의하면 그리스도 사건이란 밀가루로서의 그 주변에 있었던 다른 남자와 여자들, 그리고 다른 사회문화·정치적 요소들의 창조적 통합(transformative mixture)이다.[69]

드라이버는 "다수의 그리스도"에 대해서 말한다. 그에 따르면 부활보다도 더 명백하거나 결정적으로 "주관성과 객관성의 일치"가 되는 일이 없는데, 그러므로 교회의 그리스도가 과거의 그리스도에 지나지 않는다면 그리고 그리스도가 새롭게 첨가될 수도 없고 변할 수도 없으며 성서의 유산을 뛰어넘을 수가 없다면 그런 그리스도는 죽은 그리스도라고 선언한다.[70] 그리스도는 하느님(객관)과 세계(주관)와의 현실적인 만남의 인간적인 형식이기 때문에 삶이 변하듯 이 만남도 변하는 것이므로 "복수의 그리스도"가 존재한다는 것이다.[71]

이렇게 하여 우리는 그리스도교 이후 시대에 다시 신 중심적으로 사고하려는 시도가 결국 '성령'으로서의 하느님(복수의 그리스도), 성령 중심적 사고에로의 전환을 의미하는 것임을 알게 된다. 그리고 이같은 사실은 우리가 지금 비교 연구하고 있는 양명의 사상과 관련시켜 봤을 때 바로 그의 양지(良知, the innate knowledge of the good) 이해와 관계시킬 수 있는 가능성을 열어주는 것이다. 즉, 그가 인간 누구나가 마음의 천리(天理)로서 가지고 있다고 밝힌 선한 지식인 '양지'란 다름아닌 우리 마음 속에 '성령'으로 내재하는 하느님, 부활의 그리스도를 의미하는 것으로 이해될 수 있기 때문이다.[72]

---

[68] Mark Kline Taylor, op. cit., p.172.

[69] Ibid.

[70] T. F. 드라이버, 앞의 책, p.124.

[71] 위의 책, p.207.

[72] Heup Young Kim, "Yen and Agape: Toward a Confucian Christology": *The American Academy of Religion*, Nov. 21. 1992 (San Francisco), p.35, 39ff. 왕양명과 칼 바르트의 사상을 비교 연구하면서 동아시아 그리스도교인들을 위한 "유교적 그리스도론"(A Confucian Christology)을 탐색하는 저자는 양명의 '良知'를 바르트 신학에서의 '그리스도의 인성'(humanitas Christi) 내지는 '그리스도'(Christ)와 유비시키고, '致良知'를 '성령의 인도하심'(the Direction of the Holy Spirit)과 연결시킨다. 그러나 저자가 맨 처음 밝힌 대로 그리스도

우리가 앞에서도 지적했듯이 양명은 1514년경부터 자신의 심즉리(心卽理)의
정리가 부족함을 느끼고 존천리 축인욕(存天理逐人欲)을 말하기 시작했다. 그
러나 그는 이러한 노력에도 불구하고 제자들이 그 마음의 천리가 그러면 구체
적으로 무엇을 가리키느냐고 물을 때에는 대답하기 곤란하다는 것과, 또한 이
렇게 다시 인간의 본심(本心, 天理)과 심욕(心欲) 등에 대해 얘기함으로써 존
재를 다시 둘로 나누는 것이 아닌가 하고 고민하게 되었다. 이러한 가운데서
당시 민중의 크나큰 고난에 직면하여 자신의 개인적 무력감을 통감하고 있던
양명은 이러한 세계관적 문제점들을 다시 한번 내면화된 초월 경험을 통해서
극복하게 된다. 즉, 그는 인간의 마음 속에 자신이 그 마음의 '천리'로 규정했
던 것의 구체적 실현체인 '양지'를 발견하게 된 것이다.[73]

'양지'란 원래 맹자의 개념 ― 그의 사단론(四端論)과 관련하여 ― 이다. 그
런데 그것이 어느 날 갑자기 신의 계시처럼 떠올라 그가 '천리'와 같은 것으로
보았던 마음의 본체를 구체적으로 ― 인식론적으로, 육화되어서 ― 표현하는
말로 이해되었다. 그것에 따르면 인간은 누구나 선천적으로(자연적으로) 그 때
와 장소에 따라 무엇이 옳고 그른지를 판단하고 행동할 수 있는 선한 능력이
있다는 것이다. 우리 마음의 본체로서의 '양지'는 역(易, the Change)과 도
(道, the Way)와 같은 것으로서 우리 삶의 매순간에 마치 선원의 나침반과도
같이 우리를 이끄는 직관력이다.[74] 위에서도 지적했듯이 그리스도교적인 용어를
가지고 표현하면 그것이란 다름아닌 우리 마음 속에 '성령'으로 내재하시는 하
느님, 부활의 그리스도, 또는 그에 의해서 깨어진 양심 등을 얘기한다고 할 수

교의 가르침은 'theology'라고 하면서 유교의 가르침은 그 아류 단계인 'Confuciology'로 규
정한 것이나, 결론적으로 예수 그리스도를 바로 유교가 오랫동안 추구해 온 '仁의 완성자'
(as the Tao), '군자'(as the Sage), '良知의 완성자' 등으로 규정한 것은 저자가 여전히 전통
의 배타적 유일회성의 그리스도론에 사로잡혀 있다는 것을 보여준다. 저자는 유교와 그리스
도교, 특히 양명과 바르트의 사고가 그 강한 인본주의, 실천성 등으로 인해 서로 잘 관계되
어질 수 있다고 얘기하지만, 유교나 양명의 입장에서 보면 다른 종교에 대한 바르트 신학의
입장은 그 철저한 신 중심주의, 초월주의로 인해 야기된 것이므로 그 비교가 어렵다고 하겠
다. 위와 같은 결론으로 맺어지는 대화란 그러므로 참된 대화라 할 수 없고, 오늘 우리의 다
원주의 시대에서는 더 이상 용납되기 힘들게 보여진다.

[73] Un-Sunn Lee, op. cit., p.183ff.   [74] Wang Yang-ming, op. cit., p.109.

있으며, 그리스도교 이후 신 중심적 사고가들이 역사적 예수에서의 존재론적 집착에서 벗어나서 부활의 그리스도, 다수의 그리스도에 대해서 말한다면, 그것은 바로 양명이 말한 우리 모두 안에 내재한 양지를 의미하는 것이라 할 수 있겠다.[75]

주희가 그의 태극(太極) 이해에도 불구하고 인간의 악(惡, 人欲이나 감정)의 문제를 기(氣)라는 한 독립적 존재원리에 의해 설명하는 반면 '양지'를 깨달은 양명은 더욱더 그러한 우주론적·존재론적 이원론을 용납할 수 없게 되었다. 그가 비록 '양지'를 우리 마음의 본체(本體)로서 얘기하지만, 양명에 의하면 악이란 원래 독립적으로 실재하는 것이 아니라 우리 마음이 그 본래의 상태에서 벗어났을 때를 지칭하는 것이다. 그런데 왜 때때로 그렇게 벗어나게 되는지에 대해서는 한번도 그럴듯한 이론적인 설명을 붙이기를 원치 않았다.[76] 다시 말하면 그는 악의 문제를 인간의 깊은 실존적 의지의 문제로 파악하여 과도한 형이상학적 논쟁 대신에 오히려 지선(至善)의 상태, 본래적인 선(善)의 상태로의 회복을 위한 실천적 노력에 관심을 가질 것을 요구한 것이다.

양명에게 있어서 리(理)와 기(氣)는 하나이다. 그것은 한 원리로서, 그에 의하면 이 둘의 차이란 원리적인 형이상학적인 것이 아니라 같은 원리에 대한 기능과 시각의 차이일 뿐이다. 그리하여 그에게서는 주희에서와는 달리 실재의 물리적이고 육적인 차원(행정, 경제, 육체, 감정 또는 기능 등)이 부정적으로 평가되지 않고 통전적인 사고 속에서 같이 인정된다.[77] 이러한 양명의 전인적이고 역동적인 사고는 그리스도교 이후 신 중심적 신학자들이 예수의 부활 사건을 '객관'(역사적 예수의 부활)과 '주관'(그것을 경험하고 고백하는 공동체)의 통합 사건으로 보고 그것을 오늘 다시 우리들의 주관의 빛에서 의미지으려는 것과 유사하다. 이것은 다시 말하면 후자가 그들의 사고의 출발점을 역사적 예수에서 부활의 그리스도에로 옮겼고, 그것을 다시 오늘날의 구체적인 생활 경험에서 찾았다는 것을 말한다. 이와 유사하게 양명은 '리'와 '기'를 통합하고 우리 마음의 직관력으로서의 '양

---

[75] 참조: 張春申, 앞의 책, p.160.　　　[76] Un-Sunn Lee, op. cit., p.226.

[77] Ibid., p.171ff.

지'에서 모든 만물의 근원과 도덕의 기원을 보았다는 것이다. 이렇게 하여 그리스도교 이후 신 중심적 사고가들에게서 역사적 예수 한 인물에게만의 집중이 지양되고, 또한 성서주의가 비판되는 것처럼 양명에게서 전통적인 제례의식의 의미나 경전 또는 주석의 의미 그리고 공자의 의미가 크게 상대화된다.[78]

이것은 하나의 강력한 '주체성의 원리'(das Prinzip der Subjektivität)의 표현이다. 그러나 그것은 우리가 이미 여러 가지로 지적한 대로 결코 나약한 자아 중심적 주관주의가 아니다.[79] 이미 그의 리·기(理·氣) 이해에도 드러난 대로 양명의 실재 이해는 철저히 전일적이고 통전적이어서 그는 나중에 인간의 '양지'를 단지 그의 마음의 지적·도덕적 원리로서만이 아니라 전(全)우주적 생성과 존재의 원리로서 파악한다.[80] 그리하여 그는 그의 '양지'를 우주의 원리인 '기'와 일치시키고 그렇게 함으로써 만물의 하나됨〔萬物一如〕의 근거로서 제시한다. 그에 따르면 우리 마음의 '양지'와 깨어져 길거리에 나뒹구는 기와 조각의 양지와, 매가 하늘을 날고 물고기가 뛰는 것은 다같은 이치라는 것이다.[81] 이것은 바로 위의 중국 신학자 장춘신(張春申)도 지적한 대로 그리스도교 성령의 무소부재하심에 대한 믿음을 연상시킨다.[82]

이런 의미로 양명은 또한 그가 자신의 심즉리(心卽理)에 입각하여 『대학』(大學)의 격물(格物)을 정심(正心, rectifying the mind)과 성의(誠意, making the will sincere)로 해석했지만, 그러나 그는 분명히 밝히기를 마음이란 결코 공허 가운데 존재하는 것이 아니라 항상 그 내용〔物〕을 담고 있다고 한다. 그리하여 마음을 고친다는 것은 항상 "… 에 관한 마음"을 고친다는 것이므로 주관(마음)은 결코 객관〔物〕과 떨어져 존재할 수 없다는 것이다.[83] 이렇게 보았을 때, 양명의 사고는 결코 오늘날 포스트모던적 사고에서의 주관의 해체라는 의미에서 신의 해체와 더불어 같이 비판되고 있는 나약한 주관주의가 아니다. 오

---

[78] Ibid., p.175ff.

[79] Ibid., p.170, 참조. Hwa-yol Jung , "Wang Yang-ming and Existential Phenomenology": *International Philosophical Quarterly* 5 (1965), pp.612-36.

[80] Un-Sunn Lee, op. cit., p.213ff.　　　　[81] Ibid., p.218.

[82] 張春申, 앞의 책, p.172ff.　　　　[83] Wang Yang-ming, op. cit., p.223.

히려 그것은 그 극복의 의미로서의 현상학적인 "마음(의식)의 지향성"의 의미라고 할 수 있겠고, 더 나아가 오늘날 다원주의의 상황에서 그 핵심원리라고 할 수 있는 '관계성', '대화', '만남'의 원리와 상통하는 것이라고 할 수 있다.[84] 다만 양명은 그 관계와 만남에서의 '출발점'(the starting point)은 그럼에도 불구하고 각 주관이 되는 것을 또한 지적하여 주었는데,[85] 그 주관이란 그러나 그에게 있어서 다름아닌 하늘로부터 부여받은 것[良知]이다. 그리스도교의 용어로 하면 '그리스도의 영', 하느님의 육화된 영이 되는 것이다. 1524년에 씌어진 양명의 다음과 같은 시(詩)는 그 뚜렷한 표현이다.[86]

공자는 모든 이의 마음에 존재한다.
비록 눈과 귀의 혼란함에 의해서 감추어져 있을지라도
지금 발견한 진정한 모습,
더 이상 너희 양지(良知)를 의심하지 말아라.

왜 항상 흥분해 있으며
걱정들로 너의 노력을 낭비하는가 ―
성인(聖人)의 신비한 언어를 모르는가,
'양지'가 너의 참동계(參同契)이거늘,

모든 사람들 안에는 항해자의 나침반이 있다.
그의 마음은 천만 가지 변화의 장소이다.
바보처럼 나는 예전에는 사물들을 거꾸로 보았다.
잎과 줄기들을 나는 밖에서 찾았었다.

색도 없고 냄새도 없는 고독한 자기 인식의 순간,
그것이 하늘과 땅과 만물의 근원을 포함하고 있다.

---

[84] Hwa-yol Jung, op. cit., p.621.　　[85] Un-Sunn Lee, op. cit., p.148.

[86] Julia Ching, *To Acquire Wisdom*, p.242.

　　얼마나 어리석은지 자신의 고갈되지 않는 보물을 버리고

　　그릇을 들고 거지처럼 이집 저집을 옮겨다니는 이는.

3) 양명의 치량지(致良知)와 그리스도교 이후 시대 윤리적 신학

　그리스도교 이후 신 중심적 사상가들이 통전적이며 역동적인 사고를 통해 역사적 예수에의 집중을 지양하고 부활의 그리스도를 사고의 출발점으로 삼았으며, 또한 그 부활의 확실성이 지금 현존하는 주관과의 관계성 속에서 유지되는 것으로 파악했다는 것은 그들이 바로 그리스도론적 진술의 최종의 판단근거를 정론(正論, orthodoxy)이 아닌 정행(正行, orthopraxis)에서 찾았다는 것을 의미한다. 다시 말하면 그리스도론적 진술의 진위는 그 어떤 보편적인 이론이나 권위에 근거한 것이 아니라 그 윤리적 결과와 공동체적 의미에 의해 판단되어져야 한다는 것을 말한다.[87] 우리가 앞서 여러 번 인용한 드라이버 같은 신학자는 그리하여 자신의 신학적 과제를 "윤리적 그리스도론"(ethical Christology)의 정립으로 보고 "윤리가 그리스도론의 시작이요 마지막이므로 그리스도론의 과제는 그리스도의 역할을 개인의 양심과 사회의 양심을 성취하는 면에서 규정하는 데" 있지만, 여기서 제시되는 방법은 그리스도를 윤리의 규범이나 완성으로서가 아니라 "윤리 발전의 동반자"로 보는 데 있다고 밝힌다.[88]

　이렇게 윤리에 대한 관심을 첫째의 신학적 과제로 삼는 그리스도교 이후 윤리적 신학은 그러므로 당연한 귀결로 이제까지 그리스도인들이 전통적으로 예수에 관해 믿고 있던 모든 규범을 철저히 재조명할 것을 요구한다. 성서의 증거, 전통의 공식적 진술들은 예수가 누구이며 무엇을 의미하는지 아는 데 불가피하기는 하지만, 그것들은 이제 '모든 다른 규범들 위의 규범'이 되지는 않는다고 한다. 왜냐하면 그렇게 과거의 예수가 원형이나 규범, 또는 모든 가치의 중심으로 생각되는 한 그리스도교 윤리는 불구가 되고, 그것은 교회를 예수의 이름을 빌려 그 자신의 과거에 묶어 놓은 결과가 되기 때문이라고 한다.[89]

---

[87] T. F. Driver, 앞의 책, p.33ff.　　　　[88] 위의 책, p.36.　　　　[89] 위의 책, p.74ff.

이와 유사한 맥락에서 니터도 오늘날 다원적·비규범적 그리스도에 대한 이해의 가능성을 여성신학과 더불어 특별히 해방 정치신학에서 보고 있는데, 왜냐하면 거기서야말로 '실천'을 오늘 신학적 방법 중에서 가장 본질적인 요소로 보고 있기 때문이라고 한다.[90] 그리스도의 현재-미래적 활동이 경험적으로 부재하는 곳에서는 많은 신조들이 아무리 외워진다고 해도 듣는 사람들에게 그리스도가 살아 있다는 확신을 주지 못하는 것처럼, 이것은 곧 이론에 대한 '실천의 우위성'을 얘기하는 것이고, 이제 '정론'이 문제가 아니라 '정행'이 문제이며, 과거의 확립된 이론이 권위가 되는 것이 아니라 현재에서의 미래를 위한 실천적 행동이 관건이 된다는 말이다. 이들은 예수를 따름이 없이는 그 예수가 도무지 누구인지를 알 수 없다고 말하면서 예수를 따르는 실천을 모든 그리스도론적 진술들을 평가하는 시금석으로 삼는데,[91] 이러한 실천에 기초한 그리스도론이 오늘 특히 문제가 되고 있는 예수의 유일회성과 보편성에 관한 물음에 좋은 시사를 던져주고 있다는 이야기다.

이러한 실천의 우위성을 '종교간의 대화'라는 구체적 물음에 적용시켜 보았을 때도, 단지 알고 있는 이론으로만이 아니라 구체적인 실행을 해보면 그 사람은 결코 자신만의 독단적인 신앙에 빠지지 않는다는 것이다. 설사 이런 대화를 통하여 예수의 유일회성이 밝혀진다 하더라도, 니터에 의하면, 그같은 이론적인 규명은 단지 "부수적인 결과"에 불과하고 그보다 더 중요한 관심, 제1차적 목적이란, "종교들이 서로 말하고 서로 듣도록 하는 것, 서로와 더불어 성장하고 서로로부터 성장하는 것, 모든 인류의 복지와 구원을 위해서 공동의 노력을 기울이는 것"이라고 밝힌다.[92] 그리하여 니터는 마지막으로 떼이야르 드 샤르댕 — 줄리아 칭이 양명의 사상과 매우 유사한 것으로 평가한 — 적인 종교의 진보의 의미를 인정한다고 하면서, 오늘날 종교적 다원주의의 상황에서

---

[90] 폴 F. 니터, 앞의 책, p.265.

[91] Leonard Boff, *Jesus Christ Liberator: A Critical Christology for Our Time* (Maryknoll, N.Y.: Orbis Books, 1978), p.279ff.

[92] 폴 F. 니터, 앞의 책, p.364.

이 대화에의 임무를 성실히 수행할 수 있는 새로운 "지구신학"(global theology)의 필요성을 역설했다.[93]

　이상과 같이 오늘날 그리스도교 이후적 상황과의 성실한 대화를 추구하는 사람들에게서 보여지는 '실천과 행함의 해석학'은 우리가 지금 그 대화의 파트너로 삼고 있는 양명의 사상 속에서 더욱더 두드러지게 드러난다. 원래 유교의 영성이란 다른 것들에 비해서 그 뚜렷한 실천성으로 구별되어지는 것인바,[94] 그 중에서도 특히 양명의 사고는 더욱더 두드러진다.[95] 우리가 이미 보았듯이 양명은 일찍이 초월의 급격한 내면화를 겪고서 자신의 사상을 한마디로 지행합일(知行合一)로 규정한 바 있다. 이것은 곧 지(知)와 행(行)은 본질적으로 하나이며 또한 하나가 되어야 함을 강조한 것이다. 그에 따르면 배움의 참된 목적은 군자(君子)와 성인(聖人)이 되기 위한 것이므로 이런 실천적 목표를 달성하기 위해서는 그 과정에 있어서도 '지'와 '행'이 하나가 되어야 하며, 이렇게 실천적 방법을 통해서 얻어진 '지'란 다름아닌 상황과 때에 따라서 자연스럽게 선(善)을 행할 수 있는 진지(眞知)가 된다는 것이다. 그의 말을 들어보면:

> 지(知)란 원래의 순수하고 진지한 모습에서 보면 행(行)이고, 행은 그 지적이고 구별하는 측면에서 보면 지이다. 원래 지와 행의 과제는 나뉘어질 수 없으며 참된 지란 행을 가능케 하는 것이고, 만약 그렇지 못하면 그것을 지라고 할 수 없다.[96]

양명에 의하면 당시 사회의 혼탁상이란 바로 '지'와 '행'을 둘로 가르는 데서 연유한 것이다. 사람들이 이 둘을 하나로 보지 못하고 나누어서 생각하기 때문

---

[93] 위의 책. p.352ff.

[94] Julia Ching, *Confucianism and Christianity*, p.151.

[95] Un-Sunn Lee, op. cit., p.240ff; 참조: Tu Wei-ming, *Neo-Confucian Thought in Action* (Berkeley: California Univ. Press, 1971).

[96] Wang Yang-ming, op. cit., p.93.

에 행동하기 위해서는 먼저 원리를 알아야 한다고 여기지만, 이렇게 하다 보면 일생 동안 토론만 일삼게 되고 종국에는 한 가지도 행동하지 못하며 그리하여 결국 한 가지도 제대로 알지 못하게 된다고 한다.[97]

이미 인간의 마음 속에 리(理)를 발견하고 그것을 양지(良知, 선한 지식)로 파악한 양명은 그리하여 이제 모든 힘을 그것의 신장[致良知]에 쏟는다. '리'가 무엇이고 왜 인간의 마음이 그 본래 상태에서 벗어나 이기심에 물들게 되는지를 따지는 이론적 논쟁 대신에, 자신이 이미 가진 '선한 지식'[良知]을 매순간의 일에 적용시켜 길러내는 일이 더 참된 공부라는 것이다. 그는 당시의 사람들이 그리고 자신의 제자들조차 지(知)나 양지에 대해서는 관심을 가지면서 치(량)지[致(良)知]의 치(致, extention)에 대해서는 관심이 적다고 지적하고, 그 이유란 바로 '지'와 '행'을 나누어 생각하기 때문이고, 또한 양지의 참뜻을 여전히 깨닫지 못하기 때문이라고 한다.[98] 그에게 있어 『대학』의 가르침 치지(致知)란 낱낱의 객관적 정보를 수집하는 것이 아니라 오히려 우리가 우리 마음의 본질로서 이미 가지고 있는 '선한 지식'[良知]을 키우는 것인데, 그 일이란 오직 구체적인 삶에서의 실천을 통해서만 가능하다고 한다. 이것을 그리스도교적 용어로서 표현해 보면 부활의 확신이란 그것의 객관적인 증거들을 수집함으로써 가능해지는 것이 아니라, 그 진리를 자신의 실제 삶에서 실행해 나감으로써 가능해진다는 것이다. 더 넓게 얘기해 보면 구원의 성취란 예수가 그것을 "모든 사람을 위하여 단번에" 이룬 것이라고 하면서 "온 세계의 죄를 사하기 위해 유일회적인 완전한 희생제물이 되었다"고 되뇌이는 데 있는 것이 아니라, 부활의 영에 의해서 양심이 일깨워져서 자신의 양심을 예수 뒤에 숨기지 않고 그 양심을 철저화시키는 데 있다는 말이다.[99] 이러한 그리스도교 이후적 윤리신학의 부활과 구원 이해가 그 급진적인 실존화와 내면화에도 불구하고 역사적 예수의 부활 사건과 십자가 사건을 부정하지 않는 것처럼, 양명에서의 도

---

⁹⁷ Ibid., p.11.

⁹⁸ *Philosophical Letters of Wang Yang-ming*, trans by Julia Ching (Canbera, 1963), p.70.

⁹⁹ T. F. 드라이버, 앞의 책, p.34.

덕적 실천의 강조는 결코 고전의 탐구나 독서와 같은 지적 작업을 부인하는 것이 아니다. 오히려 그의 치량지(致良知)의 의미, 실천의 강조의 의미는 바로 그 두 가지가 하나가 되어야 함을 말하는 것이며, 또한 공부의 참 목적이란 진정한 자아의 회복에 있다는 것을 가르쳐 주기 위함이다.[100]

심즉리(心卽理)를 애기하고 '양지'를 말하는 양명에게 있어서 인간은 이미 '성인'(聖人)이고 구원을 받은 존재이다. 그러나 그는 또한 '치량지'를 강조하면서 인간은 그의 끊임없는 실천을 통해 비로소 '성인'이 될 수 있음을 밝혔다. 이러한 양명 사상에 있어서의 앎과 행함, 신비와 윤리, 형이상학과 도덕(교육), 객관과 주관 사이의 상호관계성과 역동성에 대한 인정은 그가 말년에 자신의 가르침을 네 가지 명제로 엮으면서 내린 사구교(四句敎)에서 다시 한번 뚜렷하게 드러난다.[101] 그는 그의 가르침이 순간의 '깨달음'(enlightment)을 이야기하는 것인지 아니면 오랜 기간의 '자기 훈련'(self-cultivation)을 말하는 것인지를 밝혀달라는 제자들의 물음에 그 둘 다 맞는 것으로 긍정한다. 그러면서 그는 말하기를 여기서의 관건은 사람들에 따라 알맞은 방법이 골라지는 것이라고 하면서, 그러나 그에 의하면 세상에는 순간의 각(覺)에 의해서 리(理)에 도달할 수 있는 사람이 그렇게 많지 않으므로 오히려 꾸준한 실천의 가르침이 중요하다는 것이다.[102] 다시 말하면 여기서의 양명을 이끄는 주된 관심은 '교육' 바로 그것이었다.[103]

정론보다 정행을 강조하는 그리스도교 이후 윤리적 신학자들은 부활의 확신과 경험은 최종적으로 교회와 공동체 안에서의 '떡을 떼는 행위'를 통해서 가능해짐을 지적하였다.[104] 그리하여 그들은 우리가 계속해서 그리스도인으로 남

---

[100] Un-Sunn Lee, op. cit., p.202ff.

[101] Ibid., p.226ff. 그의 四句敎란 ① 마음의 본체에는 선과 악의 구별이 없다. ② 의지가 작동할 때 거기서 그 구별이 생긴다. ③ 良知의 역할이란 그 선과 악을 구별하는 것이다. ④ 格物이란 선을 행하고 악을 제하는 것이다 등을 말한다.

[102] Un-Sunn Lee, op. cit., p.229.

[103] Ibid., p.230. 참조: Julia Ching, *To Acquire Wisdom*, p.151.

[104] T. F. 드라이버, 앞의 책, p.222; Mark Kline Taylor, op. cit., p.174.

기를 원하는 한 교회의 공동체 안에 속해 있어야 한다는 것을 강조하였다.[105] 이와 유사하게 양명은 말년에 갈수록 점점 더 자신의 '양지'를 유교의 오래된 개념인 인(仁)이나 기(氣)로 표현하면서 그것이 만물일여(萬物一如)의 우주적 근거가 됨을 밝히고, 또한 자신의 '치량지'란 다름아니라 만물에 대한 '인'의 실천이고, 그 일을 통해 마침내 하늘과 땅과 만물의 일체를 실현시키는 '만물 일체'(萬物一體)의 가르침임을 밝힌다. 자신의 '양지'를 최대한으로 확장시킨 '성인'과 '군자'란 바로 '만물'을 하나로 보며 그 도(道)를 실천하는 사람이다. 이 '만물일체'의 도가 실천되는 가장 기초적인 장으로서 그는 유교의 전통에 따라 '가정'을 들고 그 중에서도 특히 어버이와 자식간의 효(孝)를 든다. 가정 은 그런 의미에서 그리스도교의 교회 공동체와 같은 의미를 가진다.[106]

4. 결론을 대신하여 —
유교적 그리스도교 또는 그리스도교적 유교의
가능성을 생각하며

20세기에 들어와서 동아시아에서의 유교와 그리스도교의 위상은 참으로 많은 변화를 겪었다. 서구 과학문명과 자본주의의 물밀듯한 유입으로 거대한 세속화 의 물결이 일어나자 이제 유교와 그리스도교는 그들 스스로의 의지로 그렇게 된 것은 아니지만, 더 이상 초기 만남의 때에 가졌던 첨예한 대립을 겪지 않게 되었다. 오히려 둘 다 거대한 세속화의 물결 앞에서 그들 정체성의 위기를 맞 게 된 것이다.

중국 대륙에서는 유교가 더 이상 정신적 지주로서의 역할을 할 수 없게 되자 많은 지성인들은 그러나 그 대안으로서 그리스도교로 개종한 것이 아니라 공산

---

[105] William A. Beardslee, "Christ in the Postmodern Age: Reflections Inspired by Jean-Francois Lyotard", in: ed., D. R. Griffin, *Varieties of Postmodern Theology*, p.76ff.

[106] 윤성범, 『孝』(서울문화사, 1973).

주의자나 또는 자유주의적 인본주의자(liberal humanist)가 되었고[107] 급기야 중국 대륙은 공산화되어 철저한 무신론적·세속적 가치관에 의해 지배되었다. 여기서의 유교는 1970년대까지 계속된 '반공자운동'(Anti-Confucius campaign) 등으로 인해 철저히 배척되었고 비판되었다.

한국에서의 그리스도교의 상황은 이와 많이 다르다. 조선 왕조가 일제의 강점으로 인해 마지막 왕조가 되자 그 일제시대에 특히 한국의 개신교는 많은 역할을 하였고 해방 후 북쪽은 공산화되어 중국 대륙의 상황과 비슷하게 되었으나 남쪽에서는 세계 그리스도교 역사상 그 유례가 없을 정도로 커다란 부흥이 일어났다. 지금 남한에서는 인구의 25% 정도가 그리스도인으로 추정된다. 이렇게 세속화에 밀리고 남한에서처럼 그리스도교의 우세로 떠밀리는 등 오늘날 동아시아에서의 상황에 유교는 더 이상 그 유효성과 실천성을 기대할 수 없게 되었는가? 근대화되면서 유교의 권위주의와 가부장주의, 그리고 여러 차원에서의 복고주의가 거세게 비판되었고 그 거부의 주된 요인이 되었다.

그러나 오늘날 여러 차원에서의 변화가 엿보인다. 중국 대륙에서는 1982년부터 종교 자유가 다시 인정되면서 각종 종교적 관심이 일기 시작했고, 그것과 더불어 공자나 유교에 대한 평가도 재고되기 시작했다. 우리 나라에서는 급속한 근대화와 그리스도교의 번창 속에서 그동안 철저히 잊혀졌던 옛 전통에 대한 관심이 되살아나기 시작했으며, 그리하여 한국적인 신학과 한국적인 교리에 대한 탐색이 본격화되었고, 또한 오늘날의 교회의 번창에도 불구하고 우리가 겪는 가치관의 혼란은 다시 전통의 가치들을 되돌아보게 하는 계기가 되었다.

이러한 상황이란 결국 우리의 정신적 뿌리가 되는 유교의 가치관과 그리스도교의 만남을 그 필연적인 귀결로 불러세운다. 우리는 이제까지의 본고의 탐색을 통해 포스트모던적 상황 — 초월적 신(神) 개념의 해체를 요구하는 그리스도교 이후적 상황 — 에서의 유교의 내재적 영성의 의미를 살펴보았다. 그것은 그 인본주의적이고 자연주의적인 성격으로 인해 오늘날의 상황에서 다시 종교

---

[107] 참조: U. Gerber, "Kontextuelles Christentum im Neuen China", *Theologische Zeitschrift*, Jahrgang 42, 1986 Heft 2 (Friedrich Reinhardt Verlag Basel).

적일 수 있고 다른 방식으로 새롭게 초월을 경험할 수 있게 하는 가능성이었다.[108] 모오트 교수에 의하면 공자가 지난 2,000년간 중국 문명에 기여한 것을 생각할 때 "역사에서 그토록 중대한 역할을 떠맡으면서도 단지 한 인간으로 남았다는 것은 인간의 업적 중 가장 희귀한 일"이라고 한다. "그를 신성화하려는 후대의 모든 가당치 않은 시도들을 저지하면서 그런 일을 그렇게 참을성 있게 해냈다는 것은 참으로 위대한 업적"이라는 것이다.[109]

그러나 이러한 유교의 인본주의와 자연주의가 그 안에 "초월성의 완전한 함몰과 상실"이라는 위험성을 내포하고 있다는 사실은 간과될 수 없다. 그리스도교에 비해 초월에 대한 뚜렷한 인식이 전개되지 못하였고 더군다나 일반 대중들에게는 천(天)에 대한 제사가 금지된 것으로 인해 오늘날에 와서는 거의 그 종교성을 상실할 위기에 놓이게 되었다. 이런 의미에서 볼 때는 그리스도교에서의 초월의 철저한 차이성에 대한 강조, '너'로까지 불려지는 친밀한 인격적 신관(神觀), 예수와 그 부활의 역사성에 대한 강조 등은 여전히 의미를 가진다. 이러한 상황은 곧 유교와 그리스도교가 이제 서로 배타적이거나 또는 어느 한쪽이 어느 한쪽을 포괄시켜 버리려는 지배주의적 태도 대신에 '서로 자극하며 서로 보완하는 입장'으로서 오늘날의 세속화된 상황에서 종교의 역할을 수행해 나가야 한다는 말이다. 곧 '유교적 그리스도교'(Confucian Christianity) 또는 '그리스도교적 유교'(Christian Confucianism)의 가능성을 이야기하는 것이다.[110]

이것은 그리스도교의 입장에서 보면 자신을 역사의 중심, 최종적인 가치의 담지자로 여겨오던 종래의 태도를 포기하고 "굴욕감을 맛보지 않고서는 받아들

---

[108] 이은선, 「왕양명과 페스탈로치(H. Perstalozzi)의 인식론적 존재 물음 비교연구」, p.91.

[109] 후레드릭 W. 모오트, 앞의 책, p.78.

[110] 이제까지 유교와 그리스도교간의 대화를 시도하는 작업은 우리 나라의 그리스도교 신학자들(윤성범, 변규룡, 김흡영 등)은 물론이려니와 줄리아 칭(Julia Ching)도 포함하여 '유교적 그리스도교'까지는 이야기했지만, 그 반대로 '그리스도교적 유교'에 대해서는 거의 의식이 없는 것으로 보인다. 그 이유는 그리스도교의 여전한 자아 중심주의 때문인 것으로 여겨지는데, 이렇게 대화에서 주체가 항상 그리스도교가 되는 "이 지점 이상 넘어가지 못함"에 대한 지적을 요즘 니터(P. F. Knitter)나 드라이버(T. F. Driver) 같은 신학자들이 하고 있다.

일 수가 없는",[111] 또한 "이 지점 이상 넘어가지 못함"[112]의 경고 표시를 파기하는 대전환의 태도이다. 이 전환의 가능성이 우리는 '신 중심적 그리스도론', 또는 우리의 해석대로 하면 '성령 중심적 사고' 속에서 찾아진다는 것을 보았다. 그러나 이러한 이론적 근거보다도 위의 우리의 화합을 더욱더 가능케 하는 기반으로서 우리는 바로 오늘날 우리 시대의 실천지향성을 보았다. 즉, '정론'보다 '정행'을 추구하는 입장에서 오늘날 지구가 당면한 위기의 상황 속에서 유교와 그리스도교가 같이 손을 잡고 일해야만 한다는 당위를 본 것이다.

유교는 '가정'이라고 하는 원형적인 진리를 우리에게 가르쳐 주었고, 그리스도교는 '공동체'(교회)라고 하는 가치를 일깨워 주었다. 오늘날 인간 삶에서 기초가 되는 이 두 가치가 크게 도전받고 있는 때에 유교와 그리스도교는 그들의 화합을 통해서 이 두 가지를 더욱더 새롭고 또한 조화로운 의미로 깨우쳐 줄 수 있다. 오래된 유교의 전통 속에서 세계 어느 나라에서보다도 더욱더 공고하게 가정의 유대를 지켜왔던 우리 나라, 또한 그리스도교 사상 그 유례가 없을 정도로 크게 성장한 교회를 가지고 있는 우리들, 이 두 가치의 조화로운 인식과 성장이야말로 오늘날 한국 민족이 세계에 줄 수 있는 한 대답이 아닌가 여겨진다. 오늘날 우리 자신도 이 두 가치의 붕괴라고 하는 위기 상황에 빠져 있지만, 그 위기는 또한 기회도 된다. 서구 신학자 한스 큉은 대화의 마지막에 가서는 "종교적 이중 국적"(religiöse Doppelbürgerschaft)의 가능성을 의심했지만,[113] 우리 아시아의 그리스도인들에게는, 특히 한국인들에게는 그 가능성이 그렇게 부정적으로만 보이지는 않으리라는 것이 본인의 생각이다.

---

[111] T. F. 드라이버, 앞의 책, p.53.　　　　[112] 폴 F. 니터, 앞의 책, p.237.

[113] Hans Küng / Julia Ching, *Christentum und chinesische Religion*, p.303ff.

유교적 그리스도론 ―
그리스도론의 교육적 지평 확대를 위한 한 시도

1. 유교적 그리스도론의 시도 배경과 그 지향

작년에 우리 나라에 번역 소개된 독일의 역사사회학자 노버트 엘리아스
(Nobert Elias, 1897~1990)의 『매너의 역사 ― 문명과 과정』은 어떻게 인간
의 삶이 그 구체적인 일상의 매너(습속, 예절) 속에서도 시간과 함께 변화해
왔는지를 극명하게 보여주고 있다. 그는 중세로부터 시작하여 유럽인들의 일상
의 습속인 식사예절, 오줌누기 등의 생리적 기능, 코풀기, 침뱉기, 침실에서의
행동, 성생활 태도, 공격 본능 등의 변천 과정을 탐색하였는데, 그것을 그는
"문명화 과정"(civilization)으로 규정하고 우리가 좀더 장기간의 과정에 주목
할 때 그 변화는 뚜렷하고 그것은 인간의 본능적 충동이 억제되고 자율적 자기
통제가 증가되는 방향으로의 전개라는 것을 뚜렷이 알 수 있다고 했다.[1] 예를
들어, 우리가 오늘날에는 도저히 생각해 보기 어려운 다음과 같은 일이 중세
시대의 도시들에서는 흔하게 볼 수 있었다고 하는데, 즉 목욕탕에 가기 위해서
사람들은 대낮에 집에서부터 옷을 벗고 가족들끼리 거리를 질주하여 몰려가는
것 등이다.[2]

　예수 그리스도에 대한 유교적 이해, 더 넓게 이야기하면 오늘의 세속화와 다
원주의의 시대에 예수를 새롭게 이해해 보려고 하면서 왜 이런 이야기로 먼저
시작하는가 하면, 어쩌면 오늘날 우리가 고수하는 전통적 예수의 모습이 후일
의 사람들에게는 마치 우리가 오늘 목욕탕에 가기 위해 집에서부터 옷을 벗고

---

[1] 노버트 엘리아스, 『매너의 역사』, 유희수 옮김(신서원, 1995).

[2] 위의 책, p.257.

거리를 질주해 가던 중세 사람들을 이해하기 어려워하는 것과 마찬가지가 아닐까 하고 생각했기 때문이다. 또한 장기간의 과정으로 보면 역사에서의 '변화'(pardigmshift)라는 것은 너무나 확실하여서 도저히 부정할 수 없다는 것을 보여주기 위해서이다. 사실 예수 시대에 예수가 하느님을 '아빠'라고 불렀던 것도 그 당시의 사람들에게는 도저히 상상할 수도 없는 일이었다.

이 예수가 그리스도로 고백되면서 시작된 그리스도교 이천여 년의 역사 가운데서 오늘날 그 전통적 그리스도의 이해는 도전받고 있다. 코페르니쿠스 시대 이후에 근대과학의 전개로 인한 도전에 가중되어 오늘날 '그리스도교 이후'(post Christian) 시대에 세계 제종교에 대한 정보가 가능해지고 다양해지면서 그 예수에 대한 이해는 다시 한번 근본적인 도전을 받게 되었다.[3] 특히 그의 신성, 즉 '수육'(incarnation)에 관한 질문이 그 중 가장 핵심적인 것인데, 왜냐하면 이제까지 전통적인 예수 이해는 여전히 고대 그리스적 형이상학의 틀 안에서 존재론적이고 실체론적으로 그의 신성과 그의 배타적인 유일회성을 주장해 오고 있기 때문이다. 21세기를 몇 해 앞둔 오늘 교회 예배에서도 여전히 '사도신경'이 외워지는 상황이지만, 우리 시대에 예수에 대한 '솔직한'(honest) 질문 등은 점점 더 크게 들린다; 예수는 과연 누구였을까? 그 당시 대부분의 이스라엘 사람들처럼 오랜 기다림과 피폐 속에서 살다가 예언자 세례 요한의 외침을 듣고 깨어나게 된 한 젊은이가 아니었을까? 교회가 일찍이 정통교리로서 수립한 그의 '선재'(pre-existence) 이야기는 과연 어디에 근거하는가? 그가 동정녀에게서 탄생한 때문일까, 또는 그의 기적 행위 때문일까? 예수는 진정으로 자기 스스로를 메시아와 하느님의 아들로서 이야기했을까? 그의 부활의 비밀은 무엇일까? 특히 그의 몸의 부활은 실체론적으로 일어난 것이기 때문에 그의 절대적 유일회성의 마지막 보루가 되는가 아니면 또 다른 의미를 지니는가? 이러한 모든 질문들은 요즘 서구 신학계에서 활발히 진행되고 있는 또 다른 그리스도론의 모습을 찾기 위한 시도들이다. 그것들은 '아래로부터의' 그

---

[3] John Hick, *The Metaphor of God Incarnate – Christology in a Pluralistic Age* (Westminster: John Knox Press, 1993), p.7.

리스도론, '신 중심적' 그리스도론, '실천'(구속론적) 그리스도론의 모습들로서 예수의 인성(역사적 예수)에 더 많은 관심을 두면서 그의 실천[正行]의 의미와 그것의 구체적이고 현재적인 활동[聖靈]의 구속사적인 의미에 더욱 관심을 가지는 모습들이다.[4]

이러한 그리스도론의 새로운 시도들과 같은 선상에 서서 본인은 여기서 그 예수 그리스도를 '유교적'으로 생각해 보고자 한다. 유교(儒敎), 또는 유학(儒學), 유가(儒家) 등으로 불리는 이 오래된 동아시아의 정신적 젖줄이 되는 유교는 그 핵심사상으로서 '도덕적 인본주의'를 가르치고 있다. 곧 그것은 그의 종교성 여부에 대한 끊임없는 논쟁에도 드러나듯이 그 관심이 인간과 윤리, 실천에 집중되는바 오늘날 그리스도론 논쟁에서 그의 신성이 문제시되었고, 대신에 그의 인성과 실천, 그리고 현재성에 대한 관심이 고조되었다면 바로 그 유교적 전통과의 대화는 매우 생산적일 수 있다고 생각하기 때문이다. 이 유교와의 대화를 불교와의 그것보다 더욱 창조적이라고 본 줄리아 칭은 사실 유교의 서구적 번역인 'Confucianism'은 별로 적합한 표현이 아니라고 하는데, 그것은 유교 전통 속에서의 공자(Confucius)의 위치는 그리스도교에서의 예수의 의미만큼 그렇게 결정적이지 않기 때문이라고 한다.[5] 이 지적은 타당하고 앞으로 우리의 대화에 많은 것을 시사해 준다.

유교와의 대화의 노력과 필요는, 그러나 단지 이렇게 이론적인 것만이 아니다. 오히려 오늘날 한국 그리스도교회의 현실과 신학적 정황, 그리고 사회 상황은 그 유교적 전통과의 대화를 요청하고 필요로 하는 것으로 보인다. 한국에 그리스도교가 처음으로 전해졌을 때에는 그리스도교는 당시 철저히 이데올로기화된 유교 전통에 비하여 하나의 전혀 새로운 가르침이었다. 이 처음 단계에서의 한국 그리스도교는 그러므로 주로 '정통보수' 교회의 그것이었고 여기서 유

---

[4] 폴 F. 니터, 『오직 예수의 이름으로만?』, 변선환 역(한국 신학연구소, 1987).
존 힉, 『하느님은 많은 이름을 가졌다』, 이찬수 역(도서출판 창, 1991).
Hendrikus Boers, *Who was Jesus?* (Harper & Row, 1989).

[5] 줄리아 칭, 『유교와 그리스도교』, 변선환 옮김(분도출판사, 1994), p.32.

교와의 대화가 이루어졌다면 그것은 단지 유교 쪽을 위해서, 즉 유교 전통에 속해 있는 사람들의 전적인 그리스도교에로의 개종과 설교를 위한 것이었다. 그 이후 한국 교회는 1960년대 후로 급속히 산업화되어 가는 한국 사회에서 민중교회와 민중신학의 모습으로 그 역할을 해나갔고, 그것은 지극히 창조적인 작업으로 세계교회에서 평가되었지만, 그러나 오늘날은 거기에만 머물러 있을 수 없는 상황이 되었다. 즉, 오늘날의 이데올로기 종식의 시대, 지구화와 세계화가 말하여지고 문명 전쟁의 시대가 이야기되어지는 이때에 한국의 교회와 신학은 이제 자신의 민족적 전통과 제종교와 대화하면서 자신의 정체성을 세워나갈 것을 요청받게 되었고, 그리하여 민중신학 쪽에서도 '민족은 곧 민중'이라는 입장을 가지고 민족과 종교, 종교신학에 관심을 가지게 되었다.[6]

얼마 전 매스컴은 한국 사람들이 가장 많이 선호하는 가훈으로서 가화만사성(家和萬事成)과 성실(誠實)을 전해주었고, 또한 오늘날 우리는 어렵지 않게 한국 사회를 이끄는 내적 주도력으로 바로 '배움'과 '교육'에의 열정을 감지할 수 있다. 이것은 국민 네 명 중의 한 명이 그리스도교인이라는 결과에도 불구하고 여전히 우리의 주도적인 가치관이 유교 전통의 영향 아래 있다는 것을 밝혀주는데, 교회는 여기에 어떻게 관여해야 하는지를 알지 못한다. 한편으로는 그동안 폭발적으로 증가한 보수교회나 신비교회처럼 자신의 관심과 영역 밖의 것으로서 여기며 관여하지 않거나, 그리하여 그 증가에도 불구하고 그 교회들은 한국 사회와 문화에 아무런 영향을 미치지 못하고 단지 한 섬으로서 민족의 전통과 역사에서 유리된 채, 또한 오늘날의 구체적 현실의 변화와는 무관한 채 존재한다.[7] 다시 말하면 오늘날 그렇게 많은 그리스도교인의 수에도 불구하고 한국 교회는 우리 사회에 뚜렷이 내세울 만한 나름의 문화를 형성하지 못하고 있다는 점이다. 그러나 다른 한편 이제까지 그러한 교회들과는 다르게 우리 사회와 역사에 적극적으로 관여했던 민중신학도 이제 그 한계를 드러내는 것이 보이는데, 단지 예전의 입장에서 예수 메시지의 핵심이 가난한 자와 억눌린 자

---

[6] 김용복, in: 심포지엄, 「세계화와 그리스도교 신학의 과제」, 『신학사상』 1995 봄, p.17ff.
[7] 정양모, in: 심포지엄, 「세계화와 그리스도교 신학의 과제」, p.16.

와 함께하는 것이니 오늘의 우리 사회 현실의 흐름은 단지 자신의 성공만을 꿈꾸는 이기적인 태도라고 정죄하는 것뿐이다. 이러한 후자의 지적에 대해 오늘날 젊은 세대들의 반응은 전자의 보수교회의 가르침에 대한 태도만큼이나 냉담하고 자신들과 동떨어진 것으로 생각한다.[8]

유교적 그리스도론의 탐색은 바로 이러한 한국 교회의 딜레마적 상황에 직면하여 그 유교적 에토스의 현실을 인정하고, 또한 그것을 가치있는 것으로 여기면서, 그러나 어떻게 그 에토스가 방향지어질 수 있을까를 탐구하는 것이다. 그것은 오늘날 다원적이고 점점 과학화되어 가는 상황에서 그 삶의 현실과는 동떨어져서 공허한 믿음만을 외친다거나 반대로 신비적 경험에만 매달리며 삶의 구체적 현실로부터 유리되어진 오늘날의 한국 교회를 넘어서려는 것이다. 또한 그것은 민중신학과는 달리 그것이 간과했던 사회의 의미 실현을 위한 개인의 수신과 단련의 의미를 다시 이야기하고 그것의 바람직한 방향을 제시해 보려는 것이다. 이 노력은 또다시 얘기하면 이제 한국 사회에서 한 건전한 그리스도교적 대안문화를 희망하는 것이고, 이제까지 한국 교회와 신학이 소홀히 해 왔던 교회의 교육적 실천, 그의 교육적 노력을 강조하려는 것이다. 여기에 바로 깊은 유교 전통의 배경에서 세계에서 유례가 없는 정도의 교회의 성장을 기록한 한국 교회와 신학이 새롭게 담당해야 할 한 창조적 과제가 놓여 있다고 생각하기 때문이다.

2. 공자와 예수

1) 20세기로 들어오면서 서구 신학계에서는 1906년 슈바이처(A. Schweizer)의 『예수전 연구』가 있었고, 1950년대 불트만(R. Bultmann)의 『공관복음 연구』, 그의 제자인 보른캄(Günther Bornkamm)의 『나사렛 예수』 연구 등이 있으면서 '역사적 예수'(the historical Jesus)에 대해 관심해 왔고, 그러나 한편

---

[8] 정현경, in: 베버리 해리슨과의 대담 「여성신학과 세계화와 자본주의」, 『기독교 사상』 1995년 11월(대한기독교서회), p.67.

그것의 한계가 지적되면서 신앙과 복음의 주(主)에로의 전회가 요구되어 왔지만, 그럼에도 불구하고 이 역사적 예수에 대한 관심은 점점 더 고조되어 왔다. 특히 오늘날의 다원화되었고 점점 과학화되어 가는 때에 이 연구는 다시 활기를 얻어 오늘날은 이 물음과 연결하여서 교회가 당면해 있는 딜레마적 상황을 풀어가도록 희망하게 되었다. '아래로부터의 그리스도론', '신 중심적 그리스도론'의 모습이 바로 그러한 표현이라고 생각되는데, 이들은 역사적인 인간 예수로부터 시작하여 그의 신성에 대한 물음을 키워나가고 우선 예수의 메시지와 그의 역사적 운명에 관심을 가진 다음에 비로소 성육신의 신비의 개념에 도달하고자 한다.[9] 이들의 관점에서 보면 종래의 그리스적 형이상학적 그리스도론, 즉 '위로부터의 그리스도론'은 그것의 실체론적 경향으로 예수의 형이상학적 본성을 충족시키는 데만 관심을 가져왔고, 따라서 여기서는 인간 예수의 구체적 삶이 진지하게 고려되지 못했으며, 결과적으로 한 특정한 역사적 존재에 의해서 신적 로고스가 완전히 독점, 해소되는 모습을 초래했기 때문이다.

이러한 입장에서 밝히는 그리스도교 역사에서의 그리스도론의 전개 과정에 따르면 원래 예수와 그의 추종자들 — 바울로도 포함해서 — 의 신앙은 종말론적 '하느님 신앙'이었다. 그러나 그것이 초기 교회가 형성된 후 뒤바뀌어서 현재-미래의 하느님 나라 이외에는 최종적인 것이 없다고 가르쳤던 바로 그 예수가 하느님의 최종적인 형식이라고 선포되었고, 그는 단지 '하느님의 말씀'이 되는 데 그치지 않고 '하느님의 마지막 말씀'이 되었다.[10] 그것은 초대교회가 그리스-로마 문화권으로 넘어가면서 유대교의 '하느님의 아들'의 이미지가 '성육신'과 '유일회적 신성화'의 개념으로 굳어진 것이다.

이러한 아래로부터 그리스도론의 탐색에서부터 이제 관계적 유일회성, 신 중심적 그리스도, 은유(metaphor)와 다수의 그리스도가 말하여진다면, 그것은 마침내 다른 제종교 전통들에서의 또 다른 신성들과 진정으로 대화할 수 있는 계기가 마련된 셈이며, 특히 유교 전통의 공자에 대한 평가에 있어서 그의 위

---

[9] W. Pannenberg, *Jesus – God and Man* (Westminster: SCM Press, 1988), p.35.

[10] T. F. 드라이버, 『변화하는 세계와 그리스도』, 김쾌상 역(대한기독교출판사, 1984), p.29.

대성과 독특성이 "역사에서 그토록 중대한 역할을 떠맡으면서도 단지 한 인간으로 남았다는 것"과 "그를 신성화하려는 후대의 모든 가당치 않은 시도들을 저지한 것"에서 보았다면,[11] 이 유교 전통과의 대화와 그 공자와의 관계맺음은 더 큰 의미를 지닌다고 하겠다. 왜냐하면 우리가 위에서 지적했듯이 오늘의 그리스도론에서의 핵심 질문은 바로 그의 신성에 관한 것이기 때문이다.

2) 역사상의 공자의 모습을 추구하는 것도 역사적인 예수의 탐색만큼이나 용이한 것이 아니다. 그의 구체적인 인간됨과 가르침을 가장 잘 전해주는 『논어』(論語)가 이루어진 것도 그의 사후 최소한 백 년이 지나서이고, 그의 전기 가운데서 가장 오래된 사마천(司馬遷)의 『공자세가』(孔子世家)도 거의 4백 년이 지나서야 씌어졌기 때문이다.[12] 이제까지 2,500여 년의 중국의 역사 가운데서 공자에 대한 평가는 많은 우여곡절을 겪어왔다. 한때는 수많은 스승 가운데 하나에 불과한 모습으로, 또는 한때 신격화되기도 했고 신의 반열에 끼우기 위한 조칙이 반포되기도 했으며, 반대로 비공(批孔)운동으로 존폐의 위기에 처하기도 했다. 그럼에도 불구하고 더욱 중요한 사실은 유교 전통에서 그가 결코 신화적으로가 아니라 역사적인 존재로서 자리잡고 있으며, 이것을 여전히 근본적인 전통으로 담지하고 있다는 사실이다.

그리스도교에서의 급진적인 신적인 변형과는 달리 유교 전통에서의 이러한 소이는 먼저는 바로 공자 자신의 자기에 대한 언명과 인식에 근거한다고 하겠다. 물론 공자 시대에도 그는 제자들에 의해 성인(聖人)이라고 고백되면서 그리스도교적 의미로 볼 때 신성시되기도 했지만, 그러나 그는 거기에 반박하며 자신은 단지 배우기를 싫어하지 않고 가르치기를 게을리하지 않는 노력하는 사람이라고 답변한다.[13] 한번은 제자 중의 하나가 어떤 계기에 그가 어떻게 묘사되기를 바라느냐고 묻자, 그는 자신의 상을 다음과 같이 뚜렷하게 밝힌다:

---

[11] 후레드릭 W. 모오트, 『중국 문명의 철학적 기초』, 권미숙 옮김(인간사랑, 1991), p.78.

[12] 한스 큉 / 줄리아 칭, 『중국 종교와 그리스도교』, 이낙선 옮김(분도출판사, 1994), p.129.

[13] 子曰 若聖與仁, 則吾豈敢 抑爲之不厭, 誨人不倦, 則可謂云爾已矣(『論語』 述而 第七).

그는 이런 종류의 사람이다. 참된 앎을 구하고자 하는 사람들을 일깨우기에 너무도 열중하여 밥먹는 것도 잊으며, 그렇게 하는 것이 너무도 행복하여 근심을 잊으며, 노년이 그에게 닥쳐오는 것도 깨닫지 못한다.[14]

여기서 공자는 자신이 스스로도 도(道)를 찾아가며 참된 삶을 위해 노력하는 한 겸허한 스승으로 그려지기를 원했다. 그는 다른 곳에서 "자신만큼 학문을 좋아하는 이가 없을 것이고", 자신은 "나면서부터 안 자가 아니라 단지 옛것을 좋아하여 급급히 그것을 구한 자"라고 밝힌다. 이러한 그의 허세 없는 인간적 자기 평가는 일생의 배움에 대한 그의 유명한 구절 "열다섯에 배움에 뜻을 두고, 서른에 서고, 마흔에 사리에 의혹되지 아니하고, 쉰에 천명을 알고, 예순에 귀가 절로 천명을 따르며, 일흔에 마음을 좇아하되 도리에 어긋나지 않는다"[15]는 고백에서 다시 한번 뚜렷이 나타난다.

이것은 그러나 줄리아 칭이나 거기에 응답하는 한스 큉도 지적했듯이 단순한 세속적 인본주의나 현학주의가 아니다. 여기에 대해서는 모오트도 공자의 윤리체계가 전적으로 비종교적이었다거나, 또는 더 나아가서 유교 문명이 종교와 관련없다고 말하는 것은 오늘날 현대적 사유에서 오는 불합리한 추론이라고 반박하였다.[16] 위의 큉은 그것은 오히려 셈계의 예언적 종교와 인도계의 신비종교와 함께 제3의 또 다른 종교적 그룹을 형성하는 "중국의 성인적(聖人的) 전통", "중국 지혜의 종교"의 표현으로 구분될 수 있다고 보았다.[17] 예언적 종교의 전통은 초월의 인격적 표현을 선호하고 그의 인격적 절대성과 배타성을 나타내는 신 중심주의이다. 그리하여 예수도 그 전통에 충실하여 자신의 모든 소망과 가르침을 '하느님 나라'라고 표현했고, 결국 그 속에서 자신도 이제는 '하느님의 아들', '아들이신 하느님', '삼위일체의 제2 위격'으로 고백되고 표

---

[14] 子曰 女奚不曰其爲人也, 發憤忘食, 樂以忘憂, 不知老之將致云爾(『論語』).

[15] 子曰 吾十有五而志于學, 三十而立, 四十而不惑, 五十而知天命, 六十而耳順, 七十而從心所欲不踰矩(『論語』 爲正 第二).

[16] 후레드릭 W. 모오트, 앞의 책, p.70.　　　[17] 한스 큉 / 줄리아 칭, 앞의 책, p.134.

현되었다.[18] 이러한 신 중심주의는 그리하여 과도한 신화화를 낳았고 ― 동정녀 탄생, 부활 등과 관련하여 ― 마침내는 '그리스도 독재주의', '그리스도 우상주의'에 빠지게 되는 결과를 초래했다.[19]

그러나 그 그리스도교와 다른 전통에 놓여 있는 공자의 종교성은 오히려 다른 곳에서 찾아져야 한다. 즉, 그것은 어떤 한 초월적인 인격적인 신에 대한 고백이 아니라 인간에 대한 신뢰, 배움의 도상에 있는 인간의 완성과 학과 예, 도를 통한 그의 가능성 등에 대한 믿음이다. 후에 어떤 은자는 공자를 "되지 않을 줄 알면서도 하는" 사람이라고 평가했다고 지적하는데, 공자는 당시 붕괴되어 가는 예악 문화를 예전의 주공 시대처럼 회복한다는 것이 불가능하다는 것을 알고 있었으면서도 그러한 이상을 위해 노력하지 않으면 안된다고 생각했고, 스스로 그렇게 노력했으며, 또한 남도 그렇게 가르치는 데 모든 것을 쏟았다. 공자는 자신을 해하려는 한 시도에 대해 "하늘이 나에게 덕(德)을 주었는데, 환퇴가 나를 어찌 하겠는가?"라고 응수하였다.[20] 또한 그는 자신의 이러한 가르침에 가장 합당하게 여겨지는 제자 안회(顔回)가 죽자 "아! 하늘이 나를 망하게 하였구나! 하늘이 나를 망하게 하였구나!" 하고 통곡하였고, 그 제자 안회는 "다른 사람들은 하루나 한 달에 한 번 인(仁)에 이를 뿐인데, 그 마음은 3개월 동안 '인'을 떠나지 않았고", "전진하는 것만을 보여주었고 중지하는 것을 보이지 않았으며", "끼니를 굶으면서도 도(道)에 대한 기쁨으로 가득 찬 사람"이었다고 소개한다.[21] "하늘에 죄를 지으면 빌 곳이 없다"라고 하며 "독실하게 믿고 배우기를 좋아하며, 죽기를 한하고 지키고 '도'를 잘 해야 한다"[22]고 가르친 공자에 대해 『논어』(論語) 향당(鄕黨) 제10편은 어떻게 그가 일상의 모든 삶에서, 조상을 섬기는 일과 공직의 일터에서, 먹는 것과 입는 것, 자는 것, 그리고 사람들을 대하는 일 등에서 극기복례(克己復禮)하려고 노력했는지를 생생하게 그려주고 있다.

---

[18] 폴 F. 니터, 앞의 책, p.245.

[19] Mary Daly, *Beyond God the Father*, (Boston: Beacon Press, 1973), p.69ff.

[20] 子曰 天生德於予, 桓魋 其如子何(『論語』 述而 第七).

[21] 『論語』 先進 第十一, 雍也 第六, 子罕 第七.　　　　[22] 『論語』 泰伯 第八.

3) 이렇게 공자 자신의 자기 이해와 더불어 그 가르침의 내용이 가지는 도상적(道上的) 성격과 인본주의적 성격은 그리스도교 전통에서와는 달리 그 창시자의 신격화를 필요로 하지 않았다. 이미 11세기 송나라의 성리학에서는 그 경향이 더욱 두드러졌고, 명나라 양명학의 이해에서는 마치 오늘날 그리스도교 신학에서 신 중심적 그리스도론을 시도하고 아래로부터의 그리스도론을 시도하여 그리스도 우상주의를 타파하려고 하는 것과 마찬가지로 공자에 대한 비신화화, 그것과 더불어 경전〔經〕의 비신화화가 시도되었다. 사실 유교 전통에서의 경(經, 고전)의 의미는 오히려 공자 자신의 위상보다 그리스도교 그리스도의 절대성에 더 가까운 것인데, 16세기 명나라 시대에 심하게 경직된 주희 성리학과 그의 객관주의, 문자주의에 대항해서 주관의 심(心)의 발견을 경험한 양명은 당시 『대학』(大學)의 판본과 관련된 논변에서 자신이 주희와는 달리 원본〔『大學古本』〕을 선호하는 이유를 다음과 같이 밝힌다. 그것은 당시 신격화되다시피 한 주희의 논을 넘어서 원래의 공자에게로 돌아가는 것이고, 그러나 그 공자도 다시 넘어서서 그에게 있어서 가장 고유한 내면의 심(心)의 권위에로 돌아가는 것이다:

> 배움에 있어서 가장 중요한 것은 그것을 마음의 실행을 통해서 얻는 것이다. 가르침의 말씀들을 마음에 점검해 보아 그것이 잘못되었다고 판명되면 나는 그것이 비록 공자의 입에서 나왔다 하더라도 옳은 것으로 받아들이지 않는다. 하물며 공자보다 훨씬 더 못한 사람들의 입에서 나온 것들이야. 또한 만약 그 가르침이 마음에 비추어봐서 옳다고 여겨지면 나는 그것이 비록 한 평범한 범부의 입에서 나왔다 하더라도 그것을 그르다고 하지 못한다. 하물며 공자의 말인데, 더욱더 그렇지 않겠는가.[23]

---

[23] 夫學貴得之心求之於心而非也, 雖其言之出於孔子不敢以爲是也, 而況其未及孔子者乎. 求之於心而是也, 雖其言之出於庸常不敢以爲非也, 而況其出於孔子乎. 陽明全書 朋一, 대만 중화서구인행, p.217.
Instructions for Practical Living and other Neo-Confucian Writings by Wang Yang-ming, trans by Wing-tsit Chan, (New York: Columbia University Press), p.159.

고전의 육경이 모두 자기 마음의 각주이며, 공자가 육경을 편한 이유란 단지 사람들로 하여금 성인의 가르침을 좀더 쉽게 찾을 수 있게 하기 위해서였다고 하는 그는 그러므로 도(道)란 결코 주희나 공자까지라도 그들에게만 소유된 것이 아니고 모두에게 열려 있고 누구에게나 그 마음을 구체적으로 닦음을 통해서 밝혀질 수 있는 것이라고 설득한다.[24] 이러한 16세기 명나라 양명의 가르침은 오늘날 변화된 상황에서 예수에 대한 한 새로운 이해를 추구하는 그리스도교 신학자들에게 좋은 시사가 된다.

3. 성(誠)과 수육

1) '예수는 누구였는가?' (Who was Jesus?) 이것을 탐색하는 최근의 성서신학적 연구는 그러나 그리스도교 전개의 역사 속에서 볼 때는 그 예수 삶의 구체적인 사실들과 그 말의 진위 여부 등을 묻는 물음들은 대답하기 어렵고 또한 적절한 것이 아니라고 다시 지적하는데, 오히려 그 그리스도교의 전개를 위해서 예수에게 중요한 것은 그가 그의 추종자들에게 영향을 끼쳤다는 것이며, 그의 삶과 그의 가르침의 전통 안에서, 그리고 그의 탄생과 어린 시절에 관한 설화의 이야기들 속에서 그의 영향력이 충격으로 표현된 사실이라는 것이다. 메시아를 기다리는 유대의 전통 안에서 세례자 요한을 따랐던 한 추종자로서 예수가 죽자, 그러나 그 무리들이 흩어져 버리지 않았고 교회가 세워졌으며, 그 후 전세계로 퍼지는 한 종교적 그룹으로 전개되었다는 것, 어떠한 인상을 그가 무리들에게 남겼으며, 무엇이 그 그리스도교 신앙의 탄생을 동기지었는가 하는 여기에 더 큰 의미가 있다는 것이다.[25] 이것은 결국 우리가 아무리 철저하게 역사적 예수를 말하고 그를 비신화화해도 그가 '하느님의 아들'로서 고백되었다는 사실을 간과할 수 없다는 것을 말하며, 그리하여 그의 그 '수육'에 대해서

---

[24] Wing-tsit Chan, op. cit., p.163ff.　　　[25] Hendrikus Boers, op. cit., p.94.

말해야 하고, 또한 여기에 그 그리스도교 신앙의 신비가 있음을 보는 것이다. 다르게 얘기하면 그의 '부활'에 관한 이야기를 하는 것이다.

사도행전 2장에서 베드로가 시편 16,8-11의 다윗의 시를 인용하면서 행한 예수의 부활에 관한 설교는 그들의 예수에 대한 신앙, 그의 주됨과 그리스도됨의 신앙이 어떻게 시작되었고 전개되었는지를 밝혀준다. 그것은 그의 부활이었고, 그것을 통한 약속된 성령의 부음으로 고백되고 있다(사도 2,24.33).

이 사건을 통해서 예수가 하느님의 아들로 고백되었고, 제자들이 다시 모이게 되었으며, 공동체가 시작되었으므로 그리스도교 교회는 이후로 점점 더 이 그리스도에 대한 고백을 강화하였고, 부활과 더불은 이 고백은 그후 그리스도교의 가장 기본적인 기준으로 삼아졌다.[26] 먼저는 유대교에 대하여 자신들을 구분하는 기준으로, 그리고 세계 여러 종교적 전통과의 만남에서 기준이 되었다.

이 부활 사건과 관련된 그리스도교의 절대성 내지 우월성의 요구는 오늘의 신학자 파넨베르크에게서도 나타난다. 그는 보편사로서의 역사의 모든 영역을 하느님의 계시 영역으로 보는 것을 통하여 전통신학의 그리스도론적 폐쇄성을 극복하려 했지만, 부활 사건 자체를 철저하게 역사적 사실로서 고집하면서 그것을 전체 역사 속에서의 하느님의 '선취'로 풀이하며 여전히 종래 신학의 그리스도론적 우월성의 요구를 표현하고 있다. 물론 그가 예수 부활의 사실성이 그리스도교의 모태가 되는 유대 묵시문학적 부활 사상과의 연관 속에서만 밝혀질 수 있고, 빈 무덤으로서의 예수 부활에 대한 초대교회의 확신은 여전히 부활한 이에 대한 경험으로부터 생겨난 사실성이라고 얘기하기도 하지만,[27] 예수 부활의 역사성에 대한 배타적 집중은 그가 서구 그리스도교 중심주의의 여전한 한계 속에 있는 것을 보여주는 것이다.

똑같이 역사적 예수에 대한 관심에서부터 시작하지만, 부활에 대한 또 다른 이해 속에서 다원적인 대화의 가능성을 더 크게 열어놓은 사람들이 바로 '다수의 그리스도', '은유의 그리스도'에 대해서 말하는 일련의 신 중심적 그리스도

---

[26] Ibid., p.110.

[27] W. Pannenbeg, *Grundfagen systematischer Theologie*, Bd II. (Vandenhock, 1979).

론자들이다. 이들에 따르면 자신들의 신 중심적 사고야말로 죽은 자의 하느님을 믿는 것이 아니라 산 자의 하느님, 부활하신 그리스도를 믿는 일이라고 한다. 이들은 부활 사건 속에서 그것이 바로 주관들에 의해서, 예수 주변의 사람들에 의해서 경험되고 고백되었기 때문에 부활이 되었다는 것을 강조하며, 이와 마찬가지로 그 사건이 오늘 우리의 현재-미래에서 역동적인 힘으로 역할하는 일이 없을 때에는 그 역사적 사실의 입증도 아무런 의미가 없다고 지적한다.[28] '다수의 그리스도'에 대해서 말하는 드라이버에 따르면 부활보다도 더 명백하거나 결정적으로 "주관성과 객관성의 일치"가 되는 일이 없다. 따라서 교회의 그리스도가 과거의 그리스도에 지나지 않는다면, 그리고 그 그리스도가 새롭게 첨가될 수도 없고 변할 수도 없으며 성서의 유산을 뛰어넘을 수도 없다면, 그런 그리스도는 죽은 그리스도가 된다. 그리스도는 하느님(객관)과 세상(주관)과의 만남의 인간적인 형식이기 때문에 세상의 삶이 변하듯 이 만남도 변하므로 '다수의 그리스도', '복수의 그리스도'가 존재한다는 것이다.[29]

같은 맥락에서 전통의 형이상학적 수육론을 '은유의 그리스도론'으로 대치할 것을 권유하는 존 힉은 은유로서의 예수의 성육신 이야기는 다음의 세 가지 방식으로 언표될 수 있다고 제시한다. 그것은 첫째, 예수가 하느님의 뜻을 실행한 한에 있어서 하느님은 그를 통해서 세상에서 활동했고, 그런 의미에서 그는 예수 안에 수육되셨다. 둘째, 예수가 하느님의 뜻을 행한 한에서 그는 하느님에 대한 응답과 개방 속에서 살았던 인간적 삶의 이상을 수육했다. 셋째, 예수가 자신을 내어 주는 사랑, 아가페의 삶을 살았던 한에서 그는 무한한 신적 사랑의 유한한 반영인 한 사랑을 수육했다는 것이다.[30] 이것은 결국 그의 말에 따르면 "예수의 삶에 있어서의 하느님의 수육의 이념은 예수가 두 자연을 지녔다고 하는 데 대한 형이상학적 주장이 아니라, 하느님이 그것을 통해서 세상에 활동하신 그런 삶의 의미에 대한 은유적 언표이다. 예수 안에서 우리는 하느님

---

[28] T. F. 드라이버, 앞의 책, pp.44, 314.　　　　[29] T. F. 드라이버, 앞의 책, p.207.

[30] John Hick, *The Metaphor of God Incarnate – Christology in a Pluralistic Age*, p.105. 참조: 이정배, "그리스도론의 한국적 이해", 「한국 조직신학 논총」 Vol.II(한국 조직신학회편 1996).

의 현존에 대한 응답과 그에 대한 인식에 있어서 놀랄 만한 정도로 살았던 한 인간을 보게 된다"고 한다.[31]

2) 이상과 같이 서구 그리스도론자들이 인간 삶의 다양한 방식에서 나올 수 있는 '다수의 그리스도'에 대해 이야기하고, 또한 진정으로 한 인간이었던 역사적 예수 삶에 대한 은유로서 수육에 대해 얘기했다면 우리는 그러한 이해의 좀 더 풍부하고 창조적인 동아시아적 파악을 위해서 우리 유교 전통에서의 인간 실현의 의미체계들을 살펴보고 싶어진다. 왜냐하면 우리가 앞에서 공자의 이해에서도 살펴보았듯이 유교 전통의 핵이란 바로 인간의 성인화(聖人化, 聖人之道), 그리스도교적인 용어로 얘기하면 인간의 또 하나의 그리스도화(수육)에 관한 가르침이기 때문이다. 유교 전통에서 그것에 대한 한 개념으로서의 정리가 바로 성(誠)이라고 생각한다. 따라서 지금부터의 우리의 과제는 그 '성' 안에 나타난 유교적 초월의 수육에 대한 이야기를 살펴보는 것이다.

유교 형이상학의 한 축을 이루는 『중용』(中庸)에서 중(中)에 이어 또 다른 핵심사상을 구성하는 성(誠)에 대한 이야기는 '귀신', 또는 신(神)에 대한 이야기에 뒤이어서 전개된다. "그 덕이 지극하고", "사물의 본체가 되며", "이르름을 예측할 수 없는" 은밀한 귀신, 또는 '신'이 드러나듯이 "성(誠)의 가리울 수 없는 것"이 바로 이와 같다는 것이다. 여기에 이어서 『중용』 바로 그 '성'을 '하늘의 도'로 이름하는 다음과 같은 유명한 구절을 이야기한다.[32]

> 성실한 것[誠者]은 하늘의 도요, 성실히 하려는 것[誠之者]은 사람의 도이니, 성실한 사람은 힘쓰지 않아도 맞으며, 생각하지 않아도 터득하며, 종용히 도에 맞는 것이니 이것은 성인이다. 성실히 하려는 사람은 선을 택하여 굳게 잡는 자이다.

---

[31] Ibid., p.106.

[32] 『中庸』, 誠者 天之道也. 誠之者 人之道也. 誠者 不勉而中, 不思而得, 從容中道 聖人也. 誠之者 擇善 而固執之者也.

이미 해천(海天) 윤성범이 성(誠)의 어원적인 뜻에 주목하여 '말'[言]과 '이루어짐'[成]이 합성된 문자로서 그것은 요한 복음 1,14의 "말씀이 육신이 되어"라는 것과 유비될 수 있다고 지적했듯이 그것은 '말한 바[言]가 반드시 이루어지도록[成] 정성을 다하는 것'이다. 이와 아울러 '참', 또는 '진실', '꾸준함', '한결같음' 등의 뜻을 포함하여 행위를 통해서 이루어지는 자신의 진실성과 남들에게의 신뢰성을 의미하는 것이다.[33] 이렇게 인간 삶에서 가장 실제적이고 기초적인 덕목으로부터 유교 전통은 '하늘의 도'[天之道]를 끄집어냈고 그것을 그리스도교적인 용어로 하면 초월적인 하느님이 인간 속에서 수육된 모습을 그린 것이다. 그리하여 한국 그리스도교회 최초의 신자들인 이벽과 정약용(1762~1836)은 바로 이 성(誠)의 의미 안에서 예수 그리스도를 이해하였고, 후자는 더 나아가서 이미 초월의 수육에 대한 유교적 가르침인 '성'이 있음으로 해서 더 이상 서구 그리스도론의 가르침이 필요하지 않게 되었음을 밝힌다.

『중용』에서의 '성'에 대한 이야기는 그 '성'이 만물의 초월적인 존재원리가 됨과 동시에 구체적 인간 삶의 실천윤리가 되고, 그 둘이 하나이고 결코 둘이 아님을 여러 가지 측면에서 가르친다. 먼저 초월적이고 우주적으로 만물의 존재와 생성의 원리로서 파악된 면을 살펴보면 "성은 만물의 마침과 시작이니 그것이 없이는 아무것도 존재할 수 없다"[誠者 物之終始 不誠無物]. "천하를 다스리는 데 아홉 가지 경(經)이 있지만, 그것을 행하게 하는 것은 하나[誠]이다"[凡爲天下國家 有九經 所以行之者一也]. "성은 스스로 이루어지는 것이요, 도는 스스로 인도되는 것이다"[誠者 自成也 而道自道也]. 이 도(道)는 치성(致誠)으로서 "쉼이 없고", "땅의 도로서 넓고 두터우며", "하늘의 도로서 높고 밝으며", "오래하고 다함이 없다". 즉, 만물을 이루는 "천지지도"(天地之道), "천하지도"(天下之道)가 되는 것이다.

이 '성'을 따르는 것[誠之者]을 인간의 도리라고 했듯이 바로 이러한 하늘과 땅의 도는 곧바로 인간의 도리가 되고 군자가 나아갈 길이 되며, 성인 속에서

---

[33] 『한국 사상의 본질과 율곡학』, 한국사상논업 1(제문당간, 1978), p.65.

체현되는 "성인지도"(聖人之道)가 됨이 지적된다. 『중용』 21장의 가르침에 따르면 그 앞에서 천명(天命)으로 파악된 인간의 성(性)〔天命之謂性〕은 바로 이러한 성(誠)에 의해서 밝아지고, 밝아짐으로 말미암아 다시 성실해지는 것이 교육이 된다〔自誠明 謂之性, 自明誠 謂之敎〕. 그 배움에서의 모습은 "널리 배우며, 자세히 물으며, 신중히 생각하며, 밝게 분별하고, 독실히 행하여야 하는데", 그 성실함의 지경을 다음과 같이 제시하고 있다.

> 배우지 않음이 있을지언정 배운다면 능하지 않고서는 그만두지 않으며, 묻지 않음이 있을지언정 묻는다면 알지 못하거든 놓지 말며, 생각하지 않음이 있을지언정 생각한다면 얻지 않고서는 놓지 말며, 분별하지 않음이 있을지언정 분별한다면 분명해지지 않으면 그만두지 않고, 행하지 않을지언정 행한다면 독실치 않고서는 그만두지 말아, 남이 한 번에 능하거든 나는 백 번을 하며, 남이 열 번에 능하거든 나는 천 번을 하여야 한다.[34]

이렇게 성실되고 진실되게 살아가는 것이야말로 『중용』에 따르면 자신의 천성(天性)을 다하는 것이고, 그렇게 하면 다른 사람의 성(性)을 다하게 하고 세상 만물의 성(性)을 다하게 하여 마침내는 천지의 원리로서의 성(誠)이 만물을 존재케 하고 생성케 하듯이 "천지(天地)의 화육을 돕게 되고"〔則可以贊 天地之化育〕, "그 천지와 더불어 같이 참여하게 된다"〔則可以與 天地參矣〕고 한다. 마치 그리스도교 전통에서 창조주 하느님을 조력하는 인간, 만물을 새롭게 하는 그리스도의 모습을 그려주는 듯하며, 그 그리스도의 다시 오심을 기다리듯이 『중용』의 마지막 장들은 바로 그러한 성(誠)의 체현자로서 군자(君子), 성인(聖人)에 대한 기다림과 고대를 적고 있다. 그리고 그러한 '성인'의 모습이 어떠할 수 있을지를 『시경』(詩經)의 글들을 인용하여 그려내고 있다. "그의 움직임은 대대로 천하(天下)의 도(道)가 되고, 그의 행함은 대대로 천하의 법(法)이 되

---

[34] 有弗學 學之 弗能 弗措也 有弗問 問之 弗知 弗措也, 有弗思 思之 弗得 弗措也,, 有弗辨 辨之 弗明 弗措也, 有弗行 行之 弗篤 弗措也 人一能之 己百之 人十能之 己千之(『中庸』 20).

며, 말함은 대대로 천하의 준칙(準則)이 되는 사람이다"(『중용』 29). "저기에 있어도 미워하는 사람이 없으며, 여기에 있어도 싫어하는 사람이 없다." "사시 (四時)가 교대하여 운행함과 같고 일(日)과 월(月)이 교대하여 밝음과 같고", "그의 덕이 넓은 것은 하늘과 같고, 깊고 근원적인 것은 연못과 같으니 나타남에 백성들이 공경하지 않는 이가 없고, 말함에 백성들이 믿지 않는 이가 없고, 기뻐하지 않는 이가 없다"(『중용』 31). "그는 '비단옷을 입고 홑옷을 덧입는 것'과 같이 너무 드러남을 싫어하고 은은하되 날로 드러나고", "상주지 않아도 백성들이 권면하며, 노하지 않아도 백성들이 작도나 도끼보다도 더 두려워하는" 그런 모습이다(『중용』 33). 가장 지극한 표현으로서 "소리도 없고 냄새도 없는 상천(上天)의 일"과 같은 신비의 모습이다(『중용』 33).

3) 개신교의 윤성범도 그렇고 이벽의 유교적 그리스도 이해인 『성교요지』(聖敎要旨)를 해석해 낸 가톨릭의 이성배도 마찬가지로 이러한 성인(聖人)의 모습을 오직 역사의 예수 한 점에게만 고정시킴으로써 그들의 그리스도론은 여전히 전통의 배타적 테두리 안에 놓여 있는 것이 된다. 그러나 우리가 앞에서 살펴보았듯이 예수의 성육과 부활의 의미를 다원적으로 해석해낸 일련의 그리스도론자들이 '다수의 그리스도'에 대해서 말했다면 그것은 유교 전통의 '성인' 이해와 구체적인 인간 덕목의 모습으로부터 파악된 성(誠)의 의미와 훨씬 긍정적인 관계를 맺을 수 있는 것으로 보인다. 『중용』의 성(誠)은 송대 성리학에서 우주 만물에 내재하는 근본 원리인 리(理)와 결합되었고, 명대의 양명에게서는 다시 그 '리'의 지극히 인간적이고 실천적인 표현인 각자 마음 속의 양지(良知)와 연결되었는데, 그것으로써 그는 다시 한번 누구나가 평등하게 그 '양지의 실현'[致良知]을 통해서 성인의 경지에 도달할 수 있음을 분명히했다. 그는 『대학』(大學)에서 성인의 경지에 이르는 길로 가르치는 '여덟 가지 조목'[格物, 致知, 誠意, 正心, 修身, 齊家, 治國, 平天下] 가운데서 특히 성의(誠意)와 정심(正心)의 뜻에 주목하는데, 성인의 모든 가르침이 여기에 집약될 수 있고 주희의 주지주의에서 강조하는 사물에 대한 지적 탐구인 격물(格物)이라는 것도 바로 다른

것이 아닌 그 사물에 임했을 때의 나의 마음의 뜻을 바르게 하는 것이라고 한다.[35] 우리 마음 속에 삶의 나침반으로서 존재하는 양지의 가르침에 따라 그때그때 상황의 변화 속에서 어떻게 살아가야 하는가를 묻는 일이 바로 그 양지를 키워가는 치량지(致良知)의 과정이고, 그것은 우리 마음 속의 성(誠)을 밝혀가는 과정이라고 했을 때, 그것은 바로 우리가 그리스도의 부활로 인해서 받게 된 성령의 인도하심을 생각나게 하고, 그런 의미에서 공자나 양명뿐만 아니라 양지를 가지고 있는 우리 모두는 오늘날의 다수의 그리스도에 속하게 되는 것이다.[36] 역으로 예수의 수육이란 바로 그 마음 속의 성(誠)과 양지에 대한 뚜렷한 자각이 되고, 그 양지를 지극히 키워낸 것이며, 성(誠)의 지극한 실행을 통한 한 성(聖)인의 모습이다. 그의 유·불·선의 사상이 그리스도교를 만나면서 창조적으로 어우러져서 표현되는 다석(多夕) 류영모의 예수 이해는 바로 이러한 이해에 가장 가까운 것이 아닌가 여겨지는데, 그의 성(誠) 이해에 대한 풀이를 보면;

> 성(誠)인 얼나〔誠〕는 그 자체가 길이요 참이요 빛이라 힘쓰지 않아도 맞고 생각하지 않아도 얻는다. 이는 있어서 있는 저절로의 생명〔中道〕이니 곧 성인(聖人)이다. 예수의 몸이 그리스도가 아니고 석가의 몸이 부처가 아니듯 공자의 몸이 성인이 아니다. 예수·석가·공자의 마음 속에 온 얼이 그리스도요 부처요 성인이다. 하느님과 얼로 영통하고 내통하는 이가 그리스도요 부처요 성인이다. 성(誠)인 얼을 맞는 제나〔自我, ego〕는 성(誠)인 얼나를 꼭 잡고 놓치지 말아야 한다. 이것을 중용에서는 택선고집(擇善固執)이라고 했다.[37]

이 성(誠)의 뜻을 자기 사상의 핵심으로 삼아 창조적으로 전개시킨 율곡에 이어서 정다산도 이 '성'의 의미 안에 천(天)을 마주한 인격의 모든 비밀이 내재해 있음을 보았다. 그리하여 그 시대의 여러 소용돌이 속에서 수십 년간을 귀양살이하면서도 항상 '성'이란 글자를 반복하면서 그 '성'에 대한 굳센 믿음의

---

³⁵ Wing-tsit Chan, op. cit., p.271ff.　　　³⁶ 이은선, 앞의 글.

³⁷ 『中庸 에세이』, 류영모 옮김, 박영호 풀이(도서출판 성천 문화재단, 1994), p.241.

자세로 온갖 어려움을 견뎌내었음이 이야기된다.[38] '성'이란 유교적으로 이해된 참 하느님·참 인간, 곧 참된 그리스도의 모습이 되는 것이다. 그런 의미에서 신학자 이신(李信)은 예수를 "신뢰(성실성)의 그루터기"로 표현하였다. 이 언어의 부패의 시기에 그는 참으로 우리가 믿을 만한 삶의 기반이 된다는 것이다.[39]

4. 구원에 이르는 길: 격물(格物)과 신앙 — 인(仁)과 효(孝) 그리고 사랑

초대 그리스도교회의 형성에 있어서 그 존재론적인 근거는 점점 더 예수가 그 주변 사람들에게 행했던 삶과 행위, 그것을 따르는 제자됨의 실행에서부터 '그에 대한 믿음'(faith in him), '그리스도에 대한 신앙'(faith in Christ)으로 옮겨갔다. 이러한 전이에는 그러나 우리가 위에서 살펴보았듯이 한 "위험스러운 요소"가 내포되어 있는데, 이미 신약성서 안에 그 위험 요소가 지적되어서 마태 복음 7,21의 "나더러 주여, 주여 하는 자마다 천국에 다 들어갈 것이 아니요, 다만 하늘에 계신 내 아버지의 뜻대로 행하는 자라야 들어가리라"고 경고되었다.[40]

오늘날의 변화된 상황 속에서 이 위험성을 더욱더 감지하고 다시 본래 예수의 삶과 행위, 그의 사랑의 실천에 주목하는 그리스도론자들은 그리하여 자신들의 그것을 "윤리적 그리스도론", "실천 그리스도론"으로 명명하고, 여기 이곳과 실천·윤리, 그리고 인격의 구체적 변화를 강조하게 되었다. 이들에 따르면 윤리가 그리스도론의 시작이요 마지막이므로 그리스도론의 과제는 그 그리스도의 역할을 개인과 사회의 양심을 성취하는 면에서 규정하는 것이어야 한

---

[38] 이성배, 앞의 책, p.270.

　금장태, 「다산 정약용의 인격 이해」, in: 『인간관의 토착화』, 사목연구총서 8(한국 천주교 중앙협의회), p.167ff.

[39] 李信, 『슐리어리즘과 靈의 신학』, 이은선·이경 엮음(종로서적, 1992), p.229.

[40] Hendrikus Boers, op. cit., p.11.

다. 또한 그 방법에 있어서도 그 그리스도를 윤리의 배타적 규준이나 완성으로서가 아니라 우리의 "윤리 발전의 동반자"로 보는 것이다.[41] 이들은 예수를 따름이 없이는 그 예수가 도무지 누구인지 알 수 없다고 하면서 그 예수를 따르는 구체적 실천을 모든 그리스도론적 진술을 평가하는 시금석으로 삼았다. 그리하여 이러한 입장에서 부활을 생각해 보면, 부활의 확신이란 그것에 관한 낱낱의 객관적인 증거들을 축적해 감으로써 얻어지는 것이 아니고, 또한 거기에 관한 많은 신조들을 되뇌며 가지게 되는 것이 아니라 그 진리를 자신의 구체적인 삶에서 실천적으로 실행해 나감으로써 가능해지는 것이다. 더 넓게 생각해 보면, 여기서 이해되는 구원의 성취란 예수가 그것을 '모든 사람을 위하여 단번에' 이룬 것이라고 하면서 '온 세계의 죄를 사하기 위해 유일회적인 완전한 희생제물이 되었다'고 되뇌는 데 있는 것이 아니라, 부활의 영에 의해서 양심이 일깨워져서 자신의 양심을 예수 뒤에 숨기지 않고 그 양심을 철저화시키는 데 있다는 것이다.[42] 성서신학자 보어스는 마태 복음 기자가 그 11장 5절에서 예수에 대한 신앙의 고백을 궁핍한 자들에 대한 배려의 의미로서 해석해 낸 것은 그리스도교의 근원적인 입장에로 다시 돌아간 것을 의미하며, 그렇게 함으로써 인간적인 고통의 배려를 "그리스도교의 중심원리"로 인정한 것이라고 한다.[43] 다시 얘기하면 "그리스도인이 되었다는 것의 궁극적인 의미는 결코 예수에 대한 공적인 고백(public confession)이 아니고, 그 예수가 그랬던 것처럼 종교적으로나 사회적으로, 그리고 도덕적인 의미에서 멸시받는 사람들의 인간적인 존엄을 인정함으로써 그 예수에 대한 긍정과 확언(the affirmation of him)"을 표현하는 것이라고 한다.[44] 이렇게 오늘의 실천 그리스도론자들이 전통적인 의미의 예수에 대한 '신앙' 대신에 그의 삶을 따르는 '실천'을 강조하고, 또한 그것과 함께 이제 '구원'이라고 하는 것을 어떤 단일회적이고 개인적인 차원에서만의 성취가 아닌, 지속적인 "인간적인 변형"(human transformation)으로, 그리고 "범세계적인 과정"(salvation/liberation as a world-wide

---

[41] T. F. 드라이버, 앞의 책, p.36.

[42] 위의 책, p.34.

[43] Hendrikus Boers, op. cit., p.131.

[44] Ibid., p.131.

process)으로서 고백했다면[45] 그것은 바로 지금 우리 대화의 파트너가 되는 유교 전통에서의 세계의 미실현 방법과 매우 유사한 것이 되어 대화의 풍부한 열매가 기대된다. 유교 가르침의 핵심으로서 그 실천적이고 윤리적인 의미와 교육적 가치, 그리고 공동체적 의미를 들 수 있기 때문이다.

1) 인(仁)과 사랑

"애초에 예수는 사랑만 말씀하셨다"고 한다면 애초에 공자는 인(仁)에 대해서만 말씀하셨다고 하겠다. 예수는 '산상수훈'(마태 5-7장; 루가 6,20-49)에서 그의 제자됨의 의미를 포괄적으로 제시하였다. 요한 복음 15장의 가르침에서는 "사람이 친구를 위해서 자기 목숨을 버리면 이보다 더 큰 사랑이 없다"고 얘기하고 "서로 사랑하라"(요한 15,17)는 것을 자신의 궁극적인 계명으로 가르쳤다. 이것으로서 예수의 제자가 된다고 하는 것은 희생이 요구되며, 자기 부정과 십자가를 지면서(마태 10,38; 16,24) '다른 사람을 위한' 존재가 되어야함이 명시되었다. 반면 공자의 가르침은 그렇게 극단적이지 않다. 물론 그도 도에 이르려 하는 광적인 열정을 가진 사람을 인정해 주었지만, 그의 이상은 '중용'을 따르는 사람이었고, 당시 묵가(墨家)의 겸애(兼愛)와 구별하면서 부모나 가정과 같은 인간의 가장 기초적인 관계에 대한 사랑에서부터 출발되는 '인'을 가르쳤다.

『논어』(論語)에는 공자 스스로, 또는 제자들의 입을 빌려서 거의 항상 군자행인(君子行仁)의 도리에 대해 설명되어 있고 실제로 『논어』 521장 중에서 그 '인'에 대해 직접 이야기한 곳이 58장이나 되고 인(仁)자만도 108회나 쩌어 있는 것이 지적되었다.[46] 그런데 공자는 그 '인'에 대해 질문을 받거나 스스로 가르칠 때 약간씩 다른 대답을 한다. 그의 한 제자가 물었을 때는 그는 분명하게 "사람을 사랑하는 것"〔愛人〕이라고도 했고(『논어』 12,22), 그의 사랑하는 제자 안회에게는 "자기를 이기고 예(禮)로 돌아가는 것"〔克己復禮〕라는 유명한 대답

---

[45] John Hick, op. cit., pp.127ff, 134ff.

[46] 이을호, 『다산 경학사상 연구』(을유문화사, 1973), p.175, in: 이성배, 앞의 책, p.216.

을 하였다(『논어』 12,1). 이어서 그는 또한 한 제자에게 "문을 나갔을 때에는 큰 손님을 뵈온 듯이 하며, 백성에게 일을 시킨 때에는 큰 제사를 받들 듯이 하고, 자기에게 원치 않는 일을 남에게 하지 말아야 하니, 이렇게 하면 나라에 있어서도 원망이 없고, 집안에 있어서도 원망이 없을 것이다"라고 지적하였다.[47]

이렇게 '인'은 공자의 해석에서도 그렇고 어원학적인 의미에서도 항상 사람과 사람 사이의 관계성을 다루고 있다. 그런 의미에서 그것은 충(忠)과 서(恕)에도 관련이 있고 특히 예(禮)와 관련된다. 유교 전통은 인간 사회를 개인적 관계성이나 거기서 비롯된 윤리적 책임들로 파악하는데, 잘 알려진 대로 오륜(五倫)은 군주와 신하, 아비와 자식, 남편과 아내, 어른과 젊은이, 친구와 친구 사이를 다룬다. 이 중에서도 세 가지는 가족간의 관계이고 나머지 두 가지도 가족적 모델로 파악되고 있으면서 가정을 '인'의 출발지로 삼고 있는데, 여기에 대해 유교의 '인'은 "단계적 사랑"이라고 해석되기도 하며, 예전에 묵가가 유가에 대해 행했던 비판과 비슷하게 서구 그리스도교 윤리는 그것을 타산적이고 이기적인 사랑이라고 비판하기도 한다. 그러나 그 가르침의 핵심은 오히려 인간의 가장 자연스러운 정서와 책임성을 강조하는 것이고, 그러므로 그것은 사물의 "뿌리"가 중시되는 "인간 존재가 지닐 수 있는 가장 고상한 성품"으로 파악될 수 있는 것이다.[48]

"예가 아니면 보지도 말며, 예가 아니면 듣지도 말며, 예가 아니면 말하지 말며, 예가 아니면 동하지 말라"고 가르친 공자의 '인'에 대한 이해는 그후 유교 전통 속에서 계속 전개된다. 특히 송나라의 '인'의 사상가 정호(程顥, 1032~1085)에게서는 그것은 우주적 원리인 리(理)와 기(氣)와 더불어 등가화되고 우리 마음[心]의 우주적 원리로서 세상의 만물과 일체를 이루게 하는 가장 실천적인 덕목으로 이해된다.[49] 이렇게 유교적 공동체는 궁극적으로 세계적

---

[47] 子曰 出門如見大賓 使民如承大祭 己所不欲 勿施於人 在邦無怨 在家無怨(『論語』 顏淵 第十二).

[48] 줄리아 칭, 『유교와 그리스도교』, 변선환 옮김(분도출판사, 1994), p.138.

[49] Un-sunn Lee, op. cit., p.136ff.

공동체이고 우주적 공동체인데, 그 우주적 공동체를 이루는 가장 기초적인 출발점으로서 각 인격의 수신(修身)과 가족적인 공동체의 의미를 밝힌 것이다. 특히 송·명대의 성리학자들은 태극(太極)과 리(理), 성(性), 그리고 그것과 더불어 기(氣), 심(心), 인(仁), 양지(良知) 등의 의미체계 안에서 그들 탐구의 최종의 실현인 천인합일(天人合一)과 만물일체(萬物一體)를 추구하였는데, 그 방법론에 대한 탐색의 심화에서 그들은 특별히 불교적이고 도교적인 방법론과 구별되는 의미로서 자신들의 수기(修己)와 치인(治人)의 하나됨을 강조했다. 그들이 그 방법론에 대한 고전으로 특히 주목한 유교 경전인 『대학』에 보면 자기 완성과 가정의 질서, 국가와 세계 사이의 유기적 통일에 관한 적나라한 묘사가 나오는데, 그러한 만물일체의 지경에 도달한 대인(大人)의 모습으로서 한편으로는 "신속의 밝은 덕을 지극히 갈고 닦아서 밝게 드러내며"〔明明德〕 다른 한편으로는 "백성들을 지극히 사랑하고"〔親民〕 그리하여 마침내 모든 것을 하나로 감싸안는 대동세계(大同世界)의 이상이 실현된 "최고의 선의 경지에 머무는 것"〔止於至善〕을 제시하고 있다. 이 세 가지 강령이 실현될 수 있는 구체적인 방법론으로 제시된 '8조목'〔格物, 致知, 誠意, 正心, 修身, 齊家, 治國, 平天下〕도 결국 수신(修身)으로서 모든 것의 근본을 삼으면서 평천하에 이르는 길을 밝힌 것이고, 특히 양명 같은 이는 후에 여기에 대한 순서의 강조가 이데올로기화되자 그 '8조목'의 하나됨과 내적 통일성을 강하게 주장하였다.[50] 그럼에도 불구하고 유교 전통은 현실적인 의미에서 "물건에는 본(本)과 말(末)이 있고, 일에는 종(終)과 시(始)가 있으며, 먼저하고 뒤에 하는 것을 알면 도(道)에 가까울 것이다"〔物有本末 事有終始, 知所先後 則近道矣. 『대학』 1〕는 가르침대로 그 윤리적 실천의 현실에 있어서 인간적 질서를 중시하였다. 그리하여 이것은 이제까지 실제 현실의 삶에서는 개인과 가족의 이기주의, 계층화된 인간관계, 남녀 차별, 연장자나 부모의 경직된 권위 등으로 심하게 오도되기도 했다. 그러나 우리가 위에서 지적한 대로 그것의 본래적 의미는 그 유교 윤리

---

[50] Ibid., p.167ff. Wing-tsit Chan, op. cit., p.162.

가 가지는 더욱더 구체적이고 실천적인 성격의 반영 속에 있다고 하겠다. 그것은 항상 긴박하게 다가올 하느님 나라에 대한 종말론적 의식에서 생겨난 그리스도교 윤리와는 달리 '지속적인 문화의 예'로서, 그리고 현실 삶에서의 다양한 개체들의 삶을 조화롭게 묶어줄 수 있는 '중용의 덕으로서의 구별의 예'로 이해될 수 있으며, 이런 의미에서 유교의 '인'은 오늘의 우리에게도 여전한 가르침이 된다고 생각한다. 더욱이 오늘날의 다원화의 상황에서는 더욱더 요청되기까지 한다.

2) 효(孝)와 하느님 신앙

이러한 구별의 예로서, '인'의 실천덕목으로서 가장 기초적인 것을 유교 전통은 효(孝)로 가르친다. 앞장에서 우리가 유교적인 성육신의 모습으로 살펴본 성(誠)이 가장 기본적으로 표현되는 장소가 바로 이 '어버이에 대한 사랑'〔孝〕에서라는 것이다. 그런 의미에서 '효'는 하나의 덕일 뿐 아니라 모든 덕의 근본으로 여겨졌다. "효란 덕의 근본이요, 모든 가르침이 그것으로 말미암아 생기는 것"〔孝者 德之本也, 敎之所以生也〕이라고 공자의 『효경』(孝經)은 그 첫머리에 적고 있다. 공자에 의하면 이러한 '효'에는 그 시작과 완성의 단계가 있는데, 그 마침이란 "자식된 자는 몸을 세워서 그 도를 행하여 제 이름을 드날릴 뿐 아니라 그 부모의 이름까지도 빛나게 하는 것"이라고 가르치고 있는바, 바로 이것은 '효'가 단지 부모와 자식간의 가족윤리로만 한정되는 것이 아닌 더 넓은 지평의 "정치와 교화의 근원"〔敎之所自生〕으로 확대된 것을 의미한다.[51] 『효경』의 가르침에 따르면 이러한 자기 훈련, 백성의 통치, 세계질서의 근본 덕으로서의 효도는 "하늘의 가르침"〔天之經〕이며, "땅의 옳은 것"〔地之誼〕이다〔『孝經』 삼재장(三才章)〕. 그 가르침에 의하면 "천지의 성품 중에서 사람이 제일 귀하고, 사람의 행실 중에는 효도보다 더 큰 것이 없고, 효도 중에는 아비를 공경하는 것이 제일 크고, 아비를 존중하는 것의 가장 큰

---

[51] 이은선, 「동양의 孝 윤리, 서양의 책임윤리의 비교연구와 그 교육적 종합」, in: 이은선·이정배, 『현대 이후주의와 그리스도교』(다산글방, 1993), p.356.

표현은 바로 그를 하늘과 같이 여기는 것"〔嚴父莫大於配天〕이라고 한다.[52] 이
러한 말들로써 우리는 공자가 '효'의 궁극적인 근거를 하늘〔天〕에 두고 있음
을 알 수 있다. 또한 이런 스승의 사상을 더욱 내면화시킨 맹자는 그 '효'의
존재론적 근거를 그의 유명한 성선설(性善說)로 설명하고 있다. "사람이 배우
지 않아도 능한 것은 본래 능한 것이요〔良能〕, 생각하지 않고 아는 것은 본래
아는 것이다〔良知〕. 어린아이라 할지라도 그 어버이를 사랑할 줄 모르는 경우
가 없고 자라서는 그 형을 공경할 줄을 모르는 이가 없다. 부모를 섬기는 것
은 인(仁)이요, 윗사람을 공경하는 것은 의(義)이니, 이것은 모든 사람에게
공통이다."[53]

　이렇게 공자가 '효'의 근거를 하늘〔天〕에 두거나 또한 맹자에 의해서 더 내
면적으로 본성〔性〕에 놓여진 것을 생각해 볼 때, 윤성범이 유교적인 예수의 모
습으로서 "예수는 모름지기 효자다"라고 한 것은 설득력있게 들린다. 하늘의
도인 성(誠)에 대하여 인간의 도리인 성지자(誠之者, 성을 행하는 것)로서, 또
는 맹자의 표현대로 사성자(思誠者, 성을 생각하는 것)로서 '효'를 생각해 보
았을 때, 그 '효'란 바로 그리스도교적으로 보면 하늘의 어버이에 대한 신앙
(믿음)이 되는 것이고, 특히 그 은혜에 대한 반응이라고 할 수 있다는 점에서
오로지 하늘의 아버지에 대한 사랑과 믿음 속에서 살았던 예수는 "모름지기 효
자"라는 것이다.[54] 그에 따르면 이제까지 서구 그리스도교 신학은 예수를 하늘
아버지와의 관계 속에서 보지 못하고 오직 그 한 인물에 대한 숭배로 일관했기
때문에 그가 효자라는 생각을 못했다는 것인데, 이러한 지적은 그 자신도 당시
는 뚜렷하게 인식하지 못한 오늘의 신 중심적 그리스도론에로의 전개를 예시해
주는 것으로 보인다. 그 자신은 예수만이 오로지 효도의 진리를 가르쳐 준 사
람일 뿐 아니라 그 자신이 몸소 실천한 "진리 자체"가 된다고 하면서 여전히
배타적인 그리스도론의 틀 안에 매여 있음을 보여주는데, 이것은 그가 '아버지

---

[52] 『孝經』 聖治章, 子曰 天也之性 人爲貴 人之行 莫大於孝, 孝莫大於嚴父, 嚴父莫大於配天.

[53] 『孟子』 盡心章句上, 人之所不學而能者 其良能也. 所不慮而知者 其良知也.

[54] 윤성범, 『孝』(서울문화사, 1973), p.117.

와 아들'만의 관계를 '효'로 규정한 것을 통하여 전통의 가부장적 틀 안에 갇혀 있음을 드러내는 것과 마찬가지이다.[55] 이와 유사한 입장에 서 있지만, 유교와 그리스도교의 만남으로서 "효의 신학"(la théologie de la piété filiale)을 추구한 변규용은 오늘의 상황에서 그것의 신학적 의미로서, 첫째 그 전통적인 그리스도교의 종교적 방법(창조주와 피조물)보다 더 친밀하고, 둘째 오늘의 상황에서 그 도덕적 무질서가 부모에 대한 공경보다 자식에 대한 관심만이 강조되는 서구 윤리 때문이므로 이 인간적 본능에 거슬러서 위로 향하게 하는 '효'의 윤리가 강조될 수 있기 때문이며, 셋째 이 '효'의 도야말로 가장 자연스럽게 자연의 질서에 맞는 윤리원리이기 때문이라고 지적한다.[56] 이렇듯 유교 전통의 '효'의 가르침은 오늘의 세속화 사회에서도 여전히 구체적이고 실천적인 활동[孝道의 실행]으로서 신앙적 삶을 살도록 해주며, 그리하여 추상적인 '이웃사랑'이라는 구호 뒤에 자신의 양심을 속이는 일이 없게 하고, 또한 이것을 통해 인간 삶의 지속적이고 기초적인 기반으로서의 가정의 의미를 일깨워 준다.

3) 격물(格物)과 신앙

오늘의 우리 상황 속에서 신앙적인 '구원'(salvation)이란 무엇인가? 2천여 년 전의 초대 그리스도 교회의 유래와 성장 환경은 거대하고 비의적이며, 위협적인 신의 요구 앞에서 끊임없는 희생제물을 바치는 인간의 모습으로 규정되는 고대 신화종교적인 의식이 여전히 영향을 미치던 때였다.[57] '인간의 죄를 위하여 십자가에 돌아가신 예수 그리스도', 그의 부활에 대한 신앙, 속죄설과 대속설로 의미지어지는 그의 죽음과 부활에 대해서 예를 표하는 것이 신앙이고, 그로 인하여 '구원'이 주어진다는 교회의 언명은 그러나 오늘 우리의 시대에도 여전히 유효하고 또한 적절하게 역할을 하고 있는가? 이러한 교회적인 언표들

---

[55] 이은선, 앞 논문, pp.365, 368.

[56] Kyu-yong Byun, *Père et Fils*, Diss. Institut catholique de Paris, 1973, p.407ff.

[57] H. G. Wells, *The Outline of History – The Whole Story of Man I*, (Garden City Books), p.166ff.

은 오늘의 변화된 상황에서 커다란 오해를 불러일으키는데, 먼저는 귀신이라고 하는 하느님에 반대하는 합법적인 권리를 가지고 있는 실체를 상정하게 만들고, 또한 그 하느님을 대단히 권위적인 영주나 도덕가로 생각하게 하며, 그것보다 오늘의 상황에서 더 위협적인 것으로서 그 그리스도교적인 십자가의 단일회적인 신화를 모든 인류를 위한 유일한 길로 생각하게 한다는 것이다.[58]

이러한 전통 교회의 실체론적 이원론의 경향은 20세기 칼 바르트 등의 변증법적 신학자들에게도 내재되어 있는데, 여기서는 인간의 불신앙에서의 신앙에로의 상승을 아무런 교량도 없는 단일회적인 신앙의 결단과 비약으로 보고 있는 것이다. 그러나 여기에 반해서 이들이 반박했던 19세기 슐라이어마허에게서는 "신앙에로의 교육"(die Bildung zur Religion)이 이야기되어지고, 당시 형식화되었고 건조해진 신앙의 침체와 그 멸시에 대하여 "우주에로의 감각"(der Sinn für das Universum)을 깨우는 교육에 의해서 그 참된 본질이 회복되어야 함이 역설되었다.[59]

그에 따르면 종교의 본질이란 어떤 형이상학적인 이론이나 도덕적인 행위 안에 놓여 있는 것이 아니다. 오히려 그것은 우주의 하나됨을 깨닫는 "우주에 대한 직관과 감각"이며, "모든 개별적인 것들을 전체의 일부분으로, 모든 한정된 것을 무한의 한 표현으로 보는 것"인데, 이러한 우주의 직관과 감각에로의 가능성이 인간 누구에게나 다 "종교적인 본성"(die religiöse Anlage)으로서 놓여 있다는 것이다. 그리하여 그것이 심하게 짓밟혀지지 않는 한 그 감각은 특히 종교와 예술의 교육을 통하여 깨워질 수 있다고 한다.[60]

이러한 종교와 신앙의 이해와 더불어 그 신앙에로의 교육이 이야기되어질 때, 우리는 여기서 바로 우리의 유교 전통과의 대화가 더욱 활발해지며, 또한 그로부터 오늘 그리스도교회가 당면해 있는 신앙의 위기에 대한 한 가르침을 얻을 수 있다고 본다. 왜냐하면 유교의 가르침이란 바로 끊임없는 배움과 학문

---

[58] John Hick, op. cit., p.132.

[59] F. Schleiermacher, *Über die Religion*, (Vandenhoeck & Ruprecht, 1967), p.100ff.

[60] Ibid., p.105.

을 통하여 도덕적 위대함은 물론 그 성인(聖人)의 경지에까지 이를 수 있다고 가르치기 때문이다.[61] 칼 바르트의 신학과 율곡의 성학(聖學)을 비교 연구한 윤성범도 율곡은 인간이 하느님의 말씀을 받아들일 수 있는, 말하자면 전(前)이해의 가능성을 "교육적인 가치의 재인식"에서 찾으려 했다고 지적했는데, 그는 특히 오늘날 '교육은 깨우침'(Erziehung ist Erweckung)이라고 파악한 독일 현대 교육학자 오토 볼노프(O. Bollnow)에게서 그 유사성을 본다.[62] 후자는 파시스트 정권 붕괴 후의 독일 사회의 정신적·도덕적 위기를 극복하기 위하여 그 자연적이며 기본적인 성격으로 인해 "소박한 도덕"(einfache Sittlichkeit)으로 명명되는 기본적인 덕목들, 예를 들어 '신뢰·성실·책임·동정심·인간의 존엄·예절' 등의 교육을 강조했는데,[63] 이것들은 바로 유교 전통의 여러 실천 덕목들과 매우 유사한 것들이다. 그는 한 사회의 도덕적인 재건을 먼저 이러한 기본적인 질서들의 회복에서 본 것이다.

유교 전통이 만물 일체의 도를 직관하는 성인의 경지에까지 이를 수 있도록 가르치는 교육 방법론이 바로 격물(格物)이다. 이것은 이미 지적한 대로 유교 경전 『대학』의 '8조목'의 가르침으로서, 특히 송나라 성리학에 와서 주목을 받은 개념이다. 그리스도 교회의 전개 속에서 하느님의 나라를 선포하는 예수의 가르침과 그것을 따르는 실천의 삶 대신에 점점 더 그 예수에 대한 고백과 신앙이 구원의 길로서 강조되어졌던 것과 대비하여 유교 전통에서는 송나라의 신유교에 와서 단순한 공자의 인(仁)이나 효(孝), 예(禮)의 실행보다도 훨씬 더 세밀하게 그 성인지도(聖人之道)의 방법론에 대한 탐색이 이루어졌고, 그때 특히 주목을 받은 개념이 바로 이 수신(修身)의 기초 개념으로서의 '격물'이었다. 여기에 대해 이러한 인간 구원의 가능성과 세계 의미 실현의 문제를 리(理)와 기(氣)의 형이상학적 원리로 설명한 주희는 그것을 특히 인간적인 '기'

---

[61] 한스큉 / 줄리아 칭, 앞의 책, p.114.　　　　　[62] 윤성범, 『誠의 신학』, p.20.

[63] 참조: 추이상루, 「기본 도덕교육의 관점에서 본 공자 학설의 현대적 보편적 의미」, 제8회 한국학 국제학술회의 논문집, 『유교 문화의 보편성과 특수성』(한국 정신문화연구원, 1994), p.461.

의 조절을 위한 끊임없는 공부와 탐구의 방법으로 제시하였다. 거기에는 모든 경전과 역사의 공부와 자연적 사물에 대한 탐구, 또한 정좌 등의 신체적 훈련도 포함되어 있다. 이것은 또 다른 표현에 의하면 존천리 축인욕〔存天理逐人欲, 마음 속의 천리(天理)를 보존하고 인간적인 욕망을 제거하는 것〕의 수행 방법인데, 주희는 그것을 위해서 세상 만물〔특히, 경(經)과 문자들〕에 대한 지식을 쌓아서 지(知)에 이르고〔致知〕, 그 연구하는 노력이 오랜 기간 지속되고 지극하게 되면 거기에 비추어서 자신의 참된 본성〔性〕이 무엇인지를 자각하게 되면서 가능해지는 것으로 그려주고 있다.

주희의 이러한 방법론은 대단히 주지주의적이고 오랜 기간의 정신의 각고를 통한 것이다. 그는 "개개의 사물의 이치를 하나하나 연구하여" 그것을 쌓아서 마침내 "활연관통"하게 된다는 말을 하는데, 여기에 대해서 그러나 300여 년 후의 양명은 그러한 주지주의적 경향과 이론적인 탐구의 치우침을 지양하고 대신에 지행합일(知行合一)과 치량지(致良知)의 방법론을 제시하였다. 그것은 인간 안에 이미 씨앗〔良知〕으로서 내재하는 신적 가능성〔理 또는 性: 무엇이 옳고 그른지를 능동적으로 알 수 있는 선한 지식〕에 더욱 주목하면서 그 인간 구원의 가능성을 더욱더 보편화시키고 확장시킨 것이다. 그것은 또한 밖으로부터의 지식의 축적이 아닌 내면의 변화〔誠意, 正心〕를 통해서, 또한 이론적인 지식의 추구가 아닌 구체적인 덕의 실천을 통해서 도에 이르는 길을 밝힌 것이다. 그런 의미에서 이 양명의 방법론은 오늘의 실천 그리스도론자들의 구원 이해와 매우 유사하고, 또한 더 근원적으로 예수가 산상수훈에서 하느님의 나라를 유업으로 받을 사람들을 그려줌에 있어서 각 사람들의 현실의 상황을 그대로 인정하면서 구원의 가능성을 보편화시킨 것과 또한 거기서 지적된 내적 성품의 중요성에 대한 강조와 일치한다. 우리가 위에서 지적한 슐라이어마허에게서도 드러났듯이 이미 내적으로 존재하는 신적 가능성에 더욱 주목하게 되면 이제 남은 일은 그것을 구체적으로 키우는 일이고 실천하는 일이다. 그래서 예수도 이제 죄짓지 말고 살라고 하는 것만을 요구했고 양명도 '치량지'만이 남은 일이라고 역설했다.[64]

좁은 교육의 의미에서 보면 그러나 양명의 이러한 가르침은 주희의 그것보다 점진적인 교육과 공부를 포기하고 순간적인 각(覺)과 도덕적인 수행만을 추구하게 하는 것이라고 반박받을 수 있다. 그러나 그의 기본적인 유교적 교육에 대한 신뢰는 변치 않는데, 그가 말년에 자신의 '치량지'의 가르침을 네 가지의 명제로 묶으면서 제시한 사구교(四句敎)에 대한 가르침에서 그것은 분명히 드러난다. 여기서 그는 자신의 그 가르침이 '순간의 깨달음'과 '오랜 기간의 자기 훈련'의 양쪽을 다 포괄한다고 말하면서, 그러나 대부분의 사람들은 순간적 깨달음의 능력에 미흡하므로 자신은 꾸준한 실천의 가르침에 더 주력한다고 말한다.[65]

유교 전통에서 공자가 스스로를 겸허하게 도를 찾아나가는 학(學)의 인물로 그린 것이나 또한 여기에서 '스승과 제자' 사이의 관계가 인간관계의 한 핵심적인 모습으로 파악된 것 등은 모두 유교 전통의 이러한 강한 교육적 성격을 나타내는 것이다. 이것은 그리스도교가 인간의 오류성을 더 많이 지적하면서 그 종교적인 구원의 필요성을 강조한 데 반해, 유교는 그 완전성과 가능성에 더 주목하면서 긴 기간의 교육 과정을 통한 변화의 가능성에 더 신뢰하는 것이다. 그러나 오늘 그리스도 교회가 그 오류의 강조에 근거하여 제시한 구원의 방법론이 뚜렷한 한계를 보인다면 그 방법론에 대한 재고가 요청되는 것이고, 이 일을 위해서 우리는 동아시아의 유교 전통과의 대화를 시도했는데, 거기서 특히 그의 교육적 특성에 주목하게 되었다. 이것은 이제 다른 이야기로 하면 그리스도 교회가 단지 공허한 교리나 사이비 신비주의(정통 보수교회나 신비보수주의)로 전락하거나, 또는 차가운 구제이론(민중교회)으로 메말라 버리는 것을 지양하고 이제 그 구성원 각자의 전체적인 인격의 변형을 위해서 구체적이고 지속적인 수신(修身)의 노력에 같이 관심을 가지면서 나아가야 한다는 것을 말하는 것이다. 그러기 위해서는 그 교회와 신학이 더욱더 그의 교육적 실천에 주력하여야 하며, 또한 그 공동체가 더 나아가서는 '문화적 공동체'가 되도록 노력하여야 한다는 것을 의미한다. 유교 공동체는 본질적으로 문화 공동체였

---

[64] Un-Sunn Lee, op. cit., p.193ff.　　　　　[65] 이은선, 「유교와 기독교」.

다. 거기에는 따로 구별되는 승려계급이 없었다. 물론 이러한 모습은 또한 그 나름대로 자신 안에 특별한 문제점을 내포하지만, 오늘의 세속화의 사회에서 그 전통은 우리들에게 다시 종교와 문화의 관계맺음, 종교와 교육의 연결, 수신(修身)과 평천하(平天下)의 하나됨의 가능성을 가르치고 있다고 하겠다. 오래된 유교적인 개념으로 말하면 그것은 내성(內聖)과 외왕(外王)의 일치이고, 위기지학(爲己之學)과 위인지학(爲人之學)의 하나됨을 말하는 것이다.

5. 마치는 글을 대신하여

50세가 넘을 때까지 자신이 행해 왔던 많은 정치적이고 이론적인 탐색을 접어두고 시골 초등학교 교사로서 한 구체적인 교육의 작업을 시작한 스위스의 페스탈로치(1746~1827)는 인간의 형식적 종교활동의 다양성에 대해서 다음과 같은 의미깊은 글을 썼다. 그것은 인간 삶에 있어서의 '예배의식적인'(gottes-dinstlich) 차이들을 인정하고 거기에 대한 관용과 배려를 호소하는 것이다. 이것은 또한 당시의 유럽 계몽주의의 과도한 이신론적(理神論的) 논쟁 앞에서 자신의 철저한 실천적 신앙을 밝힌 것인데, 그 내용은 다음과 같다:[66]

> 인간은 바로 자기 자신을 위하여 하느님을 믿는다. 그가 하느님을 믿지 않는다고 하여 그것이 그분에게 어쨌단 말인가, 또한 그가 이 땅 위에서 마치 한 마리의 짐승처럼 산다고 한들 그 하느님에게 무슨 해란 말인가? …
>
> 인간의 하느님에 대한 믿음은 그분에 대해서 많이 얘기할수록 사라져간다. 유한자가 하느님에 대해서 무엇을 더 말할 수 있는가? 단지 그는 선하시고 어버이시고 감사, 감사하다는 말밖에! 그가 하느님에 대해서 무엇을 더 아는가, 무엇을 더 얘기할 수 있는가!

---

[66] J. H. Pestalozzi, Etwas über die Religion, in: *Auswahl aus seinen Schriften* 1 (UTB Haupt, 1977), pp.52-4.

땅의 인간은 그러나 눈에 보이는 것에 익숙하고 보이지 않는 것으로는 충족되지 않는다. 그리하여 그는 티끌 속에 묻혀 있는 영원자의 발자국 소리와 그의 진노와 선함의 흔적들을 마치 하느님 자신이라도 되는 양 숭배한다. 인간은 자신의 구원자의 형상을 천사의 형상으로 만들고 자신의 악의에 찬 운명을 그가 미워하는 사람들의 형상으로 그려내며, 그가 멸시하는 동물들의 발톱들로 나타낸다.

땅에서의 인간의 하느님에 대한 믿음은 그 종족들의 먹는 양식과 호흡들이 서로 다르듯이 그렇게 서로 다르다. 그러므로 주님의 선함의 흔적과 티끌에서의 그의 권능의 길은 모든 하늘 아래서 서로 다르고, 그러므로 그 모든 하늘 아래서의 영원자의 형상은 서로 다른 것이다. 따라서 좋은 지역 속에 살고 있는 너희들이여, 너희들과는 달리 그들의 가리마가 태양에 불타고 그들의 두개골이 북녘의 추위로 짓눌려지는 환경 속의 너희 형제들이 그들 나름으로 경배하는 하느님의 형상, 그것을 조소하는 것은 너희들의 일이 아니다.

하늘의 주님은 그의 가엾은 애벌레들을 기꺼이 용납하신다. 그들이 먹고 보호막으로 사용하고 저장하는 키 큰 풀들을 경배하는 것을.

주님을 경배하는 데 있어서의 부족함들은 먼지 속에 사는 인간의 운명이다.

누가 그에게 완벽한 예배를 드릴 수 있겠는가? 또한 어느 누구의 영혼이 완전히 형상으로부터 자유로울 수 있겠는가?

감사하라, 애벌레여! 네가 살고 있고 네가 떠다니고 네가 머무는 그 선함의 충족 속에서 그의 형상을 경배하라. 그러나 감사하는 애벌레여, 네가 장미를 갉아 먹는 동안 네 형제는 배나무의 이파리를, 또는 버드나무의 새싹을, 들판의 작은 풀들을 먹는다고, 그리하여 그들이 자신들의 하느님을 그 버드나무의 이파리에서, 버들가지의 여린 싹에서, 땅의 풀들에서 찾고 경배한다고 하여서 화내지 말아라. 장미를 먹는 애벌레들이여, 너희 형제는 네가 옳은 만큼 그만큼 옳고, 그들의 예배는 너희의 그것만큼 타당하기 때문이다.

오, 인간들이여! 너희들이 그렇게 서로 다르게 주님께 예배한다고 해도, 너희들이 너희 아버지의 자녀들로 서로 사랑하고 서로 돕고, 너희들의 서로 다른 예배를 너희들 인간 사랑의 한 일치 속에서 거룩하게 만든다면 너희들은 그만큼 그에게 옳게 예배하는 것이다.

    이렇게 인간들이여, 너희 예배는 바로 너희들을 위한 봉사가 되고 그러므로 유한자들이여, 그것이 너희들에게 유용한 한도에서만 그렇게 너희를 위한 것이다. 너희 하느님의 형상과 너희 목자들의 낱말의 가르침들은 그러므로 항상 단지 이 마지막 목적을 위한 수단일 뿐이다.

본인은 우리들의 오늘의 대화도 바로 이러한 테두리 안에서 이루어지고 있는 것이리라 생각한다.

여성신학과 그리스도론

1. 시작하는 말

서구 현대신학의 기초자로 불리어지는 19세기초 독일의 슐라이어마허는 1799년에 신학사상 큰 전기를 이룬 『종교에 관하여』를 발표했는데, 여기서 그는 종교에 관한 자신의 마지막 비전을 "한 새로운 종교의 탄생"으로 이야기하면서 "더 이상 중보자는 필요없는 시대, 신(아버지)만이 모든 것의 모든 것이 되는 시대"를 예언했다.[1] 그는 당시의 일반적인 계몽주의적 종교 이해와는 달리 종교의 본질을 "우주에 대한 직관"과 "모든 개별적인 것을 전체의 부분으로, 모든 한정된 것을 무한자의 표현으로 보는 감각"이라고 변증하면서 현대신학의 새로운 방법론인 더욱 주관화되고 내면화되며 통전적인 인식 방법을 열어주었다.[2]

이러한 현대신학의 후예로서 오늘날 20세기의 마지막 십 년을 살고 있는 때에 미국의 신학자 폴 니터(P. Knitter)는 오늘의 다원주의, 특히 종교적 다원주의의 상황을 숙지하면서 전통적인 그리스도교 신학의 '예수 그리스도 중심주의'를 벗어나서 '신 중심적' 모델에로의 전환을 촉구하였다.[3]

1960년대 이후부터 미국을 중심으로 해서 본격적으로 전개된 여성신학(Feminist Theology)도 이러한 신학적 사고전환(paradigmshift)을 요구하는 현대신학의 한 거센 물결이다. 그것은 신학하는 주체로서의 여성의 자기 발견에 기인한 것이다. 남성과 똑같은 종교적 인간으로서의 여성은 이제까지의 자신의 존재와 의미에 대한 물음을 자신과는 다른 성(性)을 가진 남성에 의해 형성된 가치체계에 따라서 행해 왔고 그리하여 그것이 심하게 왜곡되어졌다는 것

---

[1] F. Schleiermacher, *Über die Religion* (Göttingen, 1967), p.203. [2] Ibid., p.49ff.

[3] 폴 F. 니터, 『오직 예수 이름으로만?』, 변선환 역(서울: 한국 신학연구소), p.273ff.

을 발견하고 그러한 전통적인 남성가치주의적 신학체계와 방법론, 그리고 내용 등에 대해서 묻게 되었다. 신학이 '하느님에 대한 인간의 말'이라면 이 인간의 말은 그 말의 주체가 놓여져 있는 상황과 거기서 경험된 삶의 내용들에 따라서 확연히 차이가 날 것이므로, 결국 여성신학은 여성의 '여성으로서의 경험' (women's experience)이 기초가 되어 시작된 것이다.[4]

이렇게 여성의 경험을 새로운 신학적 기초로 삼는 여성신학이 전통의 여러 신학적 주제들 가운데서 가장 곤혹스럽게 만나는 것은 바로 '그리스도론' (Christology)의 문제이다. 왜냐하면 그리스도론이란 그리스도교의 존재 근거로서 나사렛 예수를 그리스도로 밝히는 것이고, 그 나사렛 예수가 바로 한 남성이기 때문이다. 이 말은 결국 여성이 자신의 최종의 의미 실현을 한 남성에게서 찾는다는 것인데, 어떻게 이것이 또 하나의 동등한 삶의 주체인 여성에게 가능할 것인가?(How can a male savior help for woman?)[5]

본 논문의 주제는 바로 이러한 여성신학의 그리스도론 문제이다. 이제까지 대부분의 여성 신학자들이 — 서구에서도, 우리 나라에서도 — 주로 신론을 중심으로 하여 그들의 여성신학적 작업을 전개해 왔고 또한 그것들이 주로 소개되었는데, 본 글에서는 그리스도론의 문제를 중심으로 하여 어떻게 오늘날의 여성신학이 전개되고 있으며 그 중심 문제가 무엇인지를 살펴보고자 한다. 왜냐하면 위에서도 밝혔듯이 그리스도론이야말로 그리스도교 신학의 가장 핵심되는 문제이고 따라서 여기서의 사고의 전환을 통해서만이 참다운 여성신학이 성립될 수 있고 여성의 해방과 자아 실현이 가능해지기 때문이다. 특히, 요즘 우리 나라에서, 지난 1991년 2월에 호주의 캔버라에서 열렸던 제7차 WCC 대회를 계기로 해서 다시 '혼합주의 논쟁'이 일고 있는 것을 볼 때,[6] 한국의 여성 신학자로서 — 어쩌면 이중의 소외(남성이고 유대인이었던 예수 그리스도)를 당하고 있는 우리로서 — 이 문제를 다루어 보는 것은 대단히 의미있는 일이다.

---

[4] Carol P. Christ and Judith Plaskow, *Womanspirit Rising* (New York, 1979), p.5ff.

[5] Anne E. Carr, *Transforming Grace* (NY, 1990), p.179.

[6] 「기독신보」, 1991년 3월 2일, 872호, 이종윤.

2. 여성신학의 전개

1) '그리스도론'이란 예수를 그리스도로 그리는 초상화이다. 1906년 알베르트 슈바이처는 그의 유명한 『예수전 연구』(*Geschichte der Leben Jesu Forschung*)에서 예수는 결국 우리가 그를 한 "의지의 권위"(eine Autorität des Willens)로서가 아니라 "인식의 권위"(eine Autorität des Wissens)로 만나고자 할 때는 "익명의 비밀"(ein Namenloser Unbekannter)로 남게 된다는 것을 밝히고 그때까지의 모든 역사적 예수 탐구에 대해 부정적인 결론을 내렸다.[7] 예수 이해에 있어서 이러한 급진적인 주관화와 실존화가 20세기 중반에 또 한 번 행해졌는데 그것은 다름아닌 불트만(R. Bultmann)의 비신화화(Entmythologisierung) 작업이었다. 여기서 더 나아가 그러나 스위스의 현대 신학자 프리츠 부리는 이러한 불트만의 비신화화 작업을 더욱 철저히 밀고나가 불트만이 모든 성서 사건의 비신화화에도 불구하고 끝까지 잡고 있었던 "복음"(Kerygma)까지도 비신화화해서, 다시 말하면 비케리그마화(Entkerygmatisierung)해서 결국 신앙을 "초월에 근거된 것으로 아는 실존의 자기 이해"(das Selbstverständnis des transzendenzbezogen erfahrenen Subjekts)로서, 그리고 예수를 "참된 자아의 주님"(Herr des wahren Selbst)으로 이해하였다. 이렇게 해서 부리는 불트만을 넘어 철저한 자기 이해(Selbstverständnis)의 신학을 수립했고, 이런 부리에 대해 바르트(K. Barth)는 불트만이 걸쳤던 수영복까지도 벗어던진 사람이라고 혹독히 비난하였다. 부리 자신도 자신의 이러한 시도를 "신학에서의 원죄를 저지른 것"으로 비유한다.[8]

　여성신학은 어쩌면 이러한 현대신학의 여러 모습들 중에서 가장 과격하게 원죄를 저지른 것인지도 모른다. 왜냐하면 그것은 이제까지의 어느 신학적 시도

---

[7] A. Schweizer, *Geschichte der Leben Jesu Forschung* (Tübingen: J. C. B. Mohr, 1993), p.631ff.

[8] Fritz Buri, "Vom Wesen und Werden meiner Theologie", *Schweizerisches Reformiertes Volksblatt* Nr.10-11, Okt., 1989, p.5.

보다도 철저히 '인간의 구체적 상황'(historical relativity and plurality)으로
부터 신학을 하려는 것이고, 또한 그 구체적 상황 가운데서도 이제까지 종교와
는 가장 무관하다고 생각되어 오던 것, 더 나아가서 해가 된다고 여겨졌던 성
(sex)의 카테고리에 주목하는 것이기 때문이다.

1960년, 미국의 발레리 세이빙은 그후 10년 뒤 여성신학의 개화를 예비하는
한 창조적인 에세이를 발표했는데, 그녀는 그 글의 시작을 다음과 같은 말,
"나는 신학생이다. 그리고 나는 또한 한 여자이다"(I am a student of theolo-
gy; I am a woman)라는 것으로 열고 있다.[9]

당시 신학을 하는 것과 그 주체가 무슨 성을 가졌는가를 상관시킨다는 것이
매우 생소하게(curious) 보였던 때에 그녀는 이 두 가지를 한데 묶음으로써 앞
으로 전개될 여성신학의 근본 전제, 즉 신학적 인식은 그 주체의 성의 구별에
따라, 그리고 그의 성으로서의 경험의 특이성에 의해 영향을 받는다는 사실을
밝혀주었던 것이다.[10] 그녀는 이러한 인식에 따라 당시 두 대표적인 남성 신학
자 니그렌(A. Nygren)과 니버(R. Niebuhr)가 인간의 죄를 교만(pride)으로,
은혜를 희생적인 사랑으로 규정하여 그것을 남성이나 여성 모두에게 일반화시
킨 것에 반박하면서, 오히려 지금까지의 여성의 삶을 살펴보면 여성이 빠질 수
있는 유혹과 죄악이란 "자기 자신을 발전시키지 않는 것과 자기 부정"으로 보
아야 한다고 주장한다. 그녀에 따르면 오늘날 사회가 점점 여성화되어 가는데,
거기에 맞추어 죄와 구원의 개념들이 재조정되어야 한다는 것이다.[11]

이와같이 세이빙이 미국에서 1960년대초에 '남성' 신학에 대한 비판의 문을
열었고 여성신학을 위한 기초적인 이슈를 제공했지만 그것이 본격적으로 전개
된 때는 그보다 거의 십여 년 뒤로서 미국의 여성 신학자 메어리 데일리나 로
즈마리 류터(R. Ruether) 등에 의해서였다. 또한 이들과 더불어 그후 진행된
여성신학이 대개 두 방향으로 나아갔다고 평가되어지는데, 그것들이란 곧 이제
까지의 여성 억압적 그리스도교 역사와 전통에 대한 그들의 평가에 따라 먼저

---

[9] Valerie Saving, "The Human Situation: A Feminine View", in: *Womansprit Rising*, p.25.

[10] Carol P. Christ and Judith Plaskow, op. cit., p.20. [11] Valerie Saving, op. cit., p.41.

전통으로부터의 급진적인 단절을 요구하는 '혁명주의자'(revolutionaries) 또는 '그리스도교 이후 페미니스트'(post Christian feminist)들이고, 다른 하나는 서서히 개혁을 추구하는 '개혁주의자'(reformist)들이다.

2) 전자 그룹의 기수 데일리는 우리에게 이미 여러 번 소개되었다. 그녀가 결정적으로 교회와 그리스도교 전통으로부터 떠나면서 발표한 책 『아버지 하느님을 넘어서』에서 그녀는 그리스도교 전통에서의 여성에 대한 탄압이 단지 몇몇의 개인적인 진술들만이 아니라 그 핵심적인 상징인 '아버지 하느님'과 '남성 그리스도' 안에 포함되어 있다는 것을 밝혔다. 그녀에 의하면 이제까지 그리스도교 전통에서의 대부분의 그리스도론은 가현적(docetic)인 것이었는데, 왜냐하면 그것은 예수의 인간성을 진지하게 인정하지 않았기 때문이다. 결국 그것으로 인해 20세기 서구 사회에서 신은 죽었고, 그 신의 죽음 속에 '예수의 죽음'도 포함돼 있다는 것이다.[12] 그녀에 따르면 그리스도교 신학이 페미니즘과의 갈등을 네 가지 방식으로 무마시키려 하는데, 그것을 그리스도론에 적용시켜 보면, 첫째, 일반화(universalization)의 방식으로 그것이란 예수가 여성이 아니라는 사실은 그가 흑인이 아니고, 중국인이 아니며, 나이 든 사람이 아니라는 사실과 같으므로 여성만이 아웃사이더가 아니라는 주장이고; 둘째, 개별화(particularization)란 그리스도교의 성차별이 일반적인 것이 아니고 어떤 특별한 시기나 장소(예: 중세나 가톨릭 교회 등)의 문제라는 설득이고; 셋째, 영성화(spiritualization)란 그리스도를 역사적 예수와 확연히 구별하여 우리가 믿는 것은 그리스도이고 그 안에는 "남자도 여자도 없다"라고 주장하는 것이다. 넷째, 단순화(trivialization)란 위의 모든 시도들 속에 이미 포함되어 있는 것으로서 그 둘 사이의 갈등을 심각하게 받아들이지 않는 것이다.[13] 결국 그녀에 의하면 이제까지의 전통의 그리스도론은 "그리스도 우상론"(Christolatry)이었고 그것은 예수라는 한 젊은 유대인 남자와 신을 유일회적이며 최종적으로 동

---

[12] Mary Daly, *Beyond God the Father* (Boston: Beacon Press, 1973), p.70.

[13] Ibid., p.77ff.

일화시켰기 때문이다.[14] 그녀는 말하기를 신의 육화의 의미란 오히려 "모든 역사적 순간들에서, 모든 개인들과 문화들 속에서 살아 계신 하느님(living God 또는 Verb)이 계시될 수 있다"는 것을 밝히는 것이라고 한다.[15] 그러므로 그녀는 이제 예수의 재림 대신에 '여성의 재림'(the Second Coming of Woman)과 '여성 신성'(the Great Goddess)에 대해 이야기하고, 그녀의 다음 책 『여성생태학』(*Gynecology*, 1978)에서 세계를 구원할 힘으로서의 '여성적 에너지의 공동체'(gynenergitic communication)에 대해 말한다.

3) 이러한 그리스도교 이후 페미니스트들의 전통 거부와는 달리 개혁주의자의 선두에 선 류터에게 있어서 그러나 전통은 대단히 중요한 의미를 가진다. 원래 역사학도이기도 한 그녀에 의하면 모든 인간 경험은 과거와 현재의 '해석학적 순환' 속에서 일어나는 것이므로 여성신학도 여성의 경험에서 출발하는 것이긴 하지만, 그것이 또다시 전통과의 관계 속에서 형성된 것인바, 그 전통과 완전히 단절하여 자신을 구성하겠다는 것은 자기 기만적 태도라는 것이다.[16] 따라서 그녀는 그리스도교 전통을 여성해방적 차원에서 '재구성' 하고 '재건설' 하려는 것인데, 왜냐하면 그녀에 따르면 그리스도교의 근본 상징이란 원래 인간해방적 전통("예언자적 해방 전통")이기 때문이다.[17] 그녀는 그리스도교와 서구 문화의 전통 속에서 성차별주의가(sexism) 어떻게 그의 이원론적 사고체계 — 여성과 남성, 자연과 문화, 육체와 정신, 여신과 남신 — 에 근거하여 뿌리박혀 있는지를 밝혀낸다. 따라서 그녀에 의하면 여성의 해방이란 이와같이 서구 정신 속에 깊이 자리잡고 있는 이원주의를 극복하는 것이다. 전통적으로 가장 빈번하게 여성에 적대하여 사용되었던 그리스도론과 관련하여 — 그 극명한 예로 류터는 토마스 아퀴나스의 그리스도론, 즉 여성은 원래적으로 '불완전한 천성'을

---

[14] Ibid., p.69.   [15] Ibid., p.72.

[16] Rosemary R. Ruether, *Sexismus und die Rede von Gott,* trans. von A. Eggers (Gütersloher Verlaghaus, 1985), p.35.

[17] Ibid., p.40ff.

가지고 있으므로 하느님이 남성에로 화신된 것, 남성이 그리스도가 된 것은 '존재론적 필요성'에 따른 것이라는 주장을 든다 — 거기에 대한 대안으로 류터는 서구 그리스도교 전통에서 세 가지의 다른 모형들을 찾아낸다. 그것들이란 ① 판토크라토 그리스도론 ② 자웅동체적 그리스도론 ③ 예언자적·우상파괴적 그리스도론인데, 그녀는 특히 자신의 입장을 세번째에서 확인한다.[18]

이 세번째 예언자적·우상파괴적 그리스도론은 그녀에 의하면, 특히 오늘날의 '해방신학'에 의해서 다듬어진 것이다. 공관복음의 예수 전승에 기초하여 모든 기존의 지배계급에 대항하여 싸우는 메시아적 해방자로서의 예수 이해가 오늘날의 여성해방을 위해서도 좋은 모델이 된다는 것이다. 왜냐하면 여성이야말로 역사상 가장 억압받은 그룹들이었고, 그 또한 억압받은 사람들 중에서도 제일 밑바닥에 있는 자들이 여성들이었기 때문이다. 복음서에서 예수와 버림받은 여인들과의 만남은 그러나 남자와 여자의 원리로서가 아니라 진정으로 서로가 서로에게 응답하는 '인간으로서' 만난 것인데, 이것이야말로 참된 해방의 원리가 된다는 것이다.[19]

3. 개혁주의적 여성신학 그리스도론의 세 가지 유형

이상과 같이 우리는 데일리와 류터를 살펴봄으로써 역사상의 한 남성을 그리스도로 그리는 그리스도교의 그리스도론과 오늘날의 페미니즘이 어떻게 관계할 수 있는지를 알아보았다. 거기에는 두 가지 가능성이 있었는데, 먼저는 그 둘 사이의 화해가 불가능하다고 보고 결국 더 이상 그리스도론을 필요로 하지 않는 입장이고, 다른 하나는 서로의 관계가 가능하도록 전통의 그리스도론을 재해석하려는 것이었다. 우리에게 별로 잘 알려져 있지는 않지만, 영국의 여성신학자 데프네 햄프슨은 그녀의 최초의 책 『신학과 페미니즘』에서 후자적인 여

---

[18] 로즈마리 R. 류터, 『세계를 변혁시키기 위하여』, 박영주 역(서울: 대한기독교서회, 1985), p.81.

[19] 위의 책, p.95.

성신학적 화해의 노력들을 앞에서 우리가 간단히 살펴본 류터의 모형과 비슷하게 세 가지 유형별로 잘 나누어 소개해 주었다. 이 장에서 우리의 과제는 이것을 자세히 다루어 봄으로써 어떻게 데일리와 류터로부터 시작하여 그후 여성신학의 그리스도론 문제가 다양하게 전개되어 나갔는지를 알아보는 것이다. 햄프슨은 자신을 그리스도교 이후 페미니스트로 밝히면서 이 과정을 비판적으로 점검해 나간다.[20]

1) '높은' 그리스도론(High Christologies)

이것은 말 그대로 그리스도의 '신성'에 더 중점을 두는 것이다. 따라서 여기서는 그의 인간성에 별로 관심을 두지 않으므로 그의 남성성에 특별히 관여할 필요가 없다는 이점이 있다. 예를 들어 예수를 우주적 그리스도(cosmic Christ)나 삼위일체의 두번째 격으로 파악할 때는 그리스도는 한 인간이기보다는 오히려 신으로 파악되므로 그의 성이 별로 문제가 안되는 것이다. 더 나아가 이러한 그리스도론에서는 인간이 그리스도 안에서 삼위일체의 제2격을 통하여 신적인 것으로 통합되므로 인간 사이의 성차별은 극소화된다는 것이다.

그러나 문제는 그렇게 간단하지가 않다. 바로 이러한 신적인 그리스도가 남성인 인간 예수였기 때문이다. 그러한 그리스도를 신으로 만들었기 때문에 여기서 하느님은 필연적으로 남성으로 나타날 수밖에 없다는 것이다.

이러한 높은 그리스도론을 전개시킨 모습으로 영국 성공회 여사제인 윌슨-케스트너(P. Wilson-Kastner)의 『신앙, 페미니즘 그리고 그리스도』(*Faith, Feminism and the Christ*, 1983)가 소개된다. 햄프슨에 따르면 윌슨의 신학은 사실 우주론(cosmology)과 다름없는 것으로 그것은 우주적 그리스도, 부활의 주를 그 신학의 출발점으로 삼아 모든 이원론과 소외를 극복한 부활의 그리스도를 역시 갈등과 소외를 극복하려 노력하고 다양성과 관계성을 추구하는 페미니즘 가치의 구현으로 제시하는 것이다.[21]

---

[20] Daphne Hampson, *Theology and Feminism* (Basil Blackwell: Cambridge, 1990), p.50ff.

[21] Ibid., p.60.

그러나 이 그리스도론은 우리가 '진화'의 궁극점으로서의 우주적 그리스도 (Omega Point)를 이야기하는 떼이야르 드 샤르댕 신학에 대한 비판에서도 자주 듣듯이, 모든 것을 부활의 주의 관점에서 생각하므로 구별이라든가 차별이 별로 심각하게 다루어지지 않아 지금 우리의 문제, 즉 성의 차이나 남성 그리스도가 어떻게 여성을 구할 수 있는가 하는 문제가 진지하게 다루어지지 않았다는 비판을 받는다. 오늘날 많은 그리스도인들에게 있어서 문제는 바로 이렇게 '성이 제거된 우주적 그리스도'(non-gendered cosmic Christ)의 개념으로 사고하는 것인데, 왜냐하면 오늘날 사실(fact)과 상징(symbol) 사이의 구별이 뚜렷이 인식되었음에도 불구하고 이렇게 부활과 하느님으로 상징되는 '승리에 찬 결론'으로 말미암아 갈등과 소외가 참으로 존재한다는 사실이 쉽게 간과되어지기 때문이다.[22] 높은 그리스도론은 너무 낙관적이라는 말이다.

2) '낮은' 그리스도론(Low Christologies)

그리스도의 인간성(humanity)에 강조점을 두는 낮은 그리스도론은 그를 우리들 가운데의 하나로서, 우리의 형제로서 파악하는 것이다. 이것은 그리스도가 우리와 같이 참된 인간이므로 우리 여성의 고통을 진정으로 이해할 수 있다는 얘기이다.

독일의 심리학자이며 여성 신학자인 한나 볼프는 그녀의 책 『남성 예수: 심층심리학적 시각에서 본 예수의 행태』에서 이러한 그리스도론을 잘 펼치고 있다. 그녀는 칼 융(K. Jung)의 '아니무스-아니마 도식'(der Animus-Anima Konzept)에 의한 인간 이해에 힘입어서 어떻게 예수가 한 사람의 참된 인간으로서 당시의 가부장주의적이고 남성가치 위주적인 사회에서 그 자신의 인격 안에 '아니마'(여성적 영혼)를 심리적으로 잘 통합했는지를 보여주었다.[23] 주변의

---

[22] Ibid., p.61.

[23] Hanna Wolff, *Jesus der Mann. Die Gestalt Jesu in tiefenpsychologisher Sicht* (Stuttgart: Radius Verlag, 1977); 이은선, 「여성과 예수」, 『기독교 사상』, 1989.12 (서울: 대한기독교서회), p.179ff.

'아니무스'(남성적 영혼) 가치지향적이며 공격적인 환경과는 달리 예수는 여자들과 어떤 주저함이나 거리낌이 없이 만났고 그 주위에는 항상 많은 여자들이 따랐으며, 또한 이러한 '아니마 통합'(Anima Integration)을 이룬 예수의 모습 중 가장 중요하고 중심되는 특징은 그의 인격에 있어서의 감성(Gefühl)의 활발한 활동이라는 것이다. 복음서에는 예수가 어떻게 "비통해했고", "동정했으며", "위로했고", "탄식했고", "울었는지"에 대한 보고로 가득 차 있다. 볼프에 의하면 예수의 이 감정은 사물의 본질을 꿰뚫어보는 힘으로서 이성적이고 분석적인 힘을 포괄하고 그것을 초월하는 더 근원적이고 내면적인 직관의 힘이다. 복음서에 나타난 남성적이며 또한 여성적인 예수의 여러 행태, 그의 '치유된' 하느님상과 인간상은 예수가 바로 그 인격 속에 행동과 존재, 율법과 복음, 남성적 존재양식과 여성적 존재양식, 아니무스와 아니마를 독특한 방식으로 통합했다는 것을 보여주며 그렇기 때문에 그는 우리에게 참으로 그리스도가 되신다는 것이다. 예수가 그리스도가 되는 것은 그가 참된 남성과 참된 인간으로서 이 통합의 길을 성실히 갔기 때문이라는 말이다.[24]

이렇게 예수가 참 인간임을 주장하는 낮은 그리스도론에 대해서, 그러나 그리스도교 이후 페미니스트들은 지적하기를 만약 예수가 이처럼 역사상에 살았던 다른 인물들과 — 독특하긴 하지만 — 마찬가지의 한 인간이라면 우리는 더 이상 그리스도론을 가질 필요가 없다는 것이다. 그것은 곧 개혁주의적으로 계속해서 그리스도인(Christian)인 것을 주장하고 거기 머무르려 하면서 이렇게 그리스도론과 페미니즘의 갈등을 극복하기 위해 그를 한 인간으로 파악하는 것은 자가당착이라는 말이다. '레즈비언' 여성 해방신학을 추구하는 헤이워드(C. Heyward)에게서 이런 모순이 지적되었는데, 그녀가 예수에 대해서 "그는 완전하게, 그리고 오로지 인간인 한에서 우리에게 관계한다"고 말하면서, 그러나 동시에 여전히 그리스도 중심적(Christo-centric)으로 사고하는 것은 참으로 모순된다는 얘기이다.[25] 이 낮은 그리스도론에서는 예수의 남성성이 우주적 그

---

[24] 이은선, 위의 글, p.186ff. [25] Daphne Hampson, op. cit., p.63.

리스도론에서보다 훨씬 첨예하게 부각되는데, 그럼에도 불구하고 그를 우리 여성의 구주로 고백해야 되는 당혹감을 위에서 우리가 소개한 햄프슨은 몇 년 전에 자신이 체험한 한 '레즈비언' 예배 경험을 통해 얘기한다; 모두 여자들만 모여서 '창조'를 주제로 하여 예배를 드리는데, '출산'의 관점에서 그것을 묵상하면서 그 상황의 주(主)로서 예수가 세워졌다는 것은 얼마나 여성이 종교의 핵심에 있어서는 남성세계에 의존되어 있느냐를 나타내 주는 것이라고 한다.[26]

3) '메시지' 그리스도론(Message Christologies)

이것은 우리가 이미 류터에게서 보았듯이 그리스도의 인격(性, nature)에 관심을 가지기보다는 그의 말씀과 메시지에 집중하는 것이다. 이 그리스도론의 장점은 이러한 관심 대상의 전이로 인해 지금 우리가 가지고 있는 문제, 즉 남성 인격의 상징이 그리스도교에서 중심되는 것으로 이해되었을 때 생기는 어려움을 피할 수 있게 한다. 그리하여 많은 크리스천 페미니스트들이 이러한 그리스도론에 끌리고, 특히 제3세계 여성 신학자들 대부분이 이 그룹에 속한다.[27]

그러나 문제는 우리가 이미 낮은 그리스도론에서도 보았듯이 이렇게 단순히 예수의 메시지에만 관심을 가질 때는 그것을 누가 선포했는지는 문제가 되지 않고, 또한 그것을 누구도 선포할 수 있다는 말이 되므로 이러한 것을 더 이상 '그리스도교적'(Christian) 입장이라고 할 수 있겠느냐는 것이다. 이것은 마치 간디처럼 예수의 메시지를 의미있는 것으로 여기는 휴머니스트들의 입장과 같다는 말이다. 햄프슨에 따르면 이 입장을 예로 들어 불트만에서처럼 "예수 자신에 대해 선포되어지는 복음"이 있다고 믿는 경우와 비교해 보면 후자는 그리스도교인의 입장이 되는데, 왜냐하면 여기서 불트만은 결코 그리스적 방식의 '양성 그리스도론'을 주장하지는 않았지만, 그리스도는 그에게 여전히 '케리그마'로서 유일회적이 되기 때문이다. 이러한 관계는 우리가 이미 불트만 신학을 그 케리그마까지도 비신화화시키려는 프리츠 부리 신학과 비교하며 살펴보았다.

---

²⁶ Ibid., p.63.   ²⁷ Ibid., p.64.

여기서 다시 이 문제점을 예수의 해방 메시지에 집중하는 류터에 관계시켜 살펴보면, 그리스도교적 해방의 비전이 그녀가 말하고자 하는 것의 전부인바, 그것을 꼭 그리스도교의 입장이라고 말해야 할 아무런 이유도 없다는 것이다. 그 이유는 휴머니스트들도 비전을 가지고 있고, 마르크시스트들도 마찬가지이기 때문이다. 그리스도교 이후 페미니스트 입장에 의하면 자신이 계속해서 크리스천이라고 주장하려면 단순히 '예수의 메시지'(Jesus's message, 메시지의 내용)만을 이야기해서는 안되고 '예수에 관한 메시지'(messege about Jesus), 즉 예수의 인격도 선포해야 하는데, 그렇게 되면 또다시 여성에게 문제가 된다. 따라서 결론적으로 그리스도교 이후 페미니스트들에 의하면 그리스도교와 페미니즘은 화해될 수 없고 진정한 페미니스트가 되기 위해서는 그 전통을 떠나야 한다는 것이다.

4. 그리스도교 이후 여성신학과 그리스도론

그리스도교 이후 여성 신학자들은 자신들은 이제 더 이상 그리스도론을 필요로 하지 않는다고 선언하였다. 대신에 이들은 자신들을 위한 새로운 종교 전통을 직접적으로 수립하고자 하는데, 여기에는 메어리 데일리에 이어 캐롤 크라이스트(Carol Christ), 나오미 골덴버거(Naomi Goldenberger) 들이 두드러진다. 그러나 우리가 이미 소개한 햄프슨 등은 여성을 위한 새로운 종교성을 어느 누구에게서보다도 급진적으로 실존화와 주관화의 길을 가면서 인간의 내면 속에서 찾고자 한다. 이 입장은 그러므로 전통의 슐라이어마허나 프리츠 부리의 입장과 유사하다고 할 수 있겠다. 또한 오늘날 한 대안적 신학 형태로서 자신의 '비유적 신학'(metaphorical theology)을 내어놓는 셸리 맥페이그도 최종적으로 개혁주의적인 입장이긴 하지만, 어느 누구보다도 그리스도교 전통의 상대성을 인정하는 모습이기 때문에 여기에 소개한다. 이 장의 주제는 이러한 모든 것들을 관계시켜 보면서 어떻게 그리스도교 이후 여성 신학자들에 의해서 여성 신학의 새로운 지평이 열리는지를 살펴보는 것이다.

오늘날 자신의 '비유적 신학'을 통해서 창조적으로 조직신학적 작업을 펼치고 있는 여성 신학자 맥페이그는 이러한 비유적 신학 노력의 콘텍스트를 "포스트 모던적 콘텍스트"(the postmodern context)라고 밝힌다. 이것은 곧 오늘날의 후기 산업사회의 상황에서 생태계 위기, 종교적 다원주의, 페미니즘 또는 인종과 계급의 문제 등으로 표현되는 다양성(plurality)과 상대성(relativity)의 가치원리에 대한 인정을 표시하는 것이다.[28] 그녀에 의하면 전통의 서구 유대 그리스도교적 종교 언어는 이러한 현대적 상황과는 맞지 않기 때문에 오늘날 신학의 과제는 이러한 낡은 언어로 이루어져 있는 신학적 모델들을 해체시키고 그것을 새롭게 다시 구성하는 것이다. 이 일을 위해서 오늘날 다양성과 상대성의 가치원리로 특징지어지는 사회에서는 모든 언어를 하나의 비유(metaphor)로 보는 "비유적 신학"이 의미있다는 것이다.

비유란 그녀에 의하면 '우리가 생각하는 방식'으로서 그것을 "그렇지만 또한 그렇지 않다"(it is and it is not)의 사고방식을 말하는 것이다.[29] 그녀에 따르면 이 원리는 그리스도교, 특히 개신교에 고유한 것으로서 그 유사성(similarity)에도 불구하고 차이점과 구별됨(dissimilarity)을 드러내는 것이기 때문에 이 사고방식에 의해서 인도되는 신학은 "결론적이지 않고 시험적이며, 간접적이고 우상타파적이며, 변혁적"이다.[30] 여기서는 어떠한 생각이나 생산품 또는 피조물도 하느님과 동일시될 수 없고 그것은 단순히 비유와 우리 사고의 모델로서 이해될 뿐이다. 이 사실에는 예수가 "하느님의 비유"(a parable of God)로서 "하느님이면서 동시에 하느님이 아니다"(is and is not God)라는 것도 포함된다. 그녀에 의하면 예수는 "한 하느님의 비유"이다. 그의 삶과 죽음은 그 자체로서 하느님의 비유인데, 그것은 우리에게 잘 알려져 있지 않고, 따라서 우리가 어떻게 이야기하고 생각해야 되는지를 모르는 하느님과의 관계를 이해시켜 주는 한 매개인 것이다. 맥페이그는 그리스도교 전통이 하느님에 대한 비유와 모델을 너무 한정시켰고, 그 자체로는 문제가 없는 '아버지 하느님' 등의 모델로서

---

[28] Sallie McFague, *Metaphorical Theology* (Philadelphia: Fortress Press, 1982), Preface.

[29] Ibid., p.13.　　　　　　　　　[30] Ibid., p.19.

가부장적 권위체제를 구축했다고 비난하면서 이제 새로운 상황을 위한 비유와 모델로서 "친구"(friend), "어머니"(mother), "사랑하는 이"(lover)로서의 하느님을 이야기한다. 그녀에게 있어서 이 세계는 "하느님의 몸"(God's body)이 된다.[31]

이렇게 모든 것을 관계성(relationship) 속에서 보면서 상대적으로 생각하는 비유적 신학은, 그러나 급진적인 그리스도교 이후 여성 신학자들이 보기에는 여전히 너무 약하다. 그것은 여전히 너무 그리스도 중심적이고 신인동형형으로 생각한다는 지적을 받는데, 어떻게 그러한 사고가 오늘날의 상황 ― 맥페이그 자신도 지적한 인간에 의한 생태계 파괴와 핵전쟁 위협의 상황 ― 에서 똑같이 "신뢰할 만하냐"라는 것이다.[32]

메어리 데일리와 맥을 같이하면서 그리스도교 전통의 밖으로 나가서 새로운 '여신숭배'(Goddess Worship) 전통을 구축하려는 크라이스트에 의하면 그리스도교 전통 내에서는 자신들의 경험을 긍정적으로 표현할 어떠한 상징체계도 발견할 수 없다는 것이다. 이들의 견해에 따르면 언어나 세계는 동일한 것인데, 즉 세계를 이름짓는 사람이 곧 그 세계의 주인이 되므로 이제까지 자신들을 억압해 온 가부장주의적 그리스도교 언어와 상징체계는 거부되어야 할 뿐만 아니라 여성의 경험에 입각해서 새롭게 대체(replace)되어야 한다.[33] 이렇게 종교 상징의 심리적이고 정치적인 영향에 주목하면서 이제 여성이 자기 자신과 신적인 것을 새롭게 이름짓기 위하여 필요한 상징체계가 여신(Goddess) 상징체계라는 것이다. 크라이스트는 이것을 이제까지 인간의 종교 전통에서 잊혀져 있었던 '여신 종교 전통'(Goddess Tradition)과 또한 오늘날 여성들의 꿈과 환상, 그리고 생각들에서 찾아내고자 한다. 이것을 찾아내고 발명해 내어 구체적인 종교의식(ritual)으로 만들어 내고, 또한 이제까지의 '남성신학'(Theo-

---

[31] Sallie McFague, *Models of God* (Philadelphia: Fortress Press, 1989), p.69ff.

[32] D. Hampson, op. cit., p.159.

[33] Carol P. Christ, "Why woman need the Goddess", in: *Womansprit Rising*, p.270.

logy)에 대한 '여성신학'(Thealogy)을 구축하는 것이 이들의 목표이다.[34]

　이상과 같은 급진적인 여성 종교를 수립하기 위한 노력은 이제까지 종교 전통에서 철저히 소외당해 오던 여성들의 해방을 위해서 대단한 의미를 가지는 것이다. 그러나 우리가 여기서 묻고 싶은 것은 이것이 과연 어느 정도로 가능하며 현실적인 것이냐 하는 것이다. 오늘날의 세속화된 사회에 살고 있는 여성들에게 — 그리하여 자신들의 유사성을 옛날의 여성들에게서보다 오늘날의 남성들에게서 더 가깝게 발견하는 — 고대 그리스나 이집트의 여신, 지중해 주변의 여신들, 아시아·아프리카 전통의 여신들이 얼마나 큰 의미를 줄 수 있겠는가 하는 것이다. 또한 이들의 여신 종교 수립 노력에 대해서 자주 지적되기를, 여기서는 남성들이 그들의 남성적 종교 언어를 가지고 남성적 가치를 절대화시킨 것과 똑같이 여성들이 자신들의 여성적 신 인식에 "마술을 건다"는 것이다.[35] 그리하여 이것을 통해서 '남성적인 것'과 '여성적인 것'이 서로에 대해 철저히 배타적이 되고, 결국 스스로 다시 "성은 운명이다"(Sex is destiny)라는 것을 인정하게 되는 결과를 가져온다는 것이다.[36] 맥페이그는 이러한 극단적인 입장에 대해서 그것은 마치 오랫동안 억압에 눌려 온 여성들의 "분노와 고통에 찬 절규"와 같은 것이며, 광(madness)의 한 표현이라고 한다.[37] 류터도 이러한 그리스도교 이후 여신 종교운동에 대해서 비슷한 시각에서 비판하고 있다. 즉, 그녀가 역사학자로서 고대의 여신 종교에 대해서 호감을 가지고 있다고 하더라도 이러한 고대 여신상에 대한 배타적인 찬양은 19세기 낭만주의의 문화적 편견에 힘입은 것으로, 이런 방식은 여성으로 하여금 지배세계에 대해 현실적으로 언급할 능력이 없는 "분리주의적·유토피아적 종파"들로 주변화시킨다는 것이다.[38]

---

[34] Ibid., p.279.　　　　[35] D. Hampson, op. cit., p.161.

[36] S. McFague, *Metaphorical Theology*, p.159; 신옥희, 「여성·실존·타자: 실존철학의 타자 개념과 현대 여성학」, 『여성학 논집』, 제4집(1987.12), 별책, p.41ff 참조

[37] Ibid., p.159.

[38] 로즈마리 R. 류터, 「성차별, 종교 그리고 현대 여성의 사회적·영적 해방」, in: 캐롤 C. 굴드, 『지배로부터의 자유』(한국 여성개발원, 1987), p.120.

우리가 마지막으로 의미지어 보려고 하는 또 다른 그리스도교 이후 여성 신학자 햄프슨의 이해에 의하면 이러한 급진적 페미니스트들의 '여신 종교'도 결국 신인동형론적인 그리스도교 하느님의 연장이다.

그녀는 만약 그녀가 신을 이름지어야 한다면 그냥 신(God)이라고 하겠다고 밝힌다. 왜냐하면 이 개념은 그녀에게 더 이상 신인동형적 의미도 아니고 남성 신적인 의미도 아니기 때문이다. 이 '신' 개념 속의 새로운 의미를 찾기 위해 그녀는 오히려 인간의 내면으로 들어가서 어떻게 '여성적 상상력'(the feminist imagination)이 그것을 전혀 다르게 변혁적으로 경험할 수 있는가를 한 여성 소설의 예에서 발견한다.[39] 이 소설은 샐리라는 가난한 흑인 여성이 주위의 모든 사람들(부모, 의붓아버지, 남편, 누이 등)로부터 철저히 짓밟힌 뒤 그녀와 비슷한 경험을 한 여자 친구의 도움으로 자신이 이제까지 알아왔던 '당신'으로서의 하느님, '그'(he)로서의 하느님이 아니라 '그것'(it)으로서의 하느님, 주위의 새를 보고 나무를 보는 가운데 그것들과 더불어 존재하는 하느님의 모습을 발견하는 과정을 그린 것이다. 그녀와 친구는 이제까지의 삶의 경험에서 한 번도 인간, 특히 (백인) 남자에 의해 받아들여진 적이 없었다. 그런데 어떻게 '당신'이며, '그'인 하느님을 신뢰할 수 있겠는가? 그녀의 친구는 어떻게 자신이 한 백인 남자에게서부터 돌아선 후 '나무'를 만났고, '새'를 만났으며, 거기서부터 비로소 '다른 사람'을 만났고 다시 새롭게 '종교적'(religious)이 되었는지를 이야기한다. 어느 날 그녀가 완전히 버림을 받고 절망 가운데 앉아 있을 때, 그녀는 문득 자기가 주위의 한 부분이며 모든 것과 구별되어 있지 않다는 것을 깨닫는다. 그녀에게 최초로 자신도 한 부분이며 하나됨을 깨닫게 해준 것, 그 나무와 새와 주위가 그녀에게 하느님이 되며, 그녀는 이 하느님이 자신과 세상의 모든 것 속에 존재함을 깨닫는다(My real me is God).[40]

이상과 같이 햄프슨은 어떻게 한 흑인 여성이 전통의 가부장주의적이고 신인동형적인 그리스도교 개념체계를 떠나서 아주 새로운 모습으로 종교적일 수 있

---

[39] D. Hampson, op. cit., p.163ff. [40] Ibid., p.169.

고 신을 만날 수 있는가를 보여주려고 노력하였다. 이것은 우리가 이미 지적했듯이 슐라이어마허의 종교 이해와 대단히 유사한 것으로 — 그녀 자신이 슐라이어마허를 의미있게 평가한다 — 어떠한 그리스도교 전통 내지 그리스도론과의 화해도 불충분하다고 보는 그녀가 택한 제3의 길로서 인간의 내적 경험에 근거하여 찾은 길이다. 그녀에 따르면 전통적인 서구 그리스도교의 유일신론과 거기에 근거된 그리스도론은 필연적으로 이원주의와 계급주의에 빠진다.

20세기 후반의 다원주의적이고 경험주의적인 세계에 살고 있는 그녀는 그러므로 더 이상 자신의 신학을 어떤 특별한 한 계시 — 더군다나 그것이 한 남성에게 이루어진 것일진대 — 에 근거짓기를 원치 않았고, 오히려 더욱 철저히 우리 자신의 '경험'(experience)에 근거하여 우리의 '하느님 파악'(our perception of God)에 기초하여 세우기를 원했다. 그녀는 분명히 밝히기를 "경험이 우선"이라고 한다. 그러므로 자신을 더 이상 그리스도인이 아닌 '종교인'이라고 밝히는 그녀에게 있어서 제일 중요한 것은 "파악력"(perceptivity)의 문제이고, 우리에게 가장 중요한 문제란 어떻게 우리가 이 세상에서 하느님의 현존을 새롭게, 새로운 방식으로 파악할 수 있는가를 배우는 것이라고 한다.[41]

5. 한국적 여성신학을 위한 전망

지금까지 우리는 "여성신학과 그리스도론"이라는 주제를 가지고 어떻게 여성의 신학적 주체의식에서 시작된 여성신학과 한 남성을 그리스도로 그리는 그리스도론이 관계될 수 있을지를 알아보았다. 이것은 결국 그리스도교 전개의 역사이기도 한 예수에게서 나타난 신 계시의 유일회성에 관한 문제인데, 그것을 여성의 등장이라는 차원에서, 다시 말하면 성이라는 요소와 또한 그 중에서도 여성이라는 요소의 등장으로 인한 다원적 상황에서 어떻게 그 유일회성이 해석될

---

[41] Ibid., p.169ff.

수 있겠는가 하는 문제였다.

앞장에서 우리가 마지막으로 소개한 햄프슨은 새로운 여성신학의 기초를 여성의 내적 경험에서 찾으려고 하였다. 이러한 '자기 이해' — 부리의 용어를 빌리자면 — 로서의 여성신학적 시도는 오늘날 여러 여성 심리학자들에 의해서 행해지는 시도와 비슷한 점이 있는데, 예를 들어 성의 차별에 의해서 상처받지 않은 원형적인 여성의 모습으로 '내면의 소녀'를 이야기하면서 그 모습을 다시 회복해 가는 과정을 여성 치유의 과정으로 그린 에밀리 핸콕이나[42] 그 이전에 어머니와 딸과의 신화적 관계를 세속화시켜 여성의 자아 회복을 시도한 낸시 프라이데이,[43] 또는 더 근원적이고 철학적인 시도로서 남성과는 다른 방식으로 진행되는 여성 인식의 길을 밝혀낸 캐롤 길리건, 블렝키 등이다.[44]

햄프슨 등에서 시도된 그리스도교 이후 심리학적 여성신학의 이해가 우리에게 의미있는 것으로 다가오는 이유는 먼저 여기서는 철저히 오늘날의 세속적 상황이라는 시대 정황이 받아들여졌으며 — 또 다른 그리스도교 이후 여성신학인 '여신 종교' 운동의 비현실성에 비추어보아, 두번째 여기서는 신 경험이 시공적으로 자유로운 인간 누구에게나의 내면에서 찾아졌기 때문에 다원주의의 원리가 더 많은 측면에서 적용될 수 있기 때문이다. 이것은 특히 그리스도교 문화권이 아닌 동양 문화권 속에서 살고 있는 우리에게 중요한 문제인데, 왜냐하면 우리에게 있어서 그리스도론의 문제는 종교다원주의와의 관계 속에서의 그리스도론의 문제도 포함되기 때문이다.

우리 나라의 최만자도 한국 무속에 대한 여성신학적 해석의 문제가 결국 종교다원주의의 차원에서 다루어져야 한다고 말하였으나,[45] 이제까지 대부분의 비그

---

[42] Emily Hancock, *The Girl Within* (NY: Fawcett Columbia, 1990).

[43] Nancy Friday, *My Mother, My Self* (NY: Delacorte Press, 1977), 안혜성 역. 『여성의 자기 발견』(대완출판사, 1985).

[44] Carol Gilligan, *In a Different Voice* (NY: Harvard Univ. Press,1982); M. F. Blenky, B. M. Clinchy, N. R. Goldenberger, J. M. Tarule, *Women's Way of Knowing* (NY: Basic Books Inc., 1986). 참조: 손승희, 『여성신학의 이해』(한국 신학연구소, 1989), p.158ff.

[45] 최만자, 「한국 무속에 관한 여성신학적 해석」(Ⅱ), 『한국 여성신학』, 1991.2 (한국 여신학자협의회), p.31.

리스도교 문화권에서의 여성신학적 노력은 이 문제를 간과해 왔다. 이들은 대부분 해방신학적 관점에서 예수의 해방 메시지에 관심을 가지면서(메시지 그리스도론) 개혁주의적 입장을 취해 왔는데, 그러나 우리가 묻고 싶은 것은 어떻게 자신의 정체성을 형성시키는 또 하나의 요소인 민족적 전통에서 소외되어서 진정한 해방이 가능할 수 있겠는가 하는 것이다. 오늘날 지구촌 시대를 사는 우리 한국 여성들에게 있어서 어쩌면 이 문제가 더욱 근원적인 것인지도 모르겠다. 따라서 이번 WCC 세계대회에서 정현경 교수가 시도한 우리 문화 전통과의 접목은 적극적으로 평가되어야 하며, 그러나 우리는 거기서 더 나아가 왜 꼭 세계의 눌린 영들이 그리스도교 성령의 영으로만 해방되어야 하는가를 묻고 싶다.[46]

이상과 같이 그리스도교 이후적 자기 이해로서의 여성신학이 우리에게 여러 가지로 의미를 주나, 우리는 또한 그의 문제점도 본다. 먼저 여기서 행해지는 오늘날의 세속적인 상황에 대한 적극적인 평가는 신학을 인간학(anthropology) 내지는 심리학으로 환원시키는 것이 아닌가 하는 우려를 가지게 한다. 이와 비슷한 비판이 부리 신학의 비케리그마화 작업에 대해서도 행해졌는데, 독일의 가톨릭 신학자 카스퍼는 부리가 그의 급진적인 비신화화 작업을 통해 신학을 인간론화시켰으며, 이것을 통해 이번에는 인간이 다시 신화화(Mythos des Menschen)되었다고 지적했다.[47]

이러한 문제점과 함께 또한 여기서의 취약점으로서 여성해방의 차원을 더욱 개인적이고 심리적인 차원에만 국한시켰기 때문에 사회적인 차원의 관심이 결여되었다고 지적될 수 있다. 특히 이것은 제1세계의 가진 자의 여성신학으로 보이게 하는 근거가 된다. 이제까지 대부분 우리 나라에서의 여성신학도 한국 여성들의 한(恨)을 이야기하며 민중신학적 차원에서만 시도되었는데, 그러나 우리가 반문하고 싶은 것은 이 한만이 한국 여성의 정서를 대표하는 모든 것인가라는 것이다. 특히 오늘날 많은 여성들에게 이 한은 생소하고 오히려 어떻게

---

[46] 정현경, 「오소서, 성령이여, 만물을 새롭게 하소서」, 제7차 WCC 캔버라 총회 주제 강연 I, 『기독교 사상』, 1991년 4월, p.93ff.

[47] Walter Kasper, *Jesus der Christus* (Mainz, 1975), p.52ff.

하면 성숙한 자아를 성취할까 하는 문제가 주된 관심인바, 오늘날의 한국 여성 신학도 좀더 다양한 모습으로 전개되어야 한다고 생각된다. 그런 의미에서 이 제까지 민중신학적 시도가 제2세대의 여성신학으로 평가되어졌다면 우리의 이 런 시도는 제3세대의 여성신학으로 의미되어질 수 있지 않을까?[48]

6. 마치는 말

오늘날 여성에 대한 남성의 우월성은 더 이상 주장될 수 없다. 또한 종교다원 주의적인 상황에서 전통적인 존재론적 그리스도론은 그 의미를 잃었고, 인간과 자연은 더 이상 배타적인 관계에서 파악될 수 없다. 여성신학은 이러한 현대의 여러 상황을 깊이 인식하고 나온 현대신학의 꽃이다. 우리가 여성신학적 작업 을 하면서 다시 확인한 진리는 동양의 오랜 진리인 '관계성'(relationship)의 진리이다. 여성과 남성, 동양과 서양, 자연과 인간, 인간과 신 등이 서로 관계 성 속에서 상대적으로 존재하며, 그것들이 서로 어우러져 하나가 됨을 우리는 보았다. 더 이상의 중보자가 필요없는 신 중심적 종교를 꿈꾼 슐라이어마허도 이러한 진리를 직관하고 느끼는 것이 "종교의 본질"이라고 했다.

　여성신학적 시도에서 우리는 또한 '상상'(imagination)이 대단히 중요한 의 미를 가지는 것을 보았다. 트레이시(D. Tracy)에게서 많은 영향을 받은 맥페 이그는 신학을 '픽션'(fiction)이라고까지 했다.[49] 상상은 우리가 지금 가지고 있는 여러 차원의 갈등을 유비적으로 극복할 수 있게 하고 한 새로운 통일을 꿈꾸게 하기 때문이다. 이 상상을 가지고 우리가 신약성서에 나타난 예수에 관 한 배타적 언급들 — 예를 들어 "그를 통하지 않고는 누구도 아버지께 올 수 없다"(요한 14,6), 예수는 "하느님의 외아들"이다(요한 1,14), 인간을 구원할

---

[48] 정현경, 「여성신학의 유형과 한국적 수용 및 비판 (III)」, 『기독교 사상』, 1989년 1월, p.120.

[49] S. McFague, *Models of God*, Preface.

수 있는 "다른 이름은 없다"(사도 4,12) — 을 어떻게 새롭게 이해할 수 있을까? 니터는 말하기를, 이것은 마치 남편이 자신의 사랑하는 아내에게 "당신은 이 세상에서 가장 아름다운 여인이야! 당신은 내게 유일한 여인이야!"라고 말하는 것과 마찬가지인데, 이렇게 말했다고 해서 그 남편이 이 세상에 자기 부인보다 더 아름다운 여인이 객관적으로 존재한다는 사실을 부인하는 것은 아닌 것처럼 그렇게 초대교회의 예수에 대한 신앙고백도 이해되어야 한다는 것이다.[50] 그것은 "열정적 신앙의 언어"였고, "사랑과 애무의 언어"였지 형이상학적이거나 사실적인 과학의 언어가 아니었기 때문이다.[51]

이러한 창조적인 상상의 실천도 포함해서, 그러나 우리에게 더욱더 문제가 되는 것은 바로 '실천'(praxis)에 관한 것이다. 우리가 이제까지의 탐구를 통해서 얻은 '관계성'의 진리를 어떻게 실천하느냐가 문제라는 것이다. 이 구체적인 실천의 길이야말로 바로 여성들의 오랜 삶의 길이었고, 자연과 종교의 길도 바로 이것이었다. 이런 의미에서 여성적인 가치, 동양적인 존재양식이란 단순히 남성적인 것, 서양적인 양식에 대칭되는 것으로만 이해될 것이 아니라 오히려 후자를 그 안에 포괄하는 더욱더 진정한 근원으로 파악되어야 할 것이다.[52] 이제까지 역사상에서 어느 누구보다도 철저히 분리와 소외의 고통을 경험한 한국 여성들 — 여성으로서, 비서구인으로서, 제3세계의 민중으로서 — 이들이 바로 오늘날 이 실천에의 길로 불리어졌다는 것을 안다.

---

[50] 폴 F. 니터, 앞의 책, p.284 ff.　　　　　[51] 위의 책, p.294.

[52] 이은선, 「종교적 다원주의와 예수」, 『샘바위』, 1989년 12월(한국 여성 크리스천 클럽), p.19; 김용옥, 『노자철학 이것이다』(上) (서울: 통나무, 1989), p. 59 참조

과학시대에서의 종교와 여성
― 한 한국 에코페미니스트의 시각에서 ―

1. 시작하는 말:
우리 시대의 필연적 요청으로서의 에코페미니즘

오늘날 많은 문명비평가들은 '기술의 선택은 이제 모든 선택 중에서 가장 중요한 선택일 수밖에 없다', '인류의 미래는 이제 다른 어떤 요인에 의해서보다도 역사상 가장 심대한 영향을 끼친 두 힘 — 과학과 종교 — 이 어떤 방식으로 관계를 맺는가에 달려 있다' 라고 지적한다. 이 지적이 표시하는 바대로 우리는 오늘날 과학기술 시대에 살고 있다. 인간 삶의 방식을 규정하는 이 카테고리의 보편성을 우리는 오늘 거의 의심하지 않는다. 즉, 아직도 여전히 지구상의 어느 곳엔가는 현대 기술문명의 파도가 닿지 않는 곳이 있다 하더라도 이 인간 삶의 규정은 어떤 다른 기준, 예를 들어 성이나 인종, 계급에 의한 구분보다도 더 보편적이고 기초적인 것이 되었다.

그런데 이렇게 포괄적으로 우리 삶의 모습을 결정짓는 현대 과학기술이 요즈음 대단히 위험스럽게 보인다는 것이다. 그 위험의 정도가 대단한 것이어서 이제까지 인류가 한번도 겪어보지 못한 것으로서 이제 인류의 생존 자체, 더 나아가 지구 존재 자체의 생존이 문제시되었다.[1] 이제까지 인류의 모든 문명비판은 그 문명이 가능할 수 있었던 자연스러운 기초인 지구가 존속된다는 가정하에서 이루어졌던 것이었고, 각 개인의 삶에 있어서도 더 나은 삶에로의 지향이

---

[1] H. Jonas, *Das Prinzip Verantwortung*, (Fankfurt am Main 1983), p.94: 이은선, 「한스 요나스의 책임의 원리 — 그 존재론적 근거의 의미와 한계」, 『신학사상』 1991년 여름, 한국 신학연구소, pp.453-76.

나 모든 도덕적 노력은 그러한 활동의 근거가 되는 몸과 건강이 유지된다는 전제하에서 가능했던 것이었다. 그러나 요즈음은 그 기초가 문제시되었고 '자연이 파괴될 수도 있다'는 것이 인지되고 체험되면서 현대 과학기술 문명에 대한 거센 비판이 제기되고 있다. 인간 삶의 포괄적인 집(Oikos)을 연구하는 '생태학'은 그런 의미에서 현대문명의 가장 근원적인 비판자라 할 수 있겠다.

이것과 더불어 오늘날의 또 하나의 근원적 문명비판 시각을 들라면 주저없이 '페미니즘'을 얘기할 수 있겠다. 그것은 인류의 반이나 되는 여성에 대한 이야기이기 때문이며, 따라서 여기서의 시각변화야말로 한 근원적인 변화가 되기 때문이다. 여성들은 이제까지 자신들의 삶이 남성들의 성차별주의에 의해서 심하게 왜곡되어져 왔다는 것을 알게 되었고, 그들의 가부장주의와 이원주의, 획일성과 폭력성 등은 삶의 많은 진실들을 억압하고 해쳤다는 것을 깨달았다. 초기에는 주로 여성들의 사회적 소외와 불평등에 관심하던 페미니즘은 그러나 요즈음 그 탐색의 심화 속에서 여성에 대한 차별이란 바로 그 몸에 대한 차별이고 자연성에 대한 무시이며, 그리하여 현대 기술과학 문명이 자연과 환경에 가해 왔던 폭력과 무시가 오래된 여성에 대한 폭력이며, 그것들이 결코 다른 것이 아님을 알아차렸다. 이렇게 볼 때, 요즘의 '에코페미니즘'(Ecofeminism)의 출현은 필연적인 것이며, 오늘날 이 분야에서 한 고전이 된 캐롤린 머천트의 책 『자연의 죽음: 여성, 생태학 그리고 과학혁명』은 특히 서구 역사에서 어떻게 여성과 자연이 동급화되면서 남성들의 과학주의와 상업주의에 의해 착취되어 왔는지를 잘 지적해 주고 있다.[2]

이상에서 지적된 대로 오늘날을 살아가는 우리들에게 있어서 '과학문명'과 성(性)에 대한 이해는 두 가지 중요한 관건이 된다. 오늘 우리의 주제이기도 한 이 문제와 관련하여 과학문명에 가해지는 비판들을 우리는 어느 정도 수용할 수 있을 것인가? 과학문명도 이제 우리의 한 전통이 되었고 또한 그것이 현재뿐 아니라 앞으로의 삶에서도 여전히 역할을 할 것인데, 마치 그 자체가 악

---

[2] C. Merchant, *The Death of Nature: Women, Ecology and the Scientific Revolution* (San Francisco: Harper & Row, 1989).

의 화신이라도 되는 것처럼 애기하는 오늘날의 유행은 너무 단순하지 않은가? 물론 과학도 종교와 마찬가지로 빠지게 되는 독선과 과도한 환원주의, 그리고 상업주의의 위험성 등도 비판되어야 하지만, 과학을 통해 얻어진 보편성의 진리들은 오히려 오늘날 더욱 절실히 요구되는 것이 아닌가 등이다.[3]

이러한 관점은 성(性)의 이해에서도 그대로 적용되어 급진적 여성해방론자들을 의심의 눈으로 바라보게 한다. 이제까지의 남성들의 'God' 신앙에 대치하여 'Goddess' 신앙을 정립하려는 그녀들의 노력들이 얼마나 설득력이 있을까를 의심하며, 정신에 대한 몸과 자연의 강조가 다시 여성들 스스로를 예전의 좁은 세계 속에 가두어 놓는 것이 아닌가 생각하게 한다. 이것은 이제까지 남성들에 의해서 주도되었던 역사의 필연성을 일면 인정하면서, 그러나 또한 더 근원적인 가치와 근거로서의 여성성의 의미를 회복시키려는 입장이다.

필자는 그러나 이러한 모든 세계관적 물음들이 실천적 당위의 물음 앞에서는 그 빛이 바래는 것을 본다. 그러나 또한 뜻밖에도 여기에서 비로소 서로가 진정으로 관계 맺을 수 있는 장이 열림을 발견한다. 즉, 오늘날 범지구적 위기 상황 앞에서 어떻게 하면 살아남을 수 있을까. 그것이 특히 자연과의 관계에서 오는 것이라면 어떻게 하면 우리가 진정으로 그 자연의 고통에 동참할 수 있으며 관심을 보일 수 있게 될까를 질문하는바, 여기에서 우리의 모든 이분적 사고가 지양되며 하나의 목표를 향하게 된다는 것이다. 한국 전통의 가르침과 그리스도교, 여성적인 덕목, 종교와 과학 그리고 교육과의 관계, 이런 모든 것들의 관계가 바로 그것이라고 생각된다.

이상에서처럼 오늘날 우리에게 또 하나의 대안적 가치관으로 떠오른 '에코페미니즘'의 물음과 관련하여 필자의 관심은 세 가지로 요약될 수 있겠다. 그 첫째는 서구 과학문명과의 관계 속에서 한 새로운 자연 이해와 우주 이해를 모색해 보는 것이고, 둘째는 가부장주의 전통 해석과 관련된 통합적 시각의 모색이고, 셋째는 그것과 관련된 실천적 방법론에 관한 물음이다. 이것은 필자 본인

---

[3] 이태수, 「과학 비판에 대한 재검토」, 『과학사상』 제3호, 1992년 가을(서울: 범양사), p.29.

의 신학적 사고 전개 과정과도 일치하는 것인데, 떼이야르 드 샤르댕을 만나면서 신학을 시작하게 되었고 그후 여성신학과 여성학 등과 관계하면서 사고하고 있으며, 유교와 간디, 심리학과 교육학 등과의 대화 속에서 실천적 물음들을 묻고 있는 중이다. 이것을 밝히는 이유는 오늘 생태계 위기의 시기를 알고 있는 한 여성으로서, 그리고 아시아적인 전통 속에서 어떠한 세계 이해와 인간과 사회에 관심을 가지고 살아가는지를 보여주는 것이 한 한국적 에코페미니즘의 모습이라고 생각하기 때문이다.

2. 한 우주신학 체계
(A Cosmological Theological Agenda)

오늘날과 같이 평범한 생활인들도 지구 환경의 문제를 심각하게 느끼게 된 상황에서는 사람들은 이제 더 이상 자신의 존재 물음을 인간적인 환경 안에서만 한정시켜 물을 수 없게 되었고 온 지구적·온 우주적 차원에서 묻게 되었다. 종교가 과거에도 그랬고 또한 앞으로도 모든 존재의 복합적인 통일체계를 추구하는 것이라면 오늘날 종교가 그 물음 속에 지구와 우주의 존재를 포괄하는 것은 당연한 귀결이라 하겠다

이미 "생태학적 핵시대를 위한 신의 형상"(models of God)들을 탐색한 바 있는 셀리 맥페이그는 최근 소위 '빅뱅 이론'(the Big Bang theory) 등을 '인류의 보편적인 창조 이야기'(the common creation story)로 받아들이면서 자신의 신학에서의 우주론적 지평을 넓혀가는 것으로 보인다.[4] 지구신학의 등장을 1960년대 이후 전개된 '해방신학'의 한 확장으로 보는 그녀에 따르면 요즈음 여러 과학적 탐색에서 얻어진 이야기들은 "경외롭고 풍성하고 도전적인 것"이 되어서 이제까지의 인간 중심적·정치신학적 모델들의 "창백하고 좁다란"

---

[4] Sallie McFague, "An Earthly Theological", in: *Ecofeminism and the Sacred*, Carol Adams ed. (New York, Continuum 1993), p.84ff. 이 단락에서의 필자의 제목 "한 우주신학 체계"는 맥페이그의 이 글에서 시사받은 것임을 밝힌다. 그러나 필자는 그녀의 "지구신학 체계"보다 더 포괄적인 범위에서의 우주에 대한 관심에서 "한 우주신학 체계"로 이야기해 보았다.

이해에서 벗어나서 인간과 신적인 것의 관계를 아주 다른 차원에서 생각해 보도록 한다는 것이다.[5]

지구상의 모두가 이제 처음으로 보편적으로 가지게 된 창조 이야기(the common creation story): 지금부터 약 150억 년 전에 '빅뱅'이라는 대폭발을 통해 우주가 시작되었고, 그 우주상에는 천억 개 이상의 별자리 군이 있고, 우리의 별자리 군인 은하계는 그 중의 하나이며, 또한 그 은하계가 가지고 있는 1천억 개 이상의 별 가운데 우리의 집인 지구는 그 태양계의 한 위성이라는 것, 더 나아가 태양에서 이탈한 한 개의 불덩어리 별똥으로 탄생한 지구는 약 45억 년의 나이를 가지고 있고, 10억 년 후인 약 35억 년 전에 지구상에 처음으로 가까스로 생명체가 등장했으며, 그후 삼엽충 시대와 어류·양서류·파충류 시대를 거쳐 약 6,500만 년 전에 신생대 포유류 시대가 시작되었고, 그 중에서도 인류 시대의 시작은 고작 약 400만 년밖에 되지 않는다는 이야기이다.

오늘날의 신학이 사람들로 하여금 통전적으로 사고하고 행동하도록 하기 위해서는 이 '보편적 창조 이야기'를 경청해야 한다는 것인데, 맥페이그는 그것의 수용의 의미를 다음의 몇 가지로 정리한다;

첫째, 150억 년과 비교하여 단 몇 초 전의 사건으로밖에 얘기할 수 없는 인류 역사의 시간을 생각할 때 신학에서의 모든 '인간 중심주의'(anthropo-centrism)는 포기될 수밖에 없다는 것이다.

둘째로 그 보편적 창조 이야기는 거기에 관계된 모든 것들의 '근원적인 관계성'과 '상호의존성'을 가르쳐 준다고 한다. 그것은 진정으로 '하나의 이야기'이며, '공통의 이야기'(one story, a common story)인 것이다. 오늘날 절실히 요구되는 생태학적 의식의 발전을 위해서는 우리의 "친척"으로서의 다른 별들, 우리와 "사촌"간이 되는 지구상의 모든 것들, 인종과 성(性), 생활의 차별에도 불구하고 모두가 우리의 "형제, 자매들"인 인간들에 대해 통찰하게 해준다는 것이다.

---

[5] S. McFague, op. cit., p. 92.

이 보편적 창조 이야기의 또 하나의 측면은 그 명칭대로 그것의 '보편성'과 '공공성'이라고 한다. 이 이야기는 누구에게나 열려져 있다. 이제까지의 여러 다른 창조의 이야기들, 세계 여러 종교들의 창조 이야기들은 그 특정 종교의 추종자들에게만 의미있는 것이었는데, 이 보편적 창조 이야기는 이제 누구나가, 어느 종교 전통이든지 자기 것으로 만들 수 있으며, 나름대로 재신화화할 수 있고, 그래서 여기야말로 이제까지 심각하게 싸우던 "종교들의 만남의 장소"(a place of meeting for the religions)가 된다는 것이다. 이 공통의 창조 이야기가 제시하는 것은 이제 우리들의 존귀성이 국가나 민족, 종교에 근거한 것이 아니라 '지구'에 근거한 것이고 '창조자'에 근거한다는 사실이기 때문이다.

마지막으로 이 보편적 창조 이야기는 그것이 "이야기"(a story)라는 데 한 뜻을 가지고 있다고 한다. 그것은 "이야기"이기 때문에 뉴턴적인 우주처럼 정지되어 있고 결정화된 것을 가르치는 것이 아니라 계속되는 것을 얘기하고, 역동적이고 끝나지 않은 우주, 여전히 과정 속에 존재하는 우주를 가르쳐 준다는 것이다. 여기서 하느님은 전체 진화의 과정 안에서, 그것과 함께, 그것 속에 존재하는 것으로 보게 되며 "계속하는 창조자"로서의 모습을 가지게 된다. 또한 인간은 자각하는 자로서, 창조의 과정을 의식하는 자로서, 계속되는 창조의 조력자로 이해될 수 있게 한다. 즉, 보편적 창조 이야기는 인간을 주변화시켜서 자신의 우주상의 위치를 바르게 깨닫게도 하고, 그러나 그 의식이 출현하기까지의 기나긴 창조의 시간들을 상기시키면서 다시 중심화시켜서 역할을 자각케 한다고 지적한다.[6]

이상과 같은 여성 신학자 맥페이그의 지적은 오늘 우리의 주제를 위하여 많은 것을 시사하는 것으로 보여진다. 그것은 한 서구 여성 신학자의 신학 속에서 어떻게 좁은 인간적인 구별의 범주가 상대화될 수 있는가를 보여주는 것이며, 특히 우리 한국 신학자들에게 관심이 되는 종교간의 대화의 가능성이 어느 다른 곳에서보다도 확실하게 열려진다는 것이다. 그 이유는 그녀 자신이 밝힌 대로

---

[6] Ibid., p.92ff.

그가 여전히 '어머니'로서의 신(神), 신의 '몸'으로서의 지구를 말하면서 의인화·신화화의 단계를 고수하지만, 신학의 우주적 차원을 확장함으로써 좁다란 인간화·자연화의 한정을 벗어나기 때문이다.[7] 이제 그녀에게서 신의 모습은 더 이상 남성의 모습만이 아닌 것이 확실하듯이, 그 신은 또한 그리스도교 진리 안에만 갇혀 있지 않고, 남녀를 포함한 인간만의 신도 아닌 것이 확실하다.

이상에서처럼 오늘날 긴박한 생태적 위기 상황 앞에서 과학이 제공하는 보편적 창조 이야기를 자기 것으로 삼으며 전통적 유대 그리스도교에서의 '왕'으로서의 하느님 모습 대신에 '창조자'로서, '창조의 힘과 근원'으로서 그리고 '목표'로서 이해하는 맥페이그의 시도를 우리는 이미 프랑스 신부이자 고생물학자인 떼이야르 드 샤르댕(1881~1956)에게서 들어왔다. 과학과 신학 사이의 첨예한 갈등 속에서, 또한 진화론의 충격을 아직 소화해 내지 못하고 있는 교회에 대해서 그는 아주 다른 차원의 신의 모습을 밝혀주면서 선구자적 역할을 하였다. 오늘의 '대폭발 우주론'(the Big Bang cosmology)도 결코 답을 줄 수 없는 태초 이전의 순간에 대한 상상을[8] 샤르댕은 "알파점", "내재적 오메가" 등으로 명명하면서 "하느님의 영", 또는 "근원적 세계질료"(Weltstoff) 등으로 상정한다. 그가 "초물리학"(Ultra 또는 Hyperphysik)이나 "현상론"(Phäno-menologie), "집중론"(Centrologie) 등으로 명명하는 세계창조나 진화 과정을 살펴보면 그것은 위의 근원적 정신, 또는 질료의 "복잡화·집중화·의식화의 원리"(la loi de centro-complexification)에 의해서 서서히 전개되어 나간다. 생명을 탄생시키고, 드디어 300 내지 100만 년쯤 전에 우주는 한 특별한

---

[7] 이은선, 「여성신학에서의 '여성의 경험'에 대한 해석학적 이해」, 『한국 여성의 경험』, 한국 여성신학회편(서울: 대한기독교서회, 1994), p.53: 이 글에서 필자의 맥페이그 신학에 대한 비판을 참조하시오.

[8] 소광섭, 「우주론의 어제와 오늘」, in: 『과학사상』 창간호 1992년 봄(서울: 범양사), p.176ff.

"태초에 우주가 생겼다"고 한다면 태초 이전에는 무엇이 있었고, 왜 또 어떻게 우주가 나타났는가라고 묻지만, 시간과 공간이라는 것 자체가 태초와 더불어 생겨난 것이기 때문에 과학으로는 이 질문에 답할 수가 없고 질문 자체가 성립되지 않는다고 한다. 여기서 소 교수도 이러한 태초 이전을 묻는 질문이란 無라는 말마저 없는 절대 無를 얘기하는 선불교의 화두 또는 천지창조 이전의 하느님의 존재에 대한 종교적 물음과 상통한다고 지적한다.

임계점에 도달하게 되는데, 즉 그것은 반사적 의식인 '인간의식'의 탄생이다. 지구 전체를 이 반사적 의식으로 덮어서 그것이 하나의 정신으로 되느냐 하는 데 앞으로의 진화 탐색의 과제가 있다고 한다. 이 지구 전체의 초의식화·초인 격화 목표란 요즘 우리가 우주 공간에 떠서 찬란히 빛을 발하는 지구 사진을 보면 더욱 의미가 드러나는데, 지구 전체가 한 생명체로서 자리하는 모습을 보 여주기 때문이다. 요즘 생태학적 위기 상황에 직면하여 온 인류를 형제자매로, 온 자연과 하나됨의 의식을 요구하는 사정 앞에서 샤르댕의 이러한 전망은 매 우 의미있다. 그는 말하기를 "한 사람이 그의 국적이나 신분, 인종 또는 종교 로 인하여 나에게 전혀 생소할지라도 그는 나에게서 형제보다도 더 가까운 존 재인데, 왜냐하면 그도 역시 우리가 같은 배를 타고 있다는 것을 알기 때문이 며, 우리가 같이 나아간다는 것을 알기 때문이다"[9]라고 했다.

샤르댕에게 있어서 하느님은 "알파점"으로서 창조(진화)의 시작이 되고, 그 우주의 내재적 원리와 질료로서 "자기 중심점"(un auto-centre)이 되기도 하 며, 그 진화를 앞에서 이끌어 주는 "초중심"(un hyper-centre), 진화의 궁극적 인 "오메가 포인트"(le point Omĕga)가 되기도 한다. 그가 지적한 바에 의하 면 "정확히 말하면 물질과 정신이 따로 있는 것이 아니라 오직 정신으로 되어 가는 물질이 있을 따름이다".[10] 여기서 그가 진화의 궁극점으로 상상한 '오메가 포인트'는 우리가 상상할 수도 없을 정도의 높은 정신적 승화의 단계를 애기한 다고 할 수 있다. 그리스도교 성서에서 그려준 대로 부활해서 현현한 그리스도 의 모습 속에서 그 온 우주의 지향점이 선취되어 구현된 것을 본다. 따라서 그 에 따르면 "종교는 과학의 미래에 꼭 필요한 영혼이다. 과학이 없는 인류는 상 상할 수 없지만, 그 과학에 생명을 주는 종교가 없이는 과학은 더욱더 상상할 수 없다"고 한다.[11]

이렇게 샤르댕의 사고 안에서는 정신과 물질, 신학과 과학, 인간과 자연 등 의 이분이 극복되어 그 양쪽 측면으로의 극단화가 지양되고 오늘날의 상황에서

---

[9] Teilhard de Chardin, *L'activation de l'energie*, Paris 1963, p.81.

[10] Teilhard de Chardin, *L'energie humaine*, Paris 1962, p.74. [11] Ibid., p.223.

도 "살맛"(la goût de vivre)을 잃지 않게 한다. 이러한 샤르댕의 세계관에 대해서 물리학자 카프라(Fritjof Capra)는 그가 구성한 '복잡화·의식화의 법칙'이야말로 최근 그레고리 베이트슨(Gregory Bateson) 등이 제안한 '생에 대한 시스템적 견해'와 완전히 일치하여 현대과학의 견해와 가장 가까운 것이 된다고 한다.[12]

우리 나라의 장회익 교수도 샤르댕의 진화 이야기의 의미를 말하면서 나름대로 "온 생명"(global life)의 사고를 전개시켜 나간다. 그에 의하면 현대과학의 여러 탐색들은 단절되고 고립되지만 않는다면 오히려 종래의 경험과 직관으로만은 도달할 수 없는 아주 새로운 이해, 생명의 전체 모습을 살펴볼 수 있게 해주며, 그것으로 생명에 대한 외경심을 한층 더 높여준다고 한다.[13] 그에 따르면 이른바 생명의 단위 문제를 생각해 볼 때, 이제 생명의 진정한 존재 단위는 세포나 또한 유기체라 불리는 개체 생물이 아니라, 태양과 지구에 해당하는 항성·행성계 구조 속에서 여러 가지 상황이 맞으면 비로소 외부의 도움 없이 살아갈 수 있는 최초의 생명인 '지구 생명', 곧 "온 생명"이 된다고 한다.[14] 인간을 포함한 모든 개체 생명들은 이 '온 생명' 안에서만 존재할 수 있는 조건부적인 단위라는 것을 알게 된다는 것이다.[15]

오늘날 과학적 탐구의 여러 결과들을 전체적으로 조망해 볼 때, 개체적 구조로서의 인간이 생명의 기본 단위가 아니라 온 지구가 기본 단위로 파악된다는 이같은 이야기는 우리가 앞에서도 지적했듯이 우주에서의 인간의 위치를 다시 겸허하게 생각해 보게 한다. 그러나 또한 그 온 생명의 탄생 후, 약 45억 년이 지난 오늘에 와서야 인간 의식에 의해서 비로소 지구가 자기의 모습을 알아보게 되었고, 그 자기 정체성을 취득하게 되었는바, 그 의식의 주체로서의 인간의 책임과 행위는 더욱더 중요하게 되었다.[16] 그 온 생명 속에서 인간이 마치

---

[12] F. 카프라, 『새로운 과학과 문명의 전환』(서울: 범양사, 1985), p.288ff.

[13] 장회익, 「생명 문제의 문명사적 의의」, 『과학사상』 제7호 1993년 겨울(서울: 범양사), p.11.

[14] Ibid., p.12ff.   [15] Ibid., p.12.   [16] Ibid., p.14.

암세포처럼 번지고 있는데, 자신의 몸 속에서 암세포가 자라고 있는 것을 내시경 등을 통해 본 사람은 그 치유를 위해 더욱더 적극적으로 노력하듯이, 이 몸과 암세포를 더욱더 뚜렷하게 볼 수 있도록 하는 것이 오늘날 과학의 눈이고 지식의 역할이라고 생각한다. 오늘날의 윤리문제에 있어서 '지식'이 중요한 역할을 하는 것은 그런 의미에서이다.[17] 그러나 그것은 결코 그 온 생명의 지향점과 의미를 직관케 해주는 종교를 대신할 수는 없다. 오히려 둘은 서로 보완하고 이끌어준다.

우리에게도 이미 익숙해진 '가이아 이론'도 또 하나의 통전적 지구 이야기이다. 지구가 살아 있고 인간은 그 생명 단위의 한 종속 단위에 불과하다는 이야기는 우리가 이제까지 가지고 있던 모든 인간 중심주의, 정신·물질 이원주의를 포기하게 만든다. 러브록 자신은 그 지구 생명에 '가이아 ― 그리스의 대지의 여신' ― 라는 이름을 붙였고, 그것을 다시 '성모 마리아'와 동등한 것으로도 상상하지만,[18] 필자의 관점에서는 그것도 또한 너무 한정된 인간화이고 지구화인 것 같다. 어떠한 신(神)의 이름을 붙이느냐에 따라서 우리의 사고가 규정되고 한정되는 것인바, 오늘 우리에게 어느 때보다도 인간으로서의 주관주의의 포기가 요구된다면 하나의 지구신학 체계도 넘어서 한 새로운 우주신학 체계를 위해서는 공(空)과 무극(無極), 태허(太虛)를 얘기하고 역(易)과 리(理), 기(氣)를 말하는 동양의 우주 이야기에 귀기울여야 할 것이다.[19] 이것은 특히 그리스도교 신학자들에게 또 하나의 커다란 자기 비움을 요구하는 것이다. 과학과의 만남 때보다도 더 큰 고통일 테지만, 우리가 앞에서 맥페이그의 시사에서도 밝혔듯이 그러나 뜻밖에도 현대과학의 보편성이 그것을 용이하게 해줄 수 있다. 그 어떠한 차별과 구별에도 불구하고 우리는 진정으로 '한집' 안에 살고 있음을 어느 것보다 분명하게 가르쳐 주기 때문이다.

---

[17] H. Jonas, op. cit., p.28ff.

[18] J. E. Lovelock, 『가이아의 시대』, 홍옥희 옮김(서울: 범양사, 1992), p.206.

[19] 이은선, 「유교와 기독교 ― 그 만남의 필요성과 의미」, 『신학사상』 1993년 가을, 한국신학연구소, p.233.

3. 성스러운 관계(The Sacred Connection)

위에서 우리가 살펴본 오늘의 여러 대안적 과학사상들이 그들의 생태학적·통전적 사고방식을 통해 전통의 기계론적·분리주의적 세계 이해를 비판하는 것처럼 페미니즘은 이제까지의 남성 주도 문화를 비판하고 그것의 철저한 이원주의와 획일성, 폭력성 등을 문제삼는다. 이러한 페미니즘 탐색에는 여러 가지 방법이 있지만, 그 중에서도 인류가 탄생해서 비교적 초기에 남긴 삶의 흔적들을 살펴보는 고고인류학적 탐색들은 많은 경우 어떤 특수 종교에서나 문학들에서의 탐색보다도 더 근원적으로 우리 성(性)의 모습을 밝혀주는 것 같다. 왜냐하면 그것들은 어느 문자로도 기록되기 이전의 우리 모두의 보편적 삶과 관계된 것이기 때문이다.

인류학적 탐색에서도 그러나 이제까지 그 탐색의 주도자들은 대부분 남자들이었고 그리하여 그들의 관심이란 대부분 남성적인 행위에 집중되었고, 따라서 그들의 많은 해석들은 성차별적 시각에 의해서 각색된 것이었다. 그 대표적인 예가 바로 '사냥가설'(hunting hypothesis)이라고 하는데, 즉 인류의 진화가 결정적으로 남성들의 사냥에 의해서 가능해졌고, 그들에 의해 사냥된 고기가 인간의 주식이었다는 주장이다. 이에 여성 인류학자 타너와 질먼(N. Tanner & A. Zihlman)은 「진화에서의 여성」(*Women in Evolution*)이라는 글에서 이 사냥가설을 반박하면서 여성들이 어떻게 인류 진화 과정에서 그 근원적이고 기초적인 역할을 담당했는지를 밝혀낸다.[20]

인류의 진화 과정을 살펴보면 지금으로부터 대략 6,500만 년 전에 포유류 시대가 시작되었고, 그 다음 인간과 유전자가 95%나 비슷하다고 하는 침팬지, 고릴라들의 원숭이 시대를 거쳐 '원인'(猿人)으로의 진화가 있었고, 인류 최초의 선조는 대략 400~500만 년 전에 나타난 '오스트랄로피테쿠스'(Australopithe-cus)라고 이름 붙여진 유인원(hominid)이다. 이들의 삶은 아프리카의 숲에서

---

[20] Adrienne L. Zihlman, "Woman in Evolution, Part II: Subsistence and Social Organization among Early Hominids", in: *Signs,* Autumn 1978, Vol. 4, Nr. 1, p.5ff.

사바나로 나오면서 시작되었다고 한다. 발견된 이들의 화석에 의하면 이 인류 최초의 남녀들은 그 신체적 크기에 있어서 원래 그렇게 차이가 나지 않았다고 한다.[21] 이것은 곧 남녀차별의 자연적 근거로 자주 얘기되는 여성 신체의 본래적 왜소함이라는 주장을 반박할 수 있게 한다. 이들은 또한 남성적 행위의 전형으로 여겨지는 사냥을 본업으로 하지 않았고, 이들의 "작은 송곳니"를 보면 알 수 있는데 — 조직적인 채집과 수집을 통해 살았는데 — 이 생활에서 여성들의 채집활동이 이들 먹이의 60~80%를 담당했다고 한다.[22] 즉, 여기서의 생활에서는 여성들이 주도권을 가졌으며, 남성 인류학자들이 인류 원조상들의 생활에서 강조하는 사냥, 또는 고기 — 이것은 남성들의 전유물이었다 — 문화는 나중의 것이었다고 한다. 여성들은 자기 자식들을 먹이기 위해서 더 많은 식량이 필요하게 되었고, 그래서 도구를 사용하기 시작했고, 그들의 삶에서 얻은 정보들을 자식들에게 전하면서 문화의 시작과 축적을 가능케 했다는 것이다. 이 이야기에서 보여지는 것처럼 인류 최초 선조들의 모계 중심성, 인류 진화에서의 적극적이고 기초적인 역할들은 그것에 대한 낱낱의 사실적인 증거들이 없어도 오늘의 우리가 쉽게 납득할 수 있는 것인데, 왜냐하면 그 시절에도 아버지가 누구인지는 알 수 없어도 어머니가 누구인지는 확실히 알 수 있었기 때문이다. 즉, 샤르댕 등이 진화의 방향으로 지적해 주었던 인간 정신의 온 지구적 확산이라는 자연 과제를 생각해 볼 때 그 시절의 여성들은 분명 생명의 담지자들이었고 전달자들이었다는 것이다.

지금으로부터 대략 100만 년 전에 이 최초 선조로부터 '호모 에렉투스' (Homo erectus)라고 하는 우리들의 직접 선조[原人]가 나타났다. 이들의 뇌 용량은 상당히 커졌고 석기 등 도구들을 많이 쓰기 시작했다고 한다. 이 도구가 사용되면서 고기를 많이 먹기 시작했고 채집에서 수렵생활로의 전이를 가져온 것으로 본다. 그러나 여성 인류학자 질먼은 보통 '대형 짐승의 사냥꾼'으로 이름지어지는 호모 에렉투스에 대한 통상적인 견해에[23] 이의를 제기하는데, '사냥'에 대한 정의를 어떻게 할 것이며, 또한 석기가 고기를 얻는 데뿐만 아니라

---

[21] Ibid., p.9.   [22] Ibid., p.18.

[23] 리처드 리키, 『재미있는 인류 이야기』, 이원식 옮김(서울: 예문당, 1992), p.135ff.

식물을 가꾸는 데 쓰여졌다는 것이 간과되었고, 도대체 당시 인류가 그들의 음식 중에서 몇 퍼센트나 고기로 충당했을까를 생각해 볼 때 이 이론은 오해의 소지가 크다는 것이다. 특히 그것은 여성들의 역할과 남성들의 사냥을 가능케 해주는 기본활동으로서의 채집활동을 과소평가하게 만든다는 것이다.[24] 지금부터 대략 10만 년 내지 20만 년 전쯤에 오늘날 우리의 뇌 용량과 비슷한 정도의 '호모 사피엔스'(Homo sapiens)가 출현했고, 마지막 3만 년 전쯤에서야 고기와 사냥 문화가 서구 유럽 문화에서 드라마틱하게 퍼졌다고 한다.[25]

이상에서 주장된 인류학적 관찰들은 전문가들 사이에서 여러 다양한 견해들을 가능케 하겠지만, 그러나 여기서 '인간 사냥꾼'(man the hunter)의 가설이 가지는 남성 중심주의, 즉 그들만이 기술의 창시자이고, 여자와 자식들을 먹여 살리는 보호자이고, 그러므로 남성적 공격성은 불가결한 것이고, 여성에 대한 우위는 자연스러운 것이라는 논리를 반박한 것은 의의가 크다고 하겠다.[26] 이렇게 여성들이 초기 선조들의 삶에서 개척자들이었고, 배움의 중심이었다는 사실들은 동·서양의 여러 창조설화 — 선악과 이야기, 판도라 이야기, 우리 나라 건국신화의 곰 이야기 — 도 담고 있다고 여겨진다.

인류학에서 이러한 여성해방적 입장은 헬렌 피셔(Helen F. Fisher)의 『성(性)의 계약』(*Sex Contract*)이라고 하는 책에서도 잘 드러난다. '여성의 성적 매력', '섹스할 수 있는 능력'이야말로 이제까지의 남성적 통념과는 달리 인류 진화의 원동력이라는 데서 그녀의 이야기가 시작된다. 섹스를 통해 번식하는 생물 중에서, 모든 영장류들 중에서도 인간만큼 시간의 제약을 받지 않고 매일 성행위를 — 임신중에라도 — 할 수 있는 존재가 없다는 사실에 주목하면서 그 성행위 능력을 통한 '성의 계약'이야말로 모든 인류 진화 — 인류의 신체적 진화, 감정, 언어, 가족 등 — 의 단서이자 힘이라고 한다. 즉, 지금으로부터 약 800~400만년 전쯤에 아프리카의 숲에서 사바나로 나오게 된 인류의 선조들은

---

[24] Adrienne L. Zihlman, op. cit., p.17ff.   [25] Ibid., p.19.

[26] Nancy Tanner and Adrienne L. Zihlman, *Woman in Evolution*, Part I: "Innovation and Selection in Human Origins".

더 이상 예전처럼 나무를 타며 다닐 수 없게 되면서 '직립보행'을 하게 되었다. 그러나 이 '직립보행'은 그들의 골격에 여러 가지 변화를 가져와, 특히 '암컷'들에게는 문제가 되었는데, 즉 골반의 형태가 변해서 산도가 좁아져 차츰 난산을 하게 되었다. 그러나 여기서 다시 자연의 선택이 개입되어 '조산'이라는 인간의 특성이 나타났다고 한다.[27] 미숙한 태아는 머리가 작아서 산도를 쉽게 통과할 수 있기 때문이다. 그러나 여기서 문제가 다 해결된 것이 아니라 암컷은 또 다른 어려운 문제를 짊어지게 되었는데, 즉 그들의 조산된 새끼를 몇 개월, 혹은 몇 년간 보살펴주지 않으면 안되었다. 즉, 오랜 시간의 '양육의 문제'가 생긴 것이다. 여기서 선조의 암컷들은 이제 각자 자신의 힘만으로 새끼를 기르던 시대를 뒤로 하고 수컷과 특별한 관계를 가질 수밖에 없게 되었고 여기서 성(性)의 계약이 시작되었다고 한다.[28] 수컷에게 자신의 성적 매력을 보여주고 제공함으로써만이 자신들의 아이를 살려낼 수 있었는데, 그러기 위해서는 더 긴 기간 동안 섹스할 수 있는 암컷, 임신중에도 하는 암컷, 출산 후 즉시 할 수 있는 암컷의 새끼들이 더 많은 양식을 제공받아 생존율이 높게 되었고, 그리하여 인간에게는 발정기가 없어지게 되었고 이 성(性) 혁명은 인류의 진화 과정에서 일어난 사건 중 "가장 획기적인 사건"이라고 한다.[29] 수컷은 더 많은 섹스를 제공받기 위해서 더 좋고 많은 고기를 가져와야 하므로 점점 신체가 커지고 소위 남자답게 되었고, 섹스를 하는 가운데 더 좋고 싫은 감정이 생기면서 지속적인 관계인 가족이 생겨났고, 아버지라는 개념과 언어, 여러 금기 사항 등 모두 "섹스 베테랑"인 암컷에 의해서 주도되었다고 한다. 발정기가 없어지자 인구가 폭발적으로 증가할 수 있었다.[30]

이상에서처럼 두 여성 인류학자의 이야기를 들어보면 여성이, 그리고 그녀의 몸이 인류의 진화를 위해 얼마나 공헌했는지를 알 수 있다. 그것은 기초였고 삶

---

[27] 헬렌 피셔, 『性의 계약 — 인간의 진화를 보는 새로운 관점』, 박매영 옮김(서울: 정신세계사, 1993), p.98ff. 현대 생물학적 관찰에 의하면 인간의 탄생은 포유류 동물과 비교해 볼 때 약 1년간의 조산이라고 한다.

[28] Ibid., p.100.　　　　[29] Ibid., p.104.　　　　[30] Ibid., p.125.

의 기반이었다. 고대 여러 인류 문명의 기록 속에 생명과 풍성을 가져다주는 '여신'(Goddess)의 이미지로 형상화되어 있는 것들이 그 흔적들이라고 여겨진다. 그리하여 오늘날 우리 문명의 위기를 극복하기 위해 여성들은 다시 그 전통을 회복하고 환원하려고 노력한다. 우리 나라에서의 굿에 대한 재평가도 포함하여 서구에서 생겨나는 여러 여신 Nanshe, Pophia, Gaia 숭배 종교들이 그것들이라 하겠다. 그러나 그 노력에 있어서 그들의 강도높은 재신화화와 직접적 환원의 시도가 얼마나 현실적이냐 하면 그렇지 못하다는 것이다. 본인의 시각에는 그러한 시도는 곧 인류 역사가 그후로는 멈추어 버린 것처럼 생각하는 것과 같고, 초기 선조 역사들의 모계 주도 역할에도 불구하고 점차로 등장된 부계, 남성 주도의 시간을 송두리째 부정해 버리는 것처럼 비현실적으로 보인다.

같은 맥락에서 미국 생물학자 로저 스페리(1913) 박사의 이야기를 들어보면, 그는 그의 오랜 과학 탐구 결과 이제 더 이상 종전의 기계론적 정신과 물질 분리적, 의식과 몸, 주관과 객관, 종교와 과학 이분적 사고를 가지지 않게 되었지만, 그러나 그것이 곧 요즘 '신시대 운동'(New Age Movement) 등의 혼미에서 나타나는 주술적·비현실적·탈현실적 경향을 받아들이는 것은 아니라고 밝힌다.[31] 우리의 의식 진화를 위해서 그러한 운동들이 역할을 하지만 그들의 강도높은 재신화화, 주술화는 다시 예를 들어 물질과 독립된 정신이나 영혼을 상정하는 결과를 가져오기 쉽다는 것이다. 그는 떼이야르 드 샤르댕 사고를 더욱 전개시킨 가톨릭 신학자 토마스 베리(Thomas Berry) 등을 적극적으로 평가하면서도[32] 그러나 과학자로서 앞으로 인류의 "더 실제적이고 지속 가능한 가치관"을 위해서는 어떤 특정한 종교의 신화로 다시 과도하게 각색된 세계관 —

---

[31] Roger W. Sperry, 「과학과 일치하는 우리 삶의 신념을 찾아서」, 홍욱희 옮김. 『과학사상』 제2호 1992년 여름, pp.291-317. 출전은 *Zygon: Journal of Religion and Science*, Vol.26, no.2 (June 1991), pp.237-58ff.

[32] 여성 신학자 김윤옥도 지적했듯이 우리 나라의 서남동 교수도 이미 1970년대 초반에 샤르댕 신학을 소개하면서 그의 앞서간 시간을 보여주었다. 그러나 불행히도 그의 빠른 타계로 더 깊은 전개가 이루어지지 못했지만 샤르댕 신학이 내포하고 있는 의미를 우리 나름대로 찾아내는 일은 무척 고무적이라 생각된다. 김윤옥, "서남동의 생태신학과 생태학적 여성학", in: 『여성·평화』, 기독교 여성평화연구원 편, 연구총서 제4집 1992년 6월, pp.168-9.

예를 들어 '오메가 포인트' 이야기 — 보다도 과학의 보편적 신뢰성에 더 근거하기를 바란다.[33] 우리 시대 '성스러운 것'(the Sacred)[34]의 더 보편적인 이름을 찾으려는 시도라고 여겨진다.

이러한 시도에 본인은 적극적 지지를 보내는데, 그리하여 본인은 요즘 서구 여성들에 의해 에코페미니즘의 이름으로 그들 고대 여신상들의 이름을 빌려서 시도되는 재신화 작업들에 대해 전혀 매력을 느끼지 못한다. 그 이유는 먼저는 동양의 한 여성으로서 그들의 그리스도교 가부장주의를 넘어서 대안으로 채택한 여신상들의 이미지라는 것이 우리 한국 여성들에게는 이미 오래 전부터 친숙한 것이었고, 또 다른 이유는 이미 앞에서 밝힌 대로 인간의 신화와 역사에 대한 그들의 비현실적 태도 때문이다. 그리하여 본인에게는 어떠한 다른 서구 에코페미니스트 신학자들의 이야기보다도 위에서 살펴본 것처럼 인류학이나 심리학 등의 한 보편적 근거에 의해서 살펴본 여성 이야기가 훨씬 설득력있게 들린다. 여기서 비로소 한국 여성들은 서구 여성들과 함께 동등한 '한 공통의 여성 이야기'(a common women's story)에 근거해서 자신들의 지혜를 짜낼 수 있다고 여겨진다. 또한 요즘 한국 여성들(비서구 여성들)이 자신의 고유한 경험을 절대화 내지는 보편화하려는 추세에 대해서도 같은 생각을 가지게 하는데, 우리가 서구 여성들의 경험을 정형적인 것으로 받아들이지 않듯이 그들에 대해서도 우리 경험을 절대화시켜서는 안된다는 것이다. 오히려 이제는 이 둘 모두에게 호소할 수 있고 관계될 수 있는 '제3의 근거'가 요구된다는 것인데, 거기에 근거해서만이 그 둘이 진정으로 화합될 수 있기 때문이다. 전통적 서구 그리스도교의 배타성에 대한 한국 그리스도교 토착화 작업에 대해서도 같은 이야기를 할 수 있겠다. 남성적인 것, 그리고 그것에 의해 주도된 시간도 또 하나의 현실이고 가치이다. 그러므로 여성들이 오늘날 범지구적 상황에 대처하기 위하여 그 남성적인 가치의 과도한 적용을 아무리 비판한다 하더라도 그것의

---

[33] 로저 스페리, 앞의 글, p.34.

[34] Gregory Bateson and Catherine Bateson, *Angels Fear Toward an Epistemology of the Sacred*, (Bantam Books, 1988), p.8.

완벽한 무시와 여성적인 것으로의 단순한 환원은 결코 문제해결적이지 않다. 앞에서 우리가 살펴본 헬렌 피셔의 '성의 계약'의 이야기도 그런 의미에서 너무 과도한 것은 마찬가지다. 이러한 입장과는 다르게 작년에 우리 나라에서 『XY 남성의 본질에 관하여』라는 제목으로 번역·소개된 프랑스 여성 철학자 바댕테의 글은 매우 고무적이다. 일반적인 페미니즘 논의에서와는 다르게 자신의 논의를 여성이 위기가 아닌 남성의 위기에서 시작하는 그녀는 남성들이야말로 진정으로 "되어지고", "만들어지는" 존재라는 사실에 주목한다. 즉, 그녀에 따르면 우리들의 성(性) 정체성 확립에 있어서 남성이 되는 길은 여성이 되는 길보다 더 멀고 힘든데, 먼저 유전학적 성문화에서 보더라도 수컷 태아 XY는 암컷 태아 XX보다 더 복잡한 진화 과정을 겪는다고 한다.[35] 왜냐하면 그것은 암컷 태아의 모든 유전자를 소유하고 그 위에 유전자들로부터 Y 염색체를 물려받기 때문이다. 이렇게 신체적인 남성의 성을 가지고 태어난 아이는 그러나 그때부터 더 드라마틱한 남성으로서의 분화 과정을 겪게 되는데, 그것은 남자는 여자와는 달리 자신의 모든 것이었던 여자인 어머니로부터의 분리함을 통해서만 성인이 되고 남자가 될 수 있기 때문이다.[36]

성인이 되기 위해서는 더 혹독한 길을 가야 했던 남성 — 세계 곳곳에 남아 있는 혹독한 성년식의 흔적들 — 한 어른으로 성장하기 위해서는 그 자신의 또 다른 영혼인 여성성을 누르지 않고서는 안되었던 그들, 처음 냉정하고 사나웠던 땅 위에 살아남기 위해서, 그리고 어떻게든 그 땅 위에 진화의 꽃(인간 의식)을 퍼뜨리기 위해서 그들은 그들의 길을 달려온 것이 아닐까? 이제까지의 인류의 가부장주의란 그런 의미에서 보면 또 하나의 필연이었다. 오늘날 그러나 우리가 지적하고 싶은 것은 그들이 자신들의 길에 너무 열중하다가 그만 그 자신들의 삶이 비롯되었고 유지되고 있는 근거를 잊어버렸다는 것이고, 심지어는 폭행하고 거의 죽여버리기까지 했다는 것이다. 지금 우리의 자연이 그렇고, 여성과 어머니가 그 상황이며, 부모가 처한 입장이다. 생물학의 탐색에 의하면

---

[35] Elisabeth Badinter, 『XY 남성의 본질에 관하여』, 최석 옮김(서울: 인맥, 1993), p.65ff.
[36] Ibid., p.81ff.

인간은 단 하나의 Y만으로도 살 수 있고 (44XO), 세 개의 X로도 살 수 있다고 한다(44XXX). 또한 XXY, 또는 XXY라는 남성 염색체의 인간들도 볼 수 있다고 한다. 그러나 어떤 경우든 X가 들어가지 않고는 인간이 될 수 없는 것을 본다. 즉, 그만큼 자연과 여성은 삶의 기본을 나타내는 것이다.[37] 이 기본을 너무나 무시했고 간과했기 때문에 여성들은 분노했고 그래서 또한 그 남성들과 결별하고 싶어한다.

그러나 우리는 또한 그 남성이 없이는, 그리고 그 남성적인 덕목들·분석력·자제력·극복 의지·모험과 도전적 취향들이 없으면, 더 이상 삶과 생명이 계속될 수 없음을 안다. 오랜 동안 살림을 살면서 삶의 가장 적나라한 모습과 관계해 온 여성들, 그래서 그들은 삶과 생명이라고 하는 것은 모든 것과 모든 것들이 서로 관계되어 있는 것이며, 자연과 인간이 하나이고, 땅과 하늘은 하나이며, 서로가 떨어져서는 살 수 없음을 잘 안다. 즉, 모든 것과 모든 것은 '성스러운 관계'(the sacred connection)라는 것이다. 그것처럼 여성과 남성도 하나이다. 내 안에서의 남성과 여성도 마찬가지이다. 그리하여 바뎅테에 의하면 이 사실을 먼저 깨달은 여성들이 할 일은 이제 "조화로운 남성 만들기"라고 한다. 이제 인간의 의식으로 지구의 전 표면이 싸여졌고, 인류는 그리하여 이제 더 이상 확산이 아닌 집중의 방향으로 나아가야만 하는 이때, 다시 말하면 이제 오늘날 어쩔 수 없이 가부장 제도와 작별해야만 하는 때에 남성들은 그리하여 새로운 아버지와 거기에 따르는 새로운 남성상을 창조해야만 하는데, 그 일을 위해 여성들은 기다려 주고 도와 주어야 한다는 것이다. 그것은 "수천 년 동안의 전통이 그것들에 특정한 하나의 성을 부여함으로써 그들을 서로 대립시켰다 할지라도 하나가 없는 하나는 악몽이 되어버릴 수밖에 없고, 모험의 취향은 자살로 이르게 되며, 저항은 공격으로 변해버릴 수밖에 없기 때문이다. … 오늘날 그토록 칭송되는 여성적인 덕목들도 그것이 남성적인 덕목들에 의해 단련되지 않는다면, 수동성이나 종속에 빠져버릴 수 있기" 때문이다.[38]

---

[37] Ibid., p.73ff.　　　　[38] Ibid., p.288.

4. 실천을 위한 한 종합(A Synthesis for Practical Living)

이미 서론에서 밝힌 대로 지금까지 수행해 온 우리의 모든 인식론적 노력들은 그 궁극적 지향점들을 실천적 방법의 모색 안에 가지고 있다. 즉, 오늘날의 생태계 위기 상황과 관련하여 어떻게 하면 우리들의 삶이 구체적으로 변화될 수 있는지, 오늘날 인류의 역사 속에서 이제 그 존재 자체가 문제시고 있는 상황에서 어떻게 하면 우리가 그럼에도 불구하고 존재를 무조건적인 당위로 느낄 수 있는가를 묻는바,[39] 이 절박한 물음 앞에서 우리가 이제까지 살펴본 삶의 두 힘 — 종교와 과학, 여성과 남성, 한국적인 가르침과 그리스도교, 교육과 종교 등 — 들이 어떤 모습으로 서로 관계되는지를 살펴보고자 한다. 여기에서 또한 우리는 종교와 여성적이고 한국적인 실천의 힘, 그리고 교육의 역할 등이 어떻게 더 근원적이고 기초적인 힘으로서 오늘날의 절박한 요소로 작용할 수 있는지를 보게 될 것이다.

어떻게 하면 우리들의 의식과 삶의 태도가 진정으로 변화될 수 있는지, 어떻게 하면 우리가 살아 있는 모든 것과 하나됨을 느끼며, 심지어는 깨어져 굴러다니는 돌 조각 하나에서라도 생명을 느낄 수 있게 되나를 물으면, 우리는 다시 겸허하게 종교와 은총의 의미를 생각하게 된다. 즉, 우리가 아무리 오늘날의 윤리 상황에서 지식과 과학의 역할을 확인한다 해도 우리는 이 물음의 궁극적인 답을 '종교'에서 찾으려는 것이다. 물론 앞에서 밝힌 대로 그 종교를 이제까지의 신인동형적, 남성 중심적, 그리스도교 중심적 카테고리에서 벗어난 것으로 이해하는 것이지만, 대신에 그 본질이 "모든 개별적인 것을 전체의 한 부분으로, 모든 한정된 것을 무한자의 한 체현"[40]으로 받아들이는 것이고, 무한한 "우주에 대한 직관과 감각"[41]으로 이해하는 것인바, 그것은 어떠한 다른 인식적인 노력과도 구별되고, 드디어 우리의 삶과 행동에 진정한 실천적인 힘을

---

[39] H. Jonas, op. cit., p.94ff.

[40] F. Schleiermacher, *Über die Religion*, (Göttingen: Vandenhoeck & Ruprecht 1967), p.53.

[41] Ibid., p.49.

주며, 비관주의에 빠지지 않도록 하는 한 근원적인 힘과 출발점으로 파악하는 의미에서이다.[42]

우리가 앞에서 살펴본 대로 한 새로운 우주적 그리스도교를 얘기하는 떼이야르 드 샤르댕에게 있어서도 이 "처녀의 첫 키스와 같고, 신부의 포옹과 같으며",[43] 그리하여 모든 인간 의식의 구별과 아직 진정으로 종교에 들어오지 못하고 단지 그 "바깥채"에만 머물러 있을 때 가지게 되는 구별지를 넘어 도달하게 되는 종교의 본질, 즉 우주와의 하나됨을 직관하는 순간이 매우 뚜렷하게 그려진다.[44] 그도 아직 자신의 우주적 신학체계를 구체적으로 전개하기 이전에 그는 자신의 초기 작품 『신적 영역』과 『우주 찬미』(*Hymne de l'Univers*)에서 어떻게 그에게 있어서 이 세계의 모든 영역이 "신의 영역"이 되었으며, 어떻게 온 우주가 신비롭게 그리스도의 부활하신 몸으로 변해가는가를 경험했는지 적고 있다. 그는 자신의 과학적 작업뿐 아니라 모든 활동의 결과를 "현상학", 또는 "초현상학" 등으로 나타내기를 좋아하는데, 그것은 그가 "본 것"(voir)을 그려냈다는 의미로서이다.[45] 그의 이야기를 들어보면 "신의 편재를 파악하는 것은 본질적으로 '보는 것'이고, '감각하는 것'이다. 그것은 일종의 '직관'이다. 그러므로 그것은 어떠한 인식이나 인간적인 가시적 노력에 의해서 얻어지는 것이 아니라 삶처럼 하나의 '은총'이다."[46]

이렇게 해서 샤르댕을 통해서도 오늘날의 생태학적 위기문제는 단순히 과학과 인식의 문제가 아니라 더 근원적인 의미로 '영적 문제'라는 것이 드러났다. 그리하여 그는 우리의 눈에서 "한꺼풀"이 벗겨져서 모든 곳에서 신의 우주적 얼굴을 알아볼 수 있게 해달라고 간구했다.[47]

독일 여성 신학자 도로테 죌레도 그녀의 생태신학적 저서인 『사랑과 노동』에서 자신의 "종교적 발전의 세 단계"를 얘기한다. 거기서 그녀는 어떻게 자신의

---

[42] Ibid., p.61ff.   [43] Ibid., p.64.   [44] Ibid., p.78.

[45] Un-Sunn Lee, "Eine neue kosmische Religion bei Teilhard de Chardin": Seminar Arbeit zur Zulassungsprüfung zum theologischen Doktorat der Theologischen Fakultät Basel, Basel 1984, p.8ff.

[46] Teilhard de Chardin, *Le Milieu divin*, Paris 1957, p.163.   [47] Ibid., p.164.

신앙이 무신론적 절망에서 그리스도의 발견을 통한 그리스도론적 단계, 그리고 다시 '창조'의 발견을 통한 신 중심적 단계로 성숙되어 갔는지를 밝혀준다.[48] 이 세번째 단계에서 그녀는 지구가 거룩하다는 것을 깨달았으며, 오늘날 새로운 삶에 대한 희망의 근거는 "창조에 대한 새로운 이해"에서 찾아야 할 것으로 느낀다고 말한다.

그리스도교의 과도한 '해방 전통'의 강조로 또 다른 전통인 '창조 전통'이 약화되었으며, 그것으로 인해서 세계에 대한 이해, 땅과 육체, 사랑에 대한 이해가 심하게 왜곡되어 있음을 지적하는 그녀는 따라서 자신의 저술의 목적은 "피조세계를 찬미할 수 있게 만드는 것"이라고 밝힌다.[49] 그런데 그 피조세계, 즉 창조를 찬미할 수 있는 능력이란 그녀에 따르면, 바로 "창조에 참여할 우리의 능력에 달려 있고"[50] 그 창조에 참여할 능력이라는 것은 바로 우리의 "사랑"과 "노동" 행위라는 것이다.[51]

이렇게 우리의 실천을 통해서 피조세계에 도달할 수 있다는 죌레의 지적은 우리에게 대단히 고무적이다. 왜냐하면 우리가 지금 우주와 하나됨의 길을 모색하고 있는바, 샤르댕 등의 이야기가 우리 영역 밖의 일을 얘기하고 있다면, 여성 신학자 죌레의 이야기는 바로 우리의 구체적인 실천과 행위를 통한 길을 제시해 주고 있기 때문이다. 이 길이야말로 바로 오랫동안 여성들의 길이었고, 특히 우리 한국 여성들이 뚜렷이 의식하고 있지는 못했다 하더라도 이 길을 통해서 만물과 하나됨의 삶을 살아왔다. 그 한 예를 보면:

> 우리 어머니는 우리 여러 남매와 부모 없는 조카 둘까지 키우시며, 가난한 공무원의 아내로 터득하신 생활철학이 "흘러가는 물도 아껴 써라"였습니다. 그때는 지나친 물자절약으로 불평하는 우리 남매에게 (얘! 천량 — 우리 어머니는 물자라는 말을 그렇게 하셨다 — 은 남의 것(공동의 것)이고 시간은 내 것인데, 조금 덜 사고, 조금 덜 쉬면 되잖느냐?) … 우리 어머니는 요즘처럼 생태학이란 낱말

[48] Dorothee Sölle, *Lieben und Arbeiten*, 박재순 옮김(한국 신학연구소, 1987), p.16ff.

[49] Ibid., p.10.   [50] Ibid., p.10.   [51] Ibid., p.12.

은 모르셨으나, 가장 생태학적인 삶을 사셨고, 입으로는 창조를 말할 줄 모르셨으나, 가장 하느님 창조질서에 순응하시어 창조적으로 사신 분이셨는데, 닭이나 심지어 돼지조차도 우리 어머니가 드나드시는 발소리를 용케 구별하고 그들의 애정을 특유의 방법으로 표현하는 것을 나는 보았습니다. 또 그럴 수 있는 것이 어머니 손에는 밭을 매시고도 짐승이 먹을 만한 풀은 호미로 뿌리를 털거나 자르고, 아니면 논 구석의 물에 씻어가지고 들고 오셔서 고루 나누어 주시곤 했기 때문입니다. 그러면서 "저놈 돼지가 아주 내 냄새가 나나 봐. 나만 가까워지면 저어기서부터 벌써 소리지르고 야단이냐"면서 아주 떼어놓았던 막내라도 만나시는 얼굴이셨습니다. 그렇게 우리 어머니는 모든 생명들과 교류를 즐기시고 몸으로 글자 없는 시를 쓰고 사셨습니다.[52]

사랑과 노동을 통해서 우리가 하느님의 "공동 창조자"가 되고 "자연과 화해"할 수 있다는 죌레의 지적은 바로 우리의 '몸'과 '육체성', 그리고 '땅'의 의미를 되살리는 것이다. 이것은 나는 곧 내 몸이며, 내 몸이 곧 나이지 내가 내 몸을 소유하였다거나 하는 것이 아니라는 것이다.[53] 나의 나됨은 일면 그 육체성 안에 있다는 것을 온전히 인정하는 것이므로 이 인정을 통해 우리는 서구 남성주의적 그리스도교 역사가 아무리 노력해도 결국 빠질 수밖에 없었던 '가현주의'(docetism)의 이율배반을 벗어날 수 있게 되며, 여기에서 비로소 죽음과 부활에 대한 새로운 여성주의적 이해가 가능해진다.[54] 또한 오랜 동양 전통에서 색즉시공 공즉시색(色卽是空空卽是色) 등으로 표현되거나, 또는 리(理)의 조화 속에서 기(氣)의 집산 등으로 표현되는 삶과 죽음의 이해가 오늘날 훨씬 더 수용 가능한 이야기로 보여지게 된다.[55] 이것은 우리가 땅에 속한 것이지

----

⁵² 홍주아, 「내 어머니여! 대지여!」, in: 이정배 엮음, 『피조물을 위한 큰 약속』(서울: 도서출판 나단, 1994), pp. 32-3.

⁵³ 도로테 죌레, op. cit., p.57.

⁵⁴ Paul M. Cooey, "The Redemption of the Body: Patriarchal Reconstruction of Inherited Christian Doctrine", in: *After Patriarchy: Feminist Transformation of the World Religions*, ed. by Paul M. Cooey, William R. Eakin, Jay B. McDaniel (Maryknoll, New York 1991), p.123.

땅이 우리에게 속한 것이 아니라는 진정한 '자기 비움'(kenosis)의 표현이라 하겠다.

이상과 같은 몸과 육체성, 땅에 대한 강한 여성주의적 지향은 요즘 우리에게 여러 가지로 화제가 되는 한국 여성 작가 박경리의 소설 『토지』에서도 잘 드러난다. 물론 여기서 땅을 되찾기 위한 여주인공 서희의 싸움이라는 것이 당시의 가부장주의 질서를 이용하여 이루어진 것이라 할지라도 당시 그 가부장주의라는 것은 의심할 여지 없이 삶의 기본질서로 받아들여졌던바, 그 구조 속에서 그러나 그녀는 지극한 생명의 기반인 토지를 회복하기 위해 모성의 역할을 최대한 수용했다는 것이다. 그리하여 그녀에 대해 다음과 같은 평이 씌어지고 있다.

> 서희의 행위는 국난의 시대를 사는 모성의 역할에 대한 한 한치의 빈틈이 없다. 그녀의 할머니 손손의 결실인 평사리의 토지, 그녀의 할아버지들의 손손의 결실인 최 씨라는 양반의 성(性), 이 둘을 서희는 빼앗겼다가 다시 찾아낸 것이다. 서희의 이러한 행동양식은 20세기 후반기 한국인 삶의 한쪽 근원이다. 서희는 이 모성적 사명으로 식민지 지배의 역사적 비극과 최 씨 가문 몰락의 운명적 비극을 이겨낸다. 서희의 삶은 식민지 지배와 전쟁을 이겨낸 우리 어머니나 할머니의 보편적 삶의 끈질긴 모습과 일치함으로 인해 모성의 보편성을 획득한다.[56]

이러한 『토지』에 대한 이해와 더불어, 또한 한국적 정서의 땅에 대한 공경심, 즉 지효(地孝, geopiety)를 나타내는 것으로 이해되는 '풍수지리설'을 여성 생태신학과 관계시킨 시도는 그 시사하는 바가 크다고 여겨진다.[57] 이정배는 그의 논문 「풍수지리설과 생태학적 여성학」에서 "비인격적 우주 기능으로서의 기

---

[55] 김충열, 「21세기와 동양철학 — 21세기(문화 설계)를 위한 하나의 제언」, in: 『녹색평론』 1994년 7~8월 통권 제17호, p.54ff; 유인희, "인간적 문학에서의 영생", in: 『죽음이란 무엇인가 — 여러 종교에서 본 죽음의 문제』(도서출판 창, 1990).

[56] 하응백, 「소극적 삶의 초극과 완성」, in: 정현기 편, 『恨과 삶: 토지 비평』(서울: 솔), p.328.

[57] 이정배, 「풍수지리설과 생태학적 여성학」, 『성곡 논총』 제24집 1993년, 성곡 학술재단, pp.1-55.

(氣)의 활동력"은 서구 여성 생태신학자들을 위한 시사뿐만 아니라 더 나아가 "한국적 생명신학으로 정초되어져 나갈 수 있어야만 한다"고 제안한다.[58]

정치 등 남성적인 일들로 인해 삶이 망가뜨려지고 왜곡되었을 때 그 삶의 지극한 기반을 회복함으로써 삶이 지속되게 하고 생명을 가능하게 하는 것, 그것이야말로 여성들의 사랑하고 노동하는 능력이었다. 그 여성들에게 고유했던 일 중의 하나가 '교육'이었다면 우리는 마지막으로 교육의 회복을 통해서도 다시 삶의 질서가 바로잡아질 수 있다고 생각한다.

『가이아』의 저자 러브록은 그 후문에서 어떻게 자신이 어렸을 적부터 열성적이고 탁월한 정원사였던 아버지로부터 자연에 대한 깊은 사랑과 그 안에서의 평화와 안식을 배웠는지를 적고 있다.[59] 어렸을 적부터 생명 없는 잡다한 지식 놀음 대신에 다음과 같은 "재미있는 숙제"를 하면서 자라난 아이들, 예를 들어 "식구들의 발 본뜨기, 부모님 팔다리 주물러 드리기, 부모님 발 씻어 드리기, 가족 팔씨름 대회, 나물 캐어 먹을 것 만들어 먹기, 예쁜 돌 세 개 주워오기, 주워 온 돌 제자리에 가져다 놓기, 땀흘려 일하기, 삼십 분 관찰하기, 산이나 들판에서 소리지르기, 우리집 둘레 청소하기, 눈감고 지내보기"[60] 등을 하며 자라난 아이들은 어떠한 종교적 각성을 통한 것보다도 확실하게, 그리고 지속적으로 자연과의 하나된 삶을 살아갈 수 있다고 여겨진다. 그리하여 교육은 우리 삶의 또 하나의 지극한 기반이자 희망이 된다.

5. 마치는 말을 대신하며

우리에게도 이미 『엔트로피』라는 책으로 친숙한 제레미 리프킨은 그의 또 다른 저서 『생명권 정치』에서 인류의 문명 전개를 한 어린아이의 성장 과정과 같은

---

[58] Ibid., p.55. [59] J. E. 러브록, 『가이아』, pp.125-6.

[60] 이호철, 『재미있는 숙제, 신나는 아이들: 이호철 선생의 교실혁명 2』(도서출판 보리, 1994).

것으로 비유한다. 즉, 그것이란 한 인간의 성장이 어린 시절의 어머니와의 완전한 하나됨의 경험을 회복하려는 이율배반적 추구인 것처럼, 인류는 자신의 원초적 기반인 자연과의 분리에서 오는 불안을 극복하기 위해 자기 주변의 모든 것을 "소유화"(enclosing)하면서 "안정"(security)을 추구해 온 것이라고 한다.[61] 그러나 우리 개개인이 그 분리의 고통을 거기에 보복함으로써 '죽음의 충동'을 극복할 수 없듯이, 인류는 그 자연을 소유하고 죽임으로써가 아니라 이제 성숙한 의식의 단계에서 자신이 거기에 속하며 유기체적으로 연결되어 있는 것을 다시 인정할 때 가능해진다고 한다. 리프킨은 오늘을 "인류 의식의 제 3단계"(the third great stage of human consciousness)라고 명명하며, "자연의 육체성에의 동참성", "죽음의 용납과 화해"를 통해서 생명권의 진정한 안정이 추구될 수 있다고 얘기한다.[62]

이제까지 우리의 삶은 미래의 '안정'(security)이라는 이데올로기의 추구를 위해서 모든 것에 대해 철조망을 치는 (enclosing) 삶이었다. 그 결과 우리의 몸은 쉴 자리를 잃게 되었고, 우리의 이웃이 사라지고 가족은 핵가족으로까지 닫혀져서 이제 그것마저도 깨어질 지경이 되었다. 또한 우리는 서구적 도시 현대인들에게 자연과의 만남을 가능하게 해주는 마지막 통로라는 '잔디'(grass) 마저도 없는 삭막한 환경에서 살게 되었다. 그러나 이 위기의 상황 속에서, 이 철저한 고독의 상황에서 그럼에도 불구하고 우리가 삶의 용기를 포기하지 않는 것은 그 위기를 느끼는 것이야말로 우리가 아직 살아 있어서 생명의 온전한 회복을 외치는 소리하는 것을 알기 때문이다. 다음과 같은 시인 김지하의 시는 그 예이다.[63]

---

[61] Jeremy Rifkin, *Biosphere Politics: A cultural odyssey from middle ages to the new age*, (Harper, San Francisco, 1991).

[62] Ibid., p.325.

[63] 김지하, 「생명의 시」, in: 「환경윤리 종교인 세계대회」, 1993년 5월 31일, 유림회관.

다 가고

다 가고
나만 남으리

솔잎 누렇게 변해
새들 떠나고

길짐승도 물고기도
벌레 모두 떠나고

주위의 친구들
하나둘씩 병으로 죽어 없어지고

나만 남으리
지구 위에 홀로

지구마저 흙도
돌도 물도 공기도 마저 다 죽어

나라 이름 붙인
허깨비만 남으리

끝내는
오도가도 못할 천벌처럼
나만 오똑 남으리

제 2 부

"性"에 대한
새로운 관계 정립

포스트모더니즘과 페미니즘 그리고 교육

1. 시작하는 말

미국의 물리학자이며 사상가인 카프라는 『새로운 과학과 문명의 전환』에서 우리 시대의 문명전환 모습을 세 가지로 요약하고 있다. 즉, 첫째 3천 년 이상 지속되어 온 부계사회의 쇠퇴이며, 둘째는 화석연료 시대의 종언이고, 셋째는 각 분야와 차원에서의 가치관의 '모형변이'(paradigmshift)라고 한다.[1] 이 지적에서도 잘 드러나듯이 21세기를 향하고 있는 오늘날 우리들에게 또 하나의 새로운 가치관으로 떠오른 '포스트모더니즘'은 그것의 해석이나 이해에 있어서는 많은 차이를 드러내지만, 그래도 한 가지 확실한 사실은 그것은 이제까지 인류의 문명을 이끌어온 정신적 지주의 '해체'(deconstruction) 내지는 '재건'(reconstruction)을 시도하는 표현이라는 것이다.

오늘 우리가 살고 있는 문명은 과학기술 문명이다. 그것을 이끌어온 정신적 지주란 서구 현대의 합리주의와 진보주의였다. 또한 동·서양을 막론하고 인류는 이제까지 3천여 년 이상을 가부장주의의 가치 아래 지내왔는데, 오늘날 그러한 가치관들의 과도한 적용이 가져오는 폐해가 심하다. 그리하여 서구 과학기술 문명은 (서구) 남성들에 의한 여성과 자연에 대한 지배와 착취하는 지적이 나오게 되었다.[2]

이러한 이해 아래 우리 탐구의 주제는 먼저 오늘날의 현재주의의 극복과 보완으로서의 '현대 이후주의'가 현대성(modernity)의 단순한 해체가 아니라 오

---

[1] F. 카프라, *The Turning Point* (서울: 범양사 출판부, 1987), p.29ff.

[2] C. Merchant, *The Death of Nature: Women, Ecology and the Scientific Revolution* (San Francisco: Harper & Row, 1989).

히려 건설적인 극복과 재구성으로 이해될 수 있음을 밝힐 것인데, 즉 그의 '여성적'이며 '교육적'인 특성을 드러내고자 한다. 둘째는 이렇게 우리가 건설적 포스트모더니즘의 한 표현으로 이해하고자 하는 '페미니즘'의 성격을 규명해 볼 것이다. 이것은 페미니즘 전반에 대한 포괄적 이해는 되지 못하지만, 나름대로의 규명을 통해 어떻게 페미니즘이 우리 시대의 한 대안적 가치관이 될 수 있는지를 밝힐 것이다. 셋째는 그러한 페미니즘적 사고가 교육에 적용되었을 때 어떠한 교육적 대안이 가능할 수 있는지를 탐색하는 것이다. 이러한 우리 탐색의 궁극적인 목적은 그러나 다시 한번 우리 교육의 참 모습을 찾아보는 것이며, 그리하여 그 교육이 나아갈 바를 지시해 보는 것이다.

2. 포스트모더니즘과 여성 · 교육[3]

20세기 초엽 러시아의 사상가 베르자예프는 이미 1919년 러시아 볼셰비키 혁명전쟁의 와중에서 서구는 지금 '현대사'(l'histoire moderne)의 시간을 마감하고 "한 새로운 시대", "아직 정확하게 알려져 있지 않아서 그 이름을 가지고 있지는 않지만, 한 새로운 시대"로 접어들고 있다고 예언하였다.[4] 자신도 한때 마르크시즘에 심취하기도 했지만, 그러나 그는 이미 그때에 마르크시즘의 극단적 사회주의란 극단적 개인주의와 마찬가지로 "현대사"의 마지막 산물일 뿐이고, 그것은 이미 르네상스에서부터 시작된 "인본주의"의 퇴락의 결과라고 지적하였다.[5]

　이와같이 베르자예프가 이미 20세기 초반에 아직 알려지지 않은 새로운 시대를 꿈꾸면서 당시 유럽의 혼란된 상황 속에서 현대사의 인본주의와 진보주의의

---

[3] 본 장(章)은 본인의 논문 「포스트모더니즘과 동양 · 여성 · 교육」, 『교육철학』 제10호, 1992, pp.199-211에 실린 것을 다시 정리 · 요약한 것이다.

[4] N. Berdiaev, *Le Nouveau Moyen Age* (Lausanne: L'Age d'Homme, 1989), p.15.

[5] Ibid., p.30.

환상에 가했던 비판을 우리는 요즘 다시 비슷한 어조로 포스트모더니즘의 논쟁들 속에서 듣는다. 요즈음 '포스트모던'(현대 이후)이라는 용어의 급격한 전파는 바로 이러한 현대성과의 깊은 불만족을 표시하는 것이다.[6]

'현대적'이란 말은 용어사적으로 서양에서 이미 5세기 말엽부터 쓰여졌다고 한다. 당시 이 말은 그때 공식적으로 인정받은 그리스도교 시대를 그 이전 고대의 이교적 시대와 구별하는 의미로 쓰여진 것이라고 한다.[7] 어원적으로 '지금 현재'의 뜻으로 '동시대적'(contemporary)이란 말과 거의 동의적인 이 말은, 그러나 오늘날과 같이 거의 칭찬의 말로서 서양의 고대와 중세 다음에 오는 시대를 특정하는 말로 쓰이게 된 것은 19세기에서였다. 즉, 역사를 철학의 근본 원리로 끌어올린 헤겔 등에 의해서 현대가 그 이전과 전혀 다른 '새로운 시간'(Neuzeit)으로서 특정한 역사적인 현상에 대한 역사적으로 구별화된 기간과 세계로 파악되었던 것이다.[8]

헤겔도 지적했듯이 서양의 현대성을 축약적으로 가장 잘 드러내고 있는 것이 데카르트를 원조로 삼는 계몽주의 사상(Aufklarung)이다.[9] 데카르트는 그 이전의 베이컨과 갈릴레오에 이어 중세적인 세계질서가 무너진 후의 유럽의 대혼란의 상황에서 다시 한번 전혀 새롭게 인간 인식의 근원적인 기초를 찾고자 노력하였다. 이 시도에서 그는 그 유명한 '나는 생각한다. 그러므로 존재한다'(cogito, ergo sum)라는 명제에 도달하여 존재와 인식의 새로운 근거로서의 '나(주체)의 확실성'을 확립하였다. 이것은 다른 말로 하면, 현대성의 제1원리라고도 할 수 있는 '주체성의 원리'의 확립을 의미하며,[10] 또 그 주체의 본질을

---

[6] D. R. Griffin, *Spirituality and Society* (New York: State University of New York Press, 1988), p.ix.

[7] J. Habermas, 「모더니티 — 미완성의 계획」, in: 정정호 · 강내희 편(1989), 『포스트모더니즘론』(서울: 터), p.106ff; 한정선, 안드레아스 호이어(1990), 『현대와 현대 후기의 철학적 논쟁』(서울: 서광사), pp.1-5.

[8] W. Welsh, *Unsere Postmoderne Moderne* (Weihein :VCH Acta Humaniora, 1987), p.66ff.

[9] J. Habermas, 「모더니티 — 미완성의 계획」, in: 정정호 · 강내희 편, 『포스트모더니즘론』(서울: 터, 1989), p.113.

[10] W. Schutz (1972), *Philosophie in der veränderten Welt*, Pfüllingen, p.248ff.

'사고하는 힘'(res cogitans)이라고 파악한바, 이것은 현대 합리주의(이성 중심주의)의 기초를 놓은 것이라고 할 수 있겠다.

이와같이 인간(나)의 이성적 능력에 대한 극적인 신뢰의 표현인 데카르트의 명제는 또한 그것과 관련된 수학적인 자연관(res extensa)과 함께 현대 진보이념의 밑받침이 되었다. 여기에는 특히 데카르트의 뒤를 이은 뉴턴의 기계론적 세계관이 결정적인 역할을 했다. 즉, 인간을 사고하는 주체로서 파악하는 반면, 세계를 단순히 낱낱의 분리된 실체들의 무감각한 수학적 총합으로 간주한 전자의 자연관은 후에 그 수학적 총합이 어떤 불변의 법칙('만유인력의 법칙')에 의해 기계적으로 움직인다고 파악한 후자의 세계관에 결정적인 영향을 주었다. 그리하여 그러한 자연의 지배를 통한 인간 사회의 진보적 달성이라는 현대의 믿음에 세계관적 밑거름이 되었다는 것이다.[11]

미국의 앨빈 토플러는 그의 책 『제3의 물결』에서 18세기 서구 산업혁명과 더불어 시작되었고 그후 순식간에 지구상을 석권한 '제2의 물결'이라는 현대 산업사회의 역할을 다음의 여섯 가지로 들었다:[12] 곧, '규격화'·'분업화'·'동시화'·'집중화'·'극대화'·'중앙집권화' 들이다. 위에서 우리가 밝힌 데카르트-뉴턴적·기계론적 세계관의 또 다른 표현인 이런 원칙들은 오늘의 현대 과학기술 사회를 이룩할 수 있었던 기초들이었다. 그러나 이미 토플러도 이러한 원리들에 의해서 인도되던 현대 산업사회의 거대 사회가 '제3의 물결'의 충격을 받아 해체되어 가고 있다고 지적했듯이 오늘날 이 현대성에 대한 비판이 드높다. 이 비판에서 자주 등장된 지적은 이미 데카르트-뉴턴의 기계적 세계관에 내포되어 있었던 현대성의 '획일주의', '개인주의', '인간 중심주의', '물질·경제 만능주의'(materialism), '진보주의'(myth of progress) 성향들이다.[13] 데카르트가 어떤 개별 학문 하나의 기초를 찾으려고 한 것이 아니라 학문 그 자체, 다시 말하면 존재와 인식의 포괄적 토대를 새롭게 찾으려고 한 것이나,

---

[11] 제레미 리프킨, 『엔트로피』 I, 김용정 역(서울: 도서출판 원음사, 1989), p.52ff.

[12] A. Toffler, 『제3의 물결』, 김태선·이귀남 옮김(서울: 기린원, 1989), p.52ff.

[13] D. R. Griffin, op. cit., p.3ff.

또한 헤겔이 역사 전체의 현상을 주도하는 원리를 찾기를 원했듯이 서구 현대 정신은 "전체성에의 요구", "일반화에의 요구"를 그 기본 특징으로 가진다.[14] 아직 비록 전지전능한 신(神)의 보증이 필요하다거나(데카르트) 요청되기도 했지만(칸트, 헤겔), 사고하는 주관에서부터 존재의 확실성을 보장받는 서구 현대는 그것으로 세계 전체를 정위지으려 했고, 이 정위란 바로 오늘날 우리가 '기술적 사고'(technischer Geist)라고 부르는 세계의 규격화, 조직화, 표준화, 획일화 등이다. 이 일에 있어서 현대 정신은 결코 한계를 몰랐다. 자기 주위의 모든 세계, 심지어는 자기 자신까지도 구분하고 분석하여 대상화하고 물화시켜 여기에 현대인의 깊은 소외, 더 이상 견딜 수 없는 외로움과 절망이 있는 것이다.[15] 아버지인 신(神)을 죽인 인간은 이제 그 자신이 아버지가 되었기 때문에 죽음의 차례를 맞이하게 된 것이다.[16]

1972년 『포스트모던적 조건』(La condition postmoderne)이란 글을 가지고 철학계에서 '현대 이후' 논쟁의 계기를 마련한 프랑수와 료따르가 해체시키고자 한 것은 바로 현대의 '전체성의 요구'이다. 그것은 '이성'이라든가 '정신'과 같은 한 가지의 원리를 가지고 존재와 역사의 모든 영역을 규정지으려는 획일적 사고였던 것이다.

현대 이후의 문제를 주로 지식의 차원에서 검토하고 있는 료따르에 따르면 현대화란 지식의 관점에서 보면 사회의 정보화(Informatisierung der Gesellschaft)이다.[17] 그러나 정보의 지배는 '무엇이 지식으로서 타당한가'를 결정할 수 있는 규범적 토대의 장악을 의미하고, 그리하여 정보화는 동시에 '지식의 정당화' 과정으로 이해된다.[18] 료따르에 의하면 이 정당화 과정에서 학문적 지식은 애초부터 스스로를 정당화시키기 위하여 "거대한 철학적 담론"(Metaerzah-

---

[14] W. Welsch, op. cit., p.72ff.　　　[15] N. Berdiaev, op. cit., p.18.

[16] M. C. Taylor, *Erring – A Postmodern Theology* (Chicago & London: the University of Chicago Press, 1984), p.28ff.

[17] J. F. Lyotard (1986), *Das postmoderne Wissen. Ein Bericht* (Graz / Wien: Edition Passagen, 1984), p.28ff.

[18] Ibid., p.34.

lung)을 필요로 해왔다는 것이다. 다시 말하면 자기 스스로는 근거가 없는 학문적 지식이 자신이 '학문적인 것', '과학적인 것'으로 받아들여질 수 있도록 하기 위해서 '선'이라든가, '정의', '해방' 등 거창한 이념들과 초월적인 이야기들을 끌어들여 그것을 그 마지막 근거로 제시해 왔다는 것이다.[19] 료따르의 핵심 명제는 바로 이 '거대한 이야기'가 이제 그 일반적인 정당성을 잃어버렸다는 것이다. 이것은 다시 말하면 1950년대 이후 고도로 발달된 산업사회 이래 더 이상의 '메타 이야기'가 가능하지 않은 "현대 이후적 조건"이 형성되었다는 것이다.[20]

이러한 "메타 이야기에 대한 회의"를 특징으로 가지는 "현대 이후적" 삶의 태도는 또한 그들의 더욱더 실용적이 된 지식관과도 연관되어 있다.[21] 즉, 그들에게 있어 이제 인식이라는 것은 그것이 어떤 거창한 이념에 종속되어 있는지 아닌지가 문제되는 것이 아니라 — 지식의 진위의 문제 — 오히려 그것이 참으로 실질적으로 어떤 이익을 가져다주느냐가 문제된다는 것이다. 이것은 현대 이후적 사회에서의 '지식의 탈윤리화' 현상을 말한다.[22] 이렇게 해서 료따르가 이해한 "현대 이후적 조건"이란 다름아닌 "전체성과의 결별"과 "다원성에로의 이행"을 뜻하는 것이고, 그것은 곧 또 다른 현대 비평가 한스 요나스(H. Jonas)도 지적한 "유토피아니즘의 포기"와 같은 의미라 하겠다.[23]

우리는 오늘날 '현대 이후' 사고의 논의에서도 프랑스 철학 전통과 독일 철학 전통 사이의 또 한 번의 골깊은 간격을 보게 되는데, 료따르에 대한 하버마스의 반격에서도 나타났듯이[24] 프랑스의 현대 이후 사상가들은 명료한 현대 인식에 근거하여 그 철저한 해체를 요구한 반면, 독일의 현대 이후주의자들은 현

---

[19] Ibid., p.96ff. [20] Ibid., p.122ff.

[21] Reijen, "Miss Marx, Terminals und Grandes Recits oder: Kratzt Habermas, Wo ernicht jucht?", in: 한정선, 안드레아스 호이어, 『현대와 현대 후기의 철학적 논쟁』(서울: 서광사, 1990), p.60.

[22] 위의 책, p.60.

[23] 이은선, 「한스 요나스의 책임의 원리 — 그 존재론적 근거의 의미와 한계」, 『신학사상』 제73집(한국 신학연구소, 1991), p.471ff.

[24] J. 하버마스, 「모더니티 — 미완성의 계획」, 박지용 역, in: 정정호·강내희 편, 『포스트모더니즘론』(서울: 터, 1989), p.123ff.

대성과의 새로운 화해를 추구한다.[25]

　지식과 진리가 권력과 뗄 수 없는 관계에 있다는 것을 지적한 미셸 푸코는 진리란 그 자체로서는 진리도 허위도 아닌 단지 진리의 효과를 내는 담론들에 불과하다고 말하면서 '진리 원리의 해체'를 요구한다.[26] 이것은 신(神)의 죽음을 선포하고 선악(善惡)의 피안을 얘기한 니체(I. Nietsche)와 맥을 같이하는 것인데, 이 신과 진리 원리의 해체 요구는 자연적으로 이 원리와 맞물려 있는 또 하나의 현대성의 원리인 '주체성의 원리', 즉 이 신과 진리를 자율적으로 인식하고 파악한다고 여겨지는 '자아와 주체관의 해체'를 요구하게 되는 것이다.[27] 현대 계몽주의 인식에 따르면 주체는 결국 세계의 중심이 되며 마치 중세에서의 신처럼 세계의 창조자가 된다. 그러나 현대 이후 해체주의자들에 의하면 주체란 오히려 주체가 맺는 다양한 관계에 의해서 형성될 뿐이며, 그것은 특수한 사회역사적 정황 가운데서 지식-권력 연계의 결과로서 구성된 것이라고 한다.[28] 명증한 자의식을 가진 자아라는 의식은 단지 우리 삶의 본질적 특성인 파편성과 불안전성을 보상받고자 상정된 상상력의 소산일 뿐이라고 한다.[29]

　이러한 신·자아관의 해체는 또한 자연스럽게 '역사관의 해체'를 요구하게 된다. 우리가 이미 역사의 메타 이야기의 해체를 요구하는 료따르에게서 보았듯이 현대 이후 해체주의자들은 우리의 역사가 지향해야 할 하나의 "참된", 그리고 "정당한" 목표가 있다고 믿지 않는다.[30] 단편성과 현재성을 강조하는 이들에 따르면 역사의 과정은 끊임없는 단절, 전이, 변화, 선회로 가득 차 있기 때

---

[25] A. Wellmer, 『모더니즘과 포스트모더니즘의 변증법』, 이주동·안성찬 옮김(서울: 녹진, 1990), p.25.

[26] M. Foucault (1984), *Truth and Power*, in: The Foucault Reader, P. Rabinnow 엮음 (New York: Pantheon), p.60: 윤평중, 『푸코와 하버마스를 넘어서』(서울: 교보문고, 1990), p.180ff: M. C. Taylor, op. cit., p.19ff.

[27] 윤평중, 위의 책, p.181; M. C. Taylor (1984), *Erring – A Postmodern Theology* (Chicago / London: the Univ. of Chicago Press), p.34.

[28] 이진우, 「장 프랑수와 료따르 탈현대의 철학」, in: 김욱동 역, 앞의 책, p.240.

[29] J. Lacan, Ecrits, A. Sberidan Smith 옮김 (New York: W. W. Norton, 1977), p.71. in: 윤평중, 앞의 책, p.195.

[30] 위의 책, p.182. M. C. Taylor, op. cit., p.52ff.

문에 그것이 발전적으로 진보해 나간다는 생각은 도저히 받아들여질 수 없고, 또한 그 목표란 것을 자신도 역시 허구인 주체가 도저히 알아낼 수가 없다는 것이다.[31] 이러한 '신'(神, 진리)과 '자아'와 '역사'의 해체와 더불어 이야기되어지는 또 하나의 해체는 '책의 해체'이다.[32] 책이란 현대 이성 중심주의의 한 전형적 표현이다. 그것은 단순히 두 껍데기 사이에 묶여져 있는 종이뭉치가 아니라 한 작가가 마치 역사에서의 신처럼 정해진 목표를 위해 모든 부분들을 정리하고 연결시킨 통일체이고 조직체이다. 즉, 책의 이념이란 바로 전체성·통일성이고, 그것의 극치의 표현이 '백과사전'인바,[33] 이 전체주의적이고 모든 것을 원리와 체계로서 정리하고 알려고 하는 로고스 중심주의는 현대 이후 해체주의자들이 볼 때는 더 이상 가능할 수 없는 것이다. 책이란 또한 실천에 대한 이론의 우위를 말하는 것이고 전통과 권위의 체현이기 때문에 신과 자아와 역사의 해체와 더불어 그것은 이제 닫혀져야 한다는 말이다.[34]

이상과 같이 현대 이후 해체주의자들의 현대성 비판은 대단히 래디칼하다. 료따르의 다음과 같은 선언 "전체성에 대항하며 싸우자. 또한 표현할 수 없는 것을 증거하며 차이를 활성화시키자"에서 드러나듯이, 이들의 작업은 현대의 획일주의·체계주의·전체주의 등에 대한 강한 도전이다.[35]

이들의 해체 작업은 그러나 그 비판 지평의 확장이라는 긍정적인 평가에도 불구하고[36] 그 극단성으로 인해 다음과 같은 근원적인 질문들을 야기시킨다. 즉, 이렇게 기존의 모든 가치체계와 인식 범주들을 해체시켰을 때 그 해체 작업까지도 포함해서 삶이라 하는 것이 도대체 더 이상 어떤 의미를 가질 수 있겠는가? 또한 우리들을 묶는 최소한의 근거마저도 부정해 버렸을 때, 그 부정과 비판까지도 포함해서 그것은 마지막에는 단순히 하나의 상대적이고 주관적인 독백이 되어버리는 것이 아닌가? 하는 것 등이다. 물론 이렇게 아직까지 의미를 운운한다든가 관계나 뜻을 찾는다고 하는 것이 여전히 현대주의의 메타 이야기 환상에 빠져 있는 증거라고 반박당할 수 있겠지만, 이러한 극단적 해체

---

[31] Ibid., p.53ff.   [32] M. C. Taylor, op. cit., p.74ff.   [33] Ibid., p.78.

[34] Ibid., p.87ff.   [35] J. F. Lyotard, op. cit., p.112ff.   [36] 윤평중, 앞의 책, p.212.

주의의 허무주의적·비관주의적 성향은 부인될 수 없는 것이다.[37] 러시아의 문예비평가 미하일 바흐친(M. Bakhtin)도 그리하여 "독단주의가 모든 논의, 모든 진정한 대화를 불가능한 것으로 만들어 버리는 것이다"라고 하면서 그의 대화주의적 입장에서 독단주의보다도 오히려 상대주의를 더 경계하였다.[38]

이상과 같은 프랑스 해체주의의 허무주의적·상대주의적 현대 이후주의에 적극적인 반기를 들고 나온 사람이 다름아닌 독일의 비판이론가 하버마스이다. 프랑크푸르트 학파 비판이론의 제2세대로 불리어지는 그에 따르면 오늘날 현대성은 오히려 "계몽의 과제"로서 "미완성된 과제"(ein unvollendetes Projekt)라는 것이다.[39] 미완성된 과제를 제쳐놓고 '현대 이후'를 주장하는 일군의 입장들을 그는 "보수주의"라고 비난한다. 거기에는 다음과 같은 세 종류의 군들이 있는데, 그것들이란 먼저 프랑스 해체주의자들이 주로 속하는 "반(反)현대적"인 "젊은 보수주의자들", 다시 존재론을 이야기하며 우주론적인 근거를 세우려고 하는 한스 요나스와 같은 "전(前)현대적인" "늙은 보수주의자들", 그리고 마지막으로 미국의 다니엘 벨 (D. Bell) 등으로 대변되는 "탈현대적인" "신보수주의자들"이다.[40] 이러한 현대 이후주의자들의 현대성 포기에 대한 대안으로서 그가 제시하고 있는 것이 이른바 그의 "의사소통적 합리성"(kommunikative Rationalität)이다. 이것은 유럽 계몽주의의 후예로서 계몽의 과제를 자신의 일로 보고 있는 그가, 그러나 그 종래적인 의미로서의 합리성 내지는 이성을 말하는 것이 아니라 한 새로운 차원의 이성, 즉 그것으로 다시 인간과 인간 사이의 상호 주관성과 관계성이 회복되어질 수 있고 거기에 기초하여 다시 공동의 목표가 추구될 수 있는 실천적 근거를 말하는 것이다.[41]

---

[37] 위의 책, p.222.

[38] 김욱동, 「미하일 바흐친 대화주의와 포스트모더니즘」, in: 김욱동, 앞의 책, p.261.

[39] J. Habermas, 앞의 글, p.119.　　　　　[40] 위의 글, p.120ff.

[41] J. Habermas (1985), *Theorie des kommunikativen Handelns*, BdI, (Frankfurt: Suhrkamp Verlag), p.28 참조. G. B. Madison, "Merleau Ponty und die Postmodernität", in: hrg. A. Metraux (1986), Leibhaftige Vernunft, (München: W. Fink Verlag), p.168ff. 저자는 이 글에서 Merleau Ponty의 현상학이란 Husserl의 그것과 달리 다시 철학에서의 기초를 세우려는 시도로 해석했는데, 필자의 의견에 따르면 이것은 Habermas의 해석에도 그대로 적용된다고 여겨진다.

하버마스에 따르면 "의사소통적 합리성"이란 결코 경험의 현상이거나 한갓 상상의 소산이 아닌 사회적 인간이 선험적으로 가지고 있는 능력과 이념이다. 이렇게 일상적 생활세계에서의 의사소통 행위라고 하는 참으로 구체적인 실천 속에서 인간이 다시 관계를 맺을 수 있는 이성적 근거를 보게 된 하버마스는 거기에 근거하여 프랑스 해체주의자들의 상대주의적·비관주의적 경향을 반박했고, 또한 그것은 그가 계속해서 계몽의 과제를 밀고 나가려고 한 — 생활세계의 계몽화 — 규범적 토대가 되었다.

이처럼 하버마스와 마찬가지로 오늘날 현대사회의 모순 앞에서 그 현대성의 단순한 '해체'(deconstruction)가 아닌 '극복'(reconstruction)의 길을 가려고 하는 시도가 여러 가지로 보여진다. 그것은 '현대 이후'(postmodern)가 '현대'(modern)와의 단순한 단절을 의미하는 것이 아니라 현대에서 이어지는 또 하나의 새로운 시도를 의미하는 것이어야 한다는 말이다. 독일의 벨쉬(W. Welsch)도 자신의 책 제목을 『우리들의 현대 이후적 현대』(*Unsere post-moderne Moderne*)라고 하면서 '현대 이후'의 의미를 '현대'를 수식하는 한 형용사로 드러낸 것은 바로 이런 '현대'와 '현대 이후'의 종합성과 연결성을 강조한 것이다. 우리가 여기에서 '포스트모던'을 '현대 이후'로 번역한 것도 바로 그런 의미에서이다. 즉, '포스트모던'을 '모던'의 단순한 해체나 부정으로 보지 않기 때문에 그러한 인상을 많이 풍기는 '탈현대'(근대)라는 개념을 쓰지 않았고, 또한 '후기 현대'는 너무 직선적인 연결의 인상을 주기 때문에 지양했고, 그리하여 이 둘 사이의 긴장이 유지되면서 그러나 새로운 모습으로 종합된 의미로서 '현대 이후'를 택한 것이다.[42]

이와 비슷하게 베르자예프가 자신이 꿈꾼 새로운 세대를 "새로운 중세"(le Nouveau Moyen Age)라고 한 것도 바로 극단적인 해체 대신에 중세가 가지고 있던 통일성과 보편성, 종합성의 의미를 다시 새롭게 받아들이고자 한 것으로 이해할 수 있고, 미국의 포스트모던 신학자 그리핀도 이러한 입장을 "구성

---

[42] 참조: 한정선, 앞의 책, p.13: 송두율, 「'탈현대'의 사상적 논쟁 구조와 한국 사회」, 『사회와 사상』 1990년 7월, 통권 제23호(서울: 한길사), p.246: 이진우, 앞의 글, p.224.

적"(constructive) 또는 "수정적"(revisionary) 포스트모더니즘이라고 하면서 여기서의 과학과 윤리, 그리고 예술·종교적 시각의 종합의 의미를 강조한다.[43] 자연과학 분야에서도 제레미 리프킨이 '엔트로피의 법칙'을 강조하면서 현대의 진보주의 의식을 뒤흔든 것과 함께 그러나 그러한 시각이 결국 절망적으로 될 수밖에 없는 데 반해 다시 지구와 자연을 하나의 살아 있는 생명체로 이해하려 는 '가이아'(Gaia)의 세계관은 그 한계를 극복하게 하는 한 새로운 대안으로 여겨진다.[44]

이상과 같은 일련의 구성적 시도들이란 결국 우리가 다시 삶에 있어서 관계 를 맺을 수 있고 의미를 추구할 수 있는 근거를 찾고자 하는 것이다. 왜냐하면 현대성의 극단적 해체란 오히려 그 극단성으로 인해 허무주의와 비관주의, 또한 더욱더 철저한 주관적 독백론에 빠져버리기 쉽기 때문이다. 하버마스가 "늙은 보수주의자"라고 비판한 요나스도 그의 『책임의 원리』에서 보면 그 근본에 있어서는 결국 같은 의미로 우리 행위의 기초를 찾기를 원했던 것이고,[45] 그는 오늘날의 급박한 상황에 비추어봐서 그 윤리가 다시 형이상학, 즉 우리가 어떠한 상황에서도 부인할래야 부인할 수 없는 "존재의 원리"에 근거되어야 한다고 역설했다.[46]

우리는 이 새로운 근거를 '동양적'이며 '여성적'이고, '교육적'인 가치의 재발견에서 찾고자 한다. 왜냐하면 요나스도 최근의 한 대담에서 인류가 그래도 희망을 버려서는 안되는 마지막 근거로서 "인간의 교육"을 들었고[47] 우리 앞에 갓 태어나 아무런 힘도 없이 놓여진 신생아의 무조건적인 존재에의 외침을 듣는 "부모의 마음"을 "모든 책임감들의 원형"(Archtyp aller Verantwortung)으

---

[43] David R. Griffin, op. cit., p.14ff.

[44] J. E. 러브록, 『가이아』, 홍욱희 옮김(서울: 범양사 출판부, 1990); D. Sagon, 「가이아와 철학」, in: L. S. Rouner 편저, 『자연 그 동·서양적 이해』, 이정배·이은선 옮김(서울: 종로서적, 1989), p.67.

[45] H. Jonas (1983), *Das Prinzip Verantwortung* (Frankfurt am Main), p.102.

[46] Ibid., p.92.

[47] 한스 요나스의 대담, 「더 가까워진 종말」, 『살림』(충남: 한국 신학연구소, 1992), 7월 제44호, p.33ff.

로 보았듯이[48] 그 가치들이란 이제까지 서구 현대의 남성주의가 간과해 왔고 억눌러 왔던 우리의 또 하나의 가치관이기 때문이다. 또한 그 가치들이란 단순히 남성적인 것과 기술문명적인 것의 대칭만이 아니라 오히려 그러한 것들을 그 안에 포괄하고 종합하는 더욱더 근원적이고 기초적인 가치로 보여지기 때문이다.[49] 다음의 우리의 과제는 우리가 이렇게 '건설적 포스트모더니즘'의 한 표현으로 보는 페미니즘이 어떠한 모습으로 규정될 수 있는지를 탐색하는 것이다.

3. 건설적 포스트모더니즘의 한 유형으로서의 페미니즘

19세기 후반부터 유럽과 미국에서 일기 시작한 페미니즘의 물결은 그 결정적인 기폭제가 된 1949년 프랑스 시몬느 보봐르(Simone de Beauvoir)의 『제2의 성』(*Le Deuxieme Sexe*)에서도 드러나듯이 그 사고의 출발점을 '여성들의 경험'(Women's Expierence)에서 찾고 있다. 이제까지 전통의 학문과 문화에서 그 주체가 되었던 것이 남성들이었고 그리하여 그들의 삶에서 얻어진 가치가 진리가 되고 참이 되어왔다면, 그 남성들과는 다른 삶의 경험을 가진 여성들에게는 그것이 무조건적인 진리가 될 수 없다는 것이다. 그리하여 이제 남성들의 인식방식과 시각으로 세계를 보는 것이 아닌 자신들 나름으로 세계를 이해하기 원하는 여성들은 그들 나름의 여성으로서의 삶의 경험들을 탐색하기 시작했다. 그 '여성의 경험'이란 먼저는 전통적 가부장제 사회에서의 성차별적인 경험과 또한 거기서의 해방의 경험이고, 다음은 전통적인 여성 역할에서 오는 여러 가지 삶의 경험들이다. 이 여성의 경험에 대한 강조의 정도와 또한 어떠한 경험 내용의 강조냐에 따라서 20세기 페미니즘은 다양한 모습으로 전개되었지만, 1960년대 이후 그것과는 별개의 이름 아래 발전된 포스트모더니즘과의 만남을

---

[48] 이은선. Ibid.

[49] 참조: 김용옥, 『노장철학 이것이다』(서울: 통나무, 1989), p.59ff.
이정호, 「포스트모더니즘과 동양 사상」, 『외국문학』(서울: 열음사, 1990), 겨울, p.118.

통해서 페미니즘은 다시 한번 자신의 정체를 규정하지 않으면 안되었다.

요즘 페미니즘과 포스트모더니즘 사이의 관계와 그 제휴 가능성을 바라보는 세 가지의 시각이 있다.[50] 첫째는 그들의 전통비판적이고 권위해체적인 특성을 강조하면서 그 유사성을 들춰내고 그 제휴를 적극적으로 추진하는 입장이고, 둘째는 이 둘의 관계를 서로 대립적이거나 비생산적인 것으로 보는 부정적인 견해이다. 즉, 포스트모더니즘의 해체적 관심에서 보면 페미니즘이 전통의 가부장주의를 비판하기 위해 여성의 주체(여성의 경험)를 강조하는 것은 이해되지만, 그것이 또한 너무 과도해져서 또 하나의 메타 담론으로 되어버렸다는 것이다. 그리하여 포스트모더니스트들의 눈에는 페미니즘도 여전한 현대주의의 산물이고 이제 주체라고 하는 것의 허상이 깨어진 이상, 그 여성의 주체라는 것도 해체되어야 한다는 것이다.[51] 여기에 대해 그러나 페미니스트들은 그러한 주장의 포스트모더니즘이야말로 가부장제의 "마지막 계략"이라고 의심한다. 페미니즘이 가지는 여성해방이라는 정치사회적인 실천 과제를 다시 한번 주목시키는 이들에 따르면 이제 겨우 대부분의 사회 제도들이 페미니스트 사회비평의 메시지를 흡수하기 시작하였는데 여기서 그 이론을 포기하라는 것은 너무 이르고, 이것은 진보와 개혁의 의지를 약화시키는 일종의 정치적인 패배주의 요구라고 반박한다.[52]

이러한 팽팽한 대립을 넘어서 그 부분적인 제휴를 이야기하는 그룹이 제3의 그룹인 "포스트모던 페미니즘"(Postmodern Feminism) 그룹이다. 여기서의 페미니스트들은 포스트모더니즘이 밝히는 다원성의 상황을 더욱 적극적으로 검토하면서 이제 오늘날 여성의 경험이라는 것도 더 이상 성(性)의 요인에 의해서만 결정되는 것이 아니라 인종, 계급, 역사적 특수성, 개인차 등에 의해 무척 다양하게 영향받는다는 사실을 인지한다. 따라서 여기서는 종전의 메타 담

---

[50] 이소영 · 정정호 공편, 『페미니즘과 포스트모더니즘 — 새로운 문화정치학을 향하여』(서울, 한신문화사, 1992), p.16ff.

[51] 낸시 프레이저 · 린다 니콜슨, 「철학 없는 사회비평 — 페미니즘과 포스트모더니즘과의 만남」, in: 이소영 · 정정호 공편, 위의 책, p.131ff.

[52] 수잔 보로도, 「페미니즘, 포스트모더니즘, 그리고 성별 — 회의주의」, in: 이소영 · 정정호 공편, 위의 책, p.342.

론화한 보편주의적이고 본질주의적인 페미니즘이 비판되고, 특히 비서구 페미니스트들에 의한 백인 중류층 여성 이론가들의 이론이 의문시된다. 왜냐하면 후자들은 이제까지 자신들의 시대, 사회, 문화 그리고 종족 내지 인종적 그룹의 특징들을 그릇되게 보편화시켰다는 것이다.[53]

이상의 절충적 입장을 취하는 '포스트모던 페미니즘'에서는 또한 여성의 경험 중 성차별적인 것만이 아니라 전통적 여성 역할에서 오는 경험이 더욱 적극적으로 평가된다. 즉, 과거의 여성들의 삶이 아무리 성(性) 억압적인 것이었다 해도 그 과거를 송두리째 버리고 역사 없고 뿌리 없는 모습이 될 것이 아니라, 오히려 그 가운데서도 여성들이 행동하는 주체로서 살았던 경험들을 찾아내고 들추어냄으로써 역사를 '남성들만의 역사'(History)가 아닌 '여성들의 역사'(Herstory)로도 만들 수 있다는 것이다. 우리가 본 글에서 포스트모더니즘을 현대성의 건설적 극복과 보안으로 보고 그 기초를 여성적이고 교육적인 가치의 재발견에서 찾았다는 것도 바로 이러한 입장이다. 다시 말하자면 전통적 여성 역할에서 오는 경험 속에서 그 대안적 가치의 모습을 찾아보려는 것이다.

1970년대 미국 여성 심리학자 낸시 초도로우는 "어머니 역할"에 대한 분석을 통해 남성 심리와 여성 심리 사이의 차이들을 설득력있게 설명해 주었다. 그녀에 의하면 우리들의 여성과 남성으로서의 경험은 깊은 무의식의 차원에 근거된 것으로서, 특히 여성들의 '어머니 역할의 재생산'(the Reproduction of Mothering)은 바로 남성들과는 확연히 구분되는 여성들의 "관계적인" 심리구조에 의해 이루어지는 것이라고 한다.[54] 이와 유사하게 1980년대초 캐롤 길리건은 그녀의 책 『다른 목소리』(*In a Different Voice*)에서 이제까지 전통적으로 남성 심리학자들이 남성 심리의 관찰을 통해 밝혀놓은 것과는 다른 여성 고유의 인식 발달과 도덕 발달 과정을 밝혀냈다.[55] 그녀에 따르면 인간의 윤리 중

---

[53] 낸시 프레이저·린다 니콜슨, 앞의 글, p.129ff.

[54] Nancy Chodorow, *The Reproduction of Mothering* (Berkeley: University of California Press, 1978).

[55] C. Gilligan, *In a Different Voice: Psychological theory and women's development* (Cambridge: Harvard University Press, 1982).

"정의의 윤리"(a morality of justice)와 "배려의 윤리"(a morality of care) 사이에는 분명한 차이가 있는데, 그 차이가 주로 남성과 여성의 구별과 일치한다고 한다. 즉, 대부분의 남성들에게는 정의의 윤리가 나타나는데 그것이란 칸트나 롤스(J. Rawls)의 윤리에서처럼 보편적인 원리들에 관심을 가지는 것이고, 정당성·원리들·평등성·객관성 등에 주목하는 것이다. 반면 여성들에게서 많이 나타나는 배려의 윤리는 다른 사람들과 그들의 차이들, 또한 권리보다는 책임감 등에 관심을 가지는 것이고 도덕적 상황의 다양성을 인정하면서 그 상황성에 열려져 있는 의식이라고 한다. 더 나아가서 그녀는 지적하기를 정의의 모랄은 자기 자신에게 관심을 가지는 '자율의 이상'(the idea of autonomy)을 추구하지만, 배려의 윤리에 특징적으로 나타나는 관계에의 관심은 '상호관계의 이상'(the idea of independence)을 가진다고 한다.

이렇게 '관계지향적'이며, '책임지향적'이고 '구체성과 상황성에 관심'을 가지는 여성들의 다른 목소리는 1986년 메어리 블렝키 등을 비롯한 네 명의 여성 심리학자들에 의해서 다시 한번 탐색되었다. 이들이 5년여에 걸쳐 135명의 여성들과 심도깊은 인터뷰를 통해 발견한 여성 인식발달과 도덕발달의 양상을 보면 우선 여성들이 그들의 생각이나 경험을 표현하는 데 사용하는 언어가 남성들의 그것과 다르다는 점이다. 즉, 여성들은 조사원들의 질문에 응답하거나 서로의 대화에서 주로 "말한다"나 "듣다"와 같은 "소리"나 "침묵"에 관련된 은유, 다시 말하면 "청각적 은유"와 "구술적 은유"를 많이 사용하는데, 이것은 지금까지 대부분의 남성 철학자나 과학자가 그들의 정신활동을 표현하는 데 써온 "빛"이나 "본다"와 같은 "시각적 은유"와 다르다고 한다. 시각적 은유가 실재에 대한 비참여와 객관화를 중요시하는 데 반해 청각적 은유는 말하는 자와 듣는 자, 주체와 객체의 상호 접근과 상호 참여를 내포한다는 것이다.[56]

이러한 탐색을 할 때 여성 심리학자들은 이제까지 남성 심리학자들이 주로 남성들을 표본으로 삼아 연구해 온 발달이론과는 다른 전제에서 시작한다. 즉,

---

[56] Mary F. Blenky, B. M. Clinchy, N. R. Goldberger, J. M. Tarule, *Women's Ways of Knowing* (New York: Basic Books, Inc., Publishers, 1986).

지금까지 이루어진 대부분의 인지발달, 도덕발달, 신앙발달 등에 관한 실증 연구에서 보면 그 '완성'이나 '성숙'의 개념이 근대 서양의 합리주의 정신에 입각한 것으로서 합리성, 자율성, 독립성, 객관성 등을 목표로 삼는 데 반해 이 페미니스트 심리학자들은 지금까지의 발달 요인에다가 몇몇 요인을 더 첨가해야 한다고 주장한다. 곧 직관력, 상상력, 상호 의존성, 상황적 고려 등이다.[57] 이들이 가정하는 기본 전제는 지식이란 하나의 절대 불변의 관념체계가 아니라 인식자가 처해 있는 상황에 의해서 상대적으로 구성되어져 간다고 보는 것이며, 더 온전한 지식이란 더 통합적인 구조를 갖추어야 한다고 여기는 것이다. 그리하여 이들이 전제하는 '성숙'과 '완성'이란 순수한 합리적 단계에 머무르는 것이 아니라 인식자가 하나의 인격체로서 이성과 정열을 고루 갖추고 사람과 사람 사이의 '연결의식'(a sense of connectedness) 내지 관계의식을 포함하는 의미이다. 블렝키 등의 연구팀은 여성들이 맨 처음 소리가 없는 "침묵의 단계"를 거쳐 "받아들이는 인식의 단계", "주관적 인식의 단계", 그리고 "절차적인 인식의 단계"를 지나 마지막으로 "구성적 인식의 단계"(constructed knowledge)에 이르는 길을 밝혀주었는데, 이 단계란 짧게 이야기하면 다양한 목소리들을 통합할 수 있는 단계이다.[58] 이 성숙된 단계에서의 여성들은 "정열적인 사고가"(a passionate thinker)로서 세계를 자신 안에 품기 위해 정신과 가슴이 동시에 열려진 인격을 의미한다. 이 단계에 들어서면 여성들은 이제 자신의 눈에 비쳐지는 실재만을 보는 것이 아니라 상상을 통해 능동적으로 그 실재를 구성하고 창조하여 합리적 이성의 한계를 넘어서 여러 소리들을 동시에 경청하는 모습이고, 특히 이전 단계와 확연히 구별되는 것으로서 다른 사람들에게 진정으로 관심을 가질 줄 알고 그들과 연결된 것임을 느낄 줄 안다고 한다.[59] 그리하여 블렝키 등의 조사팀은 이러한 여성들의 능력을 프랑스 여성 철학자 시몬느 베이유(Simone Weil)가 강조하는 "집중하는 사랑"(attentive

---

[57] 참조: 손승희, 「여성의 인식방법과 선택방식」, in: 손승희, 『여성신학의 이해』(천안: 한국 신학연구소, 1989), p.162ff.

[58] M. F. Blenky, op. cit., p.131.　　　　　　　　　　　　　[59] Ibid., p.143.

love)이나 또한 러딕(S. Ruddik)의 "모성적 사고"(maternal thinking)와 같은 것으로 보았다.[60]

이상에서의 탐색을 통해 우리는 여성 인식과 경험의 독특성을 구별해 보았다. 그것들이란 여성들의 '책임지향성', '타인에의 관심', '차이들을 묶으려는 통합에의 배려' 등이었다. 그것은 남성들의 "분리된"(separated) 인식방식 대신에 상황을 살피고 남을 돌보는 "연결된"(connected) 인식방식이었다. 이러한 여성적인 인식과 행동의 방식은 이제까지 무시되었고 열등한 것으로, 미성숙한 것으로 여겨져 왔으나 오늘날의 우리 시대와 해체주의적·정신적 상황에서는 이것이야말로 더욱더 절실히 요구되는 가치라는 것을 우리 모두가 안다. 그리하여 앞에서 우리가 한 포스트모더니스트로 이해한 베르자예프나 만인의 행복을 위한 '비폭력사회'를 꿈꾼 간디도 이런 의미에서 인류의 미래를 여성의 역할에서 보았다.[61]

전통적인 여성 역할의 경험에서 얻어진 이와 같은 가치들을 들추어 내고 강조하는 것이 여성들을 다시 "자연의 게토"(the ghetto of nature)에 가두는 것이라는 비판도 있지만 우리의 힘의 근원은 우리 전통이 된다는 것은 부인될 수 없다(Our heritage is our power). 또한 더 진행된 탐색에 의해서 우리가 위에서 살펴본 "여성적인 사고"(weibliche Denken)라는 것이 단순히 여성에게만 고유한 것이 아니라 남성·여성 모두가 지향하는 "더 성숙된 사고"(das Andere der Vernunft)와 같은 것이라는 지적은 이제까지의 우리의 논지를 지지해 준다.[62] 스위스 심리학자 칼 융(C. Jung)에 의하면 이 "여성적인 영혼"(anima)은 남성에게도 고유한 것인데, 그것은 "남성적인 영혼"(animus)이 반대로 여성에게도 고유한 것과 마찬가지라고 한다. 그러나 이제까지 우리 모두에게 고유한 이 '여성적인 영혼'이 무시되고 억눌려져 왔기 때문에 그것이 다

---

[60] Ibid.

[61] Mahatma Gandhi, *The Selected Works of M. Gandhi*, Vol.VI. *The Voice of Truth*, ed. S. Narayan (Ahmedabad: Navajivan Publishing House, 1968), p.482.

[62] Alfred Schäfer, "Zur Kritik der weiblicher Pädagogik": Bericht über eine Arbeitsgruppe, 23. Beiheft *Zeitschrift für Pädagogik* (Beltz Verlag. Weinheim und Basel, 1988), p.144.

시 우리 인격 안에 통합되어야 된다는 것이다. 따라서 우리가 이야기한 대로 페미니즘은 건설적 포스트모더니즘의 한 유형이라고 불려질 수 있으며, 그것은 오늘 우리 모두가 지향해야 하는 새로운 가치라는 것이다. 다음의 우리의 과제는 그 가치가 어떻게 교육적 실천에서 구체화될 수 있는지를 살펴보는 것이다.

4. 교육에 있어서의 여성적 사고의 증진에 관하여

포스트모더니즘이 현대의 '책'과 '이론'과 '원리'의 시대를 비판하고 극복하려는 것이라면, 그것은 이제 그 관심의 방향을 '삶'과 '생활세계'와 '구체적인 실천'에 돌리는 것을 의미한다. 이것을 다르게 얘기하면 이제 '정론'(ortho-doxy)이 문제가 아니라 '정행'(orthopraxis)이 관건이 되었다는 것인데, 이 물음을 세계의 의미실현 방법과 연결시켜 보면 이제는 어떠한 정치적인 이슈나 이론적인 탐색보다도 '교육적 실천'에 관심을 집중하는 것을 의미한다.[63] 이렇게 포스트모더니즘의 실천적 귀결이 되는 교육은 또한 한 조사 연구에서 남성이건 여성이건 교육에 관심을 가지는 자신들의 사고를 위해서 우리가 밝힌 '여성적 사고'와 유사한 것으로 밝혔다고 하는 것처럼 그렇게 여성적인 사고의 표현이라고 할 수 있다.[64] 따라서 우리 시대의 포스트모더니즘과 페미니즘의 요청이라고 하는 것은 구체적인 교육적 실천에 관심을 가지는 것, 또한 그 실천에 있어서 여성적 요소의 증진에 힘쓰는 일이라고 하겠다.

그것을 구체적으로 살펴보면 먼저 교육에 있어서의 '모성'과 '가정'의 의미에 대한 강조이다. 지극히 동양적이고 여성적인 사상가 페스탈로치는 오늘날 우리 시대의 교육 풍토와 대단히 유사했던 당시 유럽 계몽주의의 교육에 대해서 특히 '가정'과 '어머니', 그리고 '신앙'의 의미를 들어서 맞섰다. 박식과 다변, 구체

---

[63] 이은선, 「페스탈로치와 왕양명의 인간 교육에 있어서의 종교적 · 철학적 근거」, 『교육철학』 제7호, 1989, 한국 교육학회 교육철학연구회, p.112.

[64] Alfred Schäfer, op. cit., p.146.

성이 결여된 이론적 지식의 축적만이 결과되는 당시의 교육에 대해서 먼저 그는
인간으로 하여금 진정으로 행복에로 이끄는 진리를 키워주는 교육을 역설한
다.[65] 또한 그 진리란 바로 가장 가까운 삶의 반경에서, 그리고 구체적인 실습과
실행을 통해 얻어질 수 있다고 강조하면서 "순수한 진리 감각은 좁은 범위에서
도야된다. 그리고 순수한 인간의 지혜는 자기와 가장 가까운 관계에 있는 대상
에 대한 지식, 자기에게 가장 절실한 일들을 처리하는 바탕 위에 서 있다"고 보
기 때문에 바로 가정이 인간의 가장 훌륭한 교육의 장이 되는 것이다.[66]

"안방"(Wohnstube) 또는 "아버지의 집"(Vaterhaus)으로 불리는 가정은 그
에 따르면 "인간의 모든 참된 자연교육의 기초"가 된다. 그것은 자연이 우리에
게 가져다주는 "첫번째의 그리고 가장 우수한 관계의 장"이 되므로 "도덕 학
교"(Schule der Tugend)가 되고 "국가의 학교"(Schule der Staats)가 된다.[67]

가정은 삶이 총체적으로 이루어지는 가장 기초적인 장이다. 그러므로 그 생
활세계를 통해서 자연스런 방법으로 얻어지는 앎과 훈련이란 파편적이지 않고
추상적이지 않으며 이론만을 위한 것일 것이다. 포스트모더니즘이 이러한 현대
성의 추상성과 파편성, 차가운 이론주의를 극복하려는 것이라면 그 길은 바로
교육에서의 가정적 요소와 그 의미를 회복하고 확장시키는 것이다. 이 길을 통
하여 오늘날 들려지는 다음과 같은 비판, 즉 "역사상 다른 어떤 때에 '교육받
은' 사람들이 자기 나라의 역사보다도 스포츠에 대해서 더 많이 알고, 교육받
지 않은 사람들이 자기 가족이나 지역 공동체에 관한 이야기를 알지 못하는 것
을 볼 수 있겠는가?"라는 현상들이 지양될 수 있다고 여겨진다.[68]

이와같이 가정적인 요소를 모든 인간 교육과 행복을 위한 기초로 보는 페스
탈로치에게 있어서 '모성'은 또한 특별한 의미를 지닌다. 그 자신의 삶에 있어
서도 어머니의 특별한 의미를 보았던 그는 어머니는 한 인간에게 있어서 육체

---

[65] J. H. Pestalozzi, *Die Abendstunde eines Einsiedlers. Auswahl aus senien Schriften* 1 (UTB
Haupt, 1977), p.23ff.

[66] J. H. Pestalozzi, op. cit., p.24. [67] Ibid., p.29.

[68] 웬델 베리, 「여성주의, 육체, 기계」, 『녹색평론』(대구: 녹색평론사, 1991), 11-12월호,
창간호, p.129.

적으로 어머니인 것과 같이 정신적으로도 어머니(교사)가 되어야 한다고 역설한다. 계속적으로 '안방교육'에 대해 얘기하는 그에 따르면 인간의 모든 육체적 · 정신적 · 도덕적 능력들은 어머니와의 안정된 관계 속에서 키워진다.

이러한 페스탈로치의 어머니 역할에의 강조를 오늘 우리 시대에 적용해 보면, 그것은 한 인간이 태어나서 어느 정도의 성장 시기까지는 처음 관계맺은 사람에 의해 계속적으로 보살핌을 받는 것, 예를 들어 적어도 세 살까지는 그 부모에 의해서든지 아니면 부득이한 경우에는 한 동일한 보호자에 의해 키워질 수 있도록 환경을 만들어주는 것, 그리하여 그런 의미의 사회적인 모성 보호나 탁아정책을 실현하는 것 등이라 하겠다. 또는 적어도 초등학교 때까지는 한 동일한 책임교사에 의해서 인도되고 또한 동일한 이웃과 환경에서 자라날 수 있도록 배려하는 것들이 그 적용이라 할 수 있다. 페스탈로치가 인간과 세계에서의 악(惡)의 발생을 어떤 추상적인 우주적 이론을 내세워 설명하지 않고 바로 요람에서부터의 어머니와의 관계의 깨어짐에서 보았다는 것은 이 초기의 아동교육, 우리들의 좁은 교육 개념으로 쉽게 간과해 버리기 쉬운 기초교육(Elementarbildung)이 얼마나 중요한지를 깨우쳐 주는 것이라 하겠다.[69] 미래에서 목표와 성과에만 급급하지 않고 현재와 순간, 그리고 과정에도 관심을 가지는 것이 포스트모더니즘과 페미니즘의 사고라면 바로 페스탈로치의 이러한 사고는 인간의 요람에서부터 관심을 가지는 전일적 · 교육적 사고로서 참으로 포스트모던적이고 여성적이다.

인간의 진정한 교육자로서의 어머니의 역할은 그러나 페스탈로치에 의하면 여기서 끝나는 것이 아니다. 그녀의 궁극적 의무는 바로 자녀들을 신앙의 세계, 무한한 궁극의 세계로 이끄는 것이다. 그리하여 그에게 있어서 어머니는 "신의 중보자"가 되는 것이다.

이것을 우리가 오늘날의 의미로 해석해 보면 그것은 바로 교육에 있어서의 초월적이고 종교적인 차원의 회복과 같은 것이라 하겠다. 오늘날의 교육이 낮

---

[69] 이은선, 「孝와 교육」, p.183.

낱의 전문지식 습득에만 관심을 가지고 삶의 의미라든가 방향 등에 관해서는 아무런 가르침을 주지 않는다면, 페스탈로치의 견해에 따르면 그것은 교육의 참 목표를 잃어버린 사이비 교육이다. 『미국 정신의 종말』(1987)을 쓴 앨런 블룸은 오늘의 이러한 교육적 상황이란 바로 대학에서의 철학이나 인문 교양교육의 천시 등도 잘 대변해 주고 있다고 한다.[70] 그에 따르면 이러한 과목들과 과정들은 오늘날의 극심한 상대주의와 개인주의의 시대에서도 "선과 악을 알아낼 수 있는 가능성이 있다는 것"을 가르쳐 주며,[71] "자연과 자연 속에서의 인간의 위치에 대한 통일된 시각"을 가지게 해주고,[72] (그럼에도 불구하고) "우리 모두에게 공통 관심사가 되는 중요한 질문이 있다는 사실"을 인식시켜 주는데,[73] 이것이 무시되고 자리를 잡지 못했기 때문에 대학에서 진실과 열정에 대한 애정, 훌륭한 삶을 살아가겠다고 하는 뜨거움이 사라졌다는 것이다.

그의 견해에 의하면 소크라테스나 플라톤 등에서 보여지는 것처럼 이와같이 궁극적인 것, 최종적인 것을 추구하고, 또는 "아름답지만 실생활에는 유익하지 않은 것을 사랑하는 영혼"이야말로 "대학의 영혼"이다. 오늘날 대학에서 이러한 영혼을 가지고 그 삶을 살아가는 사람들이 적기 때문에 "대학의 붕괴"가 얘기되며, 미국의 민주주의가 완전한 지적 상대주의와 개인주의로 빠져버림으로써 그 종말을 맞고 있다고 한다. 그의 비장한 진단을 들어보면 "인문 교양교육의 위기는 최정상의 학문이 위기에 처했다는 것을 반영하는 것이고, 우리가 세상을 해석하는 데 활용하는 첫번째의 원칙들이 서로 뒤틀리고 모순된다는 것을 의미하며, 지적으로 가장 심각한 위기를 맞고 있다는 것을 의미한다".[74] 대학이 단지 의사나 변호사들을 예비훈련시키는 직업훈련장으로 변해버린 것, 오늘날의 대학과 교육에서의 목표 상실, 초월적이고 종교적 차원의 상실에 대한 강한 경고라 하겠다.

블르바허(J. S. Brubacher)가 그의 『고등교육 철학』에서 대학을 최종적으로 한 "교회"(church)로 비유한 것이나 건설적 포스트모더니즘이 신(神)의 죽음을

---

[70] Allan Bloom, *The Closing the American Mind*, 이원희 옮김(서울: 범양사 출판부, 1989), p.280ff.

[71] Ibid., p.42.   [72] Ibid., p.397.   [73] Ibid.   [74] Ibid., p.397.

불러왔고 그것과 더불어 결국 인간과 자연의 죽음을 불러온 현대의 무신성에 대해 다시 초월적 근거를 회복하려는 것은 모두 이러한 우리 시대의 상황에 대한 극복의 시도라 하겠다. 그러나 여기서 다시 추구되는 초월의 모습이 전통적인 신의 모습이나 무조건적인 중세에로의 회귀가 아니라 "새로운 중세"이고 인간과 자연 속에 내재하는 내재신(內在神)의 모습인바, 페스탈로치가 인간의 자연을 "하느님의 계시의 장소"로 고백하고 하늘에 계신 부모님을 믿는 것과 우리 자신의 내면의 목소리에 귀기울이는 것을 하나로 보았다면 그의 사고는 참으로 포스트모던적이다. 또한 여기서 우리는 그가 교육의 최종의 목표로서 얘기한 종교·도덕 교육이라는 것이 다름아닌 우리의 오래된 진리인 '전인교육', '전인적 자아'의 회복을 위한 교육과 같은 것임을 알게 된다. 이성과 감성이 하나가 되고, 아는 것과 행하는 것, 육체의 아름다움과 정신의 덕이 조화롭게 계발된 것, 그리하여 위로는 하늘의 부모님을 알아보고 자기 주위에서 땅 위의 모든 만물을 형제와 자매로 껴안을 수 있는 인격, 이것이 우리 교육의 궁극적인 지향점이라는 것을 깨우쳐 준 것이다.

이 목표를 위해서는 삶이 총체적으로 이루어지고 상호간의 관심과 배려가 이루어지는 가정적인 분위기가 보존되어야 한다는 것, 관계지향적이며 상황배려적이고 분리를 묶으려는 여성적인 시각이 더욱 도입되어야 한다는 것, 궁극적인 것을 지향하고 눈에 보이는 것이 다가 아니며, 모든 상대가 통합될 수 있는 절대가 있을 수 있다는 것을 가르쳐 주는 의미교육이 회복되어야 한다는 것, 이러한 것들이 포스트모더니즘과 페미니즘이 우리 교육에 알려주는 메시지라 하겠다.

5. 마치는 글을 대신하여

이제까지 이 세계의 여러 민족 가운데서 어느 민족이 우리보다 더 가정을 중시하였는가? 이 세계의 여성 중 어느 여성들이 우리 한국의 어머니들보다 더 모성적이었는가? 또한 여러 가지의 물질적인 고통 가운데서도 어느 민족인 우리보다 더 예(禮)를 사랑하고, '뜻'을 굽히지 않았으며 리(理)를 추구했는가? 그러나 오늘의 우리의 상황은 이런 모든 보배들을 다 잃어버린 것 같다. 오히려 유럽의 한복판에서 더 가정적인 가치가 지켜지는 것 같고, 사회가 의식을 가지고 여성적인 역할을 선택하는 것 같으며, 젊은이들이 뜻있는 삶을 위해 금욕과 청빈을 선택하는 것이 보여진다고 말한다면 그것은 근거없는 자기 비하인가? 다시 우리의 전통에 귀기울이는 것, 그것을 기초로 하여, 거기에 근거하여 우리의 나아갈 방향을 찾는 것이 어느 때보다도 시급하다고 여겨진다. 왜냐하면 여기서도 여전히 '우리 전통이 우리의 힘'이라는 가르침은 타당하기 때문이다.

여성신학에서의
여성의 경험에 관한 해석학적 이해

1. 시작하는 말:
여성 경험에 대한 해석학적 이해의 필요성에 대하여

본 글은 여성신학에서의 '여성의 경험'에 대한 이해를 일반적으로 살펴보려는 것이 아니다. 오히려 그 여성신학이 19세기 낭만주의 사상가 슐라이어마허로부터 시작된 현대신학의 꽃으로서 그 사고의 출발점으로서 '주관(여성)의 경험'을 들고 있는 것에 대해 다시 한번 비판적 반성을 시도하는 것이다. 왜 그러한 더 한층의 근원적인 반성이 필요하게 되었는가 하면 요즈음 여성신학이 그 본격적인 태동기로부터 20여 년이 지나가는 때에 다시 그 사고의 출발점을 절대화시키는 경향을 보이고 있으며, 그리하여 자신이 그토록 비판했던 남성적 사고의 이원주의와 보편주의에 스스로가 빠지는 부메랑적 위기에 직면해 있다고 보기 때문이다.[1]

전반적인 페미니즘 탐색에서뿐만 아니라 여성신학적 탐색에서 그동안 여성의 경험은 그 탐구의 중심 대상이었다. 그것은 이제까지 전통적 사고에서 여성의 경험이 철저히 배제되어 온 것에 대한 반동이었고, 특히 신학에서는 각 주관의 경험이 신(神)에 대한 말의 출발이 된다고 하는 더욱더 주관화되었고 경험화되었으며 다원주의화한 현대신학 방법론의 귀결로서 이해될 수 있겠다. 그러나 요즈음 우리는 그러한 여성의 경험을 강조하는 페미니즘 사고 자체가 다시 경직되는 것을 본다. 그리하여 여성의 경험이라는 말이 마치 한 플라톤적 개념처

---

[1] Judith Plaskow and Carol P. Christ, ed., *Weaving the Visions* (Harper & Row, San Francisco, 1989), p.3ff.

럼 보편 개념화한 것이나,[2] 성(性)의 구별을 통한 여성성의 강조가 지극히 배타적인 성격을 띠게 되어 다른 편을 제거시킴으로써 남성들이 한 일을 똑같이 하고 있다는 이야기를 듣게 된 것이다. 즉, 그것 자체가 다시 한 거대한 메타 언어가 되었다는 것이다.[3]

여러 가지 페미니즘적 작업 중에서도 특히 여성신학적 작업은 그러한 강조의 한계 문제를 더욱 첨예하게 맞게 되었다. 왜냐하면 신학적 작업이란 그 어떠한 작업보다도 직접적으로 전통과 관계를 맺는 것이고, 또한 그리스도교 여성신학이 계속해서 그리스도교 신학으로 남기를 원하는 한 ― 물론 오늘날은 전통적 그리스도교 신학 밖으로 나가서 인류 고대종교 전통에서의 여신상의 의미를 밝혀 내려는 '여신학'(the/a/logy)의 시도도 있지만 ― 궁극적으로는 '그리스도 실천'(Christo-praxis)에 대해 얘기해야 하는 것이므로[4] 그 남성들 경험 속에서 표현된 가치들과 어느 정도로, 어떻게 관계를 맺어야 하는가에 대한 탐색이 중심 관건이 되기 때문이다. 이것은 곧 여성신학의 문제도 결국 전통과 현재, 객관과 주관, 역사와 실존, 남성의 경험과 여성의 경험 등에 관한 해석학적 문제라는 것이 드러난 것이다.

오늘날 여성신학이 이러한 해석학적 과제를 철저화하지 못하고 단지 처음처럼 여성의 경험에만 매달려 있는 두 가지 모습의 딜레마가 지적된다. 그것이란 먼저는 탈그리스도교적 입장에서 온 것으로 그리스도교 밖으로 나감으로써만이 해결이 있다고 보면서 모든 전통과의 단절을 선언하는 또 하나의 비역사적·이분법적인 사고 모습이고, 다른 하나는 여전히 여성의 경험이 모든 것 중의 모든 것이라고 주장하면서도 엉거주춤 그리스도교 전통에 머물러 있는 자기 모순적인 모습이라는 것이다.[5]

---

[2] Ibid.

[3] Jean-Francois Lyotard, *Das postmoderne Wissen* (Edition Passagen, 1986), p.96ff.

[4] Mark Kline Taylor, *Remembering Esperanza* (Maryknoll, New York, Cebis Books, 1990), p.18ff.

[5] Elisabeth Schüssler Fiorenza, *Zu ihrem Gedächtnis* (München, Chr. Kaiser Verlag, 1988), p.18ff.

이러한 상황이란 곧 여성의 경험에 대한 더 한층의 심도깊은 해석학적 탐색이 요구된다는 뜻이다. 이 요청은 요즘 특히 강하게 대두되는 '포스트모더니즘'과의 만남에서 보면 더욱더 거세어진다. 물론 페미니즘의 등장 자체가 한 포스트모던적 경향으로 해석되기도 하지만,[6] 어떠한 거대한 담론도 용납하기를 원하지 않는 해체주의적 포스트모더니즘의 입장에서 보면 여성의 경험에 대한 과도한 강조는 남성적 주체 대신에 다시 여성의 주체를 절대화시키려는 또 하나의 근대적(모던적) 사고방식으로 보여지는 것이다. '주체'라고 주장하는 것의 허상이 깨어진 이상 그 여성의 주체라는 것도 같은 맥락에서 해체되어야 한다는 것이다.[7]

이렇게 이제 여성의 경험이라는 것이 한 무시간적이고 보편적인 메타 담론으로 이해될 수 없다는 것에 대한 또 하나의 근거는 여성들의 경험 자체에서 나온다고 할 수 있다. 즉, 지난 20여 년간 여러 각도에서의 여성에 대한 탐구가 이루어지면서 그 여성의 경험이라는 것이 무척 다양하다는 것을 알게 되었다는 말이다.[8] 그것은 예를 들어 인종의 차원에서 보면 백인 여성의 경험, 흑인과 동양 여성의 경험이 무척 상이하다는 것이며 또한 사회계급의 차이도 거기에는 뚜렷이 작용하고, 이와 더불어 오늘날의 여성의 경험이라는 것이 단순히 성(性)의 구별에서 오는 것만이 아니라 여러 차원의 삶의 다양한 정황에서 이루어지는 것임을 인식하게 되었다는 말이다.

본 글은 이상과 같은 상황인식에 근거하여 어떻게 여성신학에서의 여성의 경험에 대한 이해가 한층 더 깊어질 수 있을까를 시도하는 것이다. '해석학'이란 '이해에 대한 이해'를 탐구하는 것이라 생각했을 때, 우리의 작업은 그러므로

---

[6] 이은선, 「마하트마 간디 사상의 포스트모더니즘적 조명 — 그의 비폭력운동의 동양적·여성적·교육적 성격에 관하여」, in: 『종교다원주의와 한국 신학 — 변선환 학장 은퇴 기념 논문집』(천안: 한국 신학연구소, 1992), p.383ff.

[7] 낸시 프레이저와 린다 니콜슨, 「철학 없는 사회비평 — 페미니즘과 포스트모더니즘과의 만남」, in: 『페미니즘과 포스트모더니즘』, 이소영·정정호 공편(서울: 한신문화사, 1992), p.131ff.

[8] 위의 글, p.128ff.

'여성의 이해(경험)'에 대한 이해를 추구하는 해석학적 작업이 된다. 이 일을 하는 데 있어서 우리는 서구 현대신학과 철학에서 이미 행해졌던 여러 해석학적 논쟁들을 참조할 것이다(Schleiermacher, Heidegger, Bultmann, Gadamer, Habermas, Ricoeur 등). 왜냐하면, 이것들이 물론 남성들에 의해서 행해진 것이지만 인간의 경험과 이해에 관한 탐구이므로 해석학의 한 전형적 모습을 담고 있다고 생각되기 때문이다. 이와 더불어 우리는 1986년 미국에서 메어리 블렝키(M. Blenky) 등을 비롯한 네 명의 여성 심리학자들이 행한 여성 인식의 방식에 관한 탐구『여성 인식의 길, 자아와 목소리, 그리고 인식의 발전에 관하여』를 많이 참조할 것이다. 이 연구가 여러 계층의 여성들에 대한 실증연구를 통해서 여성들의 인식방식이 어떻게 형성되어 가는가에 대해 좋은 가르침을 주고 있다고 생각되기 때문이다.

이제부터의 탐색의 궁극적인 목적은 그러나 한 새로운 차원의 여성신학, 결코 배타적이지 않고 오히려 더 높은 차원의 화합과 하나됨을 가능케 할 수 있는 한 여성신학을 꿈꾸어 보는 것이다. 왜냐하면 그러한 커다란 화합을 가능케 할 수 있는 힘이야말로 바로 여성의 힘이고, 특히 우리 한국의 여성 신학자들에게는 그것이 곧 한국의 의미라고 여겨지기 때문이다. 그러한 '커다란 화합'〔太和〕을 지향하는 한국적 여성신학을 우리는 요즘 포스트모더니즘과 페미니즘 사이의 대화에서 나온 개념인 '포스트모던 페미니즘'(postmodern Feminism)으로도 설명해 볼 수 있겠다.

2. 여성 경험의 해석학: 주관적 인식의 단계

1940년대 이후에서 1950년대까지 서구 신학계에서 '비신화화'(Entmythologisierung) 논쟁을 불러일으켰던 불트만의 관심이란 바로 해석학적인 그것이었다. 슐라이어마허와 딜타이(W. Diltey)에 이어서 1927년에 발간된 하이데거의 『존재와 시간』에 결정적인 영향을 받은 그에 따르면 성서는 신(神)을 경험하는 인간의 실존을 말하며, 그 실존에는 그러나 어떠한 경우에도 그 나름의 '선

(先)이해'(Vorverständnis)가 전제되어 있다는 것이다. 이 선이해란 원래 하이데거가 그의 철학적 실존 이해에서 논의한 것인데 거기에 의하면 인간 현존재의 근본 존재형식인 이해는 먼저 세 가지의 선(先)구조를 가지고 있다고 한다. 즉, 그것이란 '먼저 가짐'(Vorhabe), '먼저 봄'(Vorsicht) 그리고 '먼저 파악'(Vorgriff)이다.[9]

우리가 세계 내 존재로서 대상과의 관계에서 이해를 통한 의미를 창출해 낼 때 그 모든 이해와 해석이란 결코 무전제로 이루어지는 것이 아니라 바로 이런 세 가지의 선입견적 전제 속에서 이루어진다고 한다.[10] 불트만이 이러한 실존철학의 해석학을 그리스도교 성서 이해의 신학적 방법에 끌어들였을 때, 그의 비신화화 프로그램이란 바로 신약성서의 실존론적 해석 작업이다. 그것에 의하면 인간의 신(神) 경험과 성서 이해도 다른 일반적 해석 작업과 마찬가지로 "사실의 先이해"(ein Vorverständnis der Sache)에 전제되어 있다. 그런데 신약성서가 씌어진 당시의 인간 실존의 先이해와 오늘날 자연과학과 기계기술의 세계상 속에서 살고 있는 우리들의 先이해가 확연히 다르기 때문에 그 당시의 先이해의 세계관, 즉 초자연적이고 신화적인 세계관의 표상에 얽매여 있는 복음이 다시 해석되어야 한다는 것이다. 그렇게 해야만 성서의 증언이 오늘날의 현대인들에게도 하느님의 말씀으로 이해되고 받아들여질 수 있다고 한다. 불트만에 의하면 신 계시에 대한 접촉점은 인간의 전(全)실존이다. 이 실존의 先이해 없이는 텍스트와 해석자 사이에 어떠한 의사소통도 불가능하다.[11]

이상과 같이 불트만이 현존의 상황성을 적극적으로 인식하면서 그리스도교와 성서에 대한 새로운 이해를 위해 '先이해'의 해석학을 펼쳤다면 그것을 우리가 지금 행하고 있는 여성신학에서의 여성의 경험 이해와 관련시켜 보았을 때 어떻게 해석할 수 있을까? 그것이란 곧 다름아닌 여성의 경험에 대한 강조, 여성의 구체적인 상황성에 대한 발견과 같은 의미라 할 수 있겠다. 즉, '여성 경험의 해석학'으로 유비될 수 있으며, 그런 의미에서 볼트만 신학이 19세기 슐라

---

[9] Martin Heidegger, *Sein und Zeit* (Tübingen: Max Niemeyer Verlag, 1979), p.149ff.

[10] Ibid., p.150.   [11] Rudolf Bultmann, *Kerygma und Mythos.*

이어마허에서부터 시작된 서구 현대신학의 또 한 번의 실존화이며, 주관화이고 인간화라면 여성신학에서의 여성 경험의 해석학은 그것의 더욱더 지극한 전개라고 할 수 있겠다.[12]

여성신학은 불트만의 선(先)이해의 해석학에서와 마찬가지로 신학하는 데 있어서 여성의 경험이라고 하는 여성만의 독특한 선이해에서 출발할 것을 선언하였다. 이제까지 신학하는 데 있어서 그 주체가 남성이었다면 그 신학은 남성들의 선이해에 전제된 것인바, 그 남성들과는 다른 경험을 가지고 있는 여성들에게는 적합할 수가 없다는 이야기이다. 그리하여 여성들은 이제 자신들의 경험, 먼저는 전통적 가부장제 사회에서의 성차별적인 경험들을 바탕으로 기존의 신학과는 다른 모습의 신학을 모색하게 된 것이다.[13]

본 논문의 서언에서도 이미 밝혔듯이 물론 오늘날에는 이 여성의 경험에 대한 자각에서 태동한 여성신학이 여러 모습으로 다양화되어서 그것들을 단순하게 '급진적'(revolutionary) 또는 '개혁적'(reformist) 여성신학으로 나눌 수 없지만,[14] 그럼에도 불구하고 여성 신학자들이 그들의 재해석의 대상인 전통적 그리스도교의 성서, 거기서의 언어 및 세계관과 교회 전통 등에 대해서 어느 정도로, 어떤 방식으로 관계하느냐에 따라서 이 구분은 여전히 유효할 수 있다. 요즘 『밖으로의 여정』이라고 하는 "한 과격한 페미니스트 철학자"로서의 철학적 자서전으로 펴낸 메어리 데일리[15]나 그리스도교 성서 이전의 선(先)역사 속에 표현되어 있는 여러 여신상의 의미를 들추어내며, '여신학'(the/a/logy)을 구축해 내려는 그룹들이 여전히 급진적 여성 신학자들로 불리어질 수 있는데, 이들의 여성의 경험에 대한 강조는 대단히 급진적이다.

이들은 그리스도교의 전통이 성차별주의로 가득 차 있음을 밝혀내고 그것들을 비판하고 분쇄하기를 원한다. 따라서 이들에 의하면 여성의 온전한 해방을 위해서는 그리스도교 전통 밖으로 나갈 수밖에 없다고 한다. 이러한 '그리스도

---

¹² 이은선, 「여성신학과 기독론」, 『기독교사상』 1991년 5월, p.35.

¹³ Judith Plaskow and Carol P. Christ, ed., op. cit., p.3. ¹⁴ Ibid., 6.

¹⁵ Mary Daly, *Outercourse – The Be-Dazzling Voyage –* (San Francisco Harper , 1992).

교 이후' 여성 신학자들의 공동체적 이상은 종종 여성들로만 이루어진 "자매 공동체" 안에서 표현되는데,[16] 그리하여 이들의 이런 급진적인 입장은 여성들에 의한 또 하나의 분리주의, 이원주의라고 지적되기도 한다. 여성 신학자는 아니지만, 여성 심리학자 낸시 초도로우가 1970년대 발전시킨 "어머니의 역할"에 대한 분석은 우리들의 여성과 남성으로서의 경험은 깊은 무의식의 차원에 근거된 것으로서, 특히 어머니 역할의 재생산이란 바로 남성들의 내면적 심리구조와는 확연히 다른 여성들의 "관계적인" 심리구조에 의해 가능해지는 것이라고 밝혀주었다.[17] 이러한 탐구는 이제까지 별로 관찰되지 않던 여성과 남성 사이의 심적 차이들을 설득력있게 설명해 준 것이고, 또한 외디프스 이전의 시기에 초점이 맞추어진 것이므로 여성의 경험에 대한 강조라고 생각되지만, 그러나 또 하나의 성(性)의 정형화라고 비판받기도 한다.[18]

1986년 블렝키를 비롯한 네 명의 여성 심리학자들은 5년여에 걸쳐 135명의 — 특히 많이 상처받고 버림받은 — 여성들과 심도깊은 인터뷰를 통해 '여성 인식발달 과정'에 관한 의미있는 연구서를 제출하였다.[19] 그것은 어떻게 여성들이 그들의 목소리가 전혀 없었던 침묵의 단계를 거쳐 단순히 남의 소리를 듣기만 하는 받아들이는 단계를 통과하고 드디어 자기 자신의 목소리, 자기 자신의 의견을 가지게 되는 주관적 인식의 단계에 도달하게 되는가를 잘 밝혀주고 있다.

물론 이 연구서는 1970년대 남성 심리학자 페리가 주로 남자 대학생들을 관찰하여 밝혀놓은 인식론적 발달구조 이론에 많이 기대어 있지만,[20] 여기서의 여

---

[16] Mary Daly, *Beyond God the Father* (Boston: Beacon Press, 1973), p.155ff.

[17] Nancy Chodorow, *The Reproduction of Mothering* (Berkeley; University of California Press, 1978).

[18] Seyla Benhabib, "The Debate over Women and Moral Theory Revisited", in: hrg. von Herta Nagl-Docekal, *Feministische Philosophie* (Wien München R. Oldenbourg Verlag, 1990), p.195ff.

[19] Mary Field Blenky, Blythe McVicker Clinchy, Nancy Rule Goldberger, Jill Mattuck Tarule, *Das andere Denken* (Frankfurt / New York Campus Verlag, 1989), aus dem Englischen von Nele Löw-Beer.

[20] William G. Perry, *Forms of Intellectual and Ethical Development in the College Years* (New York, 1970).

성 인식발달 구조란 여성들의 구체적인 경험에 대한 실증조사 연구를 통해서 얻어진 것이므로 우리가 지금 시도하는 여성의 경험에 대한 이해 작업을 위해 좋은 시사가 된다고 여겨진다.

이 연구에 따르면 "침묵의 단계"란 여성들의 자기 없음과 자기 부정의 가장 극단적인 형태이며, 이것은 철저하게 밖으로부터의 권위에 종속되어 있는 상황을 말한다. 이 정신적인 죽음과도 같은 벙어리와 귀머거리의 단계를 지나면 여성들은 이제 적어도 귀기울일 줄을 알게 되고 밖으로부터 정보와 지식을 받아들일 수 있게 되는 "받아들이는 단계"에 도달한다. 그러나 여기서의 여성들은 단지 경청할 뿐이지 아직 자신이 자신의 목소리를 가지고 말하는 단계는 아니다. 즉, 권위가 여전히 밖에 있고 아직 자기자신을 온전한 인격체로 바라보지 않는다. 그러나 이러한 가운데서 여성들이 어떤 삶의 계기를 통해 이제까지 자신들이 권위와 진리라고 믿고 따랐던 것 — 남편이나 아버지, 또는 남성적 가치 — 에 대해 깊은 실망과 회의를 맛보게 되었을 때 그녀들의 인식 단계에 있어서 한 "혁명적인 전개"가 일어날 수 있는데, 그것이 곧 "주관적 인식 단계"(Subjektives Denken)의 형성이다.[21] 이 주관주의에로의 변화는 여성들에게 특히 중요한 의미를 가지는데, 왜냐하면 여기서부터 여성은 이제 권위의 근원을 자기 자신에게서 보기 시작했기 때문이다. 여성들은 이제까지의 수동적이었고 침묵하는 희생자의 역할에서 자의식을 가진, 그래서 자신의 확신을 강하게 주장할 수 있는 목소리를 가진 사람이 되었다. 그 이전에 그녀의 삶에 있어서 확고한 남성적 권위의 부재로 인해 야기되었던 불안정한 모습에서 이제 더 이상 신뢰할 만한 권위를 찾아 끊임없이 헤매는 모습이 아니라 자신들의 '직감'과 '본능', '감정' 들을 주장하며, 자신들의 경험에서 우러나온 자기 나름의 확실성을 강조한다.[22]

이러한 한 구체적인 개인에게서 "주관적 인식의 단계"라고 얘기될 수 있는 인식발달 단계의 의미를 우리 탐색과 연관시켜 보았을 때, 그것은 바로 여성

---

[21] Mary Field Blenky, op. cit., p.68ff.　　[22] Ibib., p.86ff.

경험에 대한 강조, 이제까지의 남성 경험에 대한 여성 경험 나름의 독자성과 고유성에 대한 인식이라고 할 수 있겠다. 한 개인에게서 이 단계에의 전이가 해방의 경험이고, 따라서 여기서의 여성은 그때까지 자신의 과거로부터 단절하기를 원하고,[23] 이성적 사고에 대한 강한 부정을 보이면서 직관과 감정을 강조하고 책이라든가 쓰여진 전통에 대한 거부감을 나타내는 것처럼,[24] 여성신학에서의 여성의 경험에 대한 과격한 강조(그리스도교 이후 급진적 여성신학)는 이와 비슷한 경향을 보인다.

이러한 모습은 진정한 자아로 태어나기 위한 의의있는 반란이지만, 그러나 또한 거기에 모든 극단적 주관주의가 내포하고 있는 문제점이 들어 있는 것이다. 블렝키 등의 여성 심리학자들이 이 단계에 놓여 있는 여성들에서 보여지는 심리적 특징들로 "대단히 공격적이고, 남성혐오적이며, 부정적이고, 싸울 태세이며",[25] 또한 쉽게 자신의 직관적 지식과 그녀가 추상적 사고라고 비판하는 것 사이의 구별을 극단화시키며, 절대주의와 이원적 사고에 빠지는 경향들을 지적했는데,[26] 이러한 경향들이 오늘 우리들의 급진적 여성신학들이 펼치는 여성 경험에 대한 강조에서도 보여진다. 에릭슨(E. Erikson) 등에 의해서 "부정적 자아"(negative identity)라고 불려진 것과 유사한 이러한 인식의 단계에서는 또한 즉흥적이고 불안정하며, 고집적인 측면들이 보여진다.[27]

3. 여성 경험의 역사성에 관하여: 절차적 인식의 단계

우리는 앞장에서 여성의 경험에 대한 발견과 강조의 의미로 여성 경험의 해석학을 이야기하면서 그것을 불트만의 선(先)이해의 해석학과 관련시켜 보았다. 불트만이 그 해석학적 귀결로서 성서의 비신화화를 주장하였는데, 그후 우리가 다 아는 바와같이 그 비신화화 프로그램은 그 의미에도 불구하고 여러 가지 세찬

---

[23] Ibid., p.96. [24] Ibid., p.92. [25] Ibid., p.102.

[26] Ibid., p.89. [27] Ibid., p.103.

비판들을 불러일으켰다. 그 비판의 핵심이란 그의 실존적 先이해의 해석학이 보여주는 주관주의와 인간 중심주의, 비역사적 사고 등에 관한 것이었다.[28] 그의 실존론적 해석학 착상이 현대인의 선(先)이해에 너무 치중되어 성서가 지닌 고유한 세계사를 도외시했다거나 거기서의 구속역사를 단지 실존의 종말론적 사건으로만 제한한 것, 그리하여 그 사건의 원천이요 근거가 되는 역사적 예수에의 접근을 불가능하게 만든 것들이 지적되었다. 이 비판들이란 짧게 얘기하면 우리 신앙의 이해에 있어 다시 객관과 역사, 초월의 차원을 회복하자는 것이고, 그것을 우리 여성신학의 여성의 경험에 대한 이해와 관련시켜 보았을 때, 그것의 과도한 주관주의, 비역사성, 그리고 배타성에로의 경향성에 대한 지적이다.

슐라이어마허, 딜타이 그리고 불트만 등에서 보여지는 이런 현대 해석학의 주관주의에 대해서 반기를 든 사람이 다름아닌 가다머이다. 그는 1960년에 현대 해석학에서 한 고전이 된『진리와 방법』(*Wahrheit und Methode*)을 출판하였는데, 거기서 그는 인간 실존보다는 존재 자체를 주체화한 후기 하이데거를 따르면서 그 존재론적 해석학을 "영향사 해석학"(Hermeneutik der Wirkungsgeschichte)으로 발전시켰다. 그의 '영향사 해석학'에 따르면 이해란 객관에 대한 인간의 주관적 과정이 아니라 오히려 세계 내 존재로서의 현존재의 포괄적이고 보편적인 존재방식이다. 진리(존재 자체)란 그에 의하면 밝혀지는 것이 아니라 오히려 그 자체가 스스로를 드러내도록 해야 한다는 것이다. 즉, 여기서의 주관은 규제하는 이성이 아니라 받아들이는 이성이고, 그는 자신이 이미 항상 진리 사건 속에 들어가 있는 것을 기술해야 한다는 말이다.[29]

진리에 접근하는 길에 인간의 주관적 의도가 지배적이 되는 방법론의 길이 아니라 이렇게 만나지는 사실에 대해 질문으로 반응하는 변증과 대화의 길이라는 것을 얘기하는 가다머는 근대 예술 경험의 주관주의뿐만 아니라 그것과 사고방식에서는 결국 같은 종류인 근대 역사 이해의 소박한 객관주의도 비판한다. 그에 의하면 우리는 역사적인 존재로서 그 역사 속에서 영글은 선입견과

---

[28] 金英漢, 『하이데거에서 료따르까지』(서울: 박영사, 1987), p.104ff.

[29] Hans-Georg Gadamer, *Wahrheit und Methode* (J. C. B. Mohr Tübingen, 1960), p.250ff.

선(先)이해를 가질 수밖에 없고, 또한 개인의 선입견은 그의 판단보다도 훨씬 넓은 그의 "역사적 현실"(die geschichtliche Wirklichkeit seines Seins)이다.[30] 즉, 선(先)판단 또는 선입견은 전통을 통해서 개인에게 권위적으로 영향을 비친다는 것이다. 이처럼 우리 이해의 선(先)구조가 되는 선입견이 우리가 서 있는 전통 내지 전승에서 나온 것이라는 사실에 주목하는 그에 따르면 전통은 이제 우리 이해의 한 필수불가결한 조건이 된다. 다시 말하면 그것은 우리 이해에 있어서 "영향의 방식"(eine Weise von Wirkung)으로, 곧 "영향사적으로"(wirkungsgeschichtlich) 작용하고 우리의 모든 경험과 이해는 그러한 역사성을 가진다는 것이다.[31]

이상과 같이 진정한 이해란 바로 과거 지평과 현재 지평, 텍스트나 해석자 사이의 지평이 융합될 때 가능해지는 것이라고 하는 가다머의 '영향사 해석학', '지평 융합의 해석학'은 우리 여성신학에서의 여성의 경험에 대한 이해를 위해서도 좋은 시사가 된다고 여겨진다. 즉, 그것은 여성신학적 작업에 있어서 앞의 '여성 경험의 해석학'이 그 상대 지평인 그리스도교 성서와 전통을 이해하면서 쉽게 빠져들었던 과도한 주관주의의 모순을 지적해 줄 수 있는 것으로 보인다. 가다머에 따르면 진정한 이해란 주관적 과정이 아니라 전통의 흐름 속에서의 참여를 통해 가능하고, 타자를 진정으로 살아 있고 말하는 전승으로 받아들이면서 그 타자에 의해 자신도 수정되고자 하는 열려진 사고방식, "영향사의 의식"을 통해 가능하다고 하였다.[32] 불트만의 선이해의 해석학에 자주 가해지는 비판, 즉 성서 그 자체는 살아 있는 하느님의 말씀이기 때문에 거기에 선이해를 주입해서는 안되고, 오히려 그 반대로 주관의 그것이 성서의 말씀에 의해 비판받고 해석되어야 한다는[33] 지적은 많은 경우에 '여성 경험의 해석학'에도 적용될 수 있다. 왜냐하면 여성의 경험이라는 것도 인간의 경험으로서 많은 경우에 있어서 남성 경험과 마찬가지로 인간 실존의 한계구조를 내포하고 있기 때문이다.[34]

---

[30] Ibid., p.275ff.　　　[31] Ibid., p.284ff.　　　[32] Ibid., p.323.　　　[33] 金英漢, 앞의 책, p.105.

[34] 이은선, 「서평 — 여성신학에 대한 전반적 전망을 가능케 하는 책」, 『기독교 사상』, 1992.8. (서울: 대한기독교서회), p.177.

가다머의 '영향사 해석학'은 또한 우리의 선이해와 경험이라는 것이 바로 전통과 역사 속에서 그것의 영향하에 형성된 것임을 지적해 주었다. 그러므로 그 전통의 완벽한 부정이란 바로 자기 자신의 부정이고, 그 전통에서의 경험이 아무리 부정적(여성 억압적)이었다 해도 거기서 자신의 삶이 엮어져 온바, 그것은 곧 자신의 전통이기도 한 것이다. 따라서 그것의 철저한 부정이란 더 완벽한 의미로 여성을 소외시키고 억압하는 것이라는 일련의 여성 신학자들의 비판은 의미가 크다.[35] 가다머가 언어를 우리의 현재적 지평과 텍스트의 과거적 지평이 만나는 공통적 지평이라고 하면서 그것은 단순히 이해의 수단만이 아니라 세계 경험 자체라고 한 것을 생각해 볼 때,[36] 우리가 그 언어를 쓰고 더불어 사고하는 한 전통으로부터의 완벽한 단절이란 있을 수 없다. 언어는 존재의 집이기 때문이다.

이렇게 가다머에게서 보여지는 것처럼 전통과 역사적 이성, 텍스트와 주관, 과거와 현대 사이 등의 이분법을 지양하고 그것들을 해석학적으로 관계시키려는 여성신학적 시도를 우리는 이미 류터 등에서 보아 왔다. 최근의 그녀의 저서 『가이아와 하느님』이라는 제목에서도 잘 드러나듯이 그녀는 그리스도교 전통을 그 여성억압적 요소에도 불구하고 여전히 우리에게 의미있는 것으로 드러내려고 한다.[37] 그녀에 따르면 여성들의 신학적 작업에 있어서 물론 그 자신들의 경험이 출발점이 되어야 하지만, 모든 인간적인 경험들이 현재와 과거의 해석학적 순환 속에서 일어나는 것이므로 전통과 과거로부터의 완전한 단절이란 있을 수 없다는 것이다.[38] 그녀는 그리스도교 전통 중에서 그 여성억압적 요소에도 불구하고 여성의 해방을 위한 "쓸만한 전통들"을 찾을 수 있다고 하는데, 그것이란 바로 "예언자적 전통"이라고 한다.[39] 여성신학이 그리스도교 전통으로부터 그 예언자적 해방의 원리를 받아들여 다시 그 전통의 가부장주의를 깨어

---

[35] Elisabeth Schüssler Fiorenza, op. cit., p.18.

[36] Hans-Georg Gadamer, op. cit., p.415.

[37] Rosemary R. Ruether, *Gaia and God: An Ecofeminist Theology of Earth Healing* (Harper & Row San Francisco, 1992).

[38] Rosemary R. Ruether, *Sexismus und die Rede von Gott* (Gütersloher Taschenbücher, 1985), p.30.

[39] Ibid., p.40.

야 하며, 그렇게 함으로써만이 "성서적으로 기초된 여성신학"이 가능해질 수 있다는 것이다.[40]

이렇게 개혁주의적 여성 신학자 류터가 여성 경험의 상관성을 이야기하면서 그리스도교 전통으로부터 그 여성의 해방을 위한 원리를 끄집어 내려는 태도에 대해, 그러나 다른 여성 신학자 피오렌자는 날카로운 비판을 가한다. 그것은 그녀의 더욱더 심화된 해석학적 반성을 통해서였다. 우리도 잘 알고 있는 그녀의 대표적인 저서 『크리스천의 기원의 여성신학적 재건』(*In Memory of Her*)에서 그녀는 자신의 해석학을 "여성해방의 비판적 해석학"이라고 이름짓는다. 이것은 그리스도교 전통에 대해 류터가 행한 것보다 더 강도 깊은 비판을 가한다는 것을 드러내준다.[41]

시몬느 보봐르나 메어리 데일리에 의해서도 그 사고의 비역사성과 허구성을 세차게 비판하는 피오렌자에 의하면 '쓸만한 전통'을 얘기하고 '예언자적 전통'을 구별하는 류터의 사고는 여전히 덜 비판적이고 철저하지 못하다. 왜냐하면 그녀는 그 예언자적 전통이라는 것도 역시 역사적 현상이라는 사실을 보지 못했고, 그리하여 그것을 신정통주의 신학자들이 하는 것처럼 한 "추상적 규범원리"로 전제했기 때문이라고 한다.[42] 이러한 역사성이 결여된 추상원리들을 받아들이는 대신에 피오렌자에 따르면, 이제 "여성해방의 비판적 해석학"은 그 예언자적 전통까지도 포함해서 성서가 내포하고 있는 여성 억압적 요소들을 더욱 철저히 밝혀내야 한다. 그러나 이 비판 작업은 우리로 하여금 그리스도교와 성서 밖으로 나가게 하는 데 뜻이 있는 것이 아니라, 오히려 그 전통과 역사를 "우리 것"을 "우리의 역사"로 받아들이게 하고 그 속에서 우리도 행동하는 주체였다는 것을 밝혀내는 데 있다고 한다.[43] 성서의 남성 중심적 텍스트들이 그들의 역사 서술에 있어서 여성들을 제외시켰다 해도 그것이 곧 그들의 "사실적 부재"를 증명하는 것이 아니므로 그리스도교 기원의 역사에서 여성들의 역사를 되살려 냄으로써 그 역사를 고쳐내는 일이 중요하다는 것이다.[44] 피오렌자에 따

---

[40] Ibid., p.40.

[41] Elisabeth Schüssler Fiorenza, op. cit., p.64.

[42] Ibid., p.47ff.

[43] Ibid., pp.61-2.

[44] Ibid., p.61.

르면 그같은 역사적인 재구성과 신학적인 개혁은 이제 성서를 더 이상 "신화적인 원형"(mystischer Archetyp)으로 보는 것이 아니라 그것의 역사문화적 상황성이 인정되는 "역사적인 모형"(historischer Prototyp)으로 볼 때만이 가능하고, 그렇게 여성신학에서 성서를 '역사적인 모형'으로 본다는 것은 그 해석의 권위를 이제 지금 여기서 여성의 해방을 위해 투쟁하는 '여성교회'에 준다는 것으로 이해할 수 있다.[45]

이상과 같이 여성해방의 비판적 해석학자 피오렌자가 그녀의 강도깊은 해방적 관점에서 류터나 러셀(L. Russel), 트리플(P. Triple) 등의 성서전통 해석에 대해 "신정통주의 모델"이라고 가했던 비판을 우리는 이미 비슷하게 비판사회 이론가 하버마스가 가다머의 '영향사 해석학'에 가했던 비판에서 듣는다.[46] 딜타이의 정신과학적 해석학과 가다머의 영향사 해석학을 자신의 "일상언어적 상호 소통의 해석학"으로 수용하는 하버마스에 의하면 가다머의 영향사 해석학은 이데올로기 비판을 받아야 한다. 왜냐하면 가다머는 전통을 우리 선(先)이해의 타당성의 유일한 근거로 제시하면서 그것이 허위의식일 수 있고, 또 그 전통의 존재방식인 언어가 폭력관계의 억압성에 의해서 체계적으로 왜곡되어 있을 수 있다는 사실을 간과했기 때문이다.[47] 또한 그는 그 전통의 요구까지도 거부할 수 있는 우리 이성의 반성적 힘을 간과했다는 것이다. 하버마스에 따르면 언어는 가다머가 이해하듯이 단순히 전승의 존재방식이 아니라 지배와 사회적 힘의 매체이다.[48] 언어는 또한 "조직된 폭력관계의 합법화"에 봉사하는데, 이러한 언어의 이데올로기적 기능을 들추어내고 비판하는 것이 그의 해석학의 해방적 관심이다.[49] 여성 성서학자 피오렌자가 여성신학의 사회정치적인 측면을 강조하면서 여성의 "힘"과 "권위", 그 "종교적인 주체성"에 대한 신뢰를 바탕으로 그녀의 비판적 해석학을 펼치는 것처럼, 하버마스는 일상언어에서 드러난

---

[45] Ibid., p.67; 참조: 손승희, 『여성신학의 이해』(천안: 한국 신학연구소, 1989), p.97ff.

[46] Jürgen Habermas, "Zu Gadamers 'Wahrheit und Methode'", in: *Hermeneutik und Ideologiekritik* (Frankfurt, 1971).

[47] Ibid., p.53.　　　　[48] Ibid.　　　　[49] Ibid.

인간 이성의 "상호소통적 능력"을 강조하면서 자신의 사회비판 이론으로서의 해석학적 사고를 깊게 했다.

이상에서처럼 우리가 가다머와 하버마스와 더불어 대비시켜 본 류터나 피오렌자의 작업이란 그 강도에 있어서나 주안점에 있어서는 차이가 나지만, 둘 다 공통적으로 '객관과 주관', '전통과 현재', '남성적 경험과 여성적 경험', '쓰여진 텍스트와 이해하는 주관' 등, 그 사이들을 더욱더 해석학으로 관계시키려는 작업의 심화이다.

우리가 앞장에서 살펴본 블렝키 등의 여성 심리학자들의 관찰과 비교해 보면 이러한 해석학적 노력이란 주관적 인식의 단계를 거쳐 "절차적 인식의 단계"(prozeduales Denken)에서 보여지는 '객관성' 회복 노력과 같은 것이라 할 수 있겠다.[50] 이들의 관찰에 의하면 '받아들이는 인식'의 단계와 '주관적 인식'의 단계 사이에 놓여 있는 많은 여성들은 우선 살아가면서 주변의 여러 권위들과 마주치면서 자신들의 생각과 결정들이 도전받는 경험을 한다. 여기에 대해서 그러나 그들은 맨 처음 생각하기를 진실이란 직관적인 것이고 개인적이며, 결코 전달될 수 없는 것이기 때문에 오직 자신들만이 답을 알 수 있다고 주장한다는 것이다. 그러나 시간이 지나면서 이들은 깨닫게 되기를 직관들이란 속일 수 있으며, 본능적 반응이란 무책임하기 쉽고, 어느 누구도 결코 오류가 없는 직관을 가질 수 없으며, 어떤 진실들은 다른 것들보다 더 진실하며, 남들이 자기 자신은 보고 느끼지 못한 것들을 알 수 있고, 또한 진리란 다른 사람과 나눌 수 있는 것이고 전문가들은 존중될 수 있다는 것을 알게 된다고 한다.[51]

이렇게 해서 이들은 지식이란 더 세밀한 관찰과 분석을 요한다는 것을 알게 되며, '의견'(opinion)과 '주장'(argument)의 차이를 깨닫게 되고, 사고라는 것이 한 '과정'(process)이라는 것과 그래서 이제 사람들이 '무엇'을 생각하는가에만 관심을 가지는 것이 아니라 '어떻게' 생각하고 있는가에 대해서도 관심을 가지게 된다고 한다.[52] 즉, "절차적 지식"에 관심을 가지는 것이고 객관적인

---

[50] Mary Field Blenky, op. cit., p.105ff.　　　[51] Ibid., p.112ff.　　　[52] Ibid., p.116.

"이성의 소리"에 귀기울이는 것이다. 이렇게 하면 이들은 이제 다른 사람들과 대화할 수 있게 되었고, 그 이전의 주관적 인식의 단계에서도 물론 그들은 주장하기를 자신들은 모든 것을 향해 열려져 있다고 했으나, 그러나 사실에 있어서는 다른 사람들의 생각을 결코 받아들이지 않았는데, 이제는 비로소 자기 밖의 세계에 대해서 참으로 관심을 가지게 되었다고 한다.[53] 즉, '객관성'을 다시 추구하게 된 것이다. 그것은 격정 없이 말할 수 있는 것이며, 자신의 처지에 좌우되지 않고 문제를 더욱더 실질적인 차원에서 바라볼 수 있는 것이다.[54] 블렝키 등의 연구에 의하면 이렇게 객관에 대한 인정이 시작되면서 여성들은 다시 침묵에 사로잡히기도 하지만, 그것은 그 이전의 완전한 주관 없음의 침묵이 아니라 말하고 판단을 내리기 이전의 절차적 침묵이다.[55] 그러므로 여기서의 목소리는 진정한 "자기 자신의 목소리"이다.

4. 새로운 종합을 위하여: 구성적 인식의 단계

이제까지 우리가 살펴본 여성신학에서의 여성의 경험에 대한 이해는 그 여성의 경험이 오직 성(性)의 요인에 의해서 생겨진 것에만 한정된 것이었고, 또한 거기서의 전통이란 그리스도교 전통만을 이야기하는 차원이었다. 그러나 이미 시작하는 말에서 밝힌 대로 오늘날의 다원화 시대에 여성의 경험은 더 이상 성의 요인에 의해서만 좌우되지 않으며, 그외의 인종·계급·역사적 특수성·개인차 등에 의해 무척 다양하게 영향을 받는다는 것이 드러났다.[56] 이와 더불어 그리스도인들은 오늘날의 종교 다원주의 시대에 더 이상 자신들의 경험을 다른 종교들과의 대화 없이는 자리매김할 수 없게 되었다.

이러한 다원화의 상황을 적극적으로 검토하는 포스트모더니즘의 페미니즘에 대한 비판은 후자가 가지는 여전한 본질주의와 보편주의이다. 포스트모더니스

---

[53] Ibid., p.118.   [54] Ibid., p.129.   [55] Ibid., p.145ff.

[56] 낸시 프레이저와 린다 니콜슨. 앞의 글. p.131ff.

트들에 따르면 페미니즘은 남녀 차별주의를 설명하기 위하여 지나치게 거창하고 총체적인 이론의 개념들을 추정한다. 그것이 여성의 성(性)의 정체성을 설명해 주는 중요 요소로 이해되지만, 반면 그것들은 여성들간의 차이를 무시하고 성 이외의 다른 차별의 요인들을 차단하는 경향이 있다는 것이다.[57] 오늘날 비서구 페미니스트들 사이에서도 이제까지의 본질주의적 페미니즘이 비판을 받는데, 즉 이제까지의 백인 중류층 여성 이론가들이 자신들의 시대·사회·문화 그리고 종족 내지 인종적 그룹의 특징들을 그릇되게 보편화시켰다는 것이다.[58] 이러한 지적과 함께 포스트모더니즘의 사고를 페미니즘에 적극적으로 끌어들이려는 일련의 그룹들이 있는데, 이들은 '포스트모던 페미니즘'(postmodern feminism)을 이야기한다. 즉, 이들은 이제 성별을 다른 것들, 즉 계급이나 인종·종족·나이·성적 편향 등과 관련된 한 지류로 취급해야 한다고 말하면서 오히려 성적 차별을 증가시키는 경향이 있는 성의 정체성이라고 하는 거대한 담론을 이제 포기하라는 주장이다.[59]

물론 여기에 대한 거센 반발도 있다. 즉, 포스트모더니즘과 페미니즘의 연결을 반대하면서 페미니즘이 가지는 여성해방이라는 정치사회적인 실천 과제를 다시 한번 주목시키는 페미니스트들에 의하면 이제 대부분의 사회 제도들이 페미니스트 사회비평의 메시지를 겨우 흡수하기 시작했는데, 여기서 그 이론을 포기한다는 것은 너무 이르다고 한다.[60] 그래서 이러한 모던적 계몽주의의 입장에 서 있는 페미니스트들은 포스트모더니즘을 가부장제의 "마지막 계획"으로 의심하기까지 한다.[61]

그러나 우리는 오늘날 포스트모던적 상황에서 그 다원화에의 요구를 더 이상 무시할 수는 없다. 이러한 다원적 상황에 대한 더욱더 적극적인 인식과 함께 해석학적 지평을 넓힌 사람이 바로 폴 리꾀르(P. Ricoeur)와 데이비드 트레시

---

[57] Ibid., p.139.

[58] Ibid., p.130ff.

[59] Ibid., p.133ff.

[60] 수잔 보르도, 「페미니즘, 포스트모더니즘, 그리고 성별 — 회의주의」, in: 이소영·정정호 공편, 앞의 책, p.17.

[61] 이소영·정정호 공편, 앞의 책, p.17.

(D. Tracy) 등이다. 프랑스의 철학자 리꾀르는 가다머의 해석학이 드러낸 텍스트나 전통의 사실을 그의 '해석학적 현상학'의 출발점으로 삼으면서 거기에 하버마스의 이데올로기 비판의식을 변증법적으로 연결시킨다. 즉, 과거로부터 전래된 전통의 재해석의 관심과 해방된 인간성에 대한 미래적인 기획에의 관심은 서로 대립되지 않는다고 보는 그는 가다머가 강조하는 '텍스트 사실', '텍스트에의 개방성'에 착안을 두고서 그 텍스트 이론 안에 이데올로기 비판의 계기를 수용하는 것이다.[62]

　리꾀르는 텍스트를 단순히 문서로서 보기보다는 '담론과 문서 사이의 관계'로 보면서 그 담론이 텍스르로 고정되면서 얻게 되는 '자율성'과 '구조성'을 밝히는데, 그리하여 그에 따르면 이해란 먼저 "텍스트 앞에 바로 섬"이다.[63] 리꾀르에 의하면 이 주관으로부터의 "텍스트의 해방"은 해석에 있어서 가장 기본적인 조건이 된다. 따라서 예를 들어 우리가 성서를 읽을 때 성서가 지니는 전(全)세계를 조금도 가감 없이 밝히는 것이 우선이라는 것이다.[64] 성서의 전세계에의 해명이란, 예를 들어 우리의 좁다란 인격주의도 극복하게 하여 실존의 우주적이고 세계사적인 측면도 드러나게 하며,[65] 또한 텍스트의 구조성으로 인해 이제 더 이상 딜타이나 가다머에서처럼 이해(Verstehen)와 설명(Erklären), 진리(Wahrheit)와 방법(Methode)이 양분되는 것이 아니라 이해가 설명을 포함하고, 반대로 설명은 이해를 분석적으로 전개시킨다고 한다.[66] 리꾀르에게 있어서 하버마스의 이데올로기 비판이 수용되는 근거도 바로 이 고유한 세계를 가진 텍스트 앞에 바로 섬을 강조함으로써이다. 즉, 그에 따르면 우리의 해석학적 작업이 더 이상 텍스트 배후에 숨어 있는 의도를 찾는 것이 아니라 그것 앞에 전개되는 세계를 추구하는 것인바, 우리의 이러한 "텍스트 세계의 발견"

---

[62] Paul Ricoeur, *Hermeneutics and the human sciences – Essays on language, action and interpretation*, ed., by John B. Thompson (Cambridge University Press, 1981), p.59ff.

[63] Ibid., p.91ff.

[64] P. Ricoeur, "Philisophische und theologische Hermeneutik", p.40, in: 金英漢, 앞의 책, p.465.

[65] Ibid.　　　　　　　[66] P. Ricoeur, *Hermeneutics and the human sciences*, p.92.

과 그것과의 "친숙화"는 우리 주관의 환상이 깨어지고 비판받는 계기가 된다는 것이다.[67] 곧 텍스트의 사실에 의해서 나 자신이 변화를 받는 것이고 그것이 나의 상상을 향해 말하면서 해방의 사건을 가능케 한다고 한다.

이상과 같이 우리가 살펴본 리꾀르의 '텍스트 해석학'은 오늘날의 다원화된 상황에서 우리가 여성의 경험을 새롭게 자리매김하려는 시도에 있어서 여러 가지 좋은 시사가 된다. 먼저 그것은 우리 여성들에게 텍스트를 다시 돌려줄 수 있다는 것이다. 즉, 담론이 텍스트로 고정되면서 소격화(Verfremdung)를 통해서 그것은 그 원저자로부터, 또한 그것이 쓰여진 모든 문화적·사회적 상황에서, 그리고 마지막으로 그 본래의 수신지로부터도 자율성을 얻게 된다고 리꾀르는 이야기하였는데, 그러한 텍스트 이론은 그리하여 이제 우리 여성들로 하여금 그리스도교 전통의 텍스트를 단순한 남성들 경험의 서술로만 보지 않게 하고, 오히려 우리 모두가 그 앞에서 자신들을 비워놓아야 하는 더 커다란 권위, 진정한 권위로 보게 할 수 있다는 것이다. 여성신학에서 여성의 경험에 대한 과도한 강조로 전통의 텍스트를 철저히 부정하여 역사 없는 고아가 되는 것도 아니고 그렇다고 해서 그것을 다시 받아들이면서 그 텍스트와 전통에 대한 심도깊은 반성 없이 어정쩡하게 있는 것도 아닌,[68] 오히려 그러한 주관들의 구별이나 위치를 접어두고 그 면전 앞에 바로 섰을 때, 그 실존의 모습을 총체적으로 드러내 주는 해방적 제3의 권위가 된다는 말이다.[69] 인간 존재와 사유를 더 이상 절대적 존재나 절대적 사유로 보지 않고 "오류적 인간"으로 보는 리꾀르의 이해에 따르면 여성도 남성도 다같이 자기 인식의 한계를 알아야 한다는 당위가 나오고, 그러한 입장은 특히 신학적 이해를 추구하는 우리들에게 좋은 의미가 된다.

이러한 텍스트의 자율성에서 얻어지는 의미와 더불어 리꾀르의 '텍스트 해석학'은 또한 그 텍스트들이 다양한 장르의 형식들을 가지는 것을 밝혀주었다. 물론 그는 그 장르들을 성서, 특히 구약성서를 분석하는 데서 찾았지만, 그 신앙의 텍스트들 속에 나타난 계시의 다양한 형식들을 얘기하면서 유일한 성서적

---

[67] Ibid., p.94. [68] Elisabeth Schüssler Fiorenza, op. cit., p.63.
[69] 참조: 金英漢, op. cit., p.466.

계시를 주장하는 배타적 교리신학을 비판하였는바,[70] 우리 한국의 여성 신학자
들에게는 그러한 이해가 우리 민족 고유의 담론 속에 표현된 계시형식도 인정
하게 하는 가능성으로 보여진다.[71] 즉, 그의 텍스트의 다양성에 대한 강조는 전
통적 서구 남성신학의 배타주의와 환원주의를 재고하도록 만든다는 것이다.

이상과 같이 의미지을 수 있는 리꾀르의 해석학과, 특히 거기에 내포되어 있
던 '비유'(metaphor)와 '상상'(imagination)의 의미를 오늘날의 다원주의 상
황과의 만남을 위해 더욱더 적극적으로 전개시킨 사람이 데이비드 트레시이다.
미국의 여성 신학자 셸리 맥페이그는 이들과의 대화를 통해 자신의 "유비적 신
학"(metaphorical theology)을 전개시켰다. 그녀는 자신의 신학적 콘텍스트를
"포스트모던 콘텍스트"라고 확실히 밝힌다.[72] 리꾀르나 트레시에게서의 다양성
의 인정이 우선적으로 그리스도교 전통 내에서의 다양성에 초점을 맞춘 것이라
면 맥페이그는 이들보다 더 나아갔는데, 왜냐하면 그녀는 자신의 다양성의 인
정이 다른 종교 전통들로 인한 다양성까지도 포괄하는 의미라고 지적하기 때문
이다.[73]

이러한 오늘날의 상황에 직면하여 그녀가 파악하는 신학의 과제란 그러므로
여전히 낡은 배타적 언어로 이루어져 있는 신학적 모델들을 해체시키고 그것들
을 다시 새롭게 구성하는 것이다. 이 일을 위해서 그녀는 모든 언어를 하나의
'비유'(metaphor)로 보는 "비유적 신학"이 의미있다고 여기는데, 그것이란 모
든 것을 "그렇지만 또한 그렇지 않다"(It is and it is not)의 사고방식으로 생각
하는 것이다.[74] 예를 들어 그녀에게 있어서 예수는 "하느님의 비유"(a parable
of God)이며, 그것은 곧 예수는 "하느님이면서 동시에 아니다"의 의미가 된다
고 한다. 이러한 예수 이해는 이제까지의 서구에서 어느 남성 신학자에 의해서

---

[70] P. Ricoeur, *Essays on Biblical Interpretation*, ed. Lewis S. Mudge (Philadelphia, 1979), p.73ff.

[71] 참조: 이정배, 「풍수지리설과 생태학 — 풍수지리설의 생태학적 의미에 대한 신학적 연구: 생태학적 여성학의 시각에서」, in:『종교다원주의 한국적 신학』, p.649.

[72] Sallie McFague, *Metaphorical Theology – Models of God in Religious Language* (Fortress Press Philadelphia, 1982), p.xi.

[73] Ibid., p.vii.　　[74] Ibid., p.13.

행해진 것보다 더 철저한 전통의 그리스도론의 해체인데, 그리하여 그러한 이해는 우리 여성들에게 그리스도교 전통 내에서 가장 관계하기 어려웠던 예수 전통과의 관계를 다시 회복할 수 있게 하는 좋은 계기가 되었다.[75] 그녀는 또한 오늘의 새로운 상황을 위한 비유와 모델로서 '어머니'·'친구'·'애인'으로서의 하느님을 얘기하고, 이 세계를 하느님의 '몸'으로 이해할 것을 권한다.[76]

이렇게 자신의 신학이 다른 종교 전통들에게 열려 있고, 또한 한 백인 중류층 여성으로서 수행된 것임을 분명히 밝히는 맥페이그의 사고는, 그러나 그 열려짐에도 불구하고 우리 동양과 한국의 그리스도인들에게는 여전히 미흡하게 보인다. 즉, 그녀의 신학적 언어와 상상력도 리꾀르나 트레시의 경우에서와 같이 여전히 전통적 그리스도교의 좁은 인격주의에 사로잡혀 있다는 것이다.[77] 『변화된 사회와 그리스도』에서의 드라이버가 다양성과 "국외자들"(outsiders)에 대한 더 큰 관심을 가지고 한스 큉이나 트레시 등에 가한 그들의 비철저성에 대한 비판이나[78] 영국 여성 신학자 햄프슨의 맥페이그 신학에 대한 평가도 이 점을 잘 지적해 주고 있다.[79] 그리하여 우리는 이제 이러한 종교와 문화 전통의 차이를 더 적극적으로 관계시킬 수 있는 또 다른 해석의 모델을 찾는데, 예를 들어 여성문학에서도 자주 인용되는 흑인 여성 작가 알리스 워커의 『보랏빛』에 나오는 '그것'(it)으로서의 하느님 경험이나,[80] 또는 자신은 신(神)을 믿지만, 교회 밖의 수많은 사람들을 생각해서 결코 교회 안으로 들어올 수가 없다고 고백하는 프랑스 여성 철학자 시몬느 베이유의 "새로운 성스러움"(une santeté nouvelle)으로서의 신(神) 체험[81] 등이 생각될 수 있겠다. 왜냐하면 여

---

[75] 이은선, 「여성신학과 기독론」, p.43.

[76] Sallie McFague, *Models of God* (Fortress Press Philadelphia, 1987), p.97ff.

[77] 참조: 이정배, 「풍수지리설과 생태학」, pp.649, 655.

[78] T. F. 드라이버, 『변화하는 세계와 그리스도』, 김쾌상 역(서울: 대한기독교출판사, 1984).

[79] 이은선, 「여성신학과 기독론」, p.44.

[80] Alice Walker, *The Color Purple* (New York; Harcourt Brace Jovanovich, 1982) in: Daphne Hampson, *Theology and Feminism* (Basil Blackwell; Cambridge, 1990), p.163ff.

[81] Simone Weil, *Attente de Dieu* (Editions Fayerd, 1966), p.81.

기서는 우리 시대의 어느 다른 경험에서보다도 진실되게, 그리고 깊은 차원에서 차이들과 구별들 — 나와 너의 구별, 여성과 남성, 생물과 무생물, 자연과 인간, 마르크시스트와 그리스도인, 무신론자와 종교인 등의 구별들 — 이 극복되고 모든 것은 이제 이전의 인간과 주관들의 인위적인 구별과 규정들을 벗어버리고 비로소 본래의 모습, 참 자신이 되는 것으로 고백되기 때문이다. 이렇게 만물을 포괄하는 이해야말로 일(一)과 중(中)을 이야기하고 태화(太和)와 '한'을 말하며, 만물일체(萬物一體)를 꿈꾸는 동양과 한국의 마음이기도 하다. 이것은 또한 전통적 그리스도교의 언어로 다시 표현해 보면 이제 '성부'와 '성자'의 신학을 지나서 '성령'의 신학이 추구하는 것이라고도 할 수 있고,[82] 그 성령의 신학도 이제는 '그리스도의 영'으로서만의 성령 이해가 아니라 본래적인 '하느님의 영'으로서의 성령 이해가 바라는 것과 같다고 하겠다.[83]

  이렇게 해서 우리가 오늘날 포스트모던의 상황에서 한국에서 여성으로서 신학한다는 것의 의미를 새겨보면 그것은 '더 큰 의미의 화합'〔太和〕을 지향하는 것이고 '더 커다란 영'에 사로잡히는 것이리라. 우리들의 고유한 언어로 얘기해 보면 그것은 우리의 맺힌 한(恨)을 초극하는 원래의 초연함과 빈 마음을 회복하고 그러한 마음으로 모든 것을 감싸안는 것이다. 요즘 우리 나라에서 커다란 반향을 일으키고 있는 영화 「서편제」의 원작가 이청준은 '한'이란 "자기 모습을 잃어버리고 돌아가려고 해도 돌아가지 못하는 아픔으로 본다"고 한다.[84] 성(性)의 차별로 인해 원래의 인간의 모습을 잃어버리고 그 참 모습으로 돌아가기를 소망하지만 돌아가지 못하는 아픔, 피부색으로 인한 구별, 민족간의 차별, 경제나 개인차로 인한 한을 용서와 화해로서 초극할 때, 그때 비로소 창조적인 해소가 가능하다는 이야기이다. 그리하여 그는 우리 민족의 고유한 정서의 한 대표적인 표현인 「서편제」의 토대란 바로 "한을 껴안을 때 한으로부터 벗어난다는 모순어법의 정신"이라고 밝혀주었다.[85]

---

[82] 『李信의 슐라이어리즘과 靈의 신학』, 이은선·이경 엮음(서울: 종로서적, 1992), p.181ff.

[83] J. 몰트만, 『생명의 영』, 김균진 옮김(서울: 대한기독교서회, 1992), p.22ff.

[84] 조선일보   [85] Ibid.

블렝키를 비롯한 네 명의 여성 심리학자들은 여성 인식의 가장 성숙된 모습으로서 "구성적 인식의 단계"(konstruiertes Denken)를 이야기했다. 그것은 여성들이 이제 더 많은 반성과 수용을 통해 여러 목소리들을 "통합"할 수 있게 된 것이다. 이러한 단계는 강도깊은 자기 반성과 자기 분석을 통해 자기 자신이 진정으로 누구인가를 알고자 하는 과정을 통해서 이루어지는데, 이 자신의 진정한 목소리를 찾고자 하는 과정에서 여성들은 마침내 "모든 사고라는 것은 구성된 것이고, 또한 사고하는 사람은 그 사고된 것의 일부분"이라는 것을 깨닫게 되었다고 한다.[86] 그들은 이제 질문과 대답들이라고 하는 것은 역사의 과정 속에서, 다양한 문화 속에서 그리고 분야와 개인들의 차이에 의해서 달라진 것을 보았다.[87] 이론이라고 하는 것이 진리가 되는 것이 아니라 '모델'들이 되고, 모든 지식들이라고 하는 것이 콘텍스트의 물음으로서 구성된 것이라는 사실을 깨달은 여성들은 이제 자신 안에서 이성과 직관, 다른 사람들의 전문적인 지식들을 통합하면서 자신들 스스로가 그러한 모델들을 시험해 보고, 조사해 보고, 전개시키고자 하는 강한 충동을 느낀다. 즉, "열성적인 사고가"·"탐구자"가 될 것이며, 이것은 세계를 자신 안에 품기 위해서 정신과 가슴이 동시에 열려진 것을 의미한다.[88] 이 단계에 들어서면 여성들은 자신의 눈에 비쳐지는 실재만을 보는 것이 아니라 상상을 통해 능동적으로 그 실재를 구성하고 창조하게 된다고 한다. 그들은 삶을 그 내적인 측면만이 아니라 외적인 측면과 함께 '통체적인 복합성' 속에서 파악하기를 원하고, 그 삶의 복합성에 대한 그녀 자신들의 이해를 다른 사람들에게 전달하기를 원한다.[89]

이 단계의 여성들은 이전 단계의 여성들과는 구별되게 다른 사람들에게 관심을 가질 줄 알고 그들과 연결된 것임을 느낄 줄 아는 능력이 있다고 한다.[90] 블렝키 등의 조사팀은 이러한 능력을 우리가 위에서도 의미지은 프랑스 여성 철학자 시몬느 베이유가 강조하는 "집중하는 사랑"(attentive love), 러딕(S. Ruddik)의 "모성적 사고"(maternal thinking)와 같은 것으로 보고 이 단계 여

---

[86] Mary Field Blenky, op. cit., p.160. [87] Ibid.

[88] Ibid., p.164. [89] Ibid., p.169ff. [90] Ibid., p.172ff.

성들의 특별한 특징으로 파악하였다.[91] 여기서의 여성들은 "진정으로 이야기할 줄 안다"고 한다. 진정으로 이야기한다라고 하는 것은 집중력을 가지고 남을 들을 수 있는 능력을 요구하며, 자기 자신과 이야기하면서도 동시에 남에게 귀 기울일 수 있는 열려짐을 요구하기 때문이다.[92]

끊임없는 반성과 탐구로 이제 자기 나름의 진정한 목소리를 얻게 된 이 단계 여성들은 그것을 가지고 나름대로 세계와 관계하기를 원하며, 적극적으로 행동 하기를 원하고 세계의 변화를 위해 책임지려고 한다고 관찰되었다. 이 참여와 기여에의 기대, 관계에의 바람이 채워지지 못하면 그녀들은 결코 만족할 수가 없다고 한다. 이러한 관찰에서도 드러나듯이 이미 캐롤 길리건이나 "새로운 여 성심리학"(New Psychology of Women)을 이야기한 밀러도 밝힌 것처럼[93] 여 성들의 책임지향성, 타인에의 관심, 차이들을 묶으려는 통합에의 경향성은 다 시 한번 여성들의 독특한 심리적 특성들로서 밝혀진다. 이 여성 심리의 특성들 이 너무 과도하게 이론화되고 정형화된다는 비판도 제기되었지만,[94] 그러나 그 같은 여성적인 통합적 관계지향적인 인식방식이 가지는 실천적 의미는 오늘날 의 정신적 상황에서 특히 크다고 여겨진다. 우리가 위에서 밝힌 대로 '더 커다 란 화합'〔太和〕과 '더 커다란 영'을 지향하는 한국적인 여성의 정신도 바로 이 러한 통전적·책임적 사고와 상통하는 것이라고 여겨진다. "우리의 (사고)모델 들 — 다르게 말하면 우리의 경험 — 이라고 하는 것은 항상 실제보다 더 단순 하다는 것, 그 실제는 우리가 파악할 수 있는 것보다 항상 더 복잡하다는 것", 이러한 사실을 인정하는 구성적 인식과 함께 여성 고유의 경험이고, 특히 한국 여성들의 삶 속에 녹아 있는 '관심'과 '배려'에로의 마음을 더욱더 확장해 나 가는 것이 오늘 우리 모두에게 부과된 과제라고 여겨진다.

---

[91] Ibid., p.166.　　　　　[92] Ibid., p.167.

[93] Jean Baker Miller, *Toward a New Psychology of Women* (Boston, 1976).

[94] Carol C. Gould, "Philosophical dichotomies and feminist thought: Towards critical femi-nism", in: *Feministische Philosophie*, hrg. von Herta Nagl-Docekal (Wiener Reihe:Oldenbourg, 1990), p.184ff.

5. 마치는 글을 대신하여: 한국적 여성신학을 전망하며

국어학자 이남덕 씨는 그녀의 짤막한 수상 「보살의 손」이라는 글에서 우리 나라 여성 불교 신자들에게 붙여지는 이름인 '보살'의 의미에 대해 생각해 보았다. 중생의 구원을 위해 자신의 구원을 보류하고 다시 세상으로 돌아오는 부처의 이름인 '보살' — 보디사트바(bodhisattva)의 준말 — 이 특별히 한국의 여신도들을 지칭하는 말로 쓰여지게 된 연유를 생각해 보며, 그것으로써 나름대로 한국 여성 경험의 독특성을 살펴본 것이다. 같은 불교권이라도 우리 나라말고는 그렇게 부르는 곳은 없을 것이라고 추측하는 그녀에 따르면 그러한 최상의 구도자의 이름이 유독 한국 여성들에게 주어진 이유란 바로 그녀들의 뛰어난 "생명을 향한 기원력"이라고 한다.[95] 그녀는 말하기를 "한국 여성이 왜 '보살'의 이름을 받게 되었느냐. 그 자색이 보살상처럼 아름다워서도 아니요, 재주가 뛰어나서도 아니다. 그 모성 때문이다. 어머니와 자식을 연결하는 생명의 손이 그 어느 나라 모자의 손보다 단단하게 묶여져 있다는 말이다. 전쟁의 잿더미에서 어머니의 손을 잃었다면 그 아이는 어떻게 살아남을 수 있겠는가."[96] 우리가 우리 민족 전체의 역사를 보거나 구체적인 한 가정의 역사를 보더라도 이러한 여성들의 살리는 손, 살림하는 손을 통해서 각 가정이 건사되어 왔고, 특별히 고난이 많았던 우리 민족의 삶이 지켜져 온 것을 생각할 때, 이 '보살'의 이름은 수긍이 간다는 것이다.

이와같이 생명의 손인 한국 여성의 손이 여기서는 "보살의 손"이라고 하는 불교적 이름으로 불려졌지만, 그러나 우리는 그것이 얼마든지 다른 이름들로도 얘기될 수 있는 것을 안다. 즉, 그것은 한국 여성의 한 근원적 특성과 경험이 되어 조선의 유교사회에서도, 그리고 오늘날 한국의 그리스도 교회에서도 비록 그 이름은 다르지만 여전히 같은 생명의 손으로서 활동하고 있다는 것이다. 따라서 우리가 이제 남성의 신학과는 다른 한 여성신학, 서구의 여성신학

---

[95] 이남덕, 「보살의 손」, 『녹색평론』 1992년 1,2월호 통권 제2호(대구: 녹색평론사), p.94.
[96] Ibid., p.96.

과는 구별되는 '한국적 여성신학'을 전망해 본다면, 그것은 바로 이상과 같은 한국 여성의 독특한 삶의 경험에 뿌리내리는 것이어야 한다. 우리가 앞에서 '구성적 인식'을 이야기하면서 한(恨)의 초극을 말했고, 그리하여 진정한 자신이 되어서 모든 갈등과 구별을 싸안는 마음을 얘기했는데, 이남덕 씨의 다음과 같은 "보살의 마음"에 대한 서술은 이와 유사한 이야기로 여겨진다; "한 나무, 한 풀에 이르기까지 우리가 한 생명임을 몸으로 느낄 수 있다는 것은 보살의 체질이 되었다는 것을 의미한다. 보살의 마음은 다른 존재와 한마음으로 통한다. 보살의 손은 우주의 기운이 전달되는 파이프의 구실을 한다. 내가 보아온 무수한 어머니의 손들은 모두가 보살의 손이었다. 보살의 손은 모든 것을 살리는 손이다."[97]

많은 차이들과 갈등들을 생명을 위해 하나로 감싸안는 손, 그 구별과 차이들이라고 하는 것이 '생명'과 '삶'이라고 하는 더 근원적인 실제 앞에서는 부수적인 것이 되어버리는 것을 아는 마음, 한국의 여성신학은 이러한 생명과 사랑의 영을 가지고 그리스도의 영을 새롭게 해석해 내고 거기에 새로운 지평을 열어주며, 새 이름을 붙여주는 것, 바로 그것이라고 생각한다. 오늘의 여성학의 탐색에서 모성의 재신화화 경향에 대한 의미있는 비판도 들리지만, 그럼에도 불구하고 여성으로서, 특히 동양과 한국의 여성으로서 기존의 가부장주의적이고, 서구 가치위주적 상황에 대한 대안을 마련해야 한다면 바로 이런 한국 여성 고유의 경험이 기초가 되어야 한다고 생각한다.

---

[97] Ibid., p.95.

유교와 페미니즘 —
그 관계의 탐색을 통한 한국적 페미니즘 전망

1. 문제 제기: 변화된 상황에서의 페미니즘

'유교와 페미니즘', 이 둘의 관계는 지금까지 일반적으로 물과 기름의 관계처럼, 개와 고양이의 사이와 같이 서로 화합할 수 없고 관계맺을 수 없는 거리로서 여겨져 왔다. 우리가 여성들의 고통스러운 상황이 이야기될 때 흔히 듣는 말로서 '유교의 남존여비 사상이 …'라는 질책이 있는데, 이것은 그 거리가 얼마나 소원한지를 잘 드러내는 말이다. 이러한 맥락에서 자신의 집안의 내력에서 일찍이 유교 가부장주의의 고통 속에서 서양 선교사들에 의해 전해진 그리스도교 복음을 여성해방의 유일한 메시지로 받아들였다는 외할머니를 먼저 소개하는 한국의 한 여성 신학자는 그리하여 유럽에서 한국을 비롯한 아시아 여성들의 억압적 상황을 밝히려는 자신의 책 제목을 『공자에 대항하는 여성들』이라고 짓기도 했다. 그녀는 거기서 유교를 '국가 이데올로기'로서, '성차별주의' 그리고 '인종차별주의'로까지 혹독하게 비판한다.[1]

그 대상과 강도에 있어서는 차이가 있지만, 이러한 일반적인 페미니즘의 반전통 경향은 요즘 여러 가지 의미에서 다시 활발히 논의되고 있는 민족주의와의 대화에서도 잘 드러난다. 작년 한국 여성학회 10주년 기념 학술대회에서 김은실은 그녀의 논문「민족 담론과 여성 — 문화, 권력, 주체에 관한 비판적 읽기를 위하여」라는 글에서 민족 담론과 페미니즘 담론을 서로 대립적인 관계로 보면서 후자에 대한 전자의 해체를 주장한다. 그녀에 따르면, 얼마 전 우리 사

---

[1] Lee-Linke, *Frauen gegen Konfuzius* (Gütersloher Verlagshaus, 1991).

회에서 큰 반향을 일으켰던 영화 「서편제」나 최근 일제시대 군 위안부 문제에 대한 일반적인 반응은 바로 민족 담론에 의해서 여성주의 담론이 은폐되고 억압된 경우인데, 즉 영화 「서편제」가 송화가 아닌 유봉의 경험으로만 읽히면서 민족적 정서의 빼어난 표현 등으로만 찬양되는 것이라든가, 군 위안부 문제에서 그 일을 겪은 여성 개개인들의 성(性)으로의 경험의 특수성이 간과되고 단지 민족문제로만 환원되는 것 등이 그 예들이라고 지적한다.[2] 따라서 그녀에 의하면, 여성주의자들은 이와같이 요즘 다시 새롭게 일고 있는 민족주의의 담론 안에서 감추어진 가부장주의적 권력의지에 대해 주목해야 하며, 같은 맥락에서 '한국적 페미니즘', 즉 서구를 탈중심화시키고 이제까지의 페미니즘의 논의에서 서구 여성들의 헤게모니를 비판한다는 의미로 이야기하는 논의에 대해 의심의 눈으로 바라보아야 한다고 말한다. 그것이 한편으로는 여성주의에 관한 질문 자체를 특정 방식으로 구속하는 강력한 문화 이데올로기를 생산할 수도 있기 때문이라는 것이다.[3]

　이와 유사한 논지에서 윤택림도 민족주의 담론의 가부장성을 고발한다. 민족해방이 결코 여성해방을 가져오지 못했다고 주장하는 그녀에 따르면, 여성해방의 문제를 민족 담론의 시각에 근거하여 다루게 되면, 그것은 또다시 여성들을 그 민족주의가 만들어 낸 새로운 가부장제에 종속시키는 결과를 초래하게 된다고 한다. 그 예로서 인도의 민족 독립운동 과정에서 만들어진 신여성상과 우리 나라 근대 여성운동의 하나인 근우회의 모습을 드는데, 즉 그녀의 주장에 의하면, 우리 나라 근대 여성운동 연구에서 근우회가 특히 주목을 받는 것은 그것이 남성들의 민족운동 단체였던 신간회와 밀접한 연계 속에 있었기 때문이며, 또한 그렇게 근대 여성 해방운동이 민족주의 담론의 틀 속에서 종속되어 진행되었기 때문에 결국 근우회가 해소되고 실패하고 말았다는 것이다.[4] 구국운동

---

[2] 김은실, 「민족 담론과 여성: 문화 전력, 주체에 관련 비판적 일기」, 『한국여성학』 제10집, 한국여성학회, 1994, pp.26-36.

[3] 위의 글, pp. 18-9.

[4] 윤택림, 「민족주의 담론과 여성: 여성주의 역사에 대한 시론」, 『한국여성학』, 제10집, 1994, 한국여성학회, p.105.

의 남녀 평등은 여성을 민족 해방운동에 끌어들이는 민족주의 담론의 전략이지 결코 성차별을 없애는 여성해방의 전략은 될 수 없다는 것이며, 따라서 그녀는 여성주의 역사학을 주장하는 자신의 일로서 아직도 근대 여성사 연구에서 헤게모니를 가지고 있는 민족주의 담론의 한계를 폭로하고, 역사에서 계속 변신하는 가부장제의 정치에 도전하여 그것을 해체시키는 것이라고 한다.[5]

이상에서와 같이 이제까지 우리 나라 페미니즘이 전통 또는 민족 담론에 대해서 일반적으로 보이는 극단적인 단절과 거부는, 그러나 이제까지의 그 의미와 기여에도 불구하고 여러 가지 차원에서의 모순과 한계를 지니고 있는 것으로 보인다. 먼저는 오늘날 더욱더 다원화된 상황에서 우리들의 삶의 가장 적나라한 현실들을 살펴보더라도 한 사람의 정체감을 이루는 데 있어서 성(性)의 요인만이 아닌 다른 여러 가지 요소들이 복합적으로 작용하는 것을 알 수 있는데, 이러한 기초적인 사실이 부정되는 허구를 보인다는 것이다. 물론 민족 담론의 기원 및 형태 등에 관해서는 여러 가지 많은 논의들이 있지만, 우리 삶의 기초적 경험에서 얻어지는 종족이나 언어, 민속, 피부색 등의 차이에서 오는 다름이라고 하는 사실은 여전히 부인될 수 없고, 그리하여 그 기초적 사실에 대한 이야기를 민족 담론이라고 했을 때, 그 이야기의 유효성과 의미는 여전하다는 것이다.[6] 특히 오늘날과 같은 세계화와 몇몇의 자본주의 국가에 의한 신제국주의적 위협이 거세지고 있는 상황에서는 그 거대한 이론 안에 감추어지고 억눌려진 다양성들과 차이성들에 대한 이야기가 더욱더 들추어내어져야 한다고 생각한다. 이 요구는 페미니즘 논의에도 그대로 적용되는데, 왜냐하면 여성들은 성(性)의 존재이기도 하지만, 각 민족의 주체이기도 하기 때문이다. 다양한 국가들과 민족들의 사이에 그들과 같이 생활해야 하는 요즈음의 페미니스트들이, 그러나 이 단순한 사실을 인정하려 하지 않을 때는 여러 가지 자가당착적 모습을 보이게 되는데, 예를 들어 앞에서 우리가 얘기한 재독 신학자 이성희는

---

[5] 위의 글, pp.109-13.

[6] 톰 네언, 「민족주의의 양면성」, 『민족주의란 무엇인가』, 백낙청 엮음(서울: 창작과 비평사, 1981), pp.146-254.

가족을 중시하는 유교 전통을 그렇게 혹독하게 비판하면서도 다시 서양 여성들의 신학과는 다른 자신의 "아시아 여성신학"을 구축하기 위해서는 이 가족의 전통을 중시해야 한다고 얘기하는 점 등이다.[7]

앞의 김은실과 윤택림의 논지에서도 유사한 모순점이 보인다. 여성주의 담론을 민족주의 담론과 대응시키면서 문화 읽기의 다성성을 강조하는 김은실이지만, 그러나 역으로 자신은 다시 그 여성주의 담론의 획일화에 갇혀 있는 모습이다. 한국 영화사상 최대의 관객을 모았고, 또한 그것이 수많은 사람들에 의해서 한 민족 담론의 표현으로 읽혀지고 감동을 주었다면, 그 엄연한 사실성도 인정해야 하는데, 오히려 "상식적 현실 속에서 살고 있는 대부분의 한국 여성들은 현실을 다르게 읽는 것이 쉽지 않다"는 등의 이야기와 함께 둘 사이의 대립만을 촉구할 뿐이다.[8] 민족 해방운동에 의해서 여성해방이 온전히 이루어지는 것은 아니라 하더라도 역으로 민족적 고통 속에서의 여성들은 더욱더 비참해질 뿐이다. 따라서 일제시대 정신대 문제나 식민지 시대에서의 여성운동들이 민족 담론을 통해서 이해되고 평가되어지는 것도 한편 인정되어야 하는데, 그렇지 않을 경우 윤택림의 예에서 더욱 극단적으로 드러나는 것처럼 자신들이 그토록 비판하는 이분화 · 단일화 · 거대 담론화에 스스로 빠지게 됨을 볼 수 있다. 그녀가 주창하는 여성주의 역사학의 본질론화 · 전체론화 경향이 바로 그런 모습인데, 그러한 경향의 여성주의자들일수록 자신들의 이론을 "정치화" · "정치담론화"하기를 원한다.[9] 이것과 더불어 그녀들이 쓰는 언어의 난해성은 바로 그녀들 스스로가 비판한 일반 여성들과의 유사성보다는 오히려 남성들과의 유사성이 더 두드러진 그런 모습의 여성임을 보여준다고 하겠다.[10]

물론, 이들의 이러한 과격성은 바로 오늘날 우리 삶 읽기에서의 다양화의 요구가 더욱더 드세지는 상황 앞에서 페미니즘 논의 자체의 기본적 논리성이 위협받을 수 있다는 우려에서 나온 것이라고 이해되지만, 그러나 한편 이 다양화의 요구가 현실이라면, "여성학 논의 자체의 지배성을 깨달으면서 어떻게 변화되어

---

[7] Lee-Linke, op, cit., p.212. [8] 김은실, 앞의 글, p.93.

[9] 위의 글, p.44; 윤택림, 앞의 글, p.106. [10] 윤택림, 앞의 글, p.93.

야 하는지에 대한 대안의 모색이라는 과제"도 진지하게 고려되어야 한다고 여겨진다.[11] 이런 의미에서 일제 1930년대 중국 동북부 간도 지역에서의 조선인 농민 여성의 정치화의 사건을 어느 한 가지의 인식틀로만 고정화시켜 보는 것이 아니라 '성'(性)과 '민족'과 '계급'이라고 하는 세 가지의 복합적 관계구조 안에서 해석해 내려는 박현옥의 논의는 고무적이라고 생각된다. 「개념들의 긴장」이라는 제목 아래 오늘날 포스트모던적 상황이 야기시키는 다원성의 도전 앞에 "페미니즘이 처한 긴장과 딜레마"를 먼저 지적해 주고 있는 그녀는, 위의 간도 조선인 농민 여성들의 집단적 활동이 어떻게 성과 계급과 민족이라는 다양한 이해가 얽혀져서 행해졌는지를 설명해 준다. 예를 들어, 부녀회를 통한 지주들에 대한 저항운동이라는 계급운동은 여성들의 활동 환경을 넓혀주었고, 이로써 그들의 범주를 변화시켰으며, 그것은 또한 반민족주의 운동으로 발전되기도 했다고 한다.[12] 박현옥에 의하면 간도에서 특히 의미있는 점은 만주 공산당의 가족보호 정책과 조선인 농민 여성들의 가족에 기반을 둔 계급 민족의식이 서로 일치한 점이라고 한다. 즉, 가난과 식민 민족의 고통 속에서 가족들이 뿔뿔이 흩어지는 아픔을 겪은 여성들은, 그러나 결국은 그 가정의 마지막까지 지키는 기반으로서 그 가족의 재결합이라고 하는 모성 의식을 기초로 하여 계급 민족 이해와 더불어 행동하는 주체로서 활동하게 되었다는 것이다.[13] 따라서 저자에 따르면 여기에서는 기존의 페미니즘 이론에서처럼 가족이나 모성이 여성 억압의 한 근원지로 파악되어서는 안되고, 오히려 그것은 혁명에서 "계급의식과 민족주의의 핵"으로 유지되었다고 한다.[14] 이 이야기는 곧 가족의 의미가 민족과 계급의 위치에 따라 여성간에 차이가 있음을 드러내는 것이고, 서구 백인 중심의 세계관에서 억압의 조건으로 여겨진 가족의 의미를 다시 검토하게 만든다고 한다. 조선 농민 여성에게 있어서 그것은 그녀들의 정치활동과 밀접했을 뿐 아니라 계급 민족의식의 바탕을 이루었던 것이다. 이같은 저자의 분석은 오늘날의 상황에

---

[11] 박현옥, 「여성, 민족, 계급: 다름과 집합적 행위」, 『한국여성학』 제10집, 한국여성학회, 1994, p.59.

[12] 위의 글, pp.72-8.　　　　[13] 위의 글, pp.73-4.　　　　[14] 위의 글, p.78.

견주어 볼 때도 여전히 유효하다. 『우리 시대의 결혼 이야기』의 저자 김효선은 서울 마포구 한 동네의 빈민 여성들의 의식을 살펴보면서 결혼생활 내내 거의 남편들의 직접적인 부양을 경험하지 못한 그녀들에게 있어서는 오히려 그러한 처지가 되고 자신들은 바깥일을 쉬면서 집안의 살림을 꾸려갈 수 있는 상황이 되는 것이야말로 자신들의 해방이라고 생각하는 것을 지적해 주었다. 뚜렷한 직업을 유지하지 못하고 무위도식하는 남편들을 대신해서 가족의 생계와 교육을 꾸려나가는 그녀들에게 있어서는 오히려 일반 중산층 여성들이 자신들의 성 억압의 상태라고 말하는 그런 처지가 되는 것을 희망하고 있다는 것이다.[15]

이상과 같이 이제까지 우리가 경험적으로 살펴본 여성됨의 여러 다양한 상황의 출현은 우리로 하여금 결국 페미니즘 이론 자체의 논리성과 타당성에 대해 묻게 만든다.[16] 그동안 페미니즘 담론이 성(性)의 해방을 추구해 온 것이라면, 그 해방은 과연 그러면 무엇을 더 추구할 수 있고, 또 해야 하는가? 기존의 담론에서 대치시켜 온 여성과 남성의 대립이 과연 그렇게 본질적인가? 가정과 가족이라는 의미도 그렇게 성 억압적인 것으로만 이해될 것이 아니라 오히려 그 여성도 오늘날 더욱더 심각하게 직면해 있는 개인주의와 이기주의의 황량함에 대한 기제로서 받아들일 수 있지 않을까?라는 것들이다. 이러한 질문들은 결국 지금까지 여성주의 담론이 그 저항의 과정에서 자신도 빠져들었던 실체론화 · 본질론화 · 거대 담론화에 대한 비판이 되는 것이며, 이것은 또한 이제 그 담론의 궁극적인 윤리성과 목적성을 묻는 것이다.

페미니즘 담론을 통해 성(性)에 대한 언설이 개방되었지만, 그러나 그 개방 자체가 목적이 될 수는 없다. 그런데도 기존의 페미니즘은 여전히 개방의 수준에 머물러 있기 때문에 그 개방의 인간적인 내용이나 목표를 묻는 사람들에게는 많은 한계를 보여준다. 기존의 분리주의적 · 반전통적 여성학의 이론으로 그동안 해체시키고, 들추어내고, 나누는 일에 주력해 왔지만, 이제 그것만을 계속할 수는 없다는 것이다. 또한 계속해서 서구의 이론만을 소개해야 하는 민족

---

[15] 김효선, 『우리 시대의 결혼 이야기』(서울: 여성신문사, 1994).

[16] L. Nicholson, ed., *Feminism / Postmodernism* (New York: Routledge, 1990).

적 자기 소외도 더 이상 간과될 수 없는 상황이다. 이러한 여러 가지 상황은 여성학 연구에서 이제까지 성 억압의 정치경제적 원인과 기제에만 집착해 온 종전의 입장과는 달리 삶을 더욱더 포괄적으로 볼 수 있는 문화 연구와 전통 연구의 필요성을 인식하고 강조하게 만든다.[17] 이러한 변화들에 대해 기존의 페미니즘은 그것이 "상식적 문화 관념"의 영향이라고 비판하지만, 오히려 후자가 "지적 엄숙주의"에 빠진 것이 아닌가 여겨진다.

오늘날 우리 사회에서 페미니즘 이론에 대한 지식은 난무하지만, 그것이 실천적으로 우리 삶의 구체적 규범윤리로서 기능하는 데 점점 더 한계를 드러내는 이유는 그 규범이 궁극적으로는 우리 삶에서 무엇을 지향하며, 현실적으로는 어떻게 구체적인 삶에 적용될 수 있을까를 따지지 않기 때문이다. 근대정신(modernity)의 한 가지로서의 페미니즘은 그동안 철저히 반전통적이었다. 그리하여 인간 삶의 현실이라는 것이 하루아침에 이루어진 것이 아니라 오랜 시간의 축적 가운데서 역사적으로 구성된 것이라는 기초적 사실을 무시해 왔다. 따라서 그것은 삶의 통체적이고, 역사적인 전망에서 얻어지는 '목적성'과 '의미성'을 제시해 주는 데 있어서는 미약하였고, 그 윤리의 실천에 있어서는 허약했다. 그 한 예로 성(性)의 해방이라는 차원에서 지지되던 낙태는, 그러나 오늘날 많은 사람들에 의해서 피임의 한 수단으로 오용되어 비인간적이고 반생명적 상황을 야기시키고 있는데, 그럼에도 불구하고 기존의 페미니즘은 거기에 대해 일관성있고 설득력있는 답을 주지 못하고 있다. 올바른 방향 제시에 있어서 무력한 것이다. 같은 예를 가지고 최근 미국의 공동체주의 윤리학자 맥켄타이어는 오늘날의 윤리 상황의 딜레마를 지적하면서 근대 자유주의 윤리의 무규범성과 무목적성을 비판했다. 그가 그 극복을 위해서 근대 자유주의적 자아가 다시 공동체와 역사, 전통과 관계맺어야 함을 주창한다면, 그것은 우리가 이제까지 살펴본 대로 오늘의 페미니즘을 위해서도 의미있다고 하겠다.[18] 여성의 삶

---

¹⁷ 박현옥, 앞의 글, p.54.

¹⁸ A. MacIntyre, *Der Verlust der Tugend: Zur moralischer Krise der Gegenwart* (Campus Verlag Frankfurt / New York, 1987).

도 포함하여 우리의 삶은 아무런 기반 없이 처음부터 시작되는 것이 아니라 우리 공동체의 역사와 전통에 뿌리박혀 진행되는 것이므로 그 삶을 위한 가능한 한의 목표 제시를 위해서는 그 기반의 탐색과 연구는 필수불가결하기 때문이다.

본 논문은 이상과 같은 문제의식에 근거하여 한국을 비롯한 동아시아의 나라들에게 있어서 핵심적인 전통이 되는 유교 전통과의 대화를 시도한 것이다. 이 대화를 시도하는 입장은, 그러나 이미 시사된 대로 우리의 유교 전통이 과거 그 성 억압적 요소에도 불구하고 우리의 새로운 출발을 위한 한 혜택이 될 수 있고 방향 제시를 위한 근거로서 기능할 수 있다는 시각에서이다. 전통의 폐기는 완전한 새로운 출발이라는 고된 값을 치러야 하며, 그 결과 우리의 삶이 종종 더 빈약한 신념이나 찰나적인 선호에 휘둘리게 되어 혼란과 무규범을 초래하기 때문이다. 이러한 입장은 그러나 물론 이제까지의 현대 페미니즘의 노력을 통해서 얻어진 여성의 성적 주체성을 다시 포기하려는 것이 아니다. 오히려 그것은 그 정체성에 근거하여 이제 그동안 우리 자신도 그 정체성을 얻기 위한 투쟁의 과정에서 불가피하게 빠져들었던 폐쇄성을 벗어나서 다시 관계를 맺고 개방할 수 있게 하기 위해서이다.[19] 이것은 다른 얘기로 하면, 이제 우리의 유교 전통과 관련하여 어떻게 하면 서로가 보완적인 입장이 되어서 서로 자극하면서 우리 삶의 더욱더 통합적이고 의미있는 조망을 위해서 역할할 수 있는가를 살펴보자는 것이다.

2. 유교 전통 해석의 새로운 방법론 모색

유교는 우리가 다 알다시피 중국과 한국, 일본 등의 동아시아 지역에서 그 어떤 가치체계보다도 더 핵심적인 가치원리로서 작용해 왔다. 우리 나라에서도 이미 삼국시대부터 그것이 받아들여져 왔고, 특히 마지막 왕조인 조선 왕조(1392~1910)가 그것을 치국이념으로 삼으면서 우리 삶의 중심 가치체계가 되었다.

---

[19] M. F. Blenky 외 4인, *Das andere Denken* (Campus Verlag, Frankfurt / New York, 1989).

유교의 가치관은 예(禮)로 드러난다. 중국에서 멀리 원시사회의 무속, 특히 제천의식에 있는 신성(神聖)과 부정(不淨)의 관념을 기초로 하여 행위를 일정하게 규제하던 '금기' 관습에까지 기원을 두고 있다는 예는 주대(周代)에 들어와서 구체화되었다. 공자는 다시 당시까지의 예를 집대성하여 그 인간적 근거를 인(仁) 등으로 마련한 상례자(相禮者, 예를 도와 주는 사람)였으며, 예를 집단적·사회적으로 실현하게 하는 지도자 내지 교육자[師]였다.[20] 한편 '유약(柔弱)하다'라는 의미도 가지고 있는 유(儒)라는 글자가 특별히 공문(孔門)을 지칭하기 시작한 것은 유가의 기록이 아닌『묵자』(墨子)에서부터였다고 하는데, 방어술에 능했던 무사 출신인 묵자의 입장에서 볼 때, 유가들의 가르침이 유약하게 보였을 것이라고 한다.[21] 송대(宋代)부터 시작된 신유교로서의 성리학은 바로 유가를 특징짓는 예를 더욱 중시하였고 그것을 형이상학적으로 강화한 것으로 볼 수 있다.

그러나 우리가 이미 경험했듯이 출세간(出世間)을 행하는 도교나 불교와는 달리 세계 안에서 인간과 사회의 올바른 관계 형성[禮]을 통해 도(道)를 이루려는 유교의 이 예(禮) 사상은 그 이데올로기적 경직으로 인해 '사람을 죽이는 예'로까지 전락되기도 했다. 효(孝)와 충(忠)과 열(烈)이라는 근본 덕목을 가르치는 삼강오륜(三綱五倫) 등의 이 예 사상은 그리하여 유교 전통이 권위주의와 비민주적 전제주의, 가부장주의 등의 대명사처럼 여겨지게 만들었고, 특히 여성들의 예를 규정해 가는 과정에서는 그것이 '칠거지악'이나 '삼종지도', 또는 '내외법'이나 '재가녀자손금고법' 등으로 경색되어 그러한 유교 전통과 여성은 도저히 관계맺을 수 없는 사이들로 비판되게 되었다. 조선시대 여성사를 크게 네 시기, 즉 제1기는 태조에서 성종 16년(1485)까지로, 제2기는 인조 14년(1636)까지, 제3기는 임진왜란과 병자호란을 거치고 난 후 1884년 갑신정변기까지, 그리고 마지막 제4기는 1910년까지로 구분하는 데 있어서도 조선 유교

---

[20] 윤사순,『한국 유학사상론』열음사 총서 3 (서울: 열음사 1986), pp.58-9.

[21] 김승혜,『원시유학: 논어, 맹자, 순자에 대한 해석학적 접근』대우 학술총서 인문사회과학 51(서울: 민음사 1990), p.10.

의 여성상 정립의 시도가 어떻게 그 본래적 의미로부터 벗어났는지를 볼 수 있다.[22]

이렇게 유교 전통과 오늘날 성(性) 해방을 주창하는 현대 페미니즘의 관계처럼 도저히 서로 연결될 수 없다고 생각되던 관계가 바로 전자와 서구 민주주의, 과학 전통과의 관계였다. 유교 전통의 여성에 대한 관념과 규정을 미셸 푸코의 권력이론과 연결시켜 살펴보기도 하는 김혜숙이 유교의 예(禮) 규정이 그렇게 여성에 혹독했던 이유로 그 예의 정치도구화를 들었듯이[23] 점점 더 정치 이데올로기화한 유교 전통이 20세기 근대 서구 민주주의 전통과 만났을 때는 그 둘은 도저히 서로 화합할 수 없는 사이처럼 보여졌다. 유교의 정치 이념을 지녔던 청(淸) 왕조가 결국 그 마지막 왕조가 되었고, 동아시아에서 누구보다도 먼저 서구화를 꾀했던 일본이 조선을 식민지로 만드는 등 세력을 떨쳐나가게 되자, 이제까지 이곳에서 삶의 지주가 되었던 유교 이념들이 그 근본부터 의심받게 되었다. 중국에서 1840년 아편전쟁 이래로, 특히 5·4운동 기간에 '극단적인 서구화'의 입장에 속한 지식인들에 의해 주창되었던 '신중국', '신청년' 이념은 '공자의 타도'를 찬성하며 중국 민족의 새로운 태어남을 위해서는 반드시 유교 전통과 철저하게 결별해야 한다고 강조하였다.[24]

서구 문명의 두 핵을 '민주주의'와 '과학'이라고 보면서 그 두 주도적인 개념에 기초하여 유교의 전통 사상을 비판하는 이들은 유교 삼강오륜의 덕은 결국 '노예 도덕'이 되었고, 중국의 정치는 끝내 민주라는 길로 나갈 수 없고 군주 독재라는 길로 나아갔고, 서구적 합리주의의 과학 전통과는 다른 미신을 양산했다고 주장한다.[25] 그러나 한편 처음의 이러한 극단적인 단절과는 달리 1920년대 5·4운동 이후 다시 유교 전통의 입장에 서서 서구 사상을 비판·해

---

[22] 한국 여성사 편집위원회 편, 『한국여성사 I』(서울: 이화여대 출판부, 1972).

[23] 김혜숙, 「조선시대의 권력과 성」, 『한국여성학』 제9집, 1993, 한국여성학회.

[24] 송영배, 『유교적 전통과 중국 혁명: 유교사상, 유교적 사회와 마르크스주의의 중국화』(서울: 철학과 현실사, 1992), p.284ff.

[25] 鄭家棟, 『현대 신유학』, 한국철학 사상연구회 논전사분과 옮김(서울: 예문서원, 1993), p.17.

석해내고 그 둘 사이의 관계를 만들어내려는 움직임이 일어났는데, 오늘날 '현대 신유가'〔當代新儒家〕, 또는 '현대 유가'〔當代儒家〕로 불리어지는 이들은 서구의 강력한 문화적 도전 앞에서 자신들의 유교 전통을 재해석하여 새롭게 의미지어내는 일을 하고자 했다. 이들 중, 예를 들어 현대 신유가 제1세대의 한 사람으로 여겨지는 웅십력(熊十力)은 동서 문화가 서로 다른 방향으로 나아가고 있다고 보는 관점에 반대하면서 중국 문화에 대해서 서양의 민주주의와 과학은 결코 이질적인 것이 아니라고 강조한다. 그에 따르면, 육경(六經) 안에 이미 과학사상과 민주사상의 단서가 있다는 것이다.[26] 한편, 그의 제자 모종삼(牟宗三)은 중국 문화발전의 경로를 도통(道統)·학통(學統)·정통(正統)의 삼통설〔三統之說〕로 객관화하면서 중국에는 도통은 있었지만, 학통과 정통이 없었기 때문에 도통의 입장에서 서양의 과학과 민주사상인 학통과 정통을 적극 흡수해야 한다고 주장하였다.[27] 그는 1950년대 「유가 학술의 발전과 그 사명」이라는 글에서 유가 전통 발전의 세 단계를 밝혔는데, 그 첫번째 시기는 공자·맹자·순자가 당시의 예악(禮樂)의 붕괴라는 현실에 직면하여 주(周) 문화의 교화적인 측면을 계승하고, 아울러 자신들의 창조적인 측면을 보태어 예악법규를 인간의 자각적인 도덕실천으로 전환시킨 선진 유가(원시 유가)이고, 두번째는 불교와 노장이 널리 유행하고 그것의 타락이 극심할 때에 유가의 도통을 새롭게 건립함으로써 전통 유가를 새로운 발전 단계로 진입시킨 송명의 신유가이고, 세번째 발전이 바로 20세기의 현대 신유가라고 한다. 그것은 서구의 정치경제적·문화적 도전 앞에서 전통적인 가치체계가 해체되어 가는 국면을 맞아 위로는 송명 유학을 계승하고 그 도덕정신을 견지하면서 서양 문화(과학발전과 민주국가 건립)의 소화·흡수를 통해 유교 전통의 새로운 발전을 실현하려는 단계라고 한다.[28]

이 현대 신유가는 특히 1980년대 이후 중국 본토에서도 일고 있는 유학 부흥론과 깊이 관련되어 있다. 이 현대 신유가의 제3세대로 불리어지고 있는 미국의

두유명(杜維明) 등은 '유교의 제3의 물결'을 얘기하고 있고, 특히 오늘날 한국과 일본을 비롯한 동아시아 유교 전통 나라들에서의 획기적인 경제발전은 근대 자본주의 촉발 요인에 대한 기존의 막스 베버 등의 이론을 재검토하게 만들고 있다. 즉, 막스 베버는 서구에서 자본주의를 일으킨 것은 서구 프로테스탄트 윤리이고, 따라서 그러한 촉발 요인이 없는 곳에서는 결코 자본주의가 일어날 수 없다고 했는데, 오늘날의 동아시아 여러 나라들에서의 현실이 그렇지 않다는 것이 드러나자 그 이론에 대한 재검토가 제기되었다는 것이다.[29] 그것은 유교 문화와 근대사회는 서로 양립할 수 없고, 따라서 근대화를 위해서는 유교 윤리를 거부해야 한다는 그의 이론의 함의를 '유교 자본주의론' 등으로 맞서는 것이다.[30] 후자는 유교가 근대화와 상치되기는커녕, 오히려 근대화 성취 이후의 후기 산업기에 서구 사회가 맞닥뜨린 갈등과 문제를 해결하는 데 도움이 될 수 있다고 믿는다.

이상에서처럼 우리가 이제까지 유교 전통과 서구 근대 민주주의와 과학 전통과의 만남의 과정을 길게 살펴본 이유는 그 만남에서의 두 입장 중 어느 쪽을 지지하고 반대하려는 등의 내용상의 이유에서라기보다는 오히려 그 만남 자체가 이루어졌다는 사실의 의미를 드러내기 위해서이다. 왜냐하면, 그 만남이란 지금 우리가 시도하고 있는 유교 전통과 페미니즘과의 만남만큼이나 그 시작에서는 불가능한 것으로 여겨졌으나, 그 심화의 과정에서는 창조적인 대화가 가능해졌고 그것을 통해 서로에게 새로운 변혁의 장이 열렸기 때문이다. 즉, 여기서 우리가 우리의 만남을 위해서 의미깊은 것으로 생각하는 요소는, 첫째 앞의 모종삼의 유가 발전 역사에 대한 연구에서도 지시되었듯이 유교 전통이 장기간에 걸친 시간의 흐름 속에서 그때그때 그 시대적 상황의 도전 앞에서 자신을 응전해 왔다는 사실이 지적된 것이다. 이것은 페미니즘과의 당면의 대화를 그 역사적인 유교 전통이 페미니즘이라고 하는 또 하나의 도전 앞에 다시 서

---

[29] Theodor Dams, "Social Welfare and Individual Self-Interest: Some Western Perception in Relation to Principles of Confucian Culture", in: 『유교 문화의 보편성과 특수성』 제8회 한국학 국제학술회의 논문집, 한국 정신문화연구원.

[30] 錢遜, 「21세기 유학 발전이 직면하고 있는 몇 가지 문제들」, in: 『공자 사상과 21세기』, 한·중 국제학술회의 대논문집(서울: 동아일보사, 1994), p.248.

있는 모습으로 이해하게 하며, 또한 이제까지의 다른 대화들에서 그랬듯이 그 결과가 결코 무의하지 않을 것이라는 기대를 가지게 한다. 작년 '제8회 한국학 국제 학술회의'에서 중국의 루신은 중국 유교 전개에 대한 역사적 개관을 다음의 세 가지로 했다: 우선 유교는 시대의 변화하는 요구에 적응할 수 있었고, 기존의 질서를 안정시킬 수 있었기에 주요한, 그리고 지속적인 역할을 행사할 수 있었고, 둘째는 유교는 다른 학파의 사상을 끌어들이고 흡수할 수 있었기에 자신을 풍요롭게 하여 전통적 중국 문화의 주류가 될 수 있었으며, 끝으로 유교는 자기 갱생의 능력이 있었기에 새로운 역사 환경 아래서 전통적 사유를 새로이 주조하고 해석할 수 있었다고 한다.[31]

이처럼 먼저는 유교 전통을 '역사적'으로 이해하게 되었다는 의미와 함께 페미니즘과의 대화를 위한 두번째의 의미는 그렇게 유교 전통이 장기간의 시간 속에서 자신을 응전해 온 역사적 과정이라는 사실을 받아들인다면, 그 안에 그러한 수많은 시간 속에서 전수되고 축적된 어떤 본질적인 것, 어떤 보편적인 의의를 생각해 볼 수 있도록 한다는 것이고, 그것을 우리 페미니즘과의 대화에서도 의미지을 수 있도록 한다는 것이다. 미국의 역사학자 에드워드 쉴즈(1911~)는 "실재적 전통"(substantive tradition)이라는 것을 얘기했다. 그것은 변화하는 전통들 중에서도 변화하지 않는 어떤 본질적인 것, 시대의 큰 변동에 따라 동요하지만, 결코 소멸되지 않는 기초적인 진실이 되는 것이라고 한다. 그에 따르면, 어떠한 신념이나 구조, 그리고 실천이 존재했다는 사실은 거기에 따라서 살아온 사람들에게 도움이 되었다는 것을 뜻하고, 그와 같은 구조를 그들이 심각하게 받아들이기 위해서는 거기에 의미가 있어야 한다고 한다.[32] 이러한 "전통성의 전통", "실재적 전통"은 인간 사상의 근원적 유형으로서 인간 문화의 기초가 되고, 생활의 지침이 되는 것이라고 하는데, 최근 우리 나라

---

[31] 루신, 「중국의 유교철학과 그 현대적 역할」, 『유교 문화의 보편성과 특수성』 제8회 한국학 국제학술회의 논문집, 한국 정신문화연구원, 1994, p.70ff.

[32] Edward Shils, 『전통』, 김병서·신현순 옮김, 대우 학술총서 번역 51(서울: 민음사, 1992), p.426.

에도 『매너의 역사—문명화의 과정』으로 소개된 독일의 노버트 엘리아스가 얘기한 "문명화 과정"(der Prozess der Zivilisation)으로서의 역사 이해와도 비슷한 의미로 이해될 수 있겠다.[33]

한편으로는 모든 역사적 추세를 부동적이고, 진화가 없는 것으로 설명하려는 역사의 '정태주의'와 다른 한편으로는 역사에서 오직 끊임없이 변화하는 것만 보고 그러한 변화의 근거에 있는 질서와 역학구조, 방향을 무시하는 역사의 '상대주의'를 배격한다는 엘리아스는 장기간에 걸친 역사적 경험을 실증적으로 살펴보면 거기에는 분명 뚜렷한 포괄적인 사회 발전의 방향과 구조가 드러난다고 한다. 그는 여기에서 자신의 이러한 탐색이 결코 어떤 형이상학적 관념을 다시 끌어들이는 것이 아니고 "역사적 경험(사실)에 대한 지속적 관찰 과정"을 통해서 얻어진 것이라고 하는데,[34] 그것은 기존의 일반적인 사회학적 연구가 비교적 단기적인 과정과 보통 일정한 사회 상태에 관련된 문제에만 관심을 집중하는 것과는 달리 "장기적인 변화"와 "장기적인 과정"에 관심을 두는 것이고, 또한 '개인'과 '사회'와 같은 개념들을 별개로 존재하는 두 대상에 관계된 것으로 보는 것이 아니라 "결합체"라는 개념 속에서, 상이하지만 분리 불가능한 동일한 인간의 두 측면으로 이해하는 것이라고 한다.[35] 즉, 개인의 심리적 구조와 상호 의존적인 다수의 개인들로 구성된 결합체(사회구조) 사이의 관련의 문제를 통합적으로 이해하려는 것이라고 한다.

이렇게 오늘날 일반적으로 하나의 사회과학으로 여겨지는 여성학의 학문 방법에서도 드러나는 방식과는 다르게 지극히 역사(과정)적이고, 총체적인 시각으로 특히 중세 이래 근대 부르주아 사회까지의 유럽인들의 삶의 경험들 — 종교나 경제, 예술, 국가 형태뿐만 아니라, 특히 일상적 본능과 관련된 삶으로 식사예절, 오줌누기 등의 생리적 기능, 코풀기, 침뱉기, 성생활 태도 등 — 을 관찰해 본 결과 그것은 뚜렷이 "문명화"의 과정이었고 "매너의 세련화"의 과정이었으며, 다른 얘기를 하면 인간의 본능적 충동이 억제되고 다른 사람들과의

---

[33] 노버트 엘리아스, 『매너의 역사—문명화의 과정』, 유희수 옮김(서울: 신서원, 1995).

[34] 위의 책, p.23.　　　　　[35] 위의 책, pp.344, 352, 389.

관계에서 자율적 자기 통제가 증가되는 '이성적 사고'와 '분리의식'의 발전 과
정이었다고 한다. 봉건적 궁정예절을 거쳐 17세기의 절대왕정 시대의 예절에서
는 그 세련화의 절정기였으므로 억압의 절정기이도 했지만, 후에 부르주아 산
업시대에서의 고도의 자기 절제를 전제한 국민예절로 전개되었다.

엘리아스는 밝히기를 자신의 문명화 이론은 각 문명화 단계들에 대한 우열과
선악의 판단을 내리기 위한 것은 아니라고 한다. 그보다는 오히려 역사에는 그
자체로 한 특정한 방향으로의 변화가 있으며, 그것이 발전이나 문명화라는 말
에 부합되는 매너의 역사가 되고 자기 절제의 방향으로 나갔다는 것을 보여주
기 위한 것이라고 한다.[36] 이같은 엘리아스의 역사 이해, 문명화 개념을 토대로
하여 서구의 한 유학자는, 특히 조선시대 한국에서의 유교화 과정을 한 "문명
화 과정"으로 이해하였는데, 그것은 지금의 우리들의 페미니즘과의 대화를 위
한 유교 전통의 이해를 위해서도 좋은 시사가 된다. 왜냐하면, 바로 그 문명화
의 내용인 매너나 자율적인 자기 통제, 자기 절제가 유교 전통이 그 핵심적인
방법론으로 삼는 예의 행위를 통해 얻으려는 것이고, 따라서 이제까지 여성들
에 대한 유교적 예(禮)의 부과를 부정적인 것으로만 바라보던 시각에서 벗어나
서 그 역사성과 의미성을 찾아볼 수 있게 하기 때문이다.[37]

『이조 여성사』를 비롯하여 한국 여성사에 대한 심도깊은 이해를 추구하는 박
용옥은 그동안 우리가 일방적으로 많이 들어온 한국 여성사에 대한 부정적인 평
가, 즉 "고대에서부터 고려조를 거쳐 유교적 조선조에 이르는 역사의 흐름 속에
서 한국 여성상은 더 소극적인 개념으로 정립되어 갔으며, 여권도 실질적으로
미약해졌다"는 평가에 대해 이의를 제기하면서, "한국에서의 여권의 역사 또는
여성 지위사라고 할 만한 것이 일반적인 역사 발전의 법칙과 정반대로 역류하고
있다는 서술이 과연 온당한 주장이냐"고 되묻는다.[38] 거기에 반대하는 해석으로

---

[36] 위의 책, pp.347, 353.

[37] Boudewijn Walraven, "The Confucianization of Korea as a Civilizing Process", in: 『유교
문화의 보편성과 특수성』.

[38] 박용옥, in: 하현강 외, 『한국여성의 전통상』(서울: 민음사, 1985), p.150.

그녀는, 예를 들어 고려 왕실의 모계성 계승이 여권의 문제에서 시행된 것이 아니라 지방 호족 세력을 무마하기 위한 정치적 제스처였고, 조선조에서는 분명했던 처첩제가 고려시대에 이루어지지 않았던 것은 오히려 그만큼 부부간의 권리나 처의 권리 등에 대해 확실한 태도를 가지지 못한 생태를 보여주는 것이라고 지적한다. 이능화도 그의 『조선여속고』에 초기 고려 왕가에서 혈족혼인이 빈번했고 심지어는 자신들의 누이, 딸까지 비(妃)로 맞이했던 풍속이 있었으며, 그것이 후에 유교적 윤리에 의해서 금지되었으나, 쉽게 바뀌지 않았음을 지적하였다.[39] 그 동성혼인, 근친상혼은 사실 신라의 구습을 모방한 것이라고 한다.

  이상과 같은 여러 지적들을 염두에 두면서 다음 장에서의 우리의 과제는 페미니즘과의 대화를 위한 유교 전통의 역사적 의미와 그 실재적 가치들을 찾아보는 것이다. 엘리아스가 매너의 역사를 밝히면서 그것은 장기적 변화에 대한 관심과 심리학·언어학·민속학·인류학 등의 다양한 학문 분야의 협동 작업이 요구되는 것이라고 지적했듯이 우리의 이 일도 바로 그러한 힘든 총체적 작업인 줄 안다. 본인의 연구와 역량이 거기에 모자라지만, 앞으로의 더 깊어지는 연구와 다른 연구자들에 의한 계속적인 개진을 기대하며 나름대로 시도해 보고자 한다. 박용옥도 지적한 '일반적인 역사 발전의 법칙'에 대한 믿음에 근거해서이다.

3. 유교 전통의 실재적 의미들

우리가 앞장에서 살펴보았듯이 유교 전통은 동아시아에서 오랜 기간에 걸쳐 그 시대의 도전에 응하며 자신을 변화시키며, 핵심적 문화 전통으로 자리잡아 왔고 오늘날 근대 서구 문명의 도전 앞에서도 그 대화에의 노력을 쉬지 않고 있다. 민주주의와 과학, 페미니즘 등을 내용으로 가지는 서구 근대문명의 도전 앞에서 초기에는 그 뿌리까지 흔들리는 위기를 겪었으나, 요즈음에는 그 서구 문명의 창조

---

[39] 이중화, 『조선여속고』, 김상억 옮김(서울: 송문선, 1990), pp.081-9.

적인 유교적 변형을 적극적으로 시도하고 있고, 특히 경제 분야에서 그 성과가 주목을 받게 되자, 이제 21세기 유교 전통의 발전 문제는 단지 동양 유교 문화권 내의 지역성의 문제만이 아니라 "전지구적 문제"가 되었다는 지적을 받게 되었다.[40] 페미니즘과의 관계에서도 우리가 1장에서 살펴본 대로 오늘의 페미니즘이 처한 무목적성과 무방향성의 딜레마적 상황과 더불어, 그러나 반대로 오늘날 우리 나라에서도 여러 분야에서 실천적으로 두드러지는 전통적·여성적 힘의 활약상을 볼 때, 그 전통 안에 담겨져 있는 근원적인 힘과 의미들을 들추어 내는 일이 결코 허구적이거나 무의미하게 보이지 않는다는 것이다. 왜냐하면, 그것은 다시 쉴즈의 의미대로 하면 '실재적 전통'이 드러났다는 것이며, 엘리아스의 이야기대로 하면 결코 어떤 형이상학적 실체 개념을 끌어들인 것이 아니라 오랜 기간에 걸친 역사적 경험들이 실증적으로 말해주는 것이라는 의미이기 때문이다.

1) '관계의 도'에 대한 가르침

이상과 같이 생각해 보았을 때, 그 유교 전통의 첫번째 의미로서 그것의 '관계의 도'〔相關之道〕에 대한 가르침을 들고 싶다. 우리가 다 주지하다시피 중국 문명의 정신적 기초가 되는 역(易)은 천지(天地), 건곤(乾坤), 남녀(男女), 강유(剛柔) 등 서로 대립되지만, 그 대립되는 두 요소 사이의 교감으로 만물의 생성을 얘기했고, 음양론을 더욱더 적극적으로 수용하면서는 역(易)은 곧 음(陰)과 양(陽)이라는 성질이 서로 반대이면서도 서로 보완하는 관계에 있는 두 개의 추상 개념으로서 모든 만물의 생멸과 인간의 도리를 밝히는 것이 되었다. '굳은 것과 부드러운 것이 서로 일어나 변화가 생긴다', '해와 달이 서로 밀어서 밝음이 생긴다', '굽힘과 펌이 서로 감응하여 이로움이 생긴다', '사랑과 미움이 서로 갈등하여 길흉이 생기며, 참과 거짓이 서로 교감하여 이로움과 해로움이 생긴다' 등 '역'은 일체의 생성을 언제나 대립자들 사이의 교감에서 비롯된다고 강조한다.

---

[40] 錢遜, 앞의 글, p.244.

'역'의 일차적 관심은 원래 자연을 해명하는 것이었다. 그러나 주나라 시대와 공자의 춘추전국 시대, 음양가의 사상을 더욱더 적극적으로 수용한 한대 이후로 내려오면서 이 역의 음양사상은 한편으로는 점점 더 인간화되어서 가치론(도덕론)화되었고, 또 한편으로는 추상화되고 형이상학화되어서 현실의 모든 것과 일들이 이 형이상학적 원리에 근거된 것으로 파악되어 사고의 교조화와 단순화를 초래시키기도 하였다.[41] 최고 절대존재로서의 천(天)을 인륜의 개념인 인(仁)으로 인본화시키고 윤리화한 공자는 「계사전」 상하편을 지어서 『주역』(周易)의 사상 내용과 그 가치를 밝혀내었는데, 거기에 나타나는 건과 곤의 자리매김과 남녀에의 상관 등은 바로 그러한 표현들로 이해될 수 있고, 따라서 그 해석이 지금 우리의 문제가 되는 유교 남존여비 사상의 토대가 되는 것으로 이해된다.[42]

하늘은 높고 땅은 낮은데, 그것을 본떠 건괘와 곤괘가 자리를 잡는다. 낮은 자리에서 높은 자리까지 6효가 배열되는데, 그 속에 귀하고 천한 위치가 정해진다. 움직이고 고요함에는 항상된 법칙이 있는데, 거기에서 굳셈과 부드러움이 판가름된다. … 그러므로 굳셈과 부드러움이 서로 부딪치고 팔괘가 서로 밀고 당긴다. 천둥과 벼락으로 고동하고, 바람과 비로 적신다. 해와 달이 운행하여 한 번 추워지면 한 번 더워진다. 건도는 남성을 이루고 곤도는 여성을 이룬다. 건은 위대한 시작을 맡고 곤은 만물을 완성시킨다. 건은 쉬움으로써 시작을 맡고, 곤은 간단함으로써 완성한다(天尊地卑, 乾坤定矣. 卑高以陳, 貴賤位矣. 動靜有常, 剛柔斷矣. … 是故剛柔相摩, 八卦相蕩, 鼓之以雷霆, 潤之以風雨. 日月運行, 一寒一暑. 乾道成男, 坤道成女. 乾之大始, 坤作成物(『주역』「계사전」上 제1장).

이 『주역』의 기본사상과 기본원리를 드러내는 첫머리에 나오는 "건괘와 곤괘가 자리를 잡는다"[乾坤定矣]에서의 건곤 두 괘의 배열은 한 연구에 따르면, 은(殷)나라 때의 역(易)인 『귀장』(歸藏)에서와는 다르다고 한다. 즉, 은나라 때의

---

[41] 곽신환, 『주역의 이해: 주역의 자연관과 인간관』(서울: 서광사, 1990), pp.110ff, 130ff.
[42] 박용옥, 「유교적 여성관의 재조명」, 『한국여성연구』(서울: 청하, 1988), p.25.

역인 『귀장』에서는 곤괘를 64괘의 첫머리에 두고 건괘를 그 다음에 두어서, 그 때문에 그때에는 역을 '곤건'으로 불렀다고 한다. 이 연구자에 따르면, 이러한 배열 방법은 은나라 사람들이 모계를 중시하였던 사상을 반영한 것이라고 한다. 반면, 『주역』에서 그것이 뒤집어진 것은 은나라와 주나라 교체기에 있어서의 한 커다란 의식의 변혁을 반영하는 것이라고 하는데, 여기서 유교 전통의 계급 관념, 남녀, 부부, 군신, 부자 등의 계열이 기초된 것으로 파악된다.[43]

  이렇게 유교 전통의 정신적 토대가 되는 『주역』이 주나라 시대(기원전 10세기경) 가부장제의 형성기에 그 존비적·차별적 가치관을 담은 것으로 이해되고, 그 음양의 원리가 그후 더욱 실체화되고 형이상학화하여 남녀의 존비를 고착화한 것으로 파악되지만, 음과 양의 본래적 의미는 일이나 사물의 고정된 본체에 관심을 가지는 것이 아니라 오히려 각각의 변화하는 관계에 관한 것이라는 사실을 「계사전」의 다음과 같은 글에서도 읽을 수 있다. "한 번 음이 되고, 한 번은 양이 되는 것을 도(道)라고 한다. 그것을 이어가는 것이 선(善)이고, 그 속에서 완성되는 것이 성(性)이다"〔一陰一陽之謂道 繼之者善也, 成之者性也〕. 유사한 관찰에 근거하여 프랑스의 중국학자 마르셀 그라네(M. Granet, 1884~1940)는 이러한 "일음일양"(一陰一陽)의 사상을 설명하면서, "중국적 사고는 질서와 전일성(Totalté)과 리듬이 결합된 관념에 따라서 지배되고 있다"고 하였다. 음양은 두 대칭적 측면을 표시하는 것이지만, 동시에 그것을 상보적이게 하는 전일성이 존재한다는 것이다. 도(道)란 음양이라고 하는 그 자체가 전일적인 두 측면에서 이루어지는 전일성이라고 이해된다.[44]

  유교 전통의 역사 가운데 이러한 전일성과 상보성을 다시 회복하려는 시도가 지극히 근원적으로 일어난 예들 중의 하나가 바로 후기 명(明)나라 시대 왕양명(王陽明, 1472~1528)의 사상이라고 하겠다. 그는 송나라 신유가들, 특히 그 집대성자로 여겨지는 주희(朱熹)에 의해 파악된 세계 이해와 인간 이해가 너무 이성 중심적이고〔性卽理〕, 실체론적으로 이원화〔主理論〕되어 있는 것을 발견하고

---

[43] 金景芳 외, 『역의 이해: 주역계사전』(서울: 예문지, 1993), p.30.
[44] 다까다 아쓰시, 『주역이란 무엇인가』, 이기동 역(서울: 여강출판사, 1991), p. 27.

지극히 실천적인 의도에서, 즉 유교 전통이 그 의미 실현의 방법론으로 제시하는 성인(聖人)이 되는 길을 찾기 위하여 다시 인간과 세계를 전일적이고 통전적으로 이해하길 원했다. 즉, 그에 따르면 인간이란 이성만의 존재가 아닌, 감성과 육체의 존재이기도 하다[心卽理]. 따라서 성인이 되기 위해서는 이성적인 이론의 탐색만이 아니라 구체적 실천이 요구되는 것이다[知行合一]. 또한 그에 의하면, 이 세계의 두 존재법칙인 정신적인 힘인 리(理)와 신체적인 힘인 기(氣)는 실체론적으로 서로 구별되고 거기에 질적 차등이 있는 것이 아니라 오직 한 가지 도의 두 측면이고, 두 기능일 뿐이라고 한다. 그의 말을 들어보면,

생기위성(生氣謂性)이라고 하는 말의 생(生)자는 바로 신체적인 의미인 것으로 "기(氣)는 곧 성(性, 理)이다"라고 한 말과 같은 것이다. … 맹자가 "인간의 본성은 선하다"고 말하였는데, 이것은 근원상에서 말한 것이다. 그러나 본성이 선하다고 하는 단서는 반드시 기(氣)에서 비로소 볼 수 있는 것이므로 만약 기가 없다면 볼 수도 없는 것이다. 맹자가 말한 측은(惻隱)과 수오(羞惡)와 사양(辭讓)과 시비(是非)의 사단(四端)이란 것도 바로 기(氣)인 것이다. … 만약 학자가 자기의 성(性)을 확실히 인식할 때 같으면 기(氣)가 성(性, 理)이고, 성이 바로 기인 것이다. 원래 성과 기는 구분할 수도 없는 것이다(生氣謂性. 生字卽是氣字. 猶言氣卽是性也. … 孟子性善是從本原上說. 然性善之端. 須在氣相始見得. 若無氣. 亦無可見矣. 惻隱羞惡辭讓是非卽是氣. … 若見得自性明白時. 氣卽是性. 性卽是氣. 原無性氣之可分也, 王陽明, 『傳習錄』中).

이렇게 양명이 리(理)와 성(性)에 반하여 기(氣)와 심(心)과 행(行)을 다시 강조하고 들추어낸 것은 우리에게 지금 관건이 되는 유교 전통과 페미니즘과의 대화의 시각에서 보면 바로 '여성적인 요소', '신체적인 측면', '실천의 구체성'을 회복하고 강조한 것이라고 하겠다. 이러한 양명의 사고가 역사상에서 실제적으로 얼마나 여성들을 위하여 구체적으로 활용되었는지는 알지 못한다. 그러나 양명의 이같은 전일적이고 실천적인 사고가 전통 유교의 경직과 구습을

타파하고 여러 가지 사회적인 개혁을 이루려는 사상가들에게 많은 영향을 주었다. 또한 우리 나라에서도 박은식이나 정인보 같은 구한말의 개혁가들에게 큰 영향을 끼친 것을 생각해 볼 때, 다시 관계의 도가 추구되고, 여성적인 요소가 온전히 인정되는 것을 통하여 조화와 전일성이 추구되었다는 의미에서 우리의 페미니즘 연구에 시사가 크다고 여겨진다. 한국 여성교육 이념을 이기(理氣) 철학적으로 연구한 정세화도 우리 나라 근대 동학이나 증산교, 원불교 등에서의 여성관을 기철학적 이념의 표현으로 보면서 "기철학의 여성평등관은 그것을 주창한 철학이론 자체 속에서는 원리론 이상의 분명한 구체적 모습으로 드러나지 않지만, 한국 근대사에 여성평등 사상이 태동하는 이론적 모태의 역할을 하는 것은 확실하다"고 지적하였다.[45]

동양과 서양 모든 곳에서 인류는 이제까지 가부장주의 문화 속에서 살아왔다. 그 가부장주의 문화란 네덜란드 문화철학자 반 퍼슨(C. A. van Peursen, 1920~)의 개념을 빌리면, 인류 초기의 신화적 사고 다음의 존재론적이고 실체론적 사고가 지배하던 시기라고 하겠다. 그 실체론적 사고란 나와 너를 가르고, 여자와 남자, 정신과 육체 등을 닫혀진 실체들로서 파악하여 거기에 질적인 차등을 매기고 철저히 차별하는 것이다.[46] 그런 의미에서 유교 전통의 가부장주의도 예외가 아니었다. 그러나 오늘날은 그 실체적 사고가 많은 한계를 드러내면서 '기능적 사고'가 요구되게 되었는데, 그것이란 존재들을 서로서로의 열린 관계들 안에서 역동적으로 파악하는 것, 이제 객관적인 '본질'에 집착하는 것이 아니라 관계하는 '방식'에 관심을 가지는 것이다.[47] 이렇게 보았을 때, 영국의 조셉 니이담(Joseph Needham, 1900~)도 그의 저서 『중국의 과학과 문명』에서 중국적 세계관을 '유기체의 철학'이라고 설명했듯이 우리가 위에서 보아온 대로 유교 전통의 음양과 역의 사고 안에는 그 실체론적 경직을 벗겨보

---

⁴⁵ 정세화, 「한국 여성교육 이념의 理氣 철학적 연구」, 연세대학교 대학원 교육학과 박사 학위 논문, p.103.

⁴⁶ 반 퍼슨, 『급변하는 흐름 속의 문화』(서울: 서광사, 1994), p.76.

⁴⁷ 위의 책, p.117ff.

면, 그러한 기능적 사고에의 많은 가능성들이 보인다 하겠다. 따라서 그것은 오늘날 서구 페미니즘도 나름대로 다시 당면해 있는 이원주의와 실체화의 위기 앞에서 좋은 시사가 된다고 여겨진다. 다시 말하면, 이제 유교 전통이 얘기하는 음과 양, 여와 남, 부부간의 유별을 실체론적으로 이해하여 성차별적으로 볼 것이 아니라 그 안에 기능적으로 내포되어 있는 인류 문화의 또 하나의 근원적 메시지인 '구별'과 '나눔', '조화'의 가르침으로 파악하자는 것이다.[48] 더군다나 오늘날은 인간과 성(性) 이해에 대한 더욱더 광범위해진 사실적 지식에 근거해서 — 그 한 예로 양성 구유적 인간 이해 — 그 양성의 구별이 이제 더이상 예전처럼 그렇게 절대적일 필요가 없게 되었고 대신 한 인격 속에 통합될 수 있는 가능성이 더욱더 열려져 있기 때문이다.

김용옥은 그의 『여자란 무엇인가』에서 서구 유목문화에 비해 동양 농경문화권 안에 더욱더 풍부하게 내포되어 있는 여성성의 인정, 양성의 조화에 대한 이상을 여러 가지 측면에서 밝혀준다. 『예기』(禮記)의 「예운편」에 나오는 인간 이해, 즉 "사람이라는 것은 하늘과 땅의 힘이 합쳐진 것이며, 음과 양의 기운이 교합한 것이며, 형체와 신령의 만남에서 이루어진 것이며, 하늘과 땅을 이루는 다섯 운행의 가장 빼어난 기를 타고난 것이다"를 들면서 그것은 인간이라는 존재는 여자든지 남자든지 불문하고 어떠한 경우이든지 하늘성과 땅성, 양성(masculinity)과 음성(feminity), 신성(神性)과 귀성(鬼性)의 교회(交會)라는 것을 가르치는 유교 문헌의 대표적 원리라고 설명한다.[49] 또한 「유교적 여성관의 재조명」이라는 글에서 박용옥은 『주역』이 천도에 연결시켜 여성의 유순과 복종을 강조했지만, 그러나 전통사회에서는 바로 그 천도인 음양조화의 원리에 근거해서만 여성의 실천적 권한이 주어졌기 때문에 그 음양조화 원리는 여성사적 의미에서 주목된다고 하였다.[50] 유사한 의미에서 종래 남존여비라고 했던 조선사회의 여성문제를 전면적으로 재검토해야 한다고 주장했던 그녀는 『한국 근대 여성사』

---

[48] 김충열, 『유가 윤리강의』(서울: 예문서원, 1994), p.64.

[49] 김용옥, 『여자란 무엇인가』(서울: 통나무, 1989), p.113.

[50] 박용옥, 앞의 글, p.30.

연구에서 먼저 조선사회 체제 안에서 여성이 가졌던 여러 긍정적 지위 ─ 모 (母)로서의 존장권, 입양권, 여성 상속권 등 ─ 를 들면서, 그 가족제도 안에서 여성이 과거 차지했던 높은 위치가 바로 우리 나라 개화기 애국 계몽운동기의 여성 개화운동을 활발히 진행시킬 수 있었던 원동력이 되었다고 얘기한다.[51] 그 녀에 따르면, 그러한 긍정적 위치는 또한 우리 나라 여성들이 결혼과 동시에 자 신의 성(姓)까지 바꿔야 하는 서양 여성들의 근대화 투쟁에서와는 달리 그렇게 극단적인 투쟁 과정 없이 자신들의 근대화를 수용할 수 있게 하였다고 한다.[52]

2) '예(禮)의 실행'을 통한 자기 단련과 성숙의 의미

이상과 같이 유교 전통의 페미니즘과의 대화를 위한 첫번째 가르침으로서 그 '관계의 도(道)'를 들었는데, 두번째 의미로서 우리는 그의 '예(禮)의 실행을 통한 단련과 성숙의 의미'를 들고 싶다. 예란 바로 위의 관계의 도가 구체적으 로 실현되는 장치들이다. 우리가 앞서 지적했듯이 멀리 제천의식에서 지켜지던 금기의식에까지 소급된다는 예는 중국에서 주대(周代)에 들어와 구체화되었다. 정치적이고 일상적인 세속의 예가 집대성된 『주례』(周禮), 관혼상제 등의 특수 한 종교의례가 모여진 『의례』(儀禮), 그리고 예에 대한 일반적 원리를 설명하 고 있는 『예기』(禮記)가 그것들이다. 유자(儒者)란 원래 주말(周末) 이후 이러 한 예를 집단적·사회적으로 실현하게 하는 지도자 내지 교육자에 해당되고, 유가는 불가나 도가와는 달리 사회윤리의 실현을 통한 치국의 길을 통해서 삶 의 의미를 실현하려는 것이기 때문에 그 유가에 있어서 예란 바로 그 중핵을 이루는 것이었다. 따라서 그러한 예는 유교 전통 가운데서 점점 더 중시되었고 단순히 중시된 것만이 아니라 형이상학적 토대 위에 더욱더 치밀하게 연구되고 실행되었다. 송나라 신유교의 집대성자로 여겨지는 주희의 예에 대한 학설을 모집한 『주자가례』(朱子家禮)는 바로 그러한 본보기이며, 우리 나라에는 고려 말기 유입되어서 조선조 유교 예 확립의 한 중요한 기초가 되었다.[53]

---

[51] 박용옥, 『한국 근대 여성사』(서울: 정음사, 1975), p.4.

[52] 위의 글, p.11.

[53] 이범직, 『한국주례예사상: 오례를 중심으로』(서울: 일조각, 1991), p.198ff.

조선조는 특별히 고려말의 타락한 불교를 버리고 '삼강오륜' 등의 예 사상으로 충만된 유교를 신봉하고 활용하는 것이 이로운 길이라고 생각했기 때문에 우리 나라에서 예 의식과 시행은 조선조 성립 이후에 본격적으로 발달한다. 태조 때부터 『경제육전』을 통한 오복제(五服制)의 준용과 가례의 삼년상(三年喪) 및 가묘제(家廟制) 등이 시행되었고, 세종 때에는 『삼강행실도』와 『국조오례의』, 『오례의주』 등이 나와 백성들의 훈민적 교화에 치중했다. 15세기 후반에서 16세기 초반에는 무엇보다도 『소학』(小學)의 이해와 그 실천이 강조되었다.[54] 한편, 조선조는 유교의 부부유별 내지 남녀분별의 내외법(內外法)에 따라 여성들에게 여러 여훈서(女訓書)를 마련하여 교화하였다. 대표적인 것으로 소혜왕후의 『내훈』(內訓, 1475)이 있고, 퇴계 이황의 저서로 전해오는 『규중요람』, 우암 송시열의 『우암선싱계녀서』, 그리고 이덕무의 『사소절』 부의편(士小節 婦儀篇, 1795) 등이 있다.

원래 예(禮)란 의리(義理), '마땅히 해야 할 원리' 등을 의미하므로 그 의미의 특징은 무엇보다도 당연시되는 명분(名分)을 근간으로 한다. 따라서 그것이 형식주의의 경향을 가지는 것을 부인할 수 없는데, 이 형식주의 성향으로 인해서 조선조에서도 예학시대(禮學時代)라고 불리는 17세기 이후, 예의 실행이 철저해지면서 여러 공리공론적 병폐들이 나타났다. 또한 내외의 구별에 따른 여성들에게 해당되는 예의 실행에 있어서도 점점 강박적인 성격을 드러내어 여성의 인간성이 심하게 억압되는 경우들을 초래하였다. 당시 이러한 예의 경직화와 형식화의 병폐는 마침내 18세기 후반 실학을 발흥시켰고, 특히 현대 페미니즘과의 만남에서는 그 둘이 서로 화해할 수 없는 사이로 인식되게 만들었다. 그러나 우리가 2장에서 살펴본 대로 유교화(Cofucianization)의 과정을 인류 문명의 한 보편적 진행 방향인 '문명화'(the civilizing process)의 과정으로 이해할 때는 유교 전통의 그러한 예의 강조는 다른 의미를 지니게 된다. 왜냐하면, 그 예란 바로 문명화의 구체적 내용인 '자기 통제력'(self-control), '식

---

[54] 윤사순, 『한국유학사상론』 열음사 총서 3(서울: 열음사, 1986), p.61ff.

자력'(識字力, literacy), '시간 관념'(the sense of time) 등을 길러주는 훈련
들이기 때문이다.[55]

① 먼저 문명화 과정의 핵이라고 할 수 있는 '자기 통제력'의 함양의 측면에
서 보면 조선 여훈서들의 핵심 내용들이 바로 그 덕을 길러주는 것임을 알 수
있다. 소혜왕후는 그의 『내훈』의 서문에 '무릇 사람의 태어남에는 천지의 영기
를 타고 다섯 가지의 덕을 품고 있기에 이는 꽃과 돌과는 다름이 없다는 이치
를 일컬음인데, 난초와 쑥과는 다름이 있다는 것은 어쩐 일인가? 이는 수신지
도를 다하고, 다하지 못함에 있음이라'라고 하면서 여성들이 살림살이에 바빠
남성들과는 달리 덕행의 귀함을 알지 못하니 이것을 한스럽게 여겨 글을 쓴다
고 하였다.[56] 문명화와 예란 자기 통제력에 근거하여 별(別)과 서(序)에 대한
인식을 가지고 삶의 질서를 세워나가는 것이라 했을 때, 조선조 여훈서들은 삶
의 세미한 부분과 관련하여서까지 그러한 구별과 질서의 도를 가르쳤고, 언행
의 문제, 효친(孝親)의 문제, 정숙과 정절, 봉제사(奉祭祀), 자녀 교육의 예 등
삶의 전영역과 전생애를 질서짓는 것이었다.

『제2의 性』의 저자 시몬느 보봐르에 의해서도 인용된 레비 스트로스(Levi
Strauss)의 다음과 같은 지적을 보면 인간 문명화의 과정이란 바로 나눔과 구
별이 실행되고 질서가 세워지는 일이라는 것이 더욱 드러나는데, 즉 그에 의하
면 "자연의 상태에서 문화의 상태로 이행하는 단계는 생물학적 관계를 일련의
대비 — 이원성, 교체성, 상극성, 대칭성 — 로 파악하는 인간의 능력에 특징
지어진다"고 한다.[57] 그런 의미에서 남녀의 혼욕이 쉽게 이루어지고 불교 사찰
에서의 풍속의 문란, 근친결혼 등이 행해지던 고려조부터 그것과 구별되는 남
녀의 유별이 뚜렷이 요구되고, 자기 절제력이 최고도로 요구되어지는 일 중의
하나인 열(烈)의 예(禮)가 보편화되기까지 한 조선조까지의 과정은 그러므로

---

[55] B. Walraven, op. cit., p.543ff.

[56] in: 손직수, 「조선시대 여성교훈서에 관한 연구」, 성균관대학교 대학원 교육학과 박사학
위 논문, 1980, p.20.

[57] 시몬느 보봐르, 『제2의 性』(서울: 을유문화사), p.12.

어떠한 경우에서보다도 더 철저했던 인간 문명화의 과정이었다고 하겠다.

　중세 이후 서구에서의 문명화 과정을 탐색한 엘리아스는, 그러나 그 문명화 과정인 매너의 세련화 과정이 18세기 후반 어떻게 형식화되고 명분화되었는지를 또한 지적했다. 그리하여 괴테의 다음과 같은 탄식 "격식에 온 정신이 달려 있고, 식사중 의자를 어떻게 끌어당기는 것이 좋을까에 일 년 내내 생각과 소망을 바치는 족속들은 어떤 족속들일까"도 나왔다고 한다.[58] 이 지적처럼 우리 나라에서도 조선조 후반 예 실행의 과불급으로 인한 심한 경직을 볼 수 있는데, 특히 여성의 정절의 예를 규정하는 과정에서는 심지어 왜적에게 쫓기던 중 급히 손을 내밀어 잡아 준 사공의 손길이 닿았으므로 이미 실절하였다고 하여 투신자살하기도 했다고 한다. 이러한 현상에 대해 국문학자 강진옥은 그것은 여성이 이제 "신체로 대표되는, 물질적 존재로까지 환원"된 경우를 보여주는 것이라고 하지만, 그러나 그녀는 또한 이 열(烈)의 실행이 당시 여성들에게 단지 맹목적인 것만이 아닌 "자기 내면의 요구에 따른 자발적인 선택"이 되기도 했고, 또 열이라고 하는 남성의 언어로 표현된 것이기는 하지만, 궁극적으로는 "인간의 존엄을 제기"하고 "고유한 인간적 가치를 실현"하는 방법이기도 했다고 의미짓는다.[59] 즉, 인간의 법인 자기 통제력의 지극한 표현으로 보는 것이다.

　② 문명화의 두번째 표현인 '글을 읽을 수 있는 능력의 함양'과 관련하여 유교 전통은 남성들에게뿐 아니라 여성들에게도 큰 역할을 하였다. 삶의 각 부분에서의 예(禮)가 더욱더 세밀하게 규정되면서 그것들이 기록되어야 했고, 그 기록된 문자와 글들을 읽으면서 자신들을 키워나가야 했으므로 글 읽는 것이 이 시기에 크게 강조되고 중시되었다는 것은 충분히 납득할 수 있는 사실이다. 그리하여 조선조 시대 여성들의 식자력은 크게 향상되었는데, 특히 우리가 위에서 언급한 조선조 여러 여훈서들은 한글로 풀이된 것이었으므로 그것들을 읽고 탐색했던 조선조 여성들로 하여금 "한글 문화의 수호자"라는 지적을 받게도 하였다.[60] 이대 출판부간 『한국 여성사』의 연구에서 저자는 조선 왕조 이전에는

---

[58] 노버트 엘리아스, 앞의 책, p.53.　　　　　　　[59] 강진옥.

[60] 장덕순, 「한글 수호자로서의 여인상」, 『한국 여성의 전통상』(서울: 민음사, 1985), p.29ff.

결코 각계 각층의 여성들이 문화의 각 부분에서 폭넓게 활동하였던 때가 없었다고 하면서, 우리가 일반적으로 조선 왕조 여성들이 우리 역사상 가장 비참한 생활을 하였던 것으로 생각하는 것은 반성해야 한다고 지적한다.[61] 굳이 조선 유교사회가 배출한 뛰어난 인격의 신사임당(1504~1551)을 들지 않더라도 유교사회의 더 많은 여성들이 그들의 식자력을 바탕으로 문화활동에 참여할 수 있었다. 오늘날 많이 지적되는 유교 문화권 나라들에서의 높은 교육열, 그것과 더불은 역동적이고 진취적인 기획력 등 이러한 것들이 바로 유교 전통의 예의 훈련을 통해 얻어진 유산들이라고 생각된다. 박용옥의 지적에 따르면, 남녀동권 사상을 주장하는 오늘날의 안목으로 여훈서들을 보면 그것은 분명 여성억압적 예도의 책일 수밖에 없지만, "역사적 진전 상황에서 보면 그것은 여성의 역사적 동참을 의도한 책"이라고 한다. 유교적 인문이 크게 발달하여 남자는 8세 이후 학문을 체계적으로 배워나가 예를 갖춘 인간으로 성장하나 여성들에게는 그같은 길이 막혀 있는 상황에서 이같은 부녀에게 인륜의 도리를 가르치겠다고 하는 것은 "부녀를 떳떳한 유교사회의 구성원으로 한층 승격"시키려는 것이었다고 한다. 그러한 의미에서 여훈서는 긍정적인 안목으로 평가받을 수 있다고 한다.[62]

③ 유교 여성 교훈서들은 가사를 이끌고 있는 여성의 예로서 근검절약의 덕을 강조했다. 침선·방적·양잠 등의 일을 생활화하고 있는 그녀들에게 "몸을 부지런히 하고 늦게 자고 일찍 일어날지니", "집안의 어머니가 부지런하면 그 집을 보존하고, 게으르면 굶주림과 추위에 떨게 되고 자손이 결혼하지 못하면 남도 천히 여기고 내 몸이 궁하여 마음 부끄러울지라, 부대 부대 부지런하기를 위주하라"고 당부한다. 또한 이덕무의 『사소절』은 "잠자기를 탐하여 일찍이 일어나지 아니함이 가장 부인의 악덕이라, 규분의 법이 무너지고 집안 일이 패함이 게으른 부인의 죄라"라고 하였다. 이러한 것들은 바로 문명화의 한 내용인 시간에 대한 관념이 더욱더 뚜렷해지는 것을 의미하며, 목적을 위한 현재의 절제, 인내

---

[61] 한국 여성사 편집위원회, 『한국 여성사 Ⅰ』(서울: 이화여대 출판부, 1985), p.311-312.
[62] 박용옥, 「유교적 여성관의 재조명」, p.49.

와 준비정신 등의 인간적 힘의 함양을 가능케 한 것들이다. 특히, 유교 제사의 실행과 각종 절기의 예의 실행은 여성들에게 깊은 구별의 의미, 시간과 공간에 있어서의 성(聖)과 속(俗)의 차별의 의미를 심어 주었을 것이다. 그런 의미에서 우리가 위에서 지적한 유교 여성들의 열(烈)의 관념과 더불은 효(孝)의 의식은 단순히 도덕적이고 윤리적인 차원에서의 인본적 의식으로만 여겨질 것이 아니라 그리스도교의 훈련을 통해서 얻어진 구별의식과 같은 깊은 종교적 차원을 가지는 것으로 이해해야 한다는 지적은 시사적이다.[63] 그만큼 유교 예의 실행을 통한 여성들의 훈련과 성숙이 심도깊었음을 지적하는 의미에서이다.

"소위 좁은 의미의 여권운동을 겨냥하는 입장"에서가 아니라 "한 민족의 역사를 전개시켜 나가는 데 있어서 남녀라는 인적 자원 중에서 여성이 어떤 구실을 해왔느냐에 주안점"을 두고 썼다는 이남덕 교수의 글 「전통사회의 여성의 힘」은 봉건사회, 가부장 제도권의 신분하에서 여성이 힘없는 존재로 알려졌지만, 그 '무력한 자의 힘', '여성의 힘'이 이제까지 우리 민족을 존속시키는 데 어떠한 공헌을 했는지를 탐색한다. 그녀에 따르면, 여성들의 역량을 평가하는 데 단순히 그 지위나 신분이 낮다고 하는 것만 강조하면 피상적 고찰에 그치게 되고, 전통의 여성들은 오히려 그 악조건 속에서도 자신들을 희생하는 자로, 노동하고 인내하는 자로서 인간적인 역량을 나타내 왔다고 강조한다.[64] 이러한 전통 여성상들 중에서 조선조의 유교적 여성상이 오늘날의 여성상을 성립하는 데 가장 직접적으로 영향을 미쳤고, 따라서 그것이 가장 두드러진 우리 여성상의 원류가 된다면, 이 여성들이 오랜 기간 예의 훈련과 단련을 통하여 얻은 인간적인 역량들, 자기 절제와 희생, 근면, 인내, 구별 등의 덕은 오늘날에도 여전히 우리의 자산으로 탐색되어야 한다. 시간이 흐르고 상황은 변했지만, 그것들은 오늘날도 여전히 모두에게 한 긴요한 기초적인 인간적 덕목이 됨을 본다. 그런 의미에서 이덕무의 『사소절』과 16세기 에라스무스의 『소년들의 예절론』(1530)을 비교 연구한 앞에서 소개한 왈라벤도 조선조 유교 문화의 시기를 오

---

[63] 김용옥, 『삼국통일과 한국통일』(서울: 통나무, 1994), p.172.

[64] 이남덕, 「전통 여성과 여성의 힘」, 김활란 박사 5주기 기념, 한국 여성연구 협의회.

늘날의 성공적인 한국 근대화를 위한 "전조건"(precondition)으로 보았다. 자기 훈련, 사회의 이익을 위한 관심, 공부하고 정보를 얻고 정리할 수 있는 능력, 미래의 목표를 위해서 현재의 이익을 희생하고 일할 수 있는 능력들을 그 유교화의 훈련 과정에서 얻어진 덕목들로 꼽고 있다.[65]

3) 유교 전통의 '공동체주의적' 의미

마지막으로 유교 전통이 현대 페미니즘과의 대화에 시사할 수 있는 세번째 의미로서 우리는 그것의 '공동체주의'에 대한 가르침을 들고 싶다. 우리가 다 주지하다시피 유교 전통의 인간 이해는 대단히 관계적이다. 유교 전통에서는 결코 '절대 개인'을 상정하지 않고 인간을 인간이라고 부르는 것은 인간(人間)에 사이 간(間)자가 있듯이 인(人)을 둘러싸고 있는 사이[間]들, 그 수없는 사이들, 즉 인간관계(human relations)의 집합체인 사회를 구성하고 있기 때문인 것이다. 또한 그 사회관계의 최소의 단위를 '가정'이라고 보고 거기서부터 시작하여서 평천하(平天下)를 구상하고 있기 때문에 유교 전통에서의 여성의 자기 이해도 결코 개체적이지 않고, 자신의 역할을 가정의 일로서, 부모와 남편과 자식과의 관계 안에서, 또한 그 가정의 일이라는 것도 평천하를 이루는 국가의 작업으로 보았다는 것이다.

이상과 같은 유교 전통의 인간 이해와 거기에 따른 공동체 윤리는, 그러나 이제까지 근대 서구 개인주의 윤리의 측면에서 여러 가지로 비판받아 왔다. 주체적 자아의식을 키워주지 못했고, 개인은 가족이나 사회의 이익에 함몰되며, 유교적 덕치주의라는 것도 상황 중심의 적당주의나 혈연 중심의 족벌주의, 신분 중심의 차별주의 등으로 전락해 버린다는 것들이 지적되었다.[66] 특히, 현대 페미니즘은 유교 전통의 이러한 가족 중심주의와 더불어 관계를 중시하고 명분을 이야기하는 공동체주의적 삶의 방식이야말로 여성 억압의 주요인이 되는 것

---

[65] B. Walraven, op, cit., p.554.

[66] 신옥희, 『실존윤리·신앙: 동서양 사상을 중심으로』(서울: 한국 아카데미, 1995), p.69ff.

을 끊임없이 강조하여 왔다. 그러나 최근 윤리학계에서 활발히 진행되고 있는 근대 자유주의 윤리와 거기에 대하는 공동체주의 윤리 사이의 논의에서도 드러나듯이 오늘날 삶의 궁극적 목적에 대한 모든 의미론적 관념들을 잃어버리고 파편화되고, 분절화되어서 살아가며 당면하게 되는 무의미와 혼돈을 생각해 볼 때, 그러한 삶의 전제가 되어왔던 이제까지의 근대 개인주의 윤리에 대한 점검은 긴요하다고 하겠다. 페미니즘의 논의에서 살펴볼 때도 이제까지 주로 여성적 해방에 대한 방해물로만 생각되어 왔던 가정과 가족의 의미가 재검토되고, 보살핌과 배려, 주변에 대한 책임감 등을 특성으로 가지는 여성주의 윤리학이 활발히 제기되는 것 등은 그 변화에의 요구라고 하겠다.[67]

공동체주의 윤리가들은 우선 근대 계몽주의의 자유주의 윤리가 상정하는 "독자적인 개인"(solitary individual), "무구속적 자아"(unencumbered self)라는 개념을 의심의 눈으로 바라본다. 칸트나 현대의 롤스(J. Rawls) 등에게서 발견되는 이 개념들은 이들의 비판에 따르면, 자아란 공동체에 뿌리를 두고 있고 사회적으로 구성되며, 사회의 목적에 의해 규정되고, 따라서 그로부터 분리될 수 없는 특성을 가진다는 사실을 부인한 것이라고 한다. 대신에 근대 자유주의자들은 모든 경험에 우선하고 삶의 경험에서 스스로 독립해 있는 앞서 있는 어떤 선험적 주체와 자율적 주체를 가정하는데, 이 주체에 대한 과도한 강조와 신뢰로 그것이 "근원적으로 상황화된 자아"라는 사실을 보지 못했다는 것이다.[68] 공동체주의자의 한 사람인 샌들은 그리하여 독립적이고, 뿌리도 없고, 얽매이지 않은 자유주의적 자아의 성격을 탈맥락적이라고 비판하고, 이와 상반된 맥락성을 가지는 자아를 "상호 주관적 자아"(intersubjective self)라고 부른다.[69] 그 상호 주관적 자아란 사회적 목적과 애착에 밀착된 "우리 자신들"(our-

---

[67] C. H. Sommers, "Philosophers against the Family", in: G. Graham and H. Lafollette ed., *Person to Person* (Philadelphia: Temple Univ. Press, 1989).

[68] 심성보, 「공동체주의의 교육윤리학적 연구」, 고려대학교 대학원 교육학과 박사학위 논문, 1995, p.16ff.

[69] M. Sandel, *Liberalism and the Limits of Justice* (Cambridge: Cambridge Univ. Press, 1982), pp.152-4.

selves)로 존재하고, 공동체 안에서의 사회적 관계 속에서 "뿌리내리고", 도덕적 토대로서의 자아의 성격을 가진다고 한다. 유사한 의미로 맥켄타이어는 역사와 사회적 맥락의 중요성을 강조하며 역사와 전통 속의 존재로서의 "서사적 자아"(narrative self)를 얘기하고,[70] 테일러는 근대적 인간을 "절연된 자아"(disengaged self), 즉 자기 자신의 욕구 속에서 세계를 객관화하고 목적을 발견하고 경청할 수 있는 "자기 규정적 원자론자"(self-defining atomist)라고 규정한다.[71]

공동체주의자들의 비판에 따르면, 이들 근대 자기 규정적 개인들의 자아는 무구속적이고, 의지론적이기 때문에 그 행위의 선택은 임의성을 가지고 감정의 선호에 좌우되며, 따라서 매우 주관주의적 성격을 가진다. 이들에게는 근거없는 선호감밖에 선택을 정당화할 토대가 없고, 선택된 목적의 질을 평가할 기준이 없기 때문에 결국 도덕적 상대주의에 빠져버리게 된다는 것이다. 이러한 무규범성과 혼돈이라는 윤리적 위기의 원인은 모든 도덕적 사상의 객관성과 인간 정체성의 지속성을 확보하는 데 없어서는 안될 '공동체'의 중요성을 간과했기 때문이다. 다시 말하면, 오늘날 윤리가 개인의 선호 내지는 자기 결정 등에 의존하는 '주관주의'와 '주정주의'(emotionalism)에 빠지게 되었고 자신의 욕구 외에는 어떠한 다른 목적을 가질 수 없는 무목적성과 무방향성에 빠지게 되었으며, 그것은 공동체에서 합의된 공유적 윤리 기반이 없기 때문이며, 이러한 윤리적 다의성과 불일치의 상황에 직면하여 사회적이고 역사적인 맥락 안에서 합의를 찾아낼 목적론적 중심을 상실하였기 때문이라고 한다.[72] 이러한 상황 분석에 근거하여 공동체주의자들은 다시 윤리에 있어서의 '토대'를 세우기를 원하고, 그 대안적 윤리의 모습을 찾기 위하여, 예를 들어 전우주의 목적론적 체계를 말하며 사회적 동물로서의 인간의 특성을 강조하는 아리스토텔레스의 '덕의 윤리학'을 탐색하거나 칸트 선험윤리학의 추상성과 허구성을 비판하면서 개

---

[70] A. MacIntyre, op. cit.

[71] M. C. Taylor, *Source of the Self: The Making of the Modern Identity* (Cambridge, 1989), p.113.

[72] A. MacIntyre, op. cit., p.19ff.

인의 정체성의 유지가 공동체에 참여함으로써만 가능하다는 것을 강조하는 헤겔의 '인륜성(Sittlichkeit)의 윤리'를 받아들인다.

헤겔은 이미 칸트의 절대 의무율의 윤리학이란 살아 있는 전인적인 인간을 고려하지 않고, 오히려 인간의 참된 삶을 윤리학으로부터 배제해 버린 채 삶을 소외된 계율에 예속시킨 것이고, 따라서 거기서의 인간은 자기 자신에게 예속된 것이며, 개별자로 고립되게 되어 자기와의 화해를 영원히 이룩해 낼 수 없다고 비판했다.[73] 삶의 풍부함과 다양함 때문에 필연적으로 의무의 충돌이 생길 수밖에 없다는 사실을 더욱더 현실적으로 인지한 헤겔은 그리하여 공동체 안에서 이미 존재하고 있는 습속(習俗, Sitten)이나 관행, 기성의 규범들을 중요하게 다루는 "인륜적인 덕의 도덕"(Sittlichkeit)을 제시했는데, 왜냐하면 그에 따르면, 인간에 있어서 가장 중요한 것은 공적 생활과의 관계에 있어서만 확보될 수 있으며, 구성원들은 그러한 제도와 실천에 참여함으로써만 자신들의 정체성을 유지할 수 있고, 또한 그러한 이념들은 단순히 인간의 발명품이 아니라 궁극적인 목표의식을 지속적으로 가지게 해주는 가장 중심적이고 중요한 규범들을 표현한 것이기 때문이라고 한다.

이상과 같이 '공동체를 자유로운 개인 행동의 근거'로 보는 헤겔적 세계관과 윤리관은 평천하(平天下)라는 우주적으로 뚜렷이 자각된 목적 아래 '가정'이라고 하는 가장 기초적인 인간의 공동체에서부터 시작해서 덕을 쌓아나감으로써 도를 이루려는 유교적 인륜관과 많은 유사점을 가지고 있다고 하겠다. 출세간(出世間)을 주장하는 불교나 도교의 도와는 달리 내성(內聖)과 외왕(外王)을 종합하여 도덕성의 완성을 공동체에서 실현하려는 것이 그것이다. 역사상 이러한 공동체주의가 전체주의의 유혹에 빠져들기도 했고, 특히 유교 전통의 국가주의나 가족 이기주의 등이 많이 지적되어 왔지만, 그러나 위에서 우리가 살펴본 대로 오늘날의 원자화되고 파편화된 사회 속에서 다시 서로에게 관심을 가지게 하고, 그 남에 대한 관심이 반대로 다시 자신의 삶을 지탱해 주고 지속되게 해주

---

[73] G. 루카치, 『청년 헤겔 2』, 서유석 외 옮김(서울: 동녘, 1986), p.223ff.

는 의미성을 부여하기 때문에 인간의 삶의 지속을 위해서는 그 공동체주의는 여전히 요긴하고 오늘날은 더욱더 요구된다고 하겠다. 그런 의미에서 헤겔의 국가주의뿐만 아니라 유교의 국가주의 충(忠)도 권위주의적 전체주의나 편협한 민족주의에로의 전락 위험이 견제된다면, 여전히 개인들에게 공동체에 참여함으로써 자신들의 정체성을 유지하게 하고 삶의 더 좋은 것을 경험하게 하는 좋은 사회의 덕이 된다고 하겠다.[74] 특히, 송나라 신유학자 장재(張載, 1020~1077)의 『서명』(西銘)은 그 공동체 의식이 전우주에까지 확장될 수 있는 가능성을 잘 보여주었는데, 하늘과 땅을 자신의 부모로 알고 세상의 모든 사람들을 형제자매로 알며, 심지어는 길거리에 깨어져 굴러다니는 기왓장 한 조각에서까지 자신과의 하나됨을 느낄 수 있는 마음, 그것이 바로 유교 전통의 인륜의 목표라는 것을 잘 드러내고 있다. 이러한 유교의 만물일체(萬物一體)의 공동체 이상은, 특히 오늘날 과학 문명의 시대에 인류가 직면해 있는 환경문제와 관련하여 자연까지도 그 공동체에 포괄시킬 수 있는 대안적 가능성으로 지적되기도 한다.

요즈음 페미니즘 윤리학에서 여성학적 윤리의 특성으로 다시 부각시키고자 하는 '관계의 중시'와 '보살핌과 배려의 미덕', 인간적 삶에서의 '가정적인 요소의 중시' 등은 모두 우리가 위에서 살펴본 유교 전통의 공동체주의가 중요시하는 미덕들이다. 이제까지 굴종의 도덕으로 치부되면서 거부되던 그와 같은 전통적 여성의 역할에서 나오는 가치들이 다시 삶의 근원적인 가치가 됨이 인정되면서 이제는 사회적인 영역에로의 확대 적용이 탐색되고 있다.[75] 그 한 예를 보면 고대 그리스의 비극작가 소포클레스의 『안티고네』에서 그녀가 왕의 법을 어기면서 자신의 가족인 오빠의 시신을 찾아 묻어주는 행위를 보고, 그 안에서 여성적인 배려의 미덕, 공공법에 우선하는 가족적인 유대의 중시들의 원형을 보면서 그 '안티고네의 딸들'로서의 오늘날의 여성들이 그러한 가족과 공동체의 가

---

[74] 안병주, 「한국사회와 유교사회」, 『문화철학』, 한국철학회(서울: 철학과 현실사, 1995), p110.

[75] C. C. Gould, "Feminism and Democratic Community Revisited", in: J. Chapman and I. Shapire, ed., *Nomos XXXV: Democratic Community* (New York: New York University Press, 1993).

치들을 공공생활의 영역까지 확대시킬 수 있다는 것이다.[76] 이러한 여성주의 윤리와 공동체주의 윤리의 유사성을 보는 허라금은, 그러나 그 공동체주의적 논리가 여성에게 항상 유리하지만은 않다는 점을 잊지 말아야 한다고 얘기한다. 왜냐하면 공동체 안에서 이제까지 여성들은 항상 힘없는 그룹이었기 때문에 다시 희생될 수 있고, 그 대표적인 예가 바로 유교 전통에서의 여성이라고 한다.[77] 이러한 논지는 일면 수긍이 되지만, 그러나 우리가 이제까지 시도해 온 대로 유교 전통에서의 남녀의 구별을 더 이상 실체론적으로 이해하지 않을 경우, 그 유교 전통에서 당시는 여성들에 의해서 강도깊게 실천되어온 공동체적 윤리 덕목들은 오늘날에도 여전히 유효하고, 더 나아가서 특히 오늘날과 같은 분자화와 이기주의 사회 속에서는 더 요구된다고 하겠다. 조선시대의 여성들은 그 사회에서 당시 사회적·법적 지위가 낮았음에도 불구하고, 그 사회가 가(家)라는 것을 기본 단위로 쌓았기 때문에 거기서 여성들은 실질적으로 그 '가'의 중심이 되었고, 그 가(家) 속에서의 며느리·어머니 그리고 부인으로서 그 공동체의 한 중심 역할을 하며 살았다. 관계의 도가 크게 위협받고 있는 오늘날, 또한 인간(人間)이라는 말 속에서도 잘 드러나듯이 인간이 되는 길은 오로지 관계와 밀접한 공동체 속에서이며, 특히 그 인간 존재의 계속됨을 위해서 첫번째의 무조건적인 전제가 되는 '후대의 생존과 성장'을 위해서는 여전히 가까운 가정적인 관계와 밀접한 공동체적 관계가 요구된다는 사실을 생각해 볼 때, 그러한 관계들을 중시하는 유교 전통의 덕목들은 오늘날의 페미니스트들을 위해서도 여전히 유효하고 그 시사하는 바가 크다고 하겠다. 이 점에 있어서는 서구의 페미니스트들보다도 그러한 삶을 누구보다도 치열하게 살았던 조선조 유교 여성들을 자신들의 조상으로 가지고 있고 또한 자신들도 여전히 그러한 전통 속에 살고 있는 한국의 페미니스트들이 더 줄 것이 많다고 여겨진다.

---

[76] J. B. Elshtlain, "Antigone's Daughter", in: *Communitarism* (San Francisco State University 1982).

[77] 허라금, 「윤리이론적 전통에서 본 여성주의 윤리학」, 『여성신학 논집』 제1집(서울: 이화여대 여성신학연구소, 1995), p.51ff.

4. 마치는 글을 대신하여: 한국적 페미니즘을 위한 전망

우리는 이제까지 유교 전통과 페미니즘이라는 도저히 서로 관계될 것 같지 않은 두 대상을 서로 관계지으려고 노력해 왔다. 오늘날 다원화된 상황 속에서 여성으로서, 특히 한국 여성으로 살아가는 데 있어서 성(性)의 정체성뿐만 아니라 민족적 정체성의 문제도 야기되었다는 인식 아래서 어떻게 두 관계가 서로 배타적이 되지 않고 오히려 서로 보완되고 자극적인 관계가 되어서 더욱더 통합된 인격의 모습을 낼 수 있을까를 탐색한 것이다.

도저히 서로 접근될 것 같지 않은 두 사이를 서로 접근시켜 보기 위해서 예전에 그랬던 두 사이, 즉 유교 전통과 서구 민주주의와 과학 전통의 관계가 어떻게 서로 상관되었나를 살펴보았고, 우리는 거기서 두 가지 사실을 알게 되었는데, 그 중 하나는 유교 전통은 이제까지 2천 년 이상의 긴 시간 동안에 각 시대의 새로운 변화에 항상 응전해 오며 핵심 문화 전통으로 자라왔다는 것이고, 둘째는 그렇다면 그 안에는 유교 전통의 실재적 전통이 되는 어떤 영속적인 가르침이 있어서 그것이 대화에 있어서 항상 자극적인 힘이 되어왔음을 지적할 수 있다는 것이다. "장기적인 역사 과정"에 대한 관심과 인간 삶의 여러 부분들을 "통합적으로" 보는 것의 중요성을 강조한 엘리아스의 도움을 받으면서 우리는 유교 전통의 세 가지 실재적 의미들을 가려내었다. 그것들이란 첫째가 '관계의 도'에 대한 가르침이었고, 둘째는 "예(禮)의 실행을 통한 자기 단련과 성숙의 의미"였으며, 셋째는 '공동체'의 의미에 대한 가르침이었다. 이것들이란 한 마디로 이야기하면 바로 유교 전통은 '윤리'[道統]에 대한 가르침을 말하는 것이라고 할 수 있으며, 페미니즘 연구와 관련하여 유교 전통이 오늘날의 시각에 비추어 아무리 성차별적이었다고 해도 우리 인간의 '문명화'의 과정에 한 역할을 했고, 또한 여전히 그 역할이 있다는 것을 인정하는 것이라고 하겠다.

그러나 아무리 이렇게 이야기한다 해도, 즉 유교의 남녀의 유별을 더 이상 존재론적으로 파악할 것이 아니라 기능적으로 파악하여 관계의 도를 가르쳐 주

는 것으로 이해하고, 유교의 예(禮)가 신분적 상하관계를 고착하고 자연스런
인간적 표현들을 억압하는 것이 아니라 인간 삶의 또 하나의 근원적 가치인 질
서와 구별을 목적하는 것으로 보고, 또한 그의 공동체에 대한 가르침이 거기에
개인과 특히 여성들을 속박하려는 것이 아니라 인간 존재의 원래적 모습인 관
계적 삶의 가치를 드러내 주는 것으로 이해하고자 하여도, 오늘날 그 유교 전
통에 대한 의심의 눈초리와 회의의 소리는 그렇게 수그러들지 않는 것 같다.
유교 전통과 서구의 민주주의, 과학 전통과의 대화에서도 유교 전통에 대한 끊
임없는 긍정적인 평가와 탐색에도 불구하고, "중국의 정치는 끝내 민주라는 길
로 나아갈 수 없었고 군주전제라는 길로 향하여 나갔다"라고 하거나 "역사상
유가사상이 주도하는 중국 사회가 과학과 민주를 발생시킬 수 없다고 하는 너
무나 확실한 사실", 또한 "경제적인 부와 정치에서의 민주, 법제를 동시에 추
구하기에는 현대화된 유가이론일지라도 아직은 벅차다"라고 평가한 것들은 모
두 그런 표현들이라 하겠다.[78] 오늘날 우리의 현실 사회는 아직도 여전히 심하
게 유교적 가부장주의의 억압 아래 놓여 있고, 특히 많은 여성들이 거기에 고
통받고 있기 때문이다.

　그러나 한편, 우리 사회도 서구 근대 계몽사상의 과도한 개인주의와 이기주
의에 위협받고 있고, 특히 성(性)의 개방이 점점 더 이루어지면서 이제는 각자
가 자신의 성에 대해 책임을 질 수 있어야 하지만 현실은 그렇지 못한 것을 볼
때, 그 성에 있어서의 '윤리성'과 '목적성'이 다시 물어져야 하는 상황에 도달
한 것을 볼 때 유교 전통의 가르침은 이제 다시 그 역할을 할 때가 온 것으로
보인다. 어떤 사람에게 한 대상에 대한 가능한 한의 지식과 정보가 가능해졌을
때, 이제 그 사람에게 요구되는 것은 윤리이고, 그 지식을 '어떻게'(how) 사
용할 것인가, 어떤 '선한' 목적을 위해서 사용할 수 있을까에 대한 도덕적 의
식이 요구되며, 만약 그렇지 않을 경우 그 지식은 오히려 그 사람뿐만 아니라
주위를 위해서도 해악이 될 수 있기 때문이다.[79]

---

[78] 鄭家棟, 앞의 책, p.180.　　　　　　[79] 반 퍼슨, 앞의 책, p.180.

우리가 당장 눈앞에 드러나는 성 억압의 현실이나 남녀차별의 해악에만 단기간으로 집착하는 것이 아니라 더욱더 긴 안목의 역사의 진행을 생각해 본다면, 과거 그렇게 혹독했던 가부장주의에 대해서도 또 다른 측면에서 생각해 볼 수 있고, 앞으로의 여성해방과 성(性)의 해방도 단순히 다시 여성에 의한 남성의 지배를 목적하는 것이 아니라는 것이 더욱 뚜렷해질 수 있으며, 또한 성의 해방으로 다시 근친상간하는 개의 수준으로 떨어지자는 것이 아니라 이제 그 원초적인 성의 욕구까지도 — 자연의 가장 근원적인 욕구들 중의 하나이므로 그렇게 스스로 조절하기가 힘들었던 — 성숙하게 조절할 수 있는 더욱더 인간적인 경지에 도달하려는 것이 아닐까 여겨진다. 억지로 억압하고 또한 당하는 것이 아니라 '스스로 금욕할 수 있는 능력', 이것으로써 독일의 인간학자 쉘러는 인간의 인간됨을 특징지었고, 인간이 자연으로부터 진화해 온 원동력으로 파악했다.[80]

지금까지의 이야기를 우리가 현재 대화의 파트너로 삼는 유교 전통의 의미로 해석해 보면 그것은 바로 그 전통이 인간 실재의 궁극적 모습으로 삼는 성인(聖人)과 대인(大人)의 경지를 추구하는 것이라 하겠다. 유교 전통은 인간 누구나가 자신 안에 이미 가지고 있는 '인간성의 씨앗'〔仁〕을 잘 키워나가면 그러한 경지에 도달할 수 있다고 가르친다. 이러한 의미에서 여성 유교학자 줄리아 칭의 다음과 같은 지적은 우리에게 시사해 주는 바가 크다. 즉, 유교가 "퇴영적 이념·공허한 공부·호혜주의를 무시한 계층관계의 사회, 부모가 자녀들을 지배하고 남자가 여자를 지배하는 영원한 지배, 그리고 미래에는 관심이 없고 오로지 과거에만 집착하는 사회질서" 등을 의미한다면 그런 유교는 오늘날의 실정에 부적합하고, 따라서 마땅히 무시되거나 배격되어야 하지만, 그러나 유교가 "인간의 존엄성, 도덕적으로 위대해질 수 있고, 심지어 성인의 경지에까지도 이를 수 있다는 가능성, 도덕적 가치에 입각한 사회에서 타인과 맺어야 할 근본적인 관계, 실재에 대한 해석 및 초월적인 것에 개방적인 자아의 형이

---

[80] M. Scheler, *Die Stellung der Menschen in Kosmos* (Bonn: Bouvier, 1988).

상학 등의 역동적 발견"을 뜻한다면, 이런 유교는 오늘날도 적합한 것이고, 이를 무시하거나 회의할 수 없을 것이다라고 한다.[81]

우리가 오늘날도 매일 매일의 구체적인 삶에서 깨닫게 되는 삶의 진리, 희생과 인내와 고통이 없이는 아무런 생명이 피어나질 않고 누군가의 곁으로 드러난 삶의 개화 뒤에는 반드시 보이지 않는 희생의 손길이 숨어 있다는 사실을 생각해 볼 때, 이 진리를 어느 누구보다도 더 절실하게 살아온 한국 유교 전통의 여성들의 삶을 탐색하는 일은 그러므로 우리 모두를 위해서 여전히 큰 의미를 지닌다고 하겠다. 우리가 마지막으로 '한국적 여성학'의 모습과 그 할 일을 전망해 본다면 그것은 바로 그러한 전통의 여성들이 고통 속에서 가꾸어 온 삶의 의미와 가치들을 탐색하고 그것들을 더욱 밝히 드러내는 일이 아닌가 여겨진다. 물론 그 의미들은 이제 더 이상 예전의 규정대로의 '여성'들만을 위한 것이 아니다. 위에서 남성들의 덕목들에 대해서도 같은 말을 했듯이 이 여성적인 덕목들은 이제 남녀 모든 사람들에게 속하는 것이고 가치있는 것이다. 그런 시각에서 "제도로서의 모성이 아니라 체험으로서의 모성, 물화된 성이 아니라 관계로서의 성"을 얘기하고, 모성의 체험을 문화적인 것으로 보아서 이제 남성도 같이 나누어질 수 있음을 깨우쳐 주어야 한다고 지적한 것은 타당하다.[82] 가족이라고 하는 것도 이제 경제·사회적 변화에 종속된 집단으로서의 도구적 기능 이상의 의미가 있을 때 그 가치가 있는 것이며, 미래의 가족은 사회와 밀접하게 연계를 가지나, 사회의 구속은 벗어나서 오히려 사회를 변화시켜 나가는 작용을 할 때 의미가 있다고 지적되었다.[83] 이상과 같이 '모성'과 '가족'과 '가정'의 내용과 의미는 변할 수 있지만, 그러나 관계를 맺고 관계 안에서 살아가며 그 관계 속에서만 인간일 수 있다는 인간적 의미는 결코 변하지 않는 것이라고 생각한다. 그런 의미에서 유교 전통은 우리에게 여전히 귀중한 가르침이 된다.

---

[81] 줄리아 칭, 『유교와 그리스도교』, 변선환 옮김(분도출판사, 1994), pp.293-4.

[82] 조혜정, 『한국의 여성과 남성』(서울: 문학과 지성사, 1988), pp. 352, 355.

[83] 조혜정, 「가부장제 변경과 극복」, 『한국여성연구 I』, p.299.

21세기와 한국 여성신학

1. 시작하는 말: 21세기 한국 여성신학적 방법론 모색

요즘 우리 주변에는 '세계화'나 '지구화', 또는 '문명사적 전환'이나 또 다른 '밀레니움'(millenium)의 시작 등 오늘날 인류가 맞이하고 있는 또 하나의 커다란 문명사적 변화에 대한 이야기들로 무성하다. 불과 몇 년밖에 남지 않은 2000년대의 시작에 대해 이미 다양한 탐색과 전망이 있어왔지만, 요즈음은 모두에게 이러한 시대의 변환과 관련하여 자신을 되돌아볼 것이 요청되고 있는 것 같다. 사실 이미 이 전환의 한 줄기로 태동한 한국 여성신학에도 이 요청은 마찬가지가 되어 오늘 우리의 주제는 바로 '21세기 한국 여성신학의 전망'이 된 것이다.

이 주제의 글을 쓰는 데 있어서 그러나 본인은 요즈음 본인이 가지고 있는 가장 개인적인 질문들로부터 시작하려고 한다. 왜냐하면 이제까지 한 사람의 한국 여성 신학자로서 그 신학적 작업을 수행해 왔고, 요즈음 21세기의 목전에서 다시 그 작업과 관련하여 새로운 갈급함과 의문들이 생겼다면 그것이 바로 21세기 전망 가운데서의 한국 여성신학적 탐색이라고 생각되기 때문이다.

21세기 신학자로서의 우리의 삶은 어떤 모습일까? 요즈음 인문학의 위기가 자주 말하여지고 기술과학의 시대에 자연과학과 공학의 도구적 이성만이 추구되는 때에 신학을 포함한 인문학은 어떤 역할을 하여서 자신의 존재 이유를 밝힐 수 있는가? 그리스도인과 비그리스도인, 종교인과 비종교인의 차이와 구별이 일상의 구체적 삶에서 거의 드러나지 않는 요즈음에 왜 교회에 다녀야 하느냐고 아이가 물으면 무엇을 얘기해 주고, 보여줄 수 있는가? 신학이 도구적 기술을 키워주는 것이 아니라면, 그러나 또한 그것이 우리의 구체적인 삶에서 힘있는 세계관적·윤리적 구속력이 되지 못한다면 그것은 어떤 역할 가운데서 자신의 소금의 역할을 담당해야 하는가? 다시 더 세밀한 구별에로 들어가 보면, 그런 가운데서 여성신학의 역할은 어떤 것일까? 21세기 기술과학 문명의 극단으로서 지구의 사실적 종말이 얘기되는 때에 인간의 성적(性的) 구별에 근거하고 있는 여성신학이 무엇을 더 얘기해 줄 수 있는가? 그러나 한편 그 과학기술의 가부장성을 고발하는 것이 요즈음의 '에코페미니즘'의 역할이라면 여기에서야말로 바로 한국적 여성신학이 자신의 창조성을 더욱 발휘할 수 있지 않을까라는 생각들이다. 왜냐하면 이제까지 서구 과학기술 문명의 추구와는 달리 한국을 포함한 동양의 문화는 인간과 자연, 정신과 육체, 이성과 실천 등의 근원적인 하나됨에 기초했다고 여겨지기 때문이다. 그러나 이러한 동양 문화의 자기발견적 파악에도 불구하고 또다시 들리는 소리는 지구의 환경문제는 그럼에도 불구하고 결국 서양(그리스도교)에 의해서 다시 극복될 것이고, 성차별의 구체적 해소나 우리 몸의 배려도 서구에서 더욱 전개된 것이 아니냐라는 지적은 21세기 세계화의 논의 속에서 동·서양의 문명과 민족주의에 대한 물음이 가지는 심층적 측면을 보여주는 것이다.

이상과 같은 세계관적이고 넓은 지평에서의 물음이 아닌 이제 더욱더 구체적인 교회 현장에서의 물음들을 살펴보면 어떻게 하면 한국 여성신학이 이제 좀 더 구체적으로 한국의 교회를 변혁시키는 데 역동적이 될 수 있을까 하는 물음들이다. 소수의 여성 신학자들의 의식 속에서는 이미 커다란 근원적인 변화들이 일어나고 있는데, 그것의 영향력이란 너무 미미하고, 대부분의 한국 교회 여성들은 그 영향권 밖에 있으며, 그리하여 한국의 교회는 여전히 철저하게 성차별적이며, 공룡처럼 비대해져만 가고 사회와 시대의 한 게토로서 기형화되고 있기 때문이다. 따라서 이러한 상황에서 21세기의 한국 여성신학은 이제 더 그 구체적인 전달방식을 찾기 원한다. 전체 사회적인 차원에서, 교회 내에서, 그리고 신학 교육의 현장 속에서 그 전달의 구체적인 방법을 탐색하여 자신의 메시지를 더욱 확산시키고 변화를 현실화하려는 강한 바람이다. 이것은 짧게 얘기하면 이제 21세기 한국 여성신학의 교육적·문화적 지평 확대를 의미하는 것이다. 어떻게 여성신학이 교회 내에서, 그리고 그 문화로서 자리잡을 수 있게 될까, 그렇게 되기 위해서 우리가 가지고 있는 가능성은 무엇일 수 있는가를 탐색하는 것이다.

이상에서처럼 한국의 한 사람의 여성 신학자로서 21세기에로의 전환을 앞두고 가지게 되는 질문들은 매우 다층적이다. 거기에는 먼저 문명사적인 전환의 의미 속에서 기술문명과 인간의 문화 — 신학과 종교를 포함한 인문학 — 가 가지게 되는 관계에 대한 질문이 있고, 그 관계를 성(性)의 구별의 카테고리에서 파악하는 여성주의적 질문, 그리고 다시 더 세부적으로 서구적인 패러다임과 동양적(한국적) 이해 사이의 긴장과 보완들에 관한 물음이 있다. 여성신학의 많은 동료들이 얘기하듯이, 그러나 우리에게 요즈음 더욱더 절실한 물음들은 그 여성신학이 단지 공허한 이론들로만 작용하는 것이 아니라 어떻게 우리 삶에서 — 개인적인 차원과 더불어 교회 공동체적 차원에서 — 구체적으로 하나의 통합된 실천력으로 자리잡을 수 있게 되겠는가 하는 것이다. 개인적인 차원에서 그것이 우리의 정신적 활동과 몸의 요구를 통합해 줄 수 있는 힘으로, 이성적 탐구와 더욱더 내적인 영적인 추구를 조화시켜 주는 영적 능력으로 자라날 수 있기를 바라며, 교회 공동체적인 의미에서는 단지 게토의 이론이 아닌 공동체의 윤리와 문화로서 확산될 수 있도록 하는 방법에 대한 것이다.

이러한 문제의식을 가지고 본인은 다음 장에서부터 세 장에 걸쳐 그 물음들과 거기에 대한 가능한 한의 대답을 모색해 보려고 하는데, 그것은 이미 밝힌 대로 세 차원의 일이 되며, 그 대답의 모색에 있어서 가지게 되는 방법론적 시각을 먼저 밝혀보면 다음과 같은 것들이 된다.

첫째, 본인의 탐색은 먼저 오늘의 우리의 문명사적 상황을 전망해 보는 데 있어서 되도록이면 우리의 인식의 지평을 시간적으로 그리고 공간적으로 넓게 확대해 보려는 것이다. 즉, 21세기 전환에로의 의미를 장기간의 역사적인 전개와 우주적 차원에서의 지구의 의미에로 확대해서 생각해 보려는 것이다. '지금 여기서' 관찰될 수 있는 좁은 의미의 인간학적 또는 사회학적 관찰만이 아니라 우주적이고 역사적인 전개의 차원에서 생각해 볼 때, 우리가 이야기하는 기술과학의 문제, 성(性)의 차별의 이야기, 민족과 지역의 문제, 종교와 윤리의 역할 등이 더욱더 포괄적이고 통체적인 관점에서 보여지며, 본인의 이러한 사고를 진화론적 또는 역사적인 전일적 사고라고 한다면 본인은 그렇다고 대답하겠다.

둘째, 오늘의 주제에 대한 본인의 여성신학적 탐색은 통합적이고 융화적이라는 것이다. 즉, 그것은 우리의 신학적 작업이 가능한 한 다양한 제반 과학들과의 대화 속에서 이루어지도록 노력했으며, 또한 단순한 여성과 남성의 이분법적 분리 도식이 아닌 그것을 넘어서는 길을 시도했으며, 또한 한국적이고 동양적인 가르침의 탐색을 동시에 살펴보도록 노력하였다. 왜냐하면 오늘날 그러한 통합적인 시각만이 우리의 삶과 현실을 좀더 진실되게 드러나게 해준다는 믿음에서이다. 우리의 삶을 이루는 다양한 요소들과의 여성신학적 대화는 그러나 단지 그 여성신학적 작업을 위해서만 의미있는 것이 아니다. 반대로 제반 과학자들과 남성 신학자들, 그리고 서구 신학자들을 위해서도 긴요하고 오늘날은 특히 더 요청되는데, 왜냐하면 그러한 제반 과학들의 낱낱의 학문적 시각들을 묶어줄 의미의 통합, 그것들을 구체적인 통합적 실천력으로 키워주는 윤리적 힘을 신학이 제공해 주고 또한 여성신학과 한국적 신학이 그것들을 새롭게 모색하고 있기 때문이다. 여기에 제반 과학에 대한 종교(신학)의 의미와 전통신학에 대한 여성신학, 서구 신학에 대한 한국적 신학의 의미가 있다고 하겠다.

셋째의 방법적 시각은 자연스럽게 둘째 것과 연결되어 21세기의 한국 여성신학적 탐색은 대단히 실천지향적이라는 것이다. 즉, 그것은 이제 21세기의 한국 여성신학은 그 세계관과 가치관의 구체적 실현을 위해서 그 실천방법론의 탐색에 더욱더 주력한다는 것이다. 이것은 이제까지의 남성적 사고가 이론 중심적이고, 세계관 중심적이었다면 여성적 사고는 실천 중심적이고 삶의 구체성 안에서의 가치 통합들을 추구하는 것이며, 거기에 한 대안이 있다고 생각하기 때문이다. 이 지적은 바로 서구 여성신학에 대한 한국 여성신학의 실천력과 구체성, 통합성의 추구에 대한 지적이기도 하다.

2. 21세기 기술정보화 사회와 자연·인간·여성의 소외

서양 고대 12성좌의 점성술 이야기로 물고기자리 시대를 지나 '물병자리' (Aquarius)로의 전환으로 이야기되기도 하는 오늘의 시대사적 전환에 대해 여러 각도에서 다양한 관심들에 의해 그 해석이 시도되고 있다. 먼저 오늘날의 전개된 천체물리학의 시도를 살펴보면 그것은 태초의 우주의 탄생에 대해서도 얘기하지만, 그 시간적·공간적 범위를 한없이 축소하여 그 우주상의 수천억 개 이상의 별들 중의 한 별인 지구에로 집중해 보면 그 나이를 대략 45억 년 정도로 산정하고 있다. 하나의 근원적인 시작으로부터 무수한 다양성에로의 전개들 중 하나인 이 지구 위에 다시 무수한 생명을 거쳐서 '인간'이라고 불리는 생명이 출현된 것을 오늘의 고고인류학은 대략 400만 년 전쯤으로 추정하는데, 우리가 지금 생각해 보려고 하는 21세기의 의미는 거기에 또 다른 단계에서의 이야기가 첨가되어야 한다. 즉, 그 중에서도 인간의 '문명'의 차원이다.

오늘의 과학의 문제와 그리스도교 신앙의 의미를 선구적으로 탐색한 떼이야르 드 샤르댕에 의하면 지구상에 인간의 의식이 탄생한 400만 년 전쯤(300~100만 년 전)의 시간은 우주의 진화에 있어서 한 특별한 전환의 시기가 된다. 즉, 그것은 이제까지의 '비반사적' 의식으로부터 '반사적'(reflexive) 의식에로의 도약이고, 이제 진화의 방향을 스스로 찾아가야 하는 인간 의식이 출현한 후 생물계에서는 더 이상의 종의 분기는 없고 앞으로의 의미는 어떻게 그 인간 의식이 스스로의 응집력에 의해서 지구 전체를 하나의 의식으로 탄생시키는가 라는 것이다. 샤르댕은 이것을 인간 의식의 '초인격화'(Ultra-Personaliza-tion), '초사회화'(Ultra-Socialization), '전체화'(Totalization) 등으로 표현했는데, 이러한 인간의 '사회화력'에 근거한 지구의 의식화의 과정에는 두 단계가 있다고 한다. 먼저는 인간 의식의 '팽창기'로서 인류(인간 의식)가 지구상에 출현한 이후로 가족이나 씨족·민족·국가들을 이루면서 숫적으로 팽창하면서 지구 표면을 덮어간 시기로, 샤르댕에 의하면 이 팽창은 19세기 말경까지 지속되었고 그리하여 이제 지구 곳곳에는 인간의 의식이 와닿지 않은 곳이 없게 되었다. 이때까지의 인간의 의무는 그러므로 인류 종족의 번식이었다. 이제 19세기 이후 지구 표면 전체가 인류로 충만하게 된 후는 사회화의 ‘압축기’가 시작되었는데, 이것은 인간의 집단화 과정을 말하는 것으로서, 특히 오늘날 여러 방면의 공동체 및 초공동체의 형성, 교통의 발달과 여행, 전세계를 하나의 거대한 망으로 묶는 매스 미디어의 전개 등이 바로 이러한 압축기의 표현으로 이해된다. 그것은 인류 전체를 한 의식으로, 한 인격과 한 정신으로 결합하고 결속하는 모습이라는 것이다. 그리하여 이제 인간의 의무는 종족의 번식이 아니라 화합이고, 흩어진 인간들의 의식을 모으는 것인데, 샤르댕은 여기서의 사랑의 원리를 인간의 제2의 불의 발견으로 비유한다.[1]

우리의 시각을 좀더 한정해서 이제 그 인간의 의식이 지구상에서 자신의 환경과 관계하면서 전개시켜 온 문명과 문화의 작업에 집중하여 보면, 그것은 다음의 세 단계로 규정되기도 한다. 즉, 문화를 인간 정신활동의 고차원적인 차원으로만 보지 않고 각 사람과 민족의 삶의 표현, 그들이 자연 환경에 끊임없이 개입하면서 자신의 삶을 이루어 온 학습 과정 등으로 보는 반 퍼슨에 따르면 인간의 문화는 ‘신화적 단계’, ‘존재론적 단계’, ‘기능적 단계’로 전개되어 왔다.[2] 그 중 처음 단계인 신화적 단계에서는 인간은 주변의 신비로운 힘에 의해 자신이 사로잡혀 있는 것으로 생각한다. 원시인의 신화(종교적인 신화)는 비나 바람, 혹은 풍년을 가져다주는 그 신들의 힘에 대한 표현이다. 두번째 단계로 볼 수 있는 존재론적 단계는 인간이 더 이상 신화적인 힘의 압도에 사로잡히지 않고 자립적으로 상황을 연구하는 태도를 말한다. 인간은 이제 예전에 사로잡혔던 모든 것에서부터 자신을 구별하고 거리를 두면서 그 대상들에 대한 탐구를 통하여 이론을 세운다. 야스퍼스가 인류 정신의 차축 시대라고도 표현한 기원전 5~6세기경의 시기로부터 철학과 과학이 큰 역할을 하게 되는 시기라고 하겠다. 세번째의 기능적 사고가 오늘날 점점 더 확산되는 문화적 태도로서 여기서 인간은 이제 신화적 태도처럼 주변에 둘러싼 힘에 의해 압도되지도

---

[1] in: 매릴린 퍼거슨, 『뉴에이지 혁명』, 김용주 옮김(정신세계사, 1994), p.512.
[2] C. A. 반 퍼슨, 『급변하는 흐름 속의 문화』, 강영안 옮김(서광사, 1994).

않고 존재론적 태도처럼 모든 것에 거리를 두고 사실적으로 — 객관적으로 — 탐구하지도 않는다. 오히려 그러한 실체론적이고 분리주의적 태도에서 벗어나 자신을 에워싼 모든 것에 대해 새로운 관계를 맺으려고 노력하는데, 즉 이 단계에서의 현실과 의미란 다른 것과의 관계와 상관성을 통해서, 즉 기능적으로 드러나는 것이다. 여기서는 인간과 세계의 상호관계가 전면에 나타나고 그 자체로 의미있는 것은 아무것도 없다. 그리하여 개인적 관심과 참여가 기준이 되고, 남에게 관계할 수 없는 것, 나를 움직이지 않는 것은 아무런 의미가 없는 것이 되어 대단히 실존적인데, 따라서 여기서는 존재론적 단계에서와는 달리 객관적인 지식(what)을 얻는 것이 문제가 아니고, 그것과 관계를 맺는 방식(how)이 중요하므로 이 단계에서 가장 관건이 되는 것은 결국 그 어떻게에 관계되는 '윤리'라는 것이다.[3]

존재론적 사고가 가장 첨예하게 전개된 모습을 우리는 요사이 우리가 많이 들어온 또 다른 문화 논의인 포스트모더니즘 논의에서의 모던의 단계로도 얘기해 볼 수 있겠다. '주체성의 원리'로 짧게 표현되는 근(현)대의 인간 이성은 자기 주변의 모든 것을 대상화하여 규정하려고 하였고, 하버마스가 헤겔의 지적을 들어 밝힌 대로 칸트 계몽주의의 세 가지 이성 비판서들은 바로 그러한 현대 문화정신의 지극한 표현이라고 얘기된다. 즉, 그의 『순수이성비판』은 인간이 형이상학적인 몽매로부터 벗어나서 이제 객관적인 자연과학을 성립할 수 있는 가능성을 설명한 것이고, 『실천이성비판』은 어떻게 한 개인이 스스로 규정하는 보편적인 법 아래의 종속을 통하여 도덕적인 자율을 얻게 되는가에 대한 설명이고, 『판단력비판』은 인간의 이성이 종교적인 제의의 역할로부터 벗어난 예술(미)의 체험을 위한 주관적인 조건들을 설명한 것이다.[4] 이러한 주체성의 원리를 확립한 근대 정신은 사회 정치혁명 — 미국과 프랑스의 혁명 — 을 가능케 했고, 뒤따라 산업혁명을 가능케 해 19세기 제1차 산업혁명을 통해 인간

---

[3] Ibid., p.125.

[4] J. Habermas, "Conceptions of Modernity", 1996년 5월 3일 서울대학교 인문관 강연 원고, p.4.

의 육체노동이 기계에 의해서 대체되었고, 제2차 세계대전 이후 제2차 산업혁
명을 통해 이제 인간의 두뇌 노동이 기계적으로 — 컴퓨터와 전자통신 등 —
강화 또는 대체되고 있다.

주체의 자유를 최종 목표로 삼는 이러한 현대성의 정신은 먼저 경제-기술 영
역에서는 '효율성'의 원리로 나타났고, 정치에서는 '평등'의 원리에 따라 공평
한 법과 제도의 실현을 모색한 것이었고, 문화 영역에서는 자아를 만족시키고
개인의 잠재력을 실현시키려는 '자아실현'이라는 원리로 표현된 것이다.[5] 이러
한 원리의 적용으로 우리가 살고 있는 오늘날의 지구의 정황은 예전에는 환상
적으로 보이기까지 하던 사실들이 현실화된 모습으로 나타나기도 한다. 그 중
에서도 가장 획기적인 변화로 여겨지는 기술정보화의 전개와 관련하여 좀더 살
펴보면, 이제 인류는 처음으로 가장 많은 사람들에게 가장 직접적으로 좋은 것
과 가지고 싶어하는 것, 유용한 것 등, 즉 오늘의 정보를 나누어 줄 수 있게 되
었고, 둘째로 이제 인류는 자신의 신분이나 재산, 성(性)과 신체의 정황 등에
크게 좌우받지 않고 각각의 자신의 처지대로 한 주체로서 역할을 할 수 있게
되었으며, 셋째로 이러한 여러 차원에서의 무수한 다양성의 증가와 더불어, 그
것은 샤르댕도 일찍이 지적했듯이 이제까지 인간을 여러 차원에서 나누고 속박
했던 구속들에서 벗어나서 전 지구적 차원으로까지 하나로 묶을 수 있는 가능
성을 가지게 하였다. "손가락 하나로 모든 정보를", "꿈의 통신망, 정보 고속도
로", "멀티미디어 문서혁명", "미래의 열린 학교" 등은 그러한 상황에 대한 희
망적 선전 문구들이다.

그러나 한편, 오늘날 인류 사회가 그 기술과학의 또 다른 모습으로 직면해
있는 위기 상황은 여러 가지 측면에서 심각하게 지적되고 있다. 이제까지 인
간의 모든 활동이 도무지 가능했던 자연적 기반인 지구 자체가 한계를 보이는
것으로 지적되고, 존재론적이고 대상적 사고인 현대 정신의 과도한 적용은 인
간의 심각한 자기 소외를 가져왔고, 여성주의의 급진적인 문명 비판은 이러한

---

⁵ 다니엘 벨, 『정보화 사회와 문화의 미래』, 서규환 옮김(디자인 하우스, 1992), p.4.

오늘의 위기를 가부장적 남성 문화와 인간 중심주의, 이성 중심주의와 분리주의, 전체주의의 결과로 본다. 이렇게 자연을 포함하여 자기 주변의 모든 것을 대상화하고 정리하기를 원하며, 그것을 통하여 지배하려는 기술사회의 현대인, 또는 여성주의적 시각에서 보면 오늘날의 남성들이 빠지기 쉬운 퇴행적인 병으로서 세 가지가 지적될 수 있는데, 그것들이란 생명체에 대한 사랑인 '비오필리아'(Biophilia)와 반대되는 '네크로필리아'(Nekrophilia)이고, '자아도취증'이며, '근친상간적 동거'의 모습이다.[6] 네크로필리아란 폭력 사용 및 파괴성과 관계가 있는 모든 것에 대한 애착이고 '질서를 세워' 유기적인 것을 무기적인 것으로 변화시키려는 욕구로서 콘크리트의 벽 속에서 '철의 새장'(iron cages)과 같은 겹겹의 제도와 법의 규제 속에 사는 우리 현대인이 가지는 파괴적·자기 소외적 죽음에의 충동 등을 말한다. 또한 자아도취증이란 자기 외의 다른 어떤 외계 — 자연도 포함하여 — 에 대해서도 진정으로 관심을 보이지 않는 것이고, 다시 이것은 자기 가족, 자기 종교와 민족 등과 같은 자기 집단과의 유대에만 집중하고 집착하는 근친상간적 동거에로 이어져서 파벌화하고 안정감을 느끼고 의존할 수 있는 장소와 관계에만 과도하게 집중하는 모습을 낳는다.

요즈음 우리 주변에서 흔히 보는 이러한 현대 문명의 위기적 모습과 함께 그 기능주의적 전개인 기능적 사고의 조작주의의 위험이 경고되고 있다. 조작주의란 기능적 사고의 단계에서 중요하게 된 관계맺음의 방법론이 절대화되어서 그 관계의 실제적인 당사자들은 다시 소외되는 것이다. 컴퓨터 통신 속에서 거짓으로 꾸며진 조작된 대화의 파트너, 초대형 병원의 저명한 전문의의 차트와 보고서 속에서만 존재하는 환자들, 정보의 생산, 저장, 유통을 중심으로 한 중앙집중화된 정보사회에서의 개인의 기호화와 사생활의 침해, 전자 기구를 통한 의사소통으로 더욱 멀어지기만 하는 사회적 거리 등은 현대 기능적 사고의 조작주의의 위험들이다. 성과 관련된 부분들을 예로 들어 보면, 관계를 중시하는

---

[6] 에리히 프롬, 『인간에 대한 믿음 — 휴머니즘과 유토피아』, 박영구 옮김(자작나무, 1994), p.129.

기능적 사고는 사람이 성적인 존재임을 인정하게 되어 성적으로 기능하는 사랑을 그전의 단계에서보다도 훨씬 더 적극적으로 거침없이 실행하게 만들지만, 그러나 여기에 한편 조작주의의 위험이 내재하고 있는데, 사랑을 곧 전적으로 육체적인 행위로만 만들어 버리고, 그리하여 성이 지닌 초월적인 성격, 즉 타인을 향한 진정한 개방의 요소가 완전히 사라지게 되어 성적 파트너의 무수한 변경이 의미없이 이루어지게 된다.[7]

오늘날의 기술공학은 이제 단순히 자연에 대한 것만이 아니고, 인간의 몸에 관계하는 생명공학, 의식에 관계하는 문화공학으로 전개되었다. 후자들에서의 조작주의의 위험은 가공할 만한 것으로서, 특히 여성들의 몸과 관련하여서 현대 기술과학의 위협은 크게 우려된다. 피와 장기의 판매에 이어 태아의 낙태수술로 발생한 잔존물을 수집·판매하는 태아 이식 산업은 이제 여성을 인체 시장의 새로운 상품을 제조하는 공장의 지위로 격하시킬 수 있고, 아기 제조 산업인 정자(精子) 상인들, 270일 동안 하루 24시간의 상업적 노예 상태에 놓이게 되는 대리모의 고용된 자궁, '완전한 아기'를 탄생시키기 위한 태아 감별, 유전자의 조작을 통한 동물 기계들의 생산과 생명의 복제는 모두 그 조작주의의 심각한 모습들이다.[8] 21세기의 과학기술 시대는 바로 이상과 같은 양면성의 시대로 전망되고 다음 장부터의 우리의 과제는 거기에 대한 한국 여성신학적 대응을 탐색해 보는 일이다.

3. 21세기의 종교와 한국 여성신학

과학적 지식과 기술공학의 방법으로 생명과 자신의 내면, 의식과 상상까지도 조작할 수 있게 된 인간에게 있어서 이제 문제는 윤리이다. 자기 주변의 모든 것에 대한 지식을 가지고 그것을 마음대로 변형시킬 수 있게 된 인간은, 그러나 그 변형의 대상이 결국 자신도 될 수 있고 그 끝없는 기능적 변형 속에서

---

[7] 반 퍼슨, op. cit., p.144.

[8] 「생물공학과 인체의 상품화」, 『녹색평론』 1996년 1-2월 통권 제26호, pp.15-60.

자신의 지속성을 지켜 줄 수 있는 것이 아무것도 남아 있지 않다는 것을 깨달으면서 깊은 소외와 불안을 경험한다. 이것은 이제 할 수 있는 '방법'에만 몰두했던 인간이 그 작업의 '의미'에 대해서 묻게 되었다는 것이고, 삶의 궁극적인 근거와 초월적인 기반에 관심을 가지게 되었다는 뜻이다.

이러한 종교적 물음의 본질은 생명의 본능인 '본래적인 통일성'을 회복시키는 일이다. 신화적인 사고가 주술적인 사고로 굳어져서 인간을 억업하고 몽매에 묶어두어서는 안되며, 존재론적인 사고가 실체론으로 경직되어서 절대적인 권위로서 다시 인간을 소외시키고 생명을 억압해서는 안되지만, 오늘날의 기능 사회 속에서 모든 것이 파편화되고 분자화되며 찰나적인 것이 되어버렸을 때, 그것들은 다시 묶고 지속시켜 주며 통합해 주는 어떤 신성한 것, 초월적인 것, 본질적인 것이 요구된다는 것이다. 그리하여 오늘날 앞으로의 21세기를 위해서 다시 '영성'을 얘기하고, "신성한 것의 복귀"를 말하며,[9] 지식(진리)과 윤리(선)의 구별이 아닌 미적 체험(미)까지도 포함하는 '통합적인 윤리 물음'(윤리적 행위)을 강조하는 것이다.[10] 오늘날 인문학의 위기가 말하여지고 경제적인 성과를 가져다주는 과학적 전문지식만이 추구되는 상황이지만, 여전히 '고전'에 대한 갈급함이 있고, 예를 들어 훌륭한 문학 작품에 대한 감동이 여전히 있다는 것은 거기에는 삶에 대한 통일된 시각이 그려져 있고, 자연과 그 자연에 관계하는 인간에 대한 통체적 시각이 표현되어 있으며, 시공이 변해도 우리 모두에게 여전히 공통되는 관심사가 있고, 즐거움의 원천이 있으며, 성취하고 싶은 표준과 모델이 그려져 있다는 것을 뜻한다. 최만자의 생태 여성신학적 '여성의 원리' 탐색은 그리하여 그 원천으로서 구약의 여러 지혜설화와 '자청비 이야기' 등 한국 민담의 토속적 이야기들을 탐색했고,[11] '테크놀로지'와 '지식'이 어떠한 조건 아래서 쓰여져야 하는 것을 탐색하기 위하여 불과 양심에 대한 고대 그리스 신화의 이야기가 다시 경청되었다: 프로메테우스에 의해서 인간에

---

[9] 다니엘 벨, op. cit., p.285ff. [10] 반 퍼슨, op. cit., p.223ff.

[11] 최만자, 「여성원리·공존의 윤리·미래의 대안」, 1995년 3월 31일, 기독교 여성평화연구원 개원 6주년 기념 강연, in: 『기독교 사상』 1995. 6., pp.161-80.

게 불이 주어졌지만, 그것이 가져다준 테크네가 결코 인간을 화합하지 못하는 것을 보고 제우스는 다시 인간에게 타인을 존경하는 성품과 정의에 대한 감각을 가져다주도록 명령한다. 그러나 그 나누어 주는 방식에 있어서 과거 기술을 나누어 주던 방식으로 소수의 훈련된 사람들에게만 주는 것이 아니라 모두에게 똑같이 주면서 자신의 몫을 가지도록 했고, 또한 동시에 명령하기를, 누구라도 이 두 가지를 동시에 가지지 못하면 도시의 질병으로써 죽임을 당한다는 이야기이다.[12]

오늘 우리가 당면한 긴박한 생태학적·문명적 위기에 직면하여 그 구체적인 실천력있는 구속력은 어디로부터 오는가? '책임 원리'(Das Prinzip Verant-wortung)를 얘기한 한스 요나스는 오늘의 주관주의를 극복하기 위하여 자신의 윤리학을 다시 '객관적으로', 즉 '존재론적으로'(ontologisch) 근거짓기를 원한다고 하면서, 그러나 그 근거가 되는 존재가 예전의 형이상학이나 종교에서처럼 어떤 초월적인 것이나 무시간적인 것이 아니라 가장 구체적인 여기 지금의 존재가 됨을 밝혔다. 그러나 과연 그러한 객관성이 얼마나 현실적이고 보편적인 구속력을 가지는가 하고 물으면 그것은 결국 또다시 그 무제약성을 듣는 주관의 자율(책임)에 달린 것이 되므로 그 자신이 주장하는 것처럼 그렇게 무제약적이지 않다. 그것은 다시 근대 계몽주의의 불안한 자율원리가 되기 쉬운데, 우리는 그 자율의 이성이 얼마나 쉽게 비이성이 되고, 추상적인 무력함이 되는지를 안다. 그 책임의 원리에는 어떠한 신앙이나 믿음의 여지도 들어설 자리가 없고, 나와 같이 책임을 나누어 지고 도와 줄 수 있는 이웃의 자리도 없으며, 오직 고독하게 극도의 긴장성을 가지고 모든 책임을 혼자 지며, 혼자서 떠맡고 있는 고독하고 불안한 자아의 모습이 있을 뿐이다. 그 자아란 지극히 인간 중심적이고 이성 중심적이며, 서구적인 남성의 모습이다.[13]

---

[12] in: 다니엘 벨, op. cit., p.72ff.

[13] 이은선, 「한스 요나스의 책임의 원리 ― 그 존재론적 근거의 의미와 한계」, 『신학사상』 1991년 여름, 한국 신학연구소.

1) 신성한 관계에 대한 새 이름

이렇게 하여 이제 우리는 21세기 우리 윤리의 궁극적인 구속력을 종교로 보기 때문에 다시 신성한 것을 이야기하고 초월을 이야기하지만, 그러나 그 초월의 모습은 이제까지의 전통의 종교에서처럼 '무엇'과 실체론적인 '존재'에 관한 것이 아니다. 오히려 그것은 영성(spirituality)이라고 하는 표현이 더 적절한 신성한 '관계'에 대한 이름이다.

그 관계는 먼저 우리들의 일상의 구체적 삶을 통하여 드러난다. 그것은 우리의 구체적 삶의 경험과 관계하면서 치유하고 보살피는 힘으로, '연민'과 '살림'과 '지혜'의 원리[14]로 나타나서 우리 주변의 모든 것을 살려내고 관계시키며, 신성한 것으로 만든다. 여성 신학자 데프네 햄슨이 알리스 워커의 작품 『보랏빛』(The Color Purple)에 나오는 샐리라고 하는 한 절망에 빠졌던 흑인 여성의 종교체험을 그려준 대로 어떻게 그녀가 자기 주변의 모든 것, 나무와 새와 벽과 이웃들을 자신과 관계있는 것으로 만나며, 신성한 것으로 만나서 자신의 참된 자아가 신이 되며 세계의 모든 것이 신의 현현이 됨을 깨닫게 되는 과정이 보여준 것처럼 새로운 영성은 관계적이며, 모든 것을 묶고, 인간과 세계와 자연 안에서 그 시간과 공간 안에 내재하는 신(神)의 모습을 지적한다.[15]

이것은 전통적인 남성 신학자들의 존재론적·실체론적 신 이해의 경직을 벗어난 것이다. 그리하여 이러한 새로운 여성의 영성은 이제까지의 그녀들의 오래된 삶 속에서의 경험과 지혜를 근거로 하여서 하느님의 '몸'으로서의 우주를 말하고, '가이아'로서의 하느님, '마음'(heart)으로서의 신(神)을 말하고, 또한 이제 그리스도교 신학 일반에서도 그 관심의 초점이 이론에 관계되는 전통적인 교의학에서부터 우리의 평범한 일상의 생활 가운데에서도 하느님이 현존하시는 것을 보여주는 성서 해석으로 옮겨가듯이[16] 여성신학에서도 성서 이야기의 해석

---

[14] 최만자, 앞의 글, p.169ff.

[15] Daphne Hampson, *Theology and Feminism* (Basil Blackwell Cambridge, 1990), p.163ff. in: 이은선, 「여성신학과 기독론」, 『기독교사상』 1991년 5월, 대한기독교서회.

[16] 지난 5월 11일 한국 종교학회에서의 발표 논문인 「다원주의 신학의 신약학적 평가」에서 조태연은 최근 신약성서 연구의 경향으로서 가장 이른 예수 전승(Q①)을 찾아서 그것을 교

을 점점 더 활발하게 한다. 우리 나라에서 이경숙은 구약에 대한 전체적인 시도를 내놓았고, 현재 진행되고 있는『기독교 사상』에서의 최영실의 신약 이야기 해석, 여신협과 한국 여성신학회에서의 성서 해석 작업들이 그 모습들이다. 그것은 이제 우리 일상의 모든 영역을 신의 영역으로 보면서 전통적으로 나누어져서 파악되었던 삶의 영역들을 통합시키는 것이다.

2) 통합적 영성으로서의 한국 여성신학 영성

이상과 같은 21세기 한국 여성신학 영성의 전일적 모습은 가장 먼저 우리 인간 이해에 있어서의 성의 인위적인 차별을 지양하게 만든다. 그것은 곧 그리스도론의 근본적인 변혁이 된다. 우리가 위에서도 바로 지적했듯이 최근의 신약학적 탐색의 전개에 따라 예수(역사적 예수)와 최초의 그리스도교, 그리고 최초의 신학자들(신약 문서들)의 관계를 살펴보면 남성 예수에 대한 배타적 그리스도론을 전제하는 바울로 신학은 신약성서 그리스도교 신앙의 전부가 아니라 여러 다양성 중의 한 부분에 해당하는 것이라고 한다.[17] 또한 원래 마르코 복음과 요한 복음, 그리고 베드로 복음의 기초 문서로서 이용되었을 '초기 수난사화'의 독립된 문서가 있었다는 추정인데, 그것은 후기 복음서가 예수 죽음과 부활의 '그리스도' 신화요, 선포라면 오히려 그 문서는 예수 생애의 중요 부분

회의 케리그마적 신학(바울로 전승까지도 포함하여)으로부터 자유롭게 하여 보았을 때, 어떻게 그것이 묵시적 종말론이나 예수에 대한 배타적·신화적 표상으로서가 아니라 지혜의 말씀으로서 가장 보편적이고 일상적인 인간의 삶과 소박한 자연에 관한 메시지가 되는가를 보여주었다. 그 연구에 따르면 가장 이른 예수 전승의 신학적 전거는 결코 비밀스러운 이상이나 천사를 통한 계시 등도 아니었고, 오히려 1세기 팔레스틴의 시골 환경이며 농경생활이었고, 거기서의 자연과 자연스러운 인간의 경험이었다고 한다. 그것은 결코 초월적이지 않았고, 하느님의 섭리가 인간의 일상사와 자연 안에 내재되어 있는 '자연신학'이었다고 하는데, 이것을 통하여 저자는 바울로를 포함한 그후 교회의 배타적·케리그마적 주장을 반박하는바, 이 이야기는 지금 우리의 여성신학적 탐색의 맥락에서도 매우 시사적이라는 것을 알 수 있다.

[17] 조태연, 위의 글, p.2ff.
   Helmut Koester, "*Gnomai Diaphoroi:* The Origin and Nature of Diversification in the History of Early Christianity", *The Histories Through Early Christianity* (Philadelphia: Fortress Press, 1971).

에 관한 역사적·전기적 관심에 이끌린 이야기요 예수 전승이고, 그의 죽음에 관한 '예수 운동'의 내러티브라는 것이다.[18] 이것은 예수의 부활이나 기적에 관한 케리그마와는 다른 이야기로서 예수의 역사성과 현실성에 더욱 주목하는 것이다. 또한 이미 지적한 대로 여기서 더 나가서 예수에 '관한' 전승이 아닌, 예수에 '의한' 초기 전승을 살펴보면 그의 비유들과 하느님 나라의 선언문들은 예수가 지극히 평범한 일상과 자연과 관계하면서 인간 환경의 한복판 안에 있던 모습으로 나타난다고 한다. 이러한 모든 신약학적 지적들은 오늘 우리의 시대에 예수를 다시 참으로 '인간' 되게 하며, 그리하여 '남성' 되게 하고, 따라서 우리의 여성신학을 위해서는 이제까지 그리스도교 신학에서처럼 그 남성 예수가 곧바로 형이상학적으로(배타적으로) 그리스도화되어 여성을 소외시키고 자연과 세계(몸)를 소외시키는 것을 용납하지 못하게 한다. 이것은 이제 21세기의 여성신학은 요즈음의 남성 신학자들의 대안적 그리스도론 모색에서도 나타나는 것처럼 '역사적 예수'에 더욱 관심을 가지는 것이고, '아래로부터'의 그리스도론에 함께하며, 더 나아가서 이제 그 그리스도론의 과도한 집중에서도 벗어나서 '신 중심적'으로 사고하고, '중보자 없이' 살아가는 것을 배우는 것이라는 의미이다. 우리 각자의 내면 안에 모셔진 초월의 은혜로 더 이상 예전의 남성적 '그리스도 우상주의'에 빠져 있지 않는 것이다.

이렇게 예수가 인간이 되고 남성이 되면 오히려 우리들은 그와 훨씬 더 좋은 관계를 맺을 수 있다. 이미 1970년대 초에 발표된 것이지만, 독일 여성 심리학자이면서 신학자인 한나 볼프의 『남성 예수, 심층심리학적 시각에서 본 예수의 행태』는 그 좋은 예이다. 여기서 그녀는 칼 융 심층심리학의 '아니무스·아니마' 이야기를 빌려서 어떻게 예수가 참 인간과 남성으로서 그 당시 혹독했던 가부장 시대에 자신의 인격 속에 여성적 영혼의 원리인 '아니마'를 통합하여 참된 인격을 보여주었나를 그려주고 있다. 예수가 그리스도인 이유는 바로 그같은 인격의 통합을 가능하게 했고, 그리하여 치유된 하느님과 인간상을 범례적으로 보

---

¹⁸ 조태연, 위의 글, p.5ff.

여주었기 때문이라고 한다. 그러한 예수는 그리하여 오늘날도 여전하게 성(性)의 분열 속에 신음하며 살고 있는 우리 모두에게 그리스도가 된다.[19]

한나 볼프의 이러한 그리스도론 이야기는 우리의 인간됨과 성(性), 그리고 그의 구분을 인위적인 조작이나 차별 없이 자연스럽게 받아들일 수 있게 하는데, 이것은 우리의 육체적 소멸과 죽음과 관련하여서도 같은 이야기를 할 수 있게 한다. 우리 시대의 대안적인 에코페미니스트 영성으로서 "재순환의 영성"(the spirituality of recycling)을 얘기하는 류터는 서구 그리스도교의 왜곡된 부활 이해가 오늘날 기술문명의 생태학적 위기에 커다란 악영향을 미치고 있다고 지적한다. 그녀에 따르면 플라톤 이원론의 영향을 과도하게 받은 서구 그리스도교는 원래 예수의 구원 이해에서와는 달리 중세로 오면서 '죽은 자로부터의 부활'을 그 구원 이해의 핵심으로 만들었다는 것인데, 특히 몸의 부활의 주장은 죽음을 벌과 죄악으로, 비자연스러운 것으로 여기게 했다는 것이다.[20] 이러한 전개는 생태계의 거대한 순환에 지극히 위험스러운 것으로서 그리스도교의 영성이 여성과 몸, 육체적인 한계를 거부하게 했고, 세상의 만물이 재순환의 과정에 의해서 서로 연결되어서 자신들을 새롭게 해나가는 데 반해, 인간은 암적 존재로서 고립되게 만들었다는 것이다. 그녀에 의하면 우리가 자연의 모든 다른 생물처럼 우리의 유한성을 받아들이고 태어남과 죽음의 거대한 순환 속에 자신을 내어놓음으로 그 나의 몸의 모든 물질적 에너지가 다시 새롭게 새로, 벌레로, 꽃으로 태어나는 것을 받아들이는 것이 새로운 순환의 영성이라는 것이다. 그녀에 따르면 이것이야말로 죽음에서의 참다운 부활이고 유일한 부활인데, 이 부활을 그녀는 오래된 불교적 개념인 '윤회'(reincarnation)라고도 표현하고, 그것은 개인적인 영원성에 대한 이기주의적 집착에서 벗어나서 놀라운 전체의 영원으로 들어가는 것이라고 설명한다.[21]

---

[19] 이은선, 「여성과 예수 — 한나 볼프의 심층심리학적 예수 이해」, in: 이은선 · 이정배, 『현대 이후주의와 기독교』(다산글방, 1993), pp.174-83.

[20] Rosemary Radford Ruether, "The Cycle of Life and Death in Ecofeminist Spirituality", in: *Creation Spirituality*, Summer 1995, pp.35-8.

[21] Ibid., p.36.

3) 종교다원주의적 영성

여기서 류터가 새롭게 이야기하는 그리스도교 부활의 이야기가 오래된 동양의 개념인 '윤회'로 이야기되었을 때 더욱 새롭고 자연스럽게 이해되듯이 21세기 한국 여성신학의 영성은 그 세번째 모습으로서 종교다원주의의 대화와 거기서의 포괄의 시각을 가지고 있다. 오늘날 기술과학의 시대에 서구의 기술문명에 의해서 동양이 삼킴을 당했고, 그 피폐 속에서 오늘날은 그 자신이 가졌던 귀중한 유산조차도 오히려 더 지키지 못하고 있다고 비판받지만, 그러나 그렇다고 해서 그 종교와 문화, 문명이 다 스러진 것은 아니고 가치없는 것이 아니다. 오늘날 세계화와 지구화가 말하여지면서 민족주의의 위험성이 지적되지만, 문화 — 종교를 포함해서 — 는 본래 지구적이기보다는 민족적이고 민족과 결합해야 힘을 발휘하고, 또한 샤르댕도 지적했듯이 지구의 전체화와 초인격화가 단순한 획일화가 아니라 그 안에 동시에 '복잡화'의 과정이 포괄되어야 한다고 했다면 이미 인류가 여러 가지로 꽃피워 온 다양한 종교 전통은 서로 배타적일 필요가 없고 보완적이어야 한다. 그것은 지구 전체의 '재산 목록'인 것이다.

그런 의미에서 특히 서양 그리스도교에서 배타적인 의미에서 많이 사용해 온 '개종'이라는 개념을 그 서구 이원론의 획일적 발상으로 보며, 진정한 의미에서의 개종(con-version)이란 사실 불가능하고 그보다는 오히려 끊임없이 자신의 종교 경험을 누적적으로 변화시켜 가는 가종(add-version)이 있을 뿐이라는 주장은 의미있다.[22] 그리스도교에서 개종의 전형으로 여겨지는 바울로조차도 사실은 그리스 철학의 대가였던 그로서 그 그리스 사상을 완전히 떨쳐버린 것이 아니고, 오히려 히브리 복음을 그리스화시킨 것으로 볼 수 있다는 지적이다.[23] 이런 의미에서뿐 아니라 우리가 위에서 성(性)과 관련한 전통적 그리스도론의 형이상학적 우상주의를 배격했듯이 민족적 종교와 관련한 그리스도교 우상주의를 거부하는 입장에서 21세기의 한국 여성신학은 자신의 고유한 문화 경험과 전통 종교들에서의 대안적 상징들을 적극적으로 찾아내야 한다. 어머니로

---

[22] 황필호, 「改宗과 加宗」.　　　[23] Ibid., p.3.

서의 하느님, 보살로서의 그리스도, 존재론과 실천론, 우주와 인간의 차원을 어느 다른 전통보다도 뛰어나게 포괄하는 신유교 전통의 태극(太極)이나 무극 (無極)으로서의 초월 이해와 더불어 동학사상에서의 여성성의 이해 등은 다 그러한 예들이다. 또한 노래 부르기를 좋아하고 음식 나누기를 즐기며, 정이 많은 한국 사람들의 심정에서 오늘 우리 모두에게 필요한 생명 전체를 향한 배려와 연민의 원리를 다듬어낼 수 있고, 한편 한국 여성들의 인내와 희생, 사랑에서 인류 전체의 보편적 삶의 원리를 찾아낼 수 있다. 이러한 것들은 오늘날 많은 경우 서구적인 대안들과는 다르게, 또한 더 적절하게 우리가 가지고 있는 심각한 대립들 ─ 인간과 자연, 이성과 감성, 정신과 육체, 여성과 남성, 종교 (윤리)와 과학 등 ─ 을 극복하는 데 큰 시사가 된다.[24]

4. 21세기 문화 전략으로서의 한국 여성신학

지금까지 우리는 오늘 우리 시대에 필요한 윤리의 궁극적인 구속력으로서 종교를 얘기했고 그 종교의 한국 여성신학적 대안을 탐색했는데, 1장의 그 신학방법론의 세번째 모색에서도 지적했듯이, 그러나 우리의 더욱더 긴급한 물음은 어떻게 그러한 세계관적 이상들이 우리 현실의 구체적인 삶에서 역동성있는 영향력으로 역할할 수 있게 하는가에 관한 것이다. 한국 기성 교회의 장벽은 너무나 높고, 또한 그 교회조차 오늘날은 점점 더 보수화 내지는 사이비 신비화의 게토 속에서 사회와 신앙인의 구체적 삶 속에서 유리되고 있기 때문이다. 그리하여 일련의 여성 신학자들은 그 교회로부터 떠나기를 원하며, 거기로부터 등을 돌린다.

　그러나 우리는 이 세상의 어느 종교도 오류가 없는 것이 없고 의례와 예식을 통한 구체적인 종교행위 없이 어떠한 종교 이상도 지속될 수 없다는 지적대로

---

[24] 이은선, 「한국적 생태 여성신학이 말하려고 하는 것」, 『기독교사상』 1995.1., p.216.

결국 그 교회 공동체 안에서 거기서의 예배행위와 더불어 변화되기를 추구한
다. 그러나 동시에 그 공동체(교회)의 모습이 크게 변해야 한다는 요청이다.
"문화는 명사가 아니라 동사이다"라는 오늘날의 지적대로 우리가 앞에서 21세
기의 대안적 영성으로서 한국 여성신학 영성을 찾아보는 데서도 드러났듯이 초
월과의 관계에서도 관계적이고 역동적이며, 개방적이기를 바라는 우리는 그 초
월과의 관계에 근거한 교회 공동체의 삶도 그렇기를 바란다.

1) 교회 '문화운동'으로서의 한국 여성신학

이 말은 여러 가지의 의미로 적용될 수 있겠다. 먼저는 이제까지의 교회의
삶이 특히 한국 개신교에서는 한정된 예배의식에만 집중되어 있는데, 그러한
과도한 예배의식에의 집중에서 벗어나 삶에서의 더 다양한 활동으로 전개되어
야 한다는 생각이다. 예를 들어 금요일의 속회 모임이나 부흥회도 또다시 수
동적인 예배의식으로만 마무리될 것이 아니라 거기서의 구성원들이 더 다양하
게 활동적으로 참여할 수 있는 각종 교육 프로그램, 또는 지역의 봉사활동이
나 공익적·시민적 운동과 연결되어 신앙만을 위한 신앙, 교회만을 위한 공동
체가 아니라 삶의 다양한 차원과 관계하고 지역과 사회의 참된 동반자의 역할
을 하여야 한다고 생각한다. 예배의식 자체 내에서 보더라도 한 남성 교역자
의 과도한 설교에의 집중은 다른 모든 구성원들을 수동적으로 만들고, 특히
여성들에게는 치명적이다. 오늘날 다양한 지역 시민단체들은 연대해서 지역의
환경문제·교통문제·교육문제·소비자문제 등을 가지고 씨름하며 대응해 가
고 있는데, "교회는 모여서 오로지 자신들의 신앙생활만 지키고 교회 행정에
만 관심을 둔다면" 앞으로의 열린 시민사회 속에서 교회는 점점 더 게토화되
고, 그런 의미에서 앞으로 세계화·지방화 시대를 위한 에큐메니칼 운동은 그
리스도교만의 결속에서 벗어나 지역사회 운동으로 나가야 한다는 지적은 시사
적이다.[25]

---

[25] 강문규, 「세계화·지방화 시대를 위한 에큐메니칼 운동」, 『기독교사상』 1995.5., p.20.

오늘날 한국의 수많은 교회가 지역사회 운동으로 한국의 여성해방을 위해 해 줄 수 있는 가장 긴박하고도 중요한 일은 무엇일까? 본인은 그것을 교회의 탁 아를 위한 전면 개방이라고 생각한다. 엄청난 자원으로 무수히 세워진 교회들 이 단지 소수의 몇 번의 예배의식만을 위해서 존재한다면 그 있음의 비윤리성 과 모독성은 크게 비난받을 만하다. 이미 세워진 공간적 가능성과 그 공동체 안의 풍부한 인력으로 지금 우리 모두가 가장 시급하다고 이야기하는 한국 사 회의 탁아문제를 돌보게 된다면 교회는 그 자신도 물질로도 자기를 비우는 것 이 되므로 진정한 예배의 실천자가 된다고 하겠다. '물질이 있는 곳에 네 마음 이 있다'는 지적은 교회 자신에게도 해당된다.

2) '교육운동'으로서의 한국 여성신학

지금까지의 이러한 모든 이야기들은 이제 한국의 교회가 좀더 지속적이고 삶 의 다양성과 관계하는 '문화' 운동으로서의 역할에 더욱 관심을 가져야 한다는 것이며, 한국 사회 속에서의 한 문화, '그리스도교 문화'로서 전개되기를 요구 하는 것이다. 또한 그 문화라고 하는 것도 더 폭넓게 생각해 보면 마침내는 인 간의 '교육활동', "인류를 위한 커다란 학습 과정", "배움의 과정으로서의 문 화"가 되므로 그 구성원의 구체적 교육활동에 더욱더 관심가져야 함을 주장하 는 것이다. 따라서 한국의 생태 여성신학이 21세기의 한 대안적 영성으로서 그 역할을 하기를 원한다면 그것은 하나의 문화운동으로서, 그리고 교육운동으로 서 하기를 원하며, 그럴 때만이 문화나 종교가 단지 죽어 있는 '명사'로서가 아니라 살아 있는 '동사'로서 역할하는 것이 되고, 그런 의미에서 그 여성신학 은 이제 하나의 '문화 전략'이 되어야 한다는 것이다.[26] '전략'이라 함은 이제 실천적 물음이 전면에 나서는 것이며, 여성을 포함한 우리 각자가 능동적이고 철저하게 우리 삶의 환경에 개입하려는 것이다. 그리하여 그것은 그 구성원의

---

[26] 반 퍼슨, 앞의 책, p.175ff. 본인은 여기서 한국 여성신학을 하나의 "문화전략"으로 이 해하는 데 있어서, 앞에서도 여러번 인용되었듯이 네덜란드 철학자 반 퍼슨의 『급변하는 사 회에서의 문화 이해』에서 많은 시사를 받았음을 밝힌다.

지속적인 의식화 작업, 자연과 치유된 성과 자신들의 고유한 민족적 문화에 대한 깨우침을 제공해 줄 수 있는 곳, 남성 목회자 한 사람에게만 집중하거나 삶으로부터 단절된 예배나 설교, 자연으로부터 차단된 밀폐된 공간 속에서의 과도한 작업을 거부한다. 오늘의 한국 교회가 이러한 한국 여성신학의 메시지를 경청하고 자연으로 돌아가 우리 모두의 '심성(心性) 학교', '작은 학교'가 되면 어떨까. 다음 글에서 그 이상을 본다.[27]

> 어머니가 말한 주된 것은 걸으라는 것이었습니다. 여러분은 "걷는 것이 뭐 특별한 것인가?" 하고 생각할지 모릅니다. … 우리는 어떻게 걷는지를 잊어버렸습니다. 맨발로 — 땅에 발을 대고 땅과 흙과의 접촉을 명상하면서 걷는 방법 말입니다. 영혼(soul)과 흙(soil)은 같은 뿌리, 같은 말 … 그러니 할 수 있으면 맨발로 땅을 밟으십시오. … 자연은 가장 위대한 스승입니다. 자연은 붓다보다도 예수 그리스도보다도 마호메트보다도 간디보다도, 또 누구보다도 더 위대한 스승입니다. 그들도 자연의 제자이기 때문입니다. 붓다는 보리수나무 아래서 깨달음을 얻었습니다. 오늘은 왜 깨달은 사람들이 그렇게 많지 않은 것입니까? 그것은 우리가 나무 밑에 가서 앉은 일이 없기 때문입니다! 우리는 우리의 영혼을 새롭게 채울 시간이 없습니다. 나무 밑에 가서 앉아서 명상을 하고 새들이 날아와 가지에 앉는 것을 바라볼 때, 영혼이 채워집니다. 그리고 깨달음을 얻을 기회를 가지게 됩니다. 그러니 자연은 위대한 스승입니다.

3) 구체적 수행(修行)의 실천으로서의 한국 여성신학

이렇게 21세기의 한국의 여성신학을 문화와 교육의 운동으로 보고자 한다는 것은 또 다르게 얘기하면 이제 그 의미 실현의 궁극적인 '전략'(방법론)을 우리 각자 '개개인의 구체적인 수행'에 두는 것이다. 오늘 우리 시대에 무엇을 믿을 수 있는가? 우리의 매일의 구체적인 수행의 실천을 믿을 뿐이다. 그런데

---

[27] 사타쉬 쿠마르, 「心性敎育과 작은학교」, 『녹색평론』 1993, 11-12월호, pp.116-7.

동양의 여러 종교 전통들은 그 수행의 여러 방법들을 잘 가꾸어 왔고 보존해 왔다. 따라서 21세기의 한국 여성신학은 우리의 구체적인 인격의 변화를 위해서 그들로부터 적극적으로 배우기를 원한다. 이론과 머리에만 호소하는 선포의 방식만이 아니라 우리의 몸이 참여하고 행위가 같이하는 예배를 통해서 우리의 전인격이 성화될 수 있도록 그리스도교 교회 공동체의 수행방법론이 더욱더 다양화해지고 심화되어야 한다는 것이다. 이제까지 인류의 종교 전통들이 한결같이 경계하는 식욕과 성욕, 탐욕과 관련하여, 특히 성(性)에 관한 이야기와 관계하여 생각해 보면 여기에 대한 페미니스트들의 원성은 매우 높았다. 그것은 여성성을 억압하는 것이고 인간의 몸을 비하한 것이며, 자연스러운 인간의 성욕을 과도하게 억압한 것이라고 비판해 왔다. 이러한 비판들이 한편 타당했지만, 그러나 그 종교적 금욕의 가르침들이 다만 그러한 성차별적 차원에서만의 이야기이고, 그리하여 오늘날의 여성해방과 성의 개방의 시대에는 아무런 의미가 없게 된 것일까?

우리가 앞에서도 샤르댕의 인류 진화론적 신학의 관점에서 살펴보았듯이 전(前)세기까지 인류 진화의 과제는 그 종족 번식이었다면 그 진화의 과제를 위한 인류의 전략으로서 성(性)의 철저한 관리 — 동성과 근친상간의 성의 금지, 가부장주의를 통한 후손의 관리 등 — 는 이해할 수 있겠다. 그러나 오늘날 이제 더 이상 그 번식이 문제가 아니고 화합과 조화, 성숙이 의무가 되었다면 이것은 이제 인류 성 문화에 있어서의 큰 변화를 예고하는 것이요 그 새로운 방향에로의 전환의 의무를 부과하는 것이다. 즉, 오늘의 인구 폭발의 현실적인 위기에 반해서도 더욱 요구되는바, 이제까지의 '성기 중심의 성생활'에서 벗어나서 더 인간적인 친밀함의 관계로의 성 문화의 확장을 말한다. 또한 그것은 곧 이제까지의 인간의 성욕이 위의 성차별적 제도와 관습의 차원에서 제재받아 왔다면 이제 우리 각자 스스로의 절제에 의해서 조절되어져야 한다는 의미이다.[28] 그것은 성 문화의 다양화됨을 의미하는 것이고, 또한 이제 남녀관계에서

---

[28] 매릴린 퍼거슨, 앞의 책, pp.505-11.

도 성(性)보다는 친밀감이 중시되고, 인간의 성이 더 이상 배타적인 정복의 문제가 아니라 상호 신뢰와 성실성·개방성 위에 근거하는 인간적인 관계로 이해되는 것을 말하는데, 그것을 통한 왜곡된 성의 치유는 가히 획기적이라고 할 수 있겠다. 즉, 예를 들어 오늘날의 배타적인 결혼제도와 관련된 소유와 구속으로서의 결혼, 호모 섹스에 대한 이제까지의 평가, '혼전 순결'의 이데올로기, 또한 여성들에게 '성폭행'이 불러일으키는 좌절감과 그와 더불은 남성들의 정복을 통한 쾌락 등이 모두 다르게 조명될 수 있다. 또한 부모와 자식간의 관계도 이제 더 이상 핏줄과 씨앗에 집착하지 않고 오히려 그 둘 사이의 인간적 관계에서 이루어지는 지속성과 친밀성의 척도에 따라 얘기될 수 있으며, 그리하여 더 많은 크리스천들이 '입양'의 덕을 발휘할 수 있게 되며, '재산 상속'의 문제에서도 다른 차원이 열릴 것이다.

일찍이 파이어스톤은 여성들은 이제 모든 가능한 기술적·심리적·이념적 수단을 동원하여 "생식의 폭정"(Tyrannie der Fortpflanzung)으로부터 벗어나야 한다고 주창하였다. 오늘날 특히 기술과학의 전개로 이 요청이 현실화되어 가고 있는 상황에서 그것은 어느 다른 것보다도 '자녀교육을 전체 사회가, 남성들과 여성들이 똑같이 분담해야 한다'는 결과를 가져오게 된다고 지적한다.[29] 즉, 이제 모성이 더 이상 성(性)으로서의 그것이 아닌 '체험'으로서의 그것이 되어 남녀 모두에게 개방되고, 사회 모두에게 관계되어야 한다는 의미이다.

과학기술의 문명은 오늘날 극단적 근본주의 에코페미니스트들이 주장하듯이 그렇게 반여성적이지 않다. 오히려 거기에서의 전개로 인하여 어느 방식을 통한 결과보다도 더 근본적인 변화를 가져올 수 있다. 기계기술은 사실 인간 인체 근육의 힘을 연장한 것이고, 기술은 신체의 기능을 외면화하면서 그 인간을 자연의 조건으로부터 벗어날 수 있게 해준 것이다. 그런 의미에서 기술은 인간의 삶의 방식이고 생명 진화의 일환이며, 역사를 만들고 행동하는 인간의 몸짓

---

[29] S. Firestone, *Frauenbefreiung und sexuale Revolution. The Dialektik of Sex*, Frankfurt a. M. 1975, p.20.
쿠어티 뢰티, 『하느님의 새 이브』, 김윤옥 역, 한국신학연구소 1984, p.266ff.

(문화)이다. 따라서 기술이 인간을 더욱더 닮으면 닮을수록 거기서 인간과 기술은 이원화되지 않고 서로 통합될 수 있으며, 인간을 소외시키지 않고 오히려 인간으로 하여금 그의 자유롭게 된 힘을 삶에 기여할 수 있는 새로운 일, 인간적인 일을 위해 쓸 수 있게 한다. 기술을 통한 여성들의 생식의 노동으로부터의 해방도 같은 의미로 이야기될 수 있다. 물론 그 기술을 다루는 것은 인간이므로 거기에는 다른 영역에서와 마찬가지로 윤리가 필요하고, 무엇이 허용될 수 있고 허용되어서는 안되는지, 무엇이 불가능한 일로 받아들일 것인지를 파악하고 결정해야 하는 윤리적 창의성과 실천이 동시에 요청된다는 전제하에서이지만, 그 기술의 인간적인 발전은 어떠한 다른 정치사회적인, 또는 문화적인 노력을 통해서보다도 더 직접적이고 포괄적으로 여성의 해방과 인간화를 가능하게 해줄 수 있다. 이제까지 여성들에게만 편중되게 적용되어 오던 생식의 의무와 육아의 의무가 좀더 다양하게 분배되고 그 일에 기술과 사회, 남성들이 같이 참여하여야 한다. 따라서 그러한 일들이 더욱더 가능해질 것으로 보여지는 21세기의 기술정보화 사회는 그런 의미에서 여성들에게 더욱 희망적일 수 있다.

5. 마치는 글을 대신하여

21세기를 맞이하면서 이제 우리 모두에게 성의 구별을 떠나서, 종교의 차이를 떠나서 국적에 관계없이 요구되는 새로운 여성신학의 영성은 무엇일까? 프랑스의 여성 철학자 시몬느 베이유는 최종적으로 기도로 표현되는 우리 인식의 '집중력'을 얘기하면서 다른 사람의 고통과 신음에 집중할 수 있는 능력, 그것에 대해서 경청할 수 있고, 직관할 수 있는 능력을 말하였다. 그러한 집중력이 다시 '모성적 사고'와 같은 것으로 얘기되고 여성들의 배려하는 마음과 연민의 마음, 사랑과 살림의 손과 하나되는 것으로 보아졌다면 앞으로의 21세기 과학기술 사회에서의 여성의 영성은 바로 우리 주변의 신음하는 생명에 대한 그같은 배려의 마음을 가지는 것이라고 할 수 있겠다. 자연의 고통을 들을 수 있는

여성적 집중력, 여성의 몸과 아이들과 소외된 이웃들의 고통 때문에 불가능한
것을 인정하는 '창조적 포기', 절제, 비움, 이러한 것들이 바로 21세기 한국
여성신학의 주제가 된다고 생각한다. 우리 나라 『길 위의 집』의 젊은 작가 이
혜경은 몇 년 전 자신의 배고팠던 사정을 감지해 낸 시장터의 한 떡장수 아주
머니를 기억을 다음과 같이 풀어내고 있다; 가난하고 배고팠던 시절 밥으로 먹
을 떡을 사려고 돈을 내미는 그녀에게 그 돈의 두 배 분량의 떡을 주면서 "아
가씨가 무척 허기진 모양이구려. 내 손이 이렇게 커지는 것을 보면"이라고 응
수하던 그 아주머니의 배려하는 직관력, 자신도 바로 그런 마음의 소유자가 되
고 싶은 소망으로 그 글을 썼다고 한다. 한국 여성 영성의 한 지극한 예라고
생각한다.[30] 이러한 인간적인 의식의 진화, 진정한 인간애에로의 문명의 전개,
이것이 바로 21세기 한국 여성신학의 과제가 된다.

[30] 이혜경, 『길 위의 집』(민음사, 1995).

제 3 부

"誠"의 윤리와 그 교육적 적용

페스탈로치와 왕양명의 인간 교육에 있어서의 종교적·철학적 근거:

그들의 인간론과 교육론을 바탕으로 한 윤리학의 기초 설정을 위한 시도

1. 시작하는 말

본 글은 스위스의 유명한 개신교 사상가 페스탈로치와 중국의 가장 영향력이 컸던 유학자들 중의 한 사람인 왕양명을 비교 연구하면서, 어떻게 그들의 사상이 오늘의 우리에게 의미를 줄 수 있을까를 탐구하려는 것이다. 이렇게 시공적·정신문화사적으로 전혀 상이한 두 사상가를 서로 비교 연구한다는 것은 매우 특이하게 보일 것이다. 이러한 시도 — 페스탈로치와 양명의 비교 연구 — 는 이제까지 어느 누구에 의해서도 행해지지 않았다. 왜냐하면 그 둘 사이에는 시간적으로 공간적으로 그리고 거기에 문화사적으로 커다란 차이가 있으며, 그들의 작품들은 그 성립 배경이나 형태 그리고 사용된 언어 개념들이 완전히 다른 종류들이기 때문이다.

그러나 이런 역사적 제약에서 오는 외형적인 차이들에도 불구하고 우리의 대화를 가능케 하는 것은, 그들의 사상을 '문제사적'(problemgeschichtlich)으로 연구해 볼 때, 그들 사이에는 시간과 공간을 초월하여 그 둘을 본질적으로 묶는 깊은 공통점들이 있다는 우리의 신념 때문이다.[1] 다시 말하면 그들의 사상을 그들이 당시 처했던 정치·사회적, 그리고 정신적 상황 속에서 어떻게 그들

---

[1] F. Buri, *Der Buddha-Christus als der Herr des wahren Selbst*, Bern/Stuttgart, 1982.

이 거기서 발생한 문제들과 씨름하여 그 가능한 해결을 찾기 위한 모색이었나로 생각해 볼 때, 그 둘 사이에는 다음과 같은 세 가지 본질적 공통점들이 나타난다는 것이다.

첫째, 페스탈로치와 양명은 둘 다 한 커다란 격변의 시기에 살았던 사람들이었다. 페스탈로치의 시기는 프랑스 대혁명(1789) 전후의 전제 유럽의 혼란기로서, 극심한 정치적·사회적 불안정과 부패, 그리고 그와 함께 과격한 계몽주의의 대두와 산업혁명의 도래로 그때까지 유래되었던 전통적 가치와 윤리가 크게 흔들렸던 시기이고, 이에 대비하여 양명의 시대는 정치적으로 대단히 부패한 후기 명왕조의 시기로(환관정치, 비밀경찰 정치), 정치·사회·군사적으로 매우 불안하였고, 지적 상황으로는 12세기 때부터 중국 지적 세계를 지배해 왔던 정·주 철학(程·朱 哲學)의 변종으로 지적·윤리적 혼란이 극심하였던 때였다(과거제도의 타락 등). 둘째, 이러한 심각한 사회-정치적·도덕적 혼란에 대항하여 그것을 해결해 보려는 그들의 시도에 있어서, 그들은 공통적으로 종교적(신비적)으로 인간 존재의 깊은 초월적 근거를 경험하는데, 이 종교적 경험에서 나온 그들의 지칠 줄 모르는 인간 신뢰는 그후 그들 사상과 삶의 기초가 된다. 셋째, 이 '근본 경험'(Grunderfahrung)에 기초하여 형성된 그들의 인간 교육론, 다시 말하면 우주적 해결 대신에 각 개개인의 실존과 자아 속에서 이 세계의 의미를 실현하려는 그들의 노력과 사상들 속에서 우리는 마지막으로 취리히의 개신교 신학자 페스탈로치와 극동의 유학자 양명을 깊게 연결하는 공통점들을 발견하게 되는 것이다.

이같은 '문제사적' 관점을 통해서 우리는 두 사상가의 사상을 그들의 전기적(傳記的) 삶과의 관계 속에서 다음의 네 가지 '형태적 구조'(typologische Struktur), 또는 '발전 단계'(Entwicklungsgange)로 파악할 수 있다고 생각한다. 이 공통적인 형태적 구조 또는 발전 단계들은 그들 사상에 있어서 기초적인 것인데, 왜냐하면 그들은 그러한 단계들을 거쳐 자신들이 당면했던 제문제들의 가능한 해결에로의 길에 도달했기 때문이다.

이 네 가지 구조 또는 단계는 다음과 같이 요약될 수 있다.

① 그들 사상의 종교적 기초를 이루는 존재의 직접적 경험(die erkenntnistheoretische Seinsfrage: 인식론적 존재 물음)

② 이 경험에서 더욱 발전된 그들의 일원론적이고 변증법적인 세계 이해(die metaphysische Sinnfrage: 형이상학적 의미 물음)

③ 이 세계 이해에 기초한 그들의 인간 교육론(die anthropologische Frage nach dem Selbst: 인간론적 자아 물음)

④ 세계의 의미 실현을 위한 그들의 마지막 통찰들(die sozialethische und geschichts philosophische: 사회윤리적·역사철학적 물음)

이러한 '문제사적-형태적'(problemgeschichtlich-typologisch) 이해를 통해 이 두 사상가의 사상의 발전과 그 의미에서 그 둘의 본질적 공통점들을 찾아낼 수 있었는데, 이것은 다시 우리로 하여금 이들의 사상을 우리 시대 우리가 가지고 있는 문제들의 빛에서 볼 수 있게 하며, 그것들을 우리 시대에 비판적으로 적용시켜 볼 수 있게 한다. 왜냐하면 그들이 가지고 씨름했던 문제들과 우리가 현재 당면한 문제들 사이에는 많은 깊은 공통점들이 보이기 때문이다. 즉, 우리의 시대도 하나의 커다란 격변과 위기의 시대로, 여기서도 전통의 모든 사회 윤리적 규범들이 크게 의문시되고, 그리하여 사람들은 '현대의 도덕적 위기'에 대해 말하며, 선(善)에 대한 물음이 설 자리를 잃었으며, 윤리의 문제들이 지식적으로(wissenschaftlich) 가치중립화되고 있다고 지적하기 때문이다. 오늘날의 '지식화'(Verwissenschaftlichung)와 '기술화'(Technologisierung)로 특징지어지는 사회에서 한 개인은 그 가속되는 사회적 변화 앞에서 정말 무력해 보이며, 이 과학의 시대에 윤리가 더 이상 가능한가라고 묻게 된다.

그리하여 개인들은 그들의 행동 결정에 있어서 휘청거리며, 그러나 그럼에도 불구하고 오늘날 현대인들은 자신들의 행동 결정에 있어서 어떤 외적인 권위나 규범에 따르기보다는 자기 자신에게 있어서 진리로 확신된 것만을 받아들이려 한다. 그러므로 그들은 결국 하나의 '주체성'(Selbständigkeit), '도덕적 주체성'(Sittliche Selbständigkeit)에로 키워져야 하며, 다시 말하면 오늘의 이성의 시대(der rationale Zeitalter)에 거기에 합당한 새로운 윤리가 성립되어야 한다는 것이다. 즉, 그것은 우리의 이성이 실천적으로 도덕적 행동을 가능케 하는 "도덕적 능력"(sittliche Kraft)으로 키워져야 한다는 것이다. 이러한 상황 속에서, 세계 의미 물음 해결의 한 축을 여전히 개인·자아 속에서 보며, 종교적으로 근거되어진 그들의 전인적(全人的) 교육을 통하여 인간을 "자유"로, "도덕적 자유"에로 키우려는 페스탈로치와 양명의 사상은 우리에게 커다란 의미를 가지고 있다고 볼 수 있다.

2. 사고의 출발점으로서의 존재의 주관적 경험
(인식론적 존재 물음):

페스탈로치의 나의 내면 속의 신과
양명의 심즉리(心卽理, The mind is principle)

19세기 독일 개신교 신학자 슐라이어마허는 그의 저서 『종교에 관하여』(1779)에서 종교의 본질을 형이상학과 도덕과는 달리 "유한한 것 속에서의 무한한 것의 직관과 느낌"이라고 규정하였다.[2] 이러한 종교적 경험의 직접성과 내면성을 밝혀내면서 그는 동시에 "방법론적으로 아주 새로운 한 인식론"을 밝혀냈는데, 즉 그에 의하면 존재의 마지막 핵은 어떤 철학적 사고나 윤리적 요청에 의해 인식되는 것이 아니라 오직 주관의 직관적 경험에 의해서만 직접적으로 파악된다는 것이다. 그러므로 그에 의하면 "직관과 감정"은 인간의 대상적 사고에 비해 더 원초적인 인식활동으로서, 그것은 존재를 직접적으로 그리고 본질적으로 포착할 수 있게 한다는 것이다. 그리하여 이 존재의 주관적 경험, 직관이 사고의 새로운 출발점이 되는 것이다.

---

[2] Schleiermacher, *Über die Religion* (Vandenhoeck & Ruprecht, 1967⁶) p.49ff.

1) 사고의 출발점으로서의 존재의 주관적 경험

슐라이어마허가 이와같이 존재의 직접적 경험을 사고의 출발점으로 보았듯이 페스탈로치와 양명에게서도 그 존재의 신비적(종교적) 경험은 그들 사고의 출발점이 되었다.

종교개혁의 전통을 간직한 경건한 개신교 집안에 태어난 페스탈로치는 어려서부터 주위에서 당시 유럽 구제도 독재 왕정의 독점에 시달리며 경제적·정치사회적·교육적으로 매우 등한시당하던 가난한 사람들, 농촌 사람들의 비참한 생활상을 보면서, 어떻게 하면 이들을 도울 수 있을까를 심각히 생각하는 청년으로 자라났다. 그 당시 자유와 해방의 사상으로 새롭게 등장한 유럽 계몽주의가 한참 꽃피던 취리히에 유학하면서, 그는 프랑스와 독일 계몽주의(Rousseau, Voltaire, Wolf, Leibniz)에 크게 영향을 받아 가장 혁신적인 사상을 가진 젊은이들 중의 하나가 된다. 그러나 그후 극단적 계몽주의의 건조한 이성주의에 불만을 느끼면서 심각한 의미 물음에 빠져 있던 중, 1770년대 중반의 "취리히 폭풍노도"(Züricher Strum und Drang)의 시기에 신비주의 운동의 영향으로 한 신비적·종교적 체험을 하게 된다.[3] 이 경험 속에서 그는 '신의 직접성'(Gott-Unmittelbarkeit)을 체험하고 당시 건조하고 차갑던 계몽주의의 이성 중심주의 신앙을 극복한다.

이에 대비하여 양명은 도교의 영향을 많이 입은 유교의 집안에서 자라나면서 인생의 최고 목표를 '참 자아'(Sagehood)의 실현에 두고 그 길을 찾아나선다. 합리적 주희 철학을 소개받은 후 그는 혼신을 기울여 인식론적 자아 실현의 방법론인 주희의 격물(格物)의 실천을 통해 각에 이르려 하나 번번이 실패한다. 즉, 그 당시 그에게 있어서는 주희 철학대로라면 심(心)과 리(理) 사이의 간격은 도저히 넘을 수 없는 심연으로 보였던 것이다. 그러나 이러한 절망중에 그는 한 유배지에서 한 신비적 경험을 통해 그가 그토록 찾아헤맸던 리(理)가 바로 다름아닌 자신의 심(心) 속에 이미 내재해 있다는 것을 깨닫는다. 즉, '리의 직접성'(Li-Unmittelbarkeit)을 체험하게 된 것이다.

---

[3] P. Wernle, *Der Schweizerische Protestantismus im XVIII Jahrhundert* Bd II (Tübingen)1924, p.276.

2) 페스탈로치의 나의 내면 속의 신(神)과 양명의 심즉리

페스탈로치는 인간 속에 신의 한 계시를 경험했고 인간 본질(자연)과 그 가슴 속에 바로 신적인 것이 숨겨져 있는 것을 보았다. 이 '신의 직접성'의 경험은 그리하여 그로 하여금 이 종교적 체험에 근거하여 씌어진 그의 첫번째 작품 『은자의 황혼』에서 열광적으로 "인간성의 무죄"에 대해 얘기하게 했고, 모든 인간을 신의 자녀로 보게 했다. 형식은 다르지만 양명도 본질적으로 같은 것을 경험했다. 즉, 그는 그의 체험을 통해 존재(理)란 자기 밖의 외물에 놓여 있는 것이 아니라 그 자신의 마음에 놓여 있는 것이므로 자신의 마음이 이 리(理)와 직접적으로 같다는 것이다[心卽理].

페스탈로치와 양명은 이같은 신(神) 또는 리(理)의 직접성의 주관적 경험으로부터 당시 타락한 객관적 주지주의의 정신풍토를 비판하고 극복할 수 있는 근거를 얻게 된다. 페스탈로치는 『은자의 황혼』에서 당시대의 "유행지식주의", 다시 말하면 "수천의 공허한 낱말이나 개념들"만을 추구하고 전혀 실용성과 도덕적 실천력을 상실한 학교교육을 비판한다. 그의 확신에 의하면, 인간은 이런 "인위적인" 방법을 통해서가 아닌 "자연의 방법"(die Lehrart der Natur)을 통해서만 참다운 진리에로 이르는데, 이 "자연의 방법"이란 다름아니라, "인간 자연의 내면"(Im Innersten der Natur) 속에 이미 "진리에로의 길"이 놓여져 있는 것을 알고 이 내면의 길을 닦는 것이라고 한다.

페스탈로치가 이와같이 그의 새로운 인간 본성(自然, die Natur)의 규정을 가지고 내면화의 길을 간 것처럼 양명에게도 본질적으로 같은 전개가 이루어진다. 당시의 정신풍토를 지배하던 주희(朱熹, 1130~1200)의 객관주의 ― 그의 철학의 출발점은 우주적인 태극(太極)이었다 ― 에 대항하여 양명은 주희와는 완전히 거꾸로 자아(인간)의 마음을 모든 존재와 도덕의 원천이고 근원으로 보았다. 그에 의하면 이 심(心) 밖에서는 어떤 존재도 없고 원리도 없는 것이다. 개개의 도덕적 원리들이란 예를 들어 인(仁)·의(義)·예(禮)·지(智)란 나의 마음과 무관하여 독립적으로, 객관적으로 그 자체로 외계(책이나 고전들)에 존재하는 것이 아니라는 것이다.

이와같이 페스탈로치가 '자연'을 그 당시의 유행적 계몽주의에 대치시키는 것이라든지, 또는 양명의 혁명적 심(心) 이해는 하나의 과격한 "무한의 유한에로의 내면화"(Verinnerlichung des Unendlichen ins Endlichen)를 의미한다. 물론 페스탈로치가 극복하려고 했던 유럽 계몽주의의 이성신앙도 역시 인간과 신과의 연결을 믿는 신비주의에 그 뿌리를 두고 있고, 또한 양명의 비판의 대상인 주희의 성즉리(性卽理, The nature is principle)도 주돈이의 '우주적 태극'의 존재론적 내면화를 나타내는 것이다.[4] 그러나 그럼에도 불구하고 페스탈로치와 양명은 그들의 '자연'과 '심' 이해를 가지고 그들의 정신적 선배들보다 이 내면화의 길을 더욱더 급진적으로 갔다. 왜냐하면 그들의 '자연'과 '심' 이해를 통해 단지 인간의 '이성'만이 아니라 '인간 자연 전체'가 초월과 관계되는 것으로 보았기 때문이다. 다른 말로 하면 그들은 인간을 그들 선배들보다 더욱더 '총체적으로'(ganzheitlich), 즉 '영혼'이나 '삶'으로 보려 했다는 것이다. 이같은 그들 사상의 급진성은 페스탈로치가 "나의 본질의 내면 속에 계시된 신"(Gott im Innersten meines Wesens)을 말한다거나 양명이 인간의 심(心)을 도(道) 자체와 동일시할 때 더욱 명료히 드러난다.

페스탈로치에 의하면 하느님 신앙이란 "어떤 객관적·신학적 지식의 축적의 결과"가 아니라 "하느님은 아버지이시다라고 속삭이는 나의 자연의 내면의 소리에 귀기울이는 것"이고 "인간 자연의 단순성의 순수한 감각"이라고 한다. 그에 의하면 인간은 누구나가 자신의 "내면의 감각"(der inner Sinn)을 가지고 이 하느님 아버지를 알아볼 수 있다는 것이다. 이리하여 그는 이 직접성에 대한 의지를 가지고 당시 종교를 합리적 이론으로 해명하려는 모든 관념적 형이상학을 반대한다. 이 직접성에 대한 의지가 양명에게서는 그의 학생들을 향한 강한 요청, 즉 자신들의 학문 노력의 출발점을 밖에서 찾지 말고 그들 자신의 '심' 속에서 찾으라는 긴박한 당부 속에서 확연히 드러난다. 왜냐하면 그의 확신에 의하면 '도'란 인간의 마음 속에 이미 놓여져 있는 것이고, 모든 인간은

---

[4] J. Ching, *Confucianism and Christianity* (Kodansha International Tokyo, New York & San Francisco, 1976, 98.

자신의 마음 속에 내면적으로 포착할 수 있는 능력[良知]이 있다는 것이다.

이처럼 페스탈로치와 양명의 이러한 존재의 '내면화', '주관화'는 동시에 "하나의 새로운 인식의 길"과 연합되어 있다는 것을 알 수 있다. 페스탈로치에 의하면 존재의 마지막 핵은 논리적·이성적 개념을 가지고 인식되는 것이 아니라, 오직 "우리 자연의 내면의 감각을 통해 직접적으로 파악되며", 양명에 의하면 '도'란 세계 전체에 대한 객관적·이론적 추상에 의해 도달될 수 있는 것이 아니라 오직 지행합일(知行合一)의 길로만 실현될 수 있다는 것이다. 왜냐하면 그것은 이미 인간 '심' 속에 놓여 있기 때문이다. 이렇게 함으로써 페스탈로치와 양명은 인간 인식을 대상적 사고(gegenständliches Denken)의 절대 독점으로부터 해방시키려 했으며, 동시에 지(知)와 행(行), 이론과 실천의 운명적 이분으로부터 구하려 했던 것이다.

이상과 같이 이들의 존재 이해에서는 존재의 근거지을 수 없는 초월적 심연성이 보존되면서, 그러나 동시에 이들에게는 아주 완전히 다른 한 새로운 존재 경험의 가능성이 열려지는데, 즉 이것은 더욱 "경험적이고 직접적이며, 내면적이고 감정적이며, 다른 말로 하면 더욱 인간적"인 길이다. 즉, 그들은 하나의 객관적·우주적 형이상학 대신에, 인간 의식의 한계성을 인정하면서 완전히 다른 한 초월의 모습을 보여주었는데, 이것은 대상화할 수 없으며 모든 대상성을 초월할 것, 그러나 바로 그러한 것으로서 역설적으로 자신을 "개인, 실존의 자기 이해의 완성"(Vollzug des Selbstverständnisses des Menschen, der Exitenz) 속에서 계시하는 그런 초월자를 말하는 것이다.[5] 이렇게 하여 그들 사상의 강한 경험적·사실적 그리고 실천적 성격은 이같은 초월의 유한과 인간 영혼에로의 급진적 내면화의 당연한 귀결이며, 여기에 바로 이 두 사상가를 깊게 연결하는, 시간을 초월하여 계속되는 그들 사상의 위대성이 놓여 있는 것이다.

---

[5] F. Buri, *Dogmatik als Selbstverständnis des Christlichen Glaubens Bd I,II,III*, Bern/Tubingen, 1978, p.269.

페스탈로치의 방법론과 양명의 치량지(致良知)

이렇게 페스탈로치와 양명은 공통적으로 당대의 개인적·실존적 위기에 직면하여 인간 존재 안에서의 신의 직접적 계시를 경험했다〔페스탈로치의『은자의 황혼』에서의 "나의 자연의 내면 속의 신"과 양명의 "심즉리"(心卽理)〕. 그리하여 이 "초월적으로 근거된 주체의 의지의 자유" 속에서 세계 의미 물음의 가능한 해결점을 보았던 것이다. 페스탈로치에게는 그 근원을 설명할 수 없으나, 인간의 "도덕적 자율"(sittliche Autonomie)이 자신의 세계 치유에의 희망의 근거였고, 양명에게는 악의 근원은 밝혀낼 수 없으나 그의 확신에 의하면 그것은 우리 "의지"의 힘, 즉 우리 마음 속의 천리(天理)를 따르려는 결단에 의해 극복된다는 것이었다. 그러나 이같은 인간 의지의 실천적 힘에 대한 믿음은 그후 그들이 겪는 실제 세계 경험에 비추어 견지될 수 없는 것으로 밝혀진다. 즉, 그들은 이같은 그들의 세계 의미 물음 해결이란 그 안에 형이상학적 문제점을 내포하고 있다는 것을 깨달았는데, 다시 말하면 인간 의지의 "신뢰된" 자유란 항상 실망을 가져올 수 있고, 그리하여 그 신앙 대신에 다시금 우주적 비관주의가 자리잡을 수 있으며, 또한 양명은 악의 근원을 우리 의지의 자유에다 둠으로써 그것의 가능한 근원을 설명하지 않았는데, 이렇게 함으로써 그는 다시금 악에게 하나의 독자적 존재를 인정하는 것이 되어 존재를 다시 선과 악의 두 차원으로 나누는 결과를 만들었다. 이렇게 하여 페스탈로치는『탐구』에서 그의 지칠 줄 모르는 인간의 도덕적 힘에 대한 강조에도 불구하고 자신의 개인적 비관주의를 감출 수 없었고,[6] 또한 양명은 당시 자신의 이론 "존천리 축인욕"(存天理逐人欲, to preserve the Principle of Heaven and get rid of selfish human desires)의 부족성을 느끼면서 당시 민중의 크나큰 고난에 직면하여 자신의 개인적 무력감을 통감했다.[7]

---

[6] A. Brühlmeier, *Auswahl aus seinen Schriften* (Bern / Stuttgart: Paul Haupt Verlag, 1977) Bdl, p.270

[7] J. Ching, op. cit., p.230.

1) 페스탈로치와 양명의 인간 교육에 있어서의 종교적 근거:
페스탈로치의 "직관력"과 양명의 "양지"(良知)

　이러한 비관적 상황 가운데서 그러나 그들은 다시 한번 그들의 이같은 세계관적 문제점들을 "실천적"으로 해결할 수 있는 길을 발견했다. 그래서 먼저 페스탈로치에게 있어서는 그는 이 낙망의 상황 속에서 다시 한번 초월적으로 인간의 내면 속에 실재하는 한 신적 힘, 즉 인간 정신의 "직관력"(die innere Kraft der Anschauung)을 경험하고 이것에 기초하여 자신의 실천적 세계 의미의 해결책으로서의 인간 교육 "방법론"(die Methode)을 발전시킨다. 이에 대비하여 양명에게도 본질적으로 같은 내면화와 실천화가 일어나는데, 즉 그는 인간의 심(心) 속에서 자신이 인간 '심'의 천리(天理)로 규정한 것의 구체적 실현체인 "양지"(良知, the innate knowledge of the good)를 발견하고, 인간 자아 형성의 구체적·실천적 방법으로서 "치량지"(致良知, the extention of the innate knowledge)의 방법론을 계발하게 된다.

　이미 말했듯이 페스탈로치가 다시 한번 인간의 자연 속에서 현존하는 초월적 존재로 경험한 것은 인간 정신의 "직관력"이었다. 그는 이미 그의 『은자의 황혼』에서 인간의 "내적 감각"에 대해 얘기했으며, 그것을 우리 영혼의 "진리에 대한 감각"으로 표현했었다. 또한 그는 그의 『탐구』에서 "자아"(Ich), "나의 의지"를 존재와 도덕의 제일 근거로 보았었다.[8] 이제 페스탈로치는 이같은 객관화할 수 없는 인간 존재의 위대성을 자신의 어린아이들과의 농도깊은 접촉을 통해(슈탄쯔의 경험) 좀더 구체적으로, 육화된 모습으로 경험하여 그것을 "인간 정신의 직관력"으로 파악한다. 이미 그의 『탐구』에서의 "의지의 힘"이 존재와 당위의 영역을 다 포괄했듯이, 이 직관력도 그에 의하면 인간 '인식' 뿐 아니라 '의지'와 '행동'의 근원이기도 하다. 양명에게서도 본질적으로 같은 발전이 이루어진다. 그는 지금까지 인간 심(心)을 천리(天理)와 동일시했고 그 인간 심의 "의지"를 모든 존재와 도덕의 원천으로 보았다.[9]

---

[8] A. Brühlmeier, op. cit., p.219.

이제 그에게 일찍이 맹자가 인간의 선천적 도덕 능력을 나타내기 위하여 썼던 '양지'라는 개념이 마치 신의 계시처럼 떠올라, 그는 이 "양지"를 이 인간 심의 '본질'로 파악한다. 인간 심 속에 내재해 있는 '천리'의 내면화된 (인식론적) 규정인 이 "양지"는 우선적으로 그에게 있어 도덕적 "직관력"으로 나타나지만, 그러나 그것은 이렇게 인식론적으로만 표현되는 것이 아니라 의지적으로도 그리고 감정적으로도 표현되는데, 결국 양명에 의하면 이 인간 정신의 "양지"는 인간의 인식활동, 의지, 행위의 근원이 되는 것이다. 이렇게 인간 정신 속에서 그들이 세계 의미 물음 해결의 마지막 근거로 본 자아의 윤리적 자유에로의 구체적 가능성을 본 페스탈로치와 양명에게는 이제 다른 일이 남아 있는 것이 아니라 이 가능성을 구체적 실체로 키우는 일만이 남아 있다. 그리하여 그들은 그들의 이 새로운 교육이론의 실현 속에서 그 당시 도탄에 빠져 있던 사회 구원의 한 가능성을 보았던 것이다. 이런 의미에서 그들의 교육사업은 그들의 더욱 구체화된, 그리고 심도가 깊어진 정치적·노력으로 보아야 하는 것이다.

2) 발견된 길: 페스탈로치의 "방법론"과 양명의 "치량지"

페스탈로치도 양명도 둘 다 그들의 이 새로운 교육론을 가지고 당시의 일반적 교육풍토에 맞서 나선다. 왜냐하면 그들의 눈에 비추어 많은 문제점들을 가지고 있던 당시의 일반적 교육이 바로 그 당시의 사회·정치적 그리고 지적·도덕적 타락의 원인이 되기 때문이다. 페스탈로치는 그것의 문제점들을 "잡다한 지식의 축적으로 머리를 돌게 하는 것"(Schwindelköpferei), "추상적으로 앎으로써 수다스러워만지는 것"(Maulbrauerei), "참다운 깨우침이 아닌 겉만의 깨우침"(Scheinaufklärung) 등으로 표현했고, 양명도 같은 내용의 문제점들을 "과다한 기억과 암기", "미사여구로 탁상공론만 일삼

---

[9] Wang Yang-ming, Complete works of Wang Yang-ming (王文成公全書), comp. by Hsieh T'ingchen (謝廷傑) 1972; *Introductions for Practical Living and other Neo-Confucian Writings*, trans. by Chan, Wing-tsit, NY 1963, p.7.

는 것", "개인의 영달과 이익만을 위한 교육" 등으로 꼬집었다. 이같은 당시의 "과도하고 근거 없는 지식주의", 그리고 그와 더불어 나타나는 교육에 있어서의 "실제적이고 도덕적인 것에의 결여"에 대항하여 그들은 그들의 새로운 교육방법론을 내세웠는데, 우리는 그것을 다음과 같이 크게 두 가지로 요약할 수 있겠다.

페스탈로치와 양명의 첫번째 교육적 대책은 그들의 강한 요구, 즉 인간의 교육은 인간 그 내면 자체 속에 놓여진 근거 위에서 시작되어야 한다는 것이다. 페스탈로치의 판단에 따르면 당시의 일반적 유럽 계몽주의 교육은 어린이들에게 단지 "다식", "근거 없는 관념들", "단어 실력"만을 가져다주는데, 왜냐하면 그것은 당시의 교육이 모든 인간 인식의 자연적 근거인 "직관력"에 기초하여 행해지지 않기 때문이라는 것이다. 당시의 일반적·지적 교육에 의해 얻어진 지식이란 "신체적 근친성"(physische Nahe) 속에서 "실물 경험" 등에 근거되어 실천적으로 얻어진 것이 아니므로 그것들은 피상적일 뿐이고 단지 머리로만 안 것이고 그리하여 그것들은 허점이 많고 단편적이기 쉽다는 것이다. 페스탈로치는 발견하기를 그렇게 교육된 인간이란 그의 커다란 사변적 지식에도 불구하고 참 진리에 대해 무감각하고, 허황되며, 거짓되기 쉽고, 비참하고 실천력없는 수다쟁이가 될 뿐이라는 것이다. 그러므로 그는 그의 "방법론"으로 이 사고에 있어서의 "피상성"을 극복하기 위해 인간 정신의 "직관력의 원리"(das Prinzip der Anschauung)의 철저한 인식을 요구하며 그것을 하나의 "근본적인 지적 힘"(eine grundlegende intellektuelle Kraft)으로 키울 것을 주장한다. 그러므로 그것은 단순히 낱개의 지식의 축적이 아니라, 오히려 인간 정신내에 선천적으로 내재되어 있는 직관력을 직접적이고 규칙적으로 하나의 "순수한 이성", 하나의 "거짓 없이 진리를 파악할 수 있는 능력"으로 키우자는 것이다. 그리하여 이렇게 교육된 인간 정신이란 "모든 진리를 받아들일 수 있게 개방적이며", "근본과 기초를 파악할 수 있게 되어", 다시 말하면, 상황의 변화에 따라 어떤 사물과 사건을 그 관계성 속에서 옳게 파악하고 거기에 따라 행동할 수 있는, 즉 "자립적 힘"으로 된다는 것이다.

양명의 "치량지"도 바로 이런 인간 정신의 자발성과 거기에 대응하는 도덕적 자유를 목표로 한다. 그는 인간 정신 속에는 하나의 선천적 "직관력"〔良知〕이 내재해 있어, 그것으로 인간은 직접적으로 자신이 무엇을 해야 하고 해서는 안 되는가를 알 수 있다고 한다. 그의 "치량지"(致良知, the extenion of liang-chih)란 그러므로 이 "선천적 지식"〔良知〕을 그의 최고의 실현에로 이끄는 노력인데, 그렇게 하여 그것이 인간 마음 속에서 "상황과 때에 따라" "천리"(天理, the Principle of Heaven)로서 활동할 수 있게 하기 위함이다. 그 당시의 일반적 교육, 즉 이 자연으로부터 인간에게 놓여진 근본을 키우는 교육이 아니라 낱낱의 객관적 진리들의 축적만을 추구하는 주희식 합리주의란 양명의 판단에 의하면 인간 정신을 "모호하게 하고 우둔하게" 한다. 그렇게 해서 고전에 대해서나 서적에 대해 많은 객관적 지식들이 쌓인다 해도 그것들은 단지 "피상적이고, 공허하고, 단편적일 뿐이며" 인간으로 하여금 진정으로 옳은 판단과 행동에로 이끄는 실천적 힘이 되지 못한다. 이같은 당시의 교육에 반대하여 양명의 '치량지'는 본질지(Knowledge of Tao)를 기르는 것이다.

페스탈로치와 양명이 이상과 같이 인간 이성의 상승에서 세계 의미 실현의 한 가능성을 본 것, 다른 말로 하면 인간의 지적 교육을 "자유의 신장"으로 본 것이나[10] 또는 "자유"의 개념을 "이성적 판단 능력"으로 생각한 것은 인간 교육의 방법론적 과정뿐만 아니라 그 본래적 목표를 잘 시사해 주고 있다. 방법론적 측면에서 볼 때, 이 지적 교육(intellektuelle Bildung)이란 필수적으로 "실험·실천과 관계되어서"(praxisbezogen) 행해져야 한다는 것을 말하는데, 왜냐하면 그 교육이 인간을 다름아닌 바로 "자유"에로 키우려고 하기 때문이다. 또한 '목표' 측면에서 볼 때는 이 지적 교육이 도덕(의지) 교육과 완전히 병행되어 실시되어야 한다는 것을 의미하기 때문이다. 이렇게 하여 페스탈로치와 양명은 그들의 두번째 교육적 시책으로 교육에 있어서의 완전한 "전인성", "조화성"을 주장한다. 페스탈로치는 "머리·가슴·손"의 조화를 요구했고, 양명은

---

[10] H. Albert, *Kritische Vernunft und menschliche Praxis*, Stuttgart, 1984, p.10.

"지(知)와 행(行)"의 합일을 역설했다. 이같은 그들의 인간 교육에 있어서의 전인성·조화성에 대한 강조는 이미 그들이 "직관력"(Kraft der Anschauung) 또는 "양지"를 인간의 '인식' 뿐만 아니라 '의지'와 '행위'의 근원으로도 파악한 것에서 명백히 나타난다. 여기에서 그들은 인간 자유(도덕성)의 실현이란 지적 힘과 의지력 그리고 신체적 힘의 상호 관련성 속에서만 실현된다는 것을 명백히하였다. 그런 의미에서 페스탈로치가 자신의 "방법론"을 가지고, 특히 "지적 교육"에 많은 비중을 둔 것은 그가 그렇게 함으로써 실존적 문제들을 단지 합리적(이성적) 방법으로만 해결하려고 했다는 것을 의미하지 않는다. 오히려 그는 그렇게 함으로써 "지적 교육의 마지막 의미"는 "도덕적 자유"에로의 봉사에 있다는 것을 밝히려 했으며, 또한 그렇게 도덕적 최종 목표에 봉사할 수 있는 지식이란 반드시 "실물 실제와 관련된" 것 속에서만 길러진다는 것을 명백히하려 했던 것이다. 또한 양명이 당시의 일반적 주희식 교육풍토에 반대하여, 특히 도덕 교육, 덕목들의 구체적 실천을 강조한 것은 그가 그렇게 함으로써 지적 교육, 즉 고전 연구나 독서 등을 무시했다는 것을 의미하는 것이 아니다. 오히려 그의 "치량지"의 참 의미는 그것을 통해 당시의 일반적 지적 교육에의 과다한 편중에서 오는 악에 대비하여 이 두 가지 과제의 본질적 비분리성을 밝힌 것으로서, 이 비분리성은 그에 의하면 참다운 도덕적 자아를 실현하기 위해서는 필수불가결한 것이다.

이러한 확신 아래 페스탈로치는 "지적 교육" 외에 인간 교육의 필수요소로서 "도덕·종교 교육"과 "신체·직업 교육"을 들면서, 이것의 조화·종합 속에서 자신의 교육이론의 핵을 보고 있다. 또한 양명은 지칠 줄 모르고 지와 행의 비분리성을 강조한다. 그에 의하면 참된 지란 오직 행동 속에서만 형성될 수 있다. 그러므로 자신의 "치량지"는 이 지적 교육과 도덕적 실행, 배움[學]과 실천적 생활을 둘 다 포함하는 것이라고 역설한다. 그의 확신에 의하면 인간은 낱개의 지식의 축적에 의해서가 아니라 오직 "자신을 바꾸는 구체적 행동"에 의해서만 군자(君子)가 될 수 있는 것이다. 학의 최종 목표, 즉 참된 자아의 실현이란 오직 실천과 관계된 배움에 의해서만 도달되는 것이다.

4. 페스탈로치와 양명의
세계 의미 실현을 위한 마지막 통찰들

페스탈로치와 양명의 이같은 신념은 그들의 나이가 들면 들수록 더욱더 깊어진다. 나이가 들어 갈수록 그들의 인간 자연 속에 내재된 초월적인 것에 대한 신앙은 더욱 깊어져 페스탈로치는 이 인간 자연의 신적 가능성을 "신적 불꽃"(der göttliche Funke)이라 표현하고, 또한 이에 대비하여 양명도 "양지의 본체"(良知本體)에 대해 말하면서 이것을 인간 영혼의 가장 내적인 핵으로서의 인간 생명의 초월적인 씨앗[仁]으로 본다.

이러한 인간과 세계의 신적 근원에 대한 신앙이 깊어지면 깊어질수록 그들의 교육론은 더욱더 실천적·구체적이 되고 '삶'과 관련된 것이 된다. 그리하여 페스탈로치는 말년에 자신의 교육적 신념을 한마디로 "삶이 곧 교육이다"(das Leben bildet)라고 표현하고, 이 표제어 아래 자신의 "기초교육에 대한 이념"(die Idee der Elementarbildung)을 발전시킨다. 또한 양명은 인간의 참 자아에로의 길은 그의 전체 삶을 요구하는 전인적 "삶의 작업"(Lebensarbeit)이어야 된다는 것을 역설하고 자신의 '치량지'를 맹자의 개념을 빌려 항산(恒産, always doing something), 사상 연마(事上硏磨, learning on the actual matters of life) 등으로 표현한다.

이렇게 페스탈로치와 양명은 인간과 세계의 초월적 근원에 대한 깊은 신앙을 바탕으로 인간, 각 개인, 자아 속에서의 의미 실현을 통해 세계·문화 치유에서의 한 가능성을 보여주었다. 이들은 지금 여기에서의 교육의 실천을 통해 세계의 의미를 실현하려는 강한 신념을 나타냈는데, 여기서 그들은 겸손히 그들의 제한성과 무한자에게 종속된 한계성을 고백하지만, 그러나 그들은 바로 이 무한자가 이 유한한 인간, 나의 자아 속에 계시되었다는 것을 확실히 믿고 이 신앙 가운데서 자신들의 행동의 근거를 찾은 것이다. 결국 이들의 이같은 말년의 통찰들은 한 감동깊은 '신비주의와 윤리', '종교·형이상학과 교육', '개인과 사회', '정신과 의지·육체' 등의 종합과 조화의 표현이라고 할 수 있겠다.

이같은 동·서 두 사상가의 삶과 사상은 '서로 자극하면서 서로 보충하는' 모습으로서 오늘날 우리에게 우리의 당면한 여러 문제들을 해결하는 데 좋은 길잡이가 된다. 이들의 사상은 이제 우리로 하여금 우리의 교육에 있어서 좀더 기초적인 것, 근원적인 것에 시선을 돌리도록 요구하며, 오늘날의 교육-개개의 전문적 지식의 축적만을 위해 급급하고, 어떻게 해서든지, 누구보다도 빨리 전문인, 영재가 되려는 시도를 비판적인 눈으로 바라보게 한다. 이제 이들의 가르침에 따라 우리의 삶과 교육에 있어서 '가정적(家庭的)인 가치, 여성적인 것, 내적이고 구체적인 것, 실천적이고, 도덕·종교적인 가치'가 더욱 강조되어야 한다는 말이기도 하다. 이것은 다른 말로 하면 '배움의 공동체와 생활 공동체', '학교 교육과 가정 교육', '지적 교육과 정서·의지 교육', '목표와 과정' 등의 좀더 심도깊은 통합을 의미하기도 한다. 이 통합의 궁극적 목적은 참된 "도덕적 자아"(sittliche Autonomie)의 실현에 있는 것이다. 그래서 페스탈로치는 이같은 전 인격, 전 삶의 시간을 요구하는 삶의 과정으로서의 인간 교육의 이상적 목표를 "진리와 사랑"(Wahrheit und Liebe)의 인간 실현에 두고 있다. 양명은 그같은 이상적 모습으로 '지(知)와 행(行)'이 합일된 인(仁)의 인간을 꼽고 있다. 그들 자신이 "뜨거운 마음의 사상가"(Zwei Denker der brennenden Herzens)로서 지(知)와 행(行), 지식과 의지, 진리와 사랑이 조화된 인간 모습을 실현하도록 노력했던 것이다.

효(孝)와 교육 —
동양의 효 윤리·서양의 책임 윤리의
비교 연구와 그 교육적 종합

1. 시작하는 말 (오늘날의 윤리적 정황 인식)

오늘날 인류는 역사상 그 어느 때보다도 자신과 주변에 대한 더욱더 많고 질 좋은 지식을 가지게 되었다. 그러나 그럼에도 불구하고 요즘의 우리는 자주, 그리고 심각하게 여러 측면으로부터 '오늘날의 도덕적 위기', '윤리의 공황', '도덕의 부재' 등에 대해 듣게 된다.[1] 오늘날의 말할 수 없는 지식의 팽대는 우리의 시간과 공간에 대한 가능성을 확장시켰으나, 우리는 이 무수한 가능성들 앞에서 오히려 방향감각을 잃게 되었고, 또한 현대 기술문명(Technology)의 급속한 진전으로 도래된 전혀 새로운 삶의 환경은 이제까지의 우리의 전래된 가치관과 행동원리를 힘없는 것으로 만들어 버렸다.

그러나 이렇게 오늘날 급속도로 변화하는 사회 속에서 우리에게 일상의 소비 생활에서도 그렇고, 직업의 선택 또한 넓게는 타문화·종교·이데올로기의 만남에서도 그렇고, 그 맞닥뜨려지는 문제는 다름아니라 인간의 오래된 문제인 '자신'과 '타자'·'일'(一)과 '다'(多)의 관계의 문제이다. 즉, 어떻게 하면 이 '다양성'(Vielzahl) 속에서 '통일'(Einheit)을 찾아낼 수 있겠는가라는 것이 다.[2] 우리에게 무수하게 제시되는 가능성 중에는 어느 것이 본질적인 것인가? 아니면 오늘날 만연되어 있는 주관주의나 냉소적인 상대주의에 빠지지 않게 하

---

[1] A. MacIntyre, *Der Verlust der Tugend,* trans. by W. Rhiel (Frankfurt: Campus Verlag, 1987).

[2] P. Knitter, 『오직 예수 이름으로만?』, 변선환 역(서울: 한국 신학연구소, 1987), p.13ff.

고 여전히 우리를 관계 속에 머무르게 하는 기초적인 것은 무엇인가, 이것은 곧 지금의 '다원주의'와 '상대주의'의 때에 다시 '객관'과 '원리'를 찾고자 하는 것이고, 오늘날의 우리의 문제는 바로 이 '기초(근거)의 상실'이라 하겠다.[3]

우리가 당면한 이 기초의 상실 가운데 그러나 오늘날 더욱 심각한 것은 모든 지역간이나 성별, 또는 종교 이념적인 차이를 무색하게 만드는 더욱더 근원적인 문제, 즉 '자연의 훼손'의 문제이다. 이것으로 이제 인간 윤리의 문제는 전통적인 의미의 인간간의 문제가 아니고 그보다 더 근원적으로 내려가서 이제까지 이런 모든 인간 윤리가 기본적으로 전제했던 것, 즉 그의 삶과 윤리가 도대체 가능할 수 있었던 '존재 자체'(Sein)를 문제삼게 되었다는 것이다.[4] 이런 의미에서 오늘날 서양의 깨어 있는 윤리학자인 한스 요나스는 자신의 저명한 책 『책임의 원리』를 가지고 다시 한번 서구 사회에서 윤리 문제를 그 중심 토론 과제로 떠올리면서, 자신의 윤리 원리를 이제 전통적인 의미로 윤리론적으로가 아닌 "존재론적으로"(ontologisch), "존재의 원리"(Metaphysik) 위에 근거짓기를 원했다.[5] 왜냐하면 오늘 우리가 직면한 상황은 모든 것의 기초가 되는 존재 자체가 위협받는 상황이 되었으므로 이 존재 자체가 "윤리의 첫번째의 당위 과제"(der erste Imperativ)로 밝혀져야 하기 때문이라고 한다.[6]

본 글은 이같은 상황 인식에서 우리의 새로운 윤리체계를 모색하는 종교·교육철학적 시도이다. 이것을 위해 우리는 먼저 방금 밝힌 한스 요나스의 존재론적 시도를 좀더 구체적으로 살펴보고, 그 철학적이고 서구적인 시도의 한계를 종교적으로 이해된 동양의 '효' 사상과 특히 감리교 신학자 해천(海天) 윤성범의 초월적인 효 이해를 가지고 밝혀보고자 한다. 마지막으로 3장에서는 결론으로서 어떻게 서양의 "책임 윤리"와 동양의 "효 윤리"가 인간 교육의 마당에서 어우러지게 되는지를 볼 것이다. 이 일을 위해 우리는 서구 정신사에서 18세기 계몽주의를 극복하고 새로운 인문주의를 꽃피운 지극히 동양적인 사상가 페스탈로

---

[3] A. MacIntyre, op. cit., p.13ff.

[4] H. Jonas, *Das Prinzip Verantwortung* (Frafkfurt am Main: Insel Verlag, 1983).

[5] Ibid., p.94.   [6] Ibid., p.90ff.

치의 교육사상을 살펴본다. 이 과제는 결국 남성 가치 위주적이며 인간·자아 중심적이고, 인간·자연 이원적인 서양 윤리를 동양의 전일적인 사고로 수정·보완해 보고자 하는 것이고, 또한 이 철학적이고 신학적인 시도의 불충분성과 불철저성을 교육실천적인 노력으로서 보완하고자 하는 것이다.

1. 서양 윤리의 근본원리로서의 "책임"
― 한스 요나스의 『책임의 원리』를 중심으로

위에서 소개한 요나스에 의하면 오늘날 인간 윤리의 상황은 이제까지의 그것과는 근본적으로 다르다. 그것은 바로 현대의 기술과학적 성과로 인한 것인데, 오늘날의 고도로 발달된 기술과학은 인간에게 아주 새로운 종류의 주제와 아주 새로운 영향력을 가진 한 어마어마한 차원의 행동을 가능케 했고, 그래서 예전의 윤리로는 더 이상 그것을 조절하고 인도할 수 없게 되었다는 것이다.[7]

그러나 이런 오늘날의 지식 증대를 통한 여러 낱낱의 인간 윤리 상황의 변화보다 더 근원적인 변화는 바로 이 기술과학으로 인해 이제까지 어떤 종류이건 인간 윤리가 도대체 가능할 수 있었던 "삶 자체", "존재 자체"가 위협받게 되었다는 사실이다.[8] 이제까지는 우주 질서로서의 "자연의 본질적 영구성"(die wesentliche Unwandelbarkeit der Natur)[9]이 인간 모든 활동의 ― 기술과학적 활동이건 윤리적 활동이건 ― 근거였다. 사람들은 여기에 대해서는 의심하지 않았고, 그리하여 이제까지 자연은 결코 인간 윤리의 대상이 아니었고 인간은 단지 그것을 이용하고 조작하기만 하면 되었다.[10] 그러나 오늘날 인간의 기술적 간섭에 의해 "자연이 파괴할 수 있다"(die Verletzlichkeit der Natur)[11]는 사실이 밝혀졌고, 그리하여 윤리는 이제 요나스에 의하면 그 첫째 과제로서 이 "존재 자체"(sein)를 "당위"(sollen)로 규정짓는 일을 가졌다는 것이다.[12]

---

[7] Ibid., p.15ff. [8] Ibid., p.26ff. [9] Ibid., p.20ff.

[10] Ibid., p.22. [11] Ibid., p.26.

[12] Ibid., p.26.
Jonas는 이 과제를 "unsere ethish-metaphysische Frage nach einem Seinsollen des Menschen in einer seinsollenden Welt"로 규정한다(Ibid., p.102).

윤리라는 것은 '어떤 경우에도 객관적인 가치', 선(善)으로 밝혀진 것을 찾아 그것을 당위(sollen)로 세우는 것을 말한다. 그렇다면 결국 존재(sein)가 우리에 의해서 어떤 경우라도 추구되어야만 하는 선이고 가치로 밝혀져야 하는데, 그것이 과연 가능한가? 왜 무(無)와 종말이면 안되고 우리 자신의 존재를 제한시키면서까지 다음 세대의 존재를 보장해야 하는가? 요나스는 이러한 질문들을 하면서 오늘날의 기술과학 문명을 도래시킨 서구 정신사에서 중세를 지나면서부터 그 사고와 행동원리가 지극히 인간 중심적(anthropozentrisch)이었고 주관주의적이었던 것을 지적한다. 그에 따르면 데카르트로부터 칸트, 헤겔을 거쳐 현대의 실존주의에 이르기까지 주관, 즉 객관과 세계를 파악하고 지배하는 인식 주체에 그 존재의 우선성이 매겨졌다는 것이다.[13] 이런 맥락에서 미국의 윤리학자 A. 맥켄타이어도 "너의 의지의 격률이 언제나 동시에 하나의 입법의 원리로도 타당하도록 행동하라"고 한 칸트의 선험적 윤리까지도 결국 그 보편성의 근거가 주관의 의지와 이성에 놓여 있다는 것을 다시 지적했다.[14]

그러나 오늘날은 다름아닌 이 주관(인간)에 의해서 존재 자체가 심각하게 의문시되었으므로 이 상황의 극복을 위해서는 "진정으로 객관적으로", "객관으로부터"(von dessen Objektivität allein ein objektives Seinsollen) 인간의 행동원리가 규정되어야 한다는 것이고, 요나스의 새로운 윤리 원리의 시도는 이 객관적인 근거를 찾고자 하는 것이다.[15]

요나스는 그렇지만 이 근거를 찾는 데 있어서 전통적 윤리관에서처럼 최종적으로는 종교적으로 대답하는 것에 대해 거부한다. 다시 하느님의 창조물이나 신(神)의 목적론적 선한 의지 등에 대해 얘기하는 것보다, 그는 밝히기를, 오늘날의 책임있는 철학자로서 "하나의 이성적 형이상학의 가능성"(die Moglichkeit einer rationalen Metaphysik)을 찾을 수 있기를 바란다는 것이다.[16]

그렇다면 과연 이 세상에 이처럼 나에게 무조건적으로 윤리적이게 하고 그것에 대해 책임을 지지 않을 수 없게 하는 대상이 있는가? 오늘날 우리의 윤리적

---

[13] Ibid., p.165ff.

[14] A. MacIntyre, op. cit., 1983, p.102.

[15] H. Jonas, op. cit., 1983, p.102.

[16] Ibid., p.94.

상황에서 존재(sein)가 그 첫번째 당위로 규정되어야 한다면, 이 세상에 그렇게 무조건적으로 자기자신으로부터 나와서 우리에게 존재에의 요구를 할 수 있고, 우리가 그 요구를 듣지 않을 수 없으며, 느끼지 않을 수 없게 하는 그런 존재가 있는가? 우리가 만약 그것을 발견한다면 그것이야말로 다름아닌 우리 윤리의 첫 대상이고 그것은 이제까지의 모든 종교적이거나 이론적인 당위성을 뛰어넘어 우리로 하여금 다시 윤리적이게, 책임적이게 하는 근거가 되는 것이다. 그것이 무엇인가?

요나스는 이 질문에 대해 그것은 바로 "우리 앞에 갓 태어나 놓여진 신생아의 존재"(Das elementare »Soll« im »Ist« des Neugeborenen)이고, 이 존재야말로 다름아닌 우리 "책임의 원형적 대상"(Urgegenstand Verantwortung)이라고 대답한다.[17] 우리 모두가 직접 그런 상태에 있었던 것처럼 갓 태어나 그저 내쉬는 아기의 숨소리는 우리가 거기에 대해 무엇이라 저항할 수 없는 가장 직접적인 요구, 즉 자기를 받아달라는 세상을 향한 한 당위를 포함하고 있다는 것이다.[18] 이 부름에 대한 우리의 부인할 수 없는 책임의 마음이 요나스에 의하면 바로 "모든 책임감들의 원형"(Archetyp aller Verantwortung)이다.[19]

요나스에 의하면 그 이유는 여기서의 책임은 "발생적으로"뿐만 아니라 "인식론적으로", "참으로 직접적인 확실성"(wegen ihrer unmittelbaren Evidenz)에 의해서 생겨난 것이기 때문이다.[20] 다시 말하면 여기서의 우리의 책임을 불러일으키는 근거는 "진정으로 한 객관"(아기의 존재)이고,[21] 여기서 우리에게 부과되는 당위란 신적이건 또는 인간적이건간에 어떤 가정적인 전제에 의한 것도 아니고, 또한 단순히 주관에 의지된 것도 아닌, "부인하려야 부인할 수 없는"(unwidersprechlich) 여기 지금의 "단순히, 그리고 확실하게 현존하는 존재"(ein ontisches Paradigma, in dem das schlichte, faktische »ist« evident

---

[17] Ibid., p.234.   [18] Ibid., p.235.

[19] Ibid., p.240; "Archetypische Evidenz des Säuglings für das Wesen der Verantwortung".

[20] Ibid., p.234.

[21] Ibid., p.234; "Die Objektivität muss wirklich vom Objekt kommen".

mit einem »soll« zusammenfällt)에 의해서 발생된 것이기 때문이라고 한다.[22] 여기서는 진실로 대상 객관의 내적 권리가 우선이고, 또한 그 대상이란 진정으로 확실하게 자신의 존재 안에 한 당위를 내포하고 있는 존재이다. 그러므로 요나스에 의하면 여기서의 주관의 윤리적 대답은 경험적으로 원초적이고 직관적으로 확실할 뿐만 아니라 내용적으로도 완벽하다는 것이다. 여기서는 당위가 자연스럽게 존재로부터 나왔다. 따라서 그것은 "책임 대상의 원형"(zum Prototype eines Objektes der Verantwortung)이 된다는 것이다.[23]

이렇게 갓 태어난 아무런 힘도 없이 여기 지금 놓여져 있는 아기에 대한 부모의 마음을 모든 책임감들의 원형으로 본 요나스는 아기에 대한 돌봄이 포괄적이고, 결코 한순간도 쉴 수 없는 현재적인 것이며, 또한 지속적이고 장기적이라는 점을 들어서, 이 "전체성"(Totalität)과 "지속성"(Kontinuität), 그리고 "미래"(Zukunft)에 대한 역사적 관심을 가지는 "책임 원리"(Das Prinzip Verantwortung)를 오늘날의 우리의 행동원리로서 제시한다.[24] 그에 의하면 오늘 우리의 존재 위기의 긴박한 상황은 더 이상의 "희망 원리"(Das Prinzip Hoffnung)를 용납할 수 없고,[25] 대신에 "매순간의 일"(Sache jeden Augenblicks)로서의 책임의 원리를 요청한다.[26] 그것은 이제까지 자본주의에 의해서건 공산주의에 의해서건 인류의 기술문명을 이끌어왔던 희망의 원리, 즉 미래의 어느 때엔가의 유토피아를 위해서 현재와 자연에 대해서 지독하게 폭력적이었던 것과는 달리 오늘 여기서 나와 맞닥뜨려지는 모든 것에 대해 책임적으로 (역사적으로) 살라는 요청인 것이다.[27] 요나스에 의하면 그것은 결코 "낙관적도 아니고 비관적도 아닌 오직 현실적일 뿐이다"(weder pessimistisch noch optimistisch sondern realistisch).[28] 그것은 다름아닌 미래의 가능성에 대한 "두려

---

[22] Ibid., p.235. [23] Ibid., p.236. [24] Ibid., p.184ff. [25] Ibid., p.251ff.

Jonas는 이상과 같이 책임의 원리의 존재론적 근거를 밝혀놓은 후 자신의 책의 마지막 두 장에서 어떻게 서구 베이컨에서부터 시작된 "진보주의"와 "유토피아니즘"이 오늘날 문명의 위기의 상황을 초래했는가를 밝힌다. 그는 여기서 특히 마르크스주의적 사상가 에른스트 블로호(E. Bloch)의 『희망의 원리』를 신랄하게 비판한다.

[26] Ibid., p.393. [27] Ibid., p.376ff. [28] Ibid., p.386.

움"(Furcht)과 또한 "경외"(Ehrfurcht)를 가지고 매순간 겸허하게 결단하는 "행동하는 책임"[29]이다. 따라서 요나스에 의하면 이것이야말로 오늘날 우리가 필요로 하는 성숙한 인간의 윤리가 되며, 그래서 그것은 우리의 새로운 "미래 윤리"(Zukunftsethik)로 떠오르는 것이다.

2. 동양의 효(孝) 윤리

이렇게 요나스는 "매순간의 일"로서의 『책임의 원리』를 인류의 새로운 "미래 윤리"로서 제시하였다. 그는 갓 태어나 적나라하게 놓여 있는 아기에 대한 부모의 마음을 '책임감의 원형'으로 보면서 이 책임의 윤리야말로 객관적으로 확실하게 근거되었음을 강조한다. 그것은 여기서의 책임을 일으키는 대상(아기의 존재)이란 진정으로 한 객관이고, 그것도 어떤 초월적인 대상이나 수직적인 가치를 지닌 것에 의해서가 아니라, 여기 지금 "단순한 현존만으로 존재하는 한 대상"(das Sein eines einfach ontisch Daseienden)[30]에 의한 것이기 때문이다. 그러므로 요나스에 의하면 이 확실한 객관에 의한 "책임의 원리"야말로 오늘날의 우리로 하여금 다시 윤리적이게(책임적이게) 한다는 것이다.

그러나 과연 여기서의 요나스의 확신대로 이 한 미미한 대상에 의해서 생겨진 책임의 원리가 그렇게 확실한가? 그의 말대로 오늘날의 인간이 이렇게 한 미약한 존재에 대해 무조건적으로 책임을 느낄 만큼 성숙했고 열려져 있는가? 아니면 요나스의 책임의 원리야말로 그가 그렇게 비판했던 또 하나의 낙관론이고, 결국 여기서 우리가 기대할 수 있는 것은 주관의 반응(책임감)뿐인데, 그렇다면 이 원리야말로 또 하나의 철저한 주관주의 내지는 세속화된 신앙이 아닌가? 그 자신의 책임의 원리를 미래에 대한 낙관적인 기대 대신에 바로 지금 여기서 만나고 제기되는 문제에 대해 책임적으로 행동하라는 "매순간의 일"로

---

[29] Ibid., p.391.   [30] Ibid., p.235.

규정했다. 유아적인 희망 대신에 정확한 현실 인식과 매순간의 결정에 대한 역사적 책임을 이야기한 것이다. 그러나 우리는 여기서 또 묻게 된다; 과연 인간이 이 정도의 긴장을 얼마나 지속적으로 견딜 수 있겠는가라고.

요나스가 얘기한 "책임의 원리"는 결국 모든 책임을 자신의 양 어깨에 짊어지고, 지쳐서 나중에는 비틀거리며 쓰러지는 꼴이 되지나 않을까 생각된다. 이런 정도로 요나스의 윤리에서는 서구적·남성적 윤리의 전형으로서 자아가 신뢰하고 희망할 수 있는 초월자의 존재도, 같이 책임을 나누어 지고 도와 줄 수 있는 어떤 공동체의 존재도 들어설 여지가 없다. 여기서는 오직 고독한 자아와 주관만이 있을 따름이다. 그래서 그는 성숙한 어른의 입장에서 어린아이에게 행하는, 힘을 가진 인간의 입장에서 무감각한 듯한 자연을 향한, 그리고 아무런 신앙과 희망도 필요없는 세속화된 인간의 "책임 원리"에 대해서만 얘기한다. 그는 그와는 또 다른 방향성을 가진 인간 윤리에서의 초월자에 대한 신앙이라든가, 부모에 대한 '효'라든가, 오히려 자연을 우리 인간의 어머니와 근원으로 고백하는 신뢰, 또한 나의 책임과 어려움을 나누어 질 수 있는 이웃과 공동체의 사랑에 대해서는 언급하지 않는다. 이런 의미에서 우리는 그의 책임의 원리를 결국 서양의 지극한 인간 자아 중심의 남성 가치 위주적 강자 윤리의 또 한 모습이라고 할 수 있겠다.[31]

지금 여기서 한 덧없는 존재에 의해 근거된 요나스의 "책임의 원리"는 너무 낙관적이다. 여기서 우리의 윤리적 행동을 가능케 하는 객관은 너무 미약하다는 말이다. 그러므로 요나스가 오늘날의 인간 중심주의와 주관주의를 극복하기 위해서 자신의 윤리를 진정으로 객관적으로, 다시 말하면 "존재론적으로" 규정하려고 하는 시도는 또다시 주관적 기회주의에 빠질 수밖에 없다는 것이다.

이 장에서의 우리의 탐색은 이같은 요나스 윤리의 철학적(존재론적) 근거의 미약성을 극복해 보려는 것이다. 이것은 곧 윤리에서 다시 초월적이고 종교적인 기반을 찾자는 것이다.[32] 이 일을 위해서 우리는 전통적인 동양의 효 윤리를 탐

---

[31] 참조: K. Jaspers, 『철학적 신앙』, 신옥희 역(서울: 이화여대 출판부, 1979), p.154ff.

색하는데, 즉 어떻게 여기에서 윤리의 초월성과 내재성(세계성)이 동시에 보존되어 오늘날 우리의 문제인 가치상대주의와 자연 소외를 극복할 수 있게 하고, 또한 여기서의 초월적 근거가 전통적인 서구 신학에서의 배타적인 초월성과는 달리 오늘날의 세속화된 사회에서 우리에게 의미를 줄 수 있는지를 알아보고자 하는 것이다. 같은 맥락에서 한국의 효 윤리를 신학적으로 재해석한 감리교 신학자 해천(海天) 윤성범의 효 이해가 우리의 주된 탐구 대상이 된다.

1) 동양 윤리의 근본원리로서의 효(孝)

동양의 유교 문화권에서는 전통적으로 경로효친 사상이 매우 강조되어 왔는데, 그것은 부모를 공경하는 것이 하나의 덕일 뿐만 아니라 모든 덕의 근본으로 여겨졌기 때문이다. 공자가 효(孝)를 덕(德)의 근본으로 역설한 책인『효경』(孝經)에는 그 첫머리에 "효란 덕의 근본이요, 모든 가르침이 그것으로 말미암아 생기는 것"〔孝者 德之本也, 敎之所以生也〕이라고 적고 있다.[33] 이것은 효도란 하늘과 땅의 모든 것에 이르는 도덕 질서의 근본이 됨을 밝히는 것이다.

공자에 의하면 이와같이 모든 덕의 근본이 되는 '효'에는 시작과 완성의 단계가 있는데, 즉 "시작"은 "나의 몸과 그리고 머리털 하나에 이르기까지 모든 것은 부모님에게 받은 것이니, 신체는 물론이고 머리털 하나라도 감히 다치거나 상하지 않도록 하는 것"이고, 이와 더불어 효의 "마침"은 "자식된 자는 몸을 세워서 그 도를 행하여 제 이름을 드날릴 뿐 아니라 그 부모의 이름까지도 빛나게 하는 것"[34]이다. 이것은 먼저 인간이면 누구나를 막론하고 부모로 인해서

---

[32] 요나스 자신도 그 종교와의 무관을 주장하면서도 그러나 이러한 윤리의 기반을 놓는 일은 종교가 없이는 거의 불가능할지도 모른다고 얘기한다. H. Jonas, op. cit., p.36. 참조: M. Heidegger, *Über den Humanismus*, 1947.

[33] 『孝經』의 원 저자에 대해서는 논란이 많다. 여기에 대한 說로는 공자의 저작이라는 설, 증자의 저작이라는 설, 공자와 증자가 주고받은 문답 내용을 제3자, 즉 증자의 제자가 기록했다는 설, 전혀 다른 사람의 위작이라는 설이다. 그러나 그럼에도 불구하고 여기서의 내용이 孝를 덕의 근간으로 얘기하는 『논어』나 『맹자』와 다름없으므로 孝에 대한 유교의 근본 經으로 삼았다. 한국 노인문제 연구소 편, 한국 효행실록(서울: 대한공보사, 1987), p.156.

[34] 『孝經』, 開宗明誼章, "身體髮膚 受之父母 不敢毀傷 孝之始也, 立身行道 揚名於後世 以顯父母 孝之終也."

세상에 태어나고 그 육신의 모든 것이 부모로부터 왔으며, 또한 그의 사랑과 가르침을 통해서 모든 것을 얻게 되었으니 이러한 자기 생명의 근원을 자각하고 감사하며 그러한 생명에 대한 긍정에서 효가 시작됨을 밝혀주는 것이라 하겠다.[35] 그러나 여기서 그 "마침"이 잘 가르쳐 주듯이 효의 윤리는 단지 부모와 자식간의 가족윤리로만 한정되는 것이 아니라 '참된 인간 실현의 근본'〔爲仁之本〕으로 심화되기도 하고, '정치와 교화의 근원'〔敎之所由生〕으로 확대되기도 한다는 것이다.[36] 즉, 이것은 인간의 개인적·사회적인 모든 행위의 근원적인 원리로서 전통적 윤리체계의 초점이라고 할 수 있겠다.

이렇게 자기 훈련, 백성의 통치, 세계 질서 확립의 근본 덕목으로 이해되는 효도는 공자에 의하면 '하늘의 가르침'〔天之經〕이며, '땅의 옳은 것'〔地之誼〕이다.[37] 그것은 '하늘의 성품'〔天性〕으로서 그에 의하면 "천지의 성품 중에서 사람이 제일 귀하고, 사람의 행실 중에는 효도보다 더 큰 것이 없고, 효도 중에는 아비를 공경하는 것이 제일 크고, 아비를 존중하는 것의 가장 큰 표현은 바로 그를 하늘과 같이 여기는 것이다"〔嚴父莫大於配天〕.[38]

이 말들로써 우리는 공자가 효의 근거를 하늘〔天〕에 두고 있음을 분명히 알 수 있다. 그것은 우리에게 육신을 주고 사랑과 가르침을 통해 삶의 모든 것을 주는 부모를 "하늘과 동일시"〔配天〕할 수 있는 근거를 마련해 주고 있는 것이다. 그는 누누히 하늘의 도를 따르고 땅의 위치를 살피는 것이 곧 효의 길이며, 효를 아는 자는 자기의 존재가 은혜를 입었다는 것을 알기 때문에 결코 교만해질 수 없고, 여기서부터 부부나 형제간, 더 나아가 인류의 생명 일체에 대한 겸허에로 나아간다고 밝혀주고 있다.[39] 『효경』(孝經)의 감응장에서는 또한 옛날의 명왕(明王)들이 "아버지를 섬기는 것이 효성스러웠기 때문에 하늘을 섬기는 것이 분명했고, 어머니를 섬기는 것이 극진했기 때문에 땅을 섬기는 것도

---

[35] 금장태, 『한국 유교의 재조명』(서울: 전망사, 1982), p.28. [36] 위의 책, p.28.

[37] 『孝經』, 三才章, "子曰 夫孝天之經也 地之誼也 民之行也."

[38] 『孝經』, 聖治章, "子曰 天地之性 人爲貴 人之行 莫大於孝. 孝莫大於嚴父 嚴父莫大於配天."

[39] 『孝經』, 天子章, "子曰 愛親者 不敢惡於人, 敬親者 不敢於慢人."

살펴서 했다"[40]고 말하면서 부모에 대한 효와 하늘에 대한 공경이 결코 별개의 두 가지 일이 아님을 밝혔다.

이러한 스승의 사상을 더욱 내면화시킨 맹자는 효의 존재론적 근거를 그의 유명한 성선설(性善說)로서 설명하고 있다. 그는 인간의 본성이 선(善)하다는 확실한 근거로 효의 존재론적 기초를 다음과 같이 밝힌다.

> 사람이 배우지 않아도 능한 것은 본래 능한 것이요〔良能〕, 생각하지 않고 아는 것은 본래 아는 것이다〔良知〕. 어린아이라 할지라도 그 어버이를 사랑할 줄 모르는 경우가 없고 자라서는 그 형을 공경할 줄 모르는 이가 없다. 부모를 섬기는 것은 인(仁)이요, 윗사람을 공경하는 것은 의(義)이다. 이것은 모든 사람에게 공통된 특징이다.[41]

이와같이 인(仁)의 실천으로서의 효(孝)가 인간의 선한 본성에서 기인된 것이라고 밝힌 맹자는 또한 그의 유명한 사단론(四端論)을 통해서도 인간 윤리성의 자연적 근거를 제시했다.

이와같이 공자에 의해서 하늘〔天〕에 근거되거나 또한 맹자에 의해서 더 내면적으로 인간의 본성(性)에 기초된 효(孝)의 도(道)는 동양의 유교 문화권에서 우주의 의미 실현을 위한 근본덕으로서 이해되어 근세기 이후 중국이나 우리 나라에서 서구 그리스도교 신앙과의 만남이 활발해지자 이것이 종종 그리스도교 신앙과 비교되었다. 이 신학적인 문화이입을 위한 시도들이 특히 가톨릭 신학자들에 의해서 많이 행해졌는데, 그 한 예로 우리 나라의 변규용 교수는 1973년 파리의 소르본 대학에서 「아버지와 아들 — 동과 서의 만남의 시각에서의 효(孝) 신학에 관한 연구」(*Père et Fils: Etude sur théologie de la piété filiale dans la perspective d'une rencontre de l'Orient et de l'Occident*)라는 방대한 학위 논문을 제출했다.

---

[40] 『孝經』, 應感章, "子曰 昔者明王事父孝 故事天明, 事母孝 古事地察."

[41] 『孟子』, 盡心章句上, "人之所不學而能者 基良能也, 所不慮而知者 基良知也."

변 교수는 여기서 '아버지와 아들의 관계'란 동양인에게나 서양인에게 공통적으로 가장 기초적으로 경험되는 인간관계이고, 또한 그 관계의 덕인 '효' (la piété filiale)라는 것이 그리스도교에서도 그렇고 유교에서도 모든 덕의 근본원리로 작용했다는 점에 주목한다. 그러면서 그는 그리스도교와 유교의 만남으로서의 "효의 신학" (la théologie de la piété filiale)을 수립하여 그것의 오늘날 인간 상황에서의 의미를 밝혀낸다.[42]

먼저 그는 오늘날 서구 사회에서 초월적 신앙이 크게 의문시된 무신론적 상황에 직면하여 그 극복의 시도로서 '자연' (nature)과 '자연법' (Loi naturelle) 사상을 다시 적극적으로 평가하는 전통적·자연신학적 탐색을 시도한다. 같은 의미로 그는 유교, 특히 맹자의 사상을 '자연법'의 증거로 보면서 오늘날 모든 객관적인 법칙성과 원리를 거부하는 서구 그리스도인들에게 또 하나의 대안적인 가치체계로 소개한다. 그는 특히 유교에서의 근본적인 효의 덕에 주목하고 이 아버지와 아들의 관계에 대한 덕이 또한 그리스도교 신앙에서도 근본적인 관계 원리가 됨을 밝힌다(구약에서의 Hèsèd 전통과 신약에서 예수 그리스도로 인해 하느님과 부자지간이 된 인간 등). 그에 의하면 이 그리스도교와 유교의 조우에서 얻어진 효의 신학이 오늘날의 신학적 정황에서 줄 수 있는 의미는 다음과 같다:[43]

첫째, 그에 의하면 인간의 하느님에 대한 관계를 규정하는 데 있어서 이 아버지와 아들의 관계(孝의 道)로 말하는 것이 전통적인 종교적 방법(창조주와 피조물의 관계)보다 훨씬 더 적합하고 친밀하다. 둘째, 그는 오늘날 현대사회의 도덕적 무질서가 특히 부모에 대한 공경보다 자식에 대한 관심만이 강조되는 서구적 윤리의식 때문이라고 보고, 이 인간적 본능에 거슬러서 위로 향하게 하는 효(孝)의 도(道)가 더욱 요구된다고 보았다. 셋째, 그는 효의 도야말로 자연의 질서에 맞는 윤리 원리라고 한다. 곧, 가장 가까운 부모에서부터 시작하여 순차적 과정을 통해 우주에게까지 미치는 효의 도를 통해서만이 오늘날의 무질서를 다시 바로잡을 수 있다는 것이다.

---

[42] Kuy-yong Byun, *Père et Fils* (ph. D. Diss. Institut catholique de Paris, 1973).

[43] Ibid., p.407ff.

　이렇게 변 교수가 효의 도를 적극적으로 평가하고 그것을 근간으로 해서 '효의 신학'을 꾀했지만, 그러나 여기서 우리는 이 대화의 한계를 본다. 다름아니라 그것은 이미 폴 니터도 그의 책 『오직 예수 이름으로만?』에서 지적한 "가톨릭적 모델의 한계"를 말한다. 즉, 변 교수에게도 예수는 여전히 다른 종교들과의 관계에서 "모든 다른 종교들을 판단해야 하는 규범", "신의 궁극적이고도 유일한 계시"로 남게 된다는 것이다.[44] 따라서 그는 공자나 맹자의 천(天)의 신앙이란 단지 인간의 자연 이상에 의한 "신정론"(théodicée)일 뿐이지 "신학"(théologie)이 아니라고 한다(C'est plûtot une théodicée qu'une théologie).[45] 그는 또한 예수 계시 이외의 모든 문화적·종교적 전통들을 "초자연"(Surnatural)에 대한 "자연"(Nature), "새로운 법"(Loi nouvelle)과 "영원한 법"(Loi ternell)에 대한 "자연법"(Loi naturelle) 등으로 대치시키면서 이 자연법은 결국 새로운 법인 그리스도교의 계시, 예수에 의해서 완성되어야 하는 "하층구조"(le substrat)라고 규정한다.[46]

　그러나 이렇게 되었을 때, 우리는 공자가 하늘(天)에 근거지어진 것으로 보고 맹자가 인간 본성(nature)에 새겨진 것이라고 보면서 "하늘을 섬기듯이 부모를 섬기고, 부모를 섬기듯이 하늘을 섬기라"는 유교의 도(道)가 결국은 그리스도교 신앙과 다시 반목될 수밖에 없다는 것을 본다. 여기서의 대화는 여전히 일방통행적이고 정복적일 수밖에 없다는 것이다.[47] 이러한 맥락에서 특히 유교 전통의 조상숭배, 제사 문제는 많은 논란을 일으켜 왔다. 공자는 효의 도로서 부모 생존시의 도와 돌아가셨을 때의 장례의 도, 그리고 돌아가신 후의 제사의 도를 가르쳤는데, 특히 제사 문제는 그리스도교의 유일신 신앙과 화해될 수 없는 것으로 보여졌다. 오늘날의 추세는, 위의 변 교수도 그렇듯이, 조상숭배가 결코 신(神)에 대한 제사가 아니라 단지 부모에 대한 사모의 정에서 나오는 추모와 기념이라고 이해되어서 다시 받아들여지는 입장이다. 또한 주재용 같은 이는 천주교의 배타적 신앙체계를 가지고 선유(先儒) 사상을 천주(天主) 사상으로 환원시

---

[44] P. Knitter, op. cit., p.226ff.　　　[45] Kyu-yong Byun, op. cit., p.144.

[46] Ibid., p.241.　　　[47] P. Knitter, 앞의 책, p.237.

키면서 유교의 조상숭배를 비종교적 의미로 수용하려고 노력했다.[48]

그러나 유교의 종교적 특성을 강조하는 순수 유학자들의 눈에는 이러한 시도들은 제사를 단지 미신적이고 우상숭배적이라고 거부했던 초기의 태도만큼이나 "제사의 본질적 종교성"을 외면한 것이고 그것의 "종교적 진리성"을 무시하는 "배타적 독선"으로 보여진다.[49]

이런 맥락에서 다음의 우리의 주제는 그리스도교와 유교 대화의 또 다른 시도자, 해천(海天) 윤성범의 효 이해를 살펴보는 것이다. 그 목적은 그에게서는 어느 정도의 동양의 효가 더 적극적으로 초월적·종교적으로 이해되어 앞에서 우리가 요나스 윤리 소개로 밝힌 서양 윤리의 한계가 수정되고 보완되나를 알아보는 것이다.

2) 해천(海天) 윤성범의 초월적(신화적) 효(孝) 이해

해천은 동양인, 특히 한국인에게 어떻게 하면 그리스도교 진리를 빠르게 그리고 바르게 전달할 수 있을까에 집중하면서 그것을 위한 "한국적 신학"의 체계를 세우기를 원했다. 그것을 위해서 그는 한국 재래 종교 전통 중에서, 특히 유교의 성(誠)을 그리스도교의 계시 '말씀'과 상용시키며 "한국적 신학"으로서의 "성(誠)의 신학(神學)"을 발전시켰다.[50] 그는 특히 20세기 변증법 신학자 칼 바르트(K. Barth)의 "교의학"과 성(誠)이 그 중심 개념으로 되어 있는 율곡의

---

[48] 주재용, 『선유의 천주 사상과 제사 문제』(서울: 가톨릭출판사, 1988).

[49] 금장태, 『유교 사상의 문제들』(서울: 여강출판사, 1990), p.236.

[50] 海天은 자신의 한국적 신학 정립을 위한 노력으로서 1971년에 『誠의 神學』, 1973년에 『孝』를 내놓았다. 그에 의하면 "誠"이란 동양 사상의 핵심이며 특히 한국 사상의 노른자위이다. 海天이 이와같이 한국적 신학을 "誠"의 해석학으로 제시하여 큰 반응을 일으켰을 때 그 나름대로 이 "誠"의 개념을 의미변천사적으로 소개한 유승국 교수에 의하면, 중국의 고전에서 이 "誠"字가 실체로서 명사로 쓰이게 된 것은 『중용』에 와서였고, 그것은 殷代의 초월적 실제인 上帝, 周代(기원전 6세기)의 天命과 天에 德이 공자에 와서 天과 자아를 연결하는 덕의 본질로서의 忠臣(군주에 대한 충성의 뜻이 아니라 인간의 본래성을 지칭) 개념에서 발전된 것이라고 한다. 이러한 誠의 개념이 『중용』에서 "天理"의 본체이고 존재 자체이며, 또한 인간 윤리의 근본원리로서 그 근본 개념으로 확립되었다는 것이다. 이것이 송대의 성리학에서 크게 중시되었으며, 우리 나라에서는 율곡에 의해 그 중심사상으로 받아들여졌다. 유승국, "동양 사상과 誠", 「기독교 사상」, 1973.6, p.101ff.

"성학"(聖學)을 비교한다. 이러한 작업에 있어서 해천은 먼저 '성'이란 글자에 주목하여, 이것을 '가장 좋은 것'을 지적하는 '말'[言]과 '이루어짐'[成]이 합성된 것으로서, 곧 '말씀이 이루어짐[誠]'의 뜻이 되어 그것은 다름아닌 신약성서 요한 복음 1장 14절의 '말씀이 육신이 되어'라는 것과 대비되는 표현이라고 밝힌다.[51] 여기서 성은 곧 '하느님의 말씀'(das Wort Gottes)이나 '계시'의 의미가 되어 이 '하느님의 말씀'이 중심 개념으로 되어 있는 칼 바르트의 신학과 비교되는 근거를 얻게 된다는 것이다.

그러나 해천에 의하면 이 '성', 혹은 계시 자체만으로는 아무런 결실을 얻을 수 없고 거기에 상응하는 인간의 대답, 즉 윤리가 있어야 한다. 그에 따르면 이러한 윤리적 측면을 강조하는 것이 또한 한국적 신학의 과제이다.[52] 이것은 다시 말하면 그가 '성의 신학'을 가지고 한국의 유교를 "종교화"시키려고 했다면, 그의 '효' 이해를 가지고 그리스도교를 "윤리화"시키려는 것이다.[53]

해천에 의하면 그리스도교에서 계시에 대한 인간의 대답이 '신앙'과 '행위'라면 율곡의 '성학'에서의 '성'에 대한 응답은 효(孝)와 인(仁)이다. 왜냐하면 '성'을 그 중심 이념으로 담고 있는『중용』은 '하늘의 도'[天之道]인 성에 대해서 '인간의 도리'[仁之道]로서 '성지자'(誠之者, 誠을 행하는 것)를 얘기했고, 또 맹자의 표현대로는 '사성자'(思誠者, 誠을 생각하는 것)인데, 효란 바로 이 인간의 일 중에서 가장 기초적인 덕목이 되기 때문이다. 이것은 효를 종교적인 지평에서 보면 신앙(믿음)에 해당하는 부분으로서, 특히 초월[誠]의 은혜에 대한 반응이라고 할 수 있다.[54]

효와 인의 관계를 그리스도교에서의 믿음과 행위의 관계로 보는 해천에 의하면 존재론과 윤리학이 화폐의 표리와 같다는 것을 생각할 때, 믿음과 행위, '효'와 '인'은 다같이 인간의 사고와 행위로서 '하느님의 말씀'과 '천지도'(天之道)를 근거로 해서만 가능하다. 그러므로 바르트의 '말씀'과 율곡의 '성'(誠)

---

[51] 윤성범,『誠의 신학』(서울: 서울문학사, 1971), p.21ff.　　[52] 위의 책, p.34ff.
[53] 윤성범, "기독교와 한국 윤리",『신학과 세계』(서울: 감리교 신학대학, 1977), p.1ff.
[54] 윤성범,『孝』(서울: 서울문화사, 1973), p.117.

은 양자의 형이상학과 신학의 초월 개념으로서 이 인간의 생각과 행위를 규제하는 원리이며, 효란 바로 이러한 '성'으로부터의 필연적인 추론이 아닐 수 없다는 것이다.[55] 이런 의미에서 해천은 "성은 효의 존재 근거"(ration essendi)가 되고 "효는 성의 인식 근거"(ration cogniscendi)가 되며,[56] "하늘 아버지에 대한 효는 육신의 아버지에 대한 존재 근거가 되고, 육신의 아버지에 대한 효는 하늘의 아버지에 대한 효의 인식 근거"가 된다고 말한다.[57]

그에 의하면 이것을 통해서 이제까지 유교 형이상학에 포괄되어 있었지만, 그러나 뚜렷이 발굴되지 못했던 효의 종교적인 근거가 명확히 드러난다.[58] 따라서 해천에게 효란 바로 "성의 구현"에 다름없으며, 효는 "천지(天地)를 연결하는 인의 참 모습"이다.[59] 이 참 모습을 해천은 그리스도교에서는 예수 그리스도에게서, 유교에서는 요순에게서 본다. 그는 특히 예수 그리스도의 경우는 하늘 아버지와 독생자 예수의 관계가 단순한 육신의 관계로부터 '천지'를 꿰뚫은 종교적인 관계로 승화되어 있다고 보고, 이것은 『효경』의 '배천(配天)의 원리'(하늘과 동일시하는 것)와 일맥상통하는 것으로 효가 단순히 윤리적·실천적인 의미가 아닌 형이상학적·신학적인 의미로 발전된다는 것을 지적한다.[60]

이렇게 효의 초월적 차원을 확실히 하는 해천은 그의 윤리 이해에 있어서 그리스도 윤리를 서양 윤리와 확연히 구별하여 서양 윤리, 그리스도교 윤리, 동양 윤리의 세 카테고리로 나눈다.[61] 이와 동시에 그는 말하기를 그리스도교가 원래는 동양 종교이므로 그 윤리에 있어서도 유교와 마찬가지로 가정 윤리, 즉 효에서 출발하고 있다고 한다.[62]

칸트 윤리로 대변되는 서양 윤리가 그 윤리적 가치의 보편성을 이성에서 찾는 '개인 윤리'라면 동양 윤리는 인간과 인간의 관계에서 질서를 세우기 위한

---

[55] 윤성범, 「誠學과 神學의 비교연구」, 『한국학보』 제3집, 1976 여름, p.105.

[56] 위의 글, p.105.　　　　[57] 윤성범, 『孝』, p.32.

[58] 윤성범, 「誠學과 神學의 비교연구」, p.104.　　　　[59] 위의 글, p.106.

[60] Ibid., p.106.　　　　[61] 윤성범, 『孝』, p.11.　　　　[62] 위의 글, p.11.

'공동 윤리'로서 그 기초가 바로 부자(父子)의 관계가 성(誠)으로 이루어지는 효(孝, 父子有親)인 것이다. 해천은 이렇게 동양 윤리에서 효를 규범으로 해서 모든 문제를 풀어나가는 것을 "창조의 질서"(Schöpfungsordnung)라고 부르고 싶다고 한다.[63] 그는 자신이 동양 종교의 카테고리에 넣은 유대교 구약성서의 창조설화에도 아담과 이브의 결혼이 있기 전에 먼저 이미 하느님 아버지와 그의 아들 아담과의 관계가 있었고, 또한 신약성서의 신앙 구조는 바로 성부 하느님과 성자 예수 그리스도와의 관계이고, 더군다나 유교에서는 부자(父子) 관계가 모든 인류의 패턴이 되고 그것이 천성(天性)으로 규정된 것을 지적한다. 그는 말하기를 부자관계는 필연적인 것이지만, 부부관계는 우연적인 것이기 때문에 그것은 궁극적인 근거가 될 수 없고, 서구 윤리가 이 부자관계, 효의 관념을 잃어버리고 단순한 애정관계로 형성되는 결혼만을 문제삼기 때문에 오늘날의 윤리의 혼란이 있다는 것이다.[64]

율곡의 성학(聖學)을 "효의 인격적 해석"이라고 이해하는 해천에 의하면 "예수는 모름지기 효자다".[65] 그에 의하면 이제까지 서구 사회와 전통이 예수를 하늘 아버지와의 관계에서 보지 못하고 오직 그 한 인물에 대한 숭배로 일관되었기 때문에 그가 효자라는 생각을 못했다는 것이다.[66] 또한 해천은 서양의 그리스도교가 바로 이 부자유친(父子有親)의 도(道)를 망각했기 때문에 개인주의 내지는 상황윤리로 전락해 버렸고, 그 신학이 단지 하나의 번쇄한 관념론으로

---

[63] 위의 글, p.16. [64] 위의 글, p.16.

[65] 윤성범, 「예수는 모름지기 효자다」, 『기독교 사상』, 1976.7.

[66] 위의 글, p.20.
海天은 여기에서 더 나아가 이제까지 세계 신학계에서 효자로서의 예수 이해가 전혀 없는 것으로 보는 것 같다. 그러나 이러한 지적은 그의 정보 부족에서 오는 듯싶다. 왜냐하면 "중국 신학의 기초론"으로서의 『천의 합일적 신학』(Dann sind Himmel und Erde in Einheit)을 저술한 Chun-shen Chang의 소개에 의하면 중국에서는 1950년대말, 1960~1970년대에 이 孝의 범주를 가지고 중국적 신학을 세워보려는 야심만만한 작업들이 많았다. 그러나 Chang에 의해 소개된 내용에 따르면 대부분의 이들 중국 토착화 신학자들도 제사 문제 등을 해석하는 과정에서 앞에서 우리가 지적한 "가톨릭적 모델의 한계"를 넘지 못하고 있다. 우리 나라에서는 또한 가톨릭 신학자 이성배 씨도 그의 『유교와 그리스도교』에서 우리 나라 최초의 그리스도인 이벽과 정약용의 복음 이해가 바로 "誠"이었다는 것을 밝힌다. 이성배, 『유교와 그리스도교 — 이벽의 한국적 신학원리』(왜관: 분도출판사, 1979).

빠지게 되었다는 것이다.[67] 이렇게 해서 해천은 그의 효 이해를 가지고 전통적인 서구식 그리스도교 사상을 여러 가지 측면에서 비판해 나간다.

그에 의하면 예수전의 엄밀한 역사적 이해에는 여러 가지 어려움이 따르지만, 그렇더라도 예수 자신이 하느님을 '아버지'라고 부르고 자신을 '하느님의 아들'이라고 한 말까지는 의심되지 않는다고 한다. 그리하여 예수의 말 "내가 아버지를 사랑하는 것과 아버지의 뜻을 순종하는 것을 세상으로 하여금 알게 하러 왔노라"라든가 "내가 아버지 안에 있고 아버지는 나의 안에 계시다"는 것은, 곧 그의 일생이 효자로서의 생애 이외에 아무것도 아니라는 것과 그의 효자로서의 일생의 소명을 가르쳐 주는 것이라고 한다.[68]

해천의 '성' 이해에 따르면 '성'은 하느님이자 동시에 하느님의 말씀이다. 예수는 '하느님의 말씀'이요, '하느님의 아들'이다. 그러므로 예수는 '성'이며, 동시에 효자라는 말로 바꾸어 놓을 수 있고, 이러한 예수의 모습이 성서에 나타난 참다운 예수상이라는 것이다.[69] 해천에 의하면 하늘 아버지와 독생자 예수 그리스도간의 부자유친의 진리를 믿는 것이 바로 성경의 진리이다. 따라서 만약 서구 신학이 이 효를 문제삼지 않는다면 그것은 일찌감치 그리스도교의 진리를 포기해 버리는 것이다.[70] 이러한 맥락에서 해천은 칼 바르트의 다음과 같은 논리, 즉 하느님의 아버지 되심이 육신의 아버지 되심의 존재 근거는 되지만 그 반대는 잘못된 것이라는 논리에 대해, 이러한 사고방식은 하늘 아버지와 육신의 아버지를 따로 떼어서 생각하는 서구 사회의 양식이고, 동양 사회는 이것을 늘 일치시킨다고 지적한다. 그는 어떻게 육신의 부모를 사랑하지 못하는 사람이 보이지 않는 하느님 아버지를 사랑할 수 있을지 의심스럽다고 반문하면서 오늘의 한국 그리스도교에도 이런 폐단이 늘어간다고 염려한다.[71]

그러나 이러한 반문에도 불구하고 우리는 해천이 결국 바르트의 이러한 사고방식을 자신의 논리로 삼는 것을 그의 또 다른 글에서 분명히 읽는다. 그리하

---

[67] 윤성범, 「유교 인간관과 그리스도교」, 『기독교 사상』.

[68] 윤성범, 「예수는 모름지기 효자다」, p.21.

[69] 위의 글, p.23.   [70] 위의 글, p.23.   [71] 위의 글, p.24.

여 그에게는 예수 그리스도만이 유일한 "종교적이고 윤리적인 효자"이고, 예수는 "육신의 아버지 관계에서 하늘 아버지와의 관계로 고양시킨 유일한 사람"이 된다.[72] 따라서 예수는 공자나 소크라테스와는 달리 효도의 단순한 진리를 가르쳐 준 군자(君子)나 성인(聖人)이 아니라 그 자신이 효의 도를 몸소 실천한 "진리 자체"가 되는 것이다.[73] 그에 의하면 "예수 그리스도의 하늘 아버지에 대한 신앙은 효의 극치요 완성"[74]이다. 또한 예수 그리스도의 오심이 "부자유친의 가장 전형적인 근거"[75]가 된다는 것이다.

이상과 같은 이유로 인해서 해천에 의하면, '삼위일체론'의 본론은 바로 이 아버지와 아들의 관계인 효이다.[76] 해천은 삼위일체론적 교리의 관심은 원래가 윤리적인 데 집중되어 있었고 그것의 확립은 바로 하느님이 이론적인 이념이 아니라 인간에 대한 은혜와 구원을 위한 분이란 것을 이해시키기 위한 것이었다고 지적하면서, 이것이 곧 우리 개념으로는 '부자유친'이라는 의미에서 찾아볼 수 있다고 한다.[77] 이것과 더불어 해천은 그리스도교 삼위일체론의 세 품격이 다 "남성적"으로 해석하는 특이성을 가졌다고 밝히면서 다시 한번 그의 전형적인 가부장주의적 가치체계의 효 이해를 나타낸다.[78]

해천은 이상에서와 같이 소개된 효의 인격주의를 가지고 다음으로 전통적인 한국 신관과 윤리관을 분석한다. 그에 의하면 우리 민족은 유교 문화권의 나라들 중에서도, 특히 효를 중시하는 민족이다. 그리하여 중국에서는 효를 중심으로 충(忠)을 더 생각하게 되고 일본에서는 신(信, 봉건적 사회)을 더 생각하게 되지만, 한민족은 모든 것을 효에 조명하려 든다는 것이다.

이런 관련하에서 해천은 우리 나라의 단군신화에 나타난 신관을 해석한다. 그에 의하면 우리의 환인·환웅·환검 삼자의 신관은 중국에도 없고 일본에도 없는

---

[72] 윤성범, 「한영숙 씨에게 답함」, 『기독교 사상』 1976.9, p.147.

[73] 위의 글, p.149.

[74] 윤성범, 「효와 현대 윤리의 방향정리」, 『기독교 사상』 1973.12, p.147.

[75] 윤성범, 「기독교와 한국 윤리」, p.9.

[76] 윤성범, 「효와 현대 윤리의 방황윤리」, p.97.　　　　[77] 위의 글, p.149.

[78] 윤성범, 「기독교와 한국 윤리」, p.7.

특이한 것으로서, 그것은 바로 유대 그리스도교적 신관에서 볼 수 있는 삼위일체 신관과 똑같은 유형의 것이라고 주장한다.[79] 즉, 그에 따르면 그것은 모름지기 '부자유친'의 인격적인 따스함을 통해서 비로소 인간이 될 수 있다는 진리를 중핵으로 삼고 있는 "부계 가족 공동체의 원형으로서의 신관"이라는 것이다.[80]

이와 맥을 같이해서 그는 한국인이 특히 많이 가지고 있다고 여겨지는 수치지심(羞恥之心)이란 단순한 현상적인 문제가 아니라 더 깊은 종교적인 차원에서 이해되어야 되는 "죄의식"이라고 말한다. 즉, 이 '수치' 개념이란 바로 인격적인 관계에서 우러나오는 현상이고, 서구 그리스도교 사상에서 하늘 아버지와의 결렬에서 오는 죄의식이라고 하는 것은 한국에 있어서의 불효의식(수치심)과 대응되고, 불효를 가장 큰 죄로 여기는 한국인은 그러므로 "가장 구체적인 죄의식을 가진 민족"이라고 할 수 있다는 것이다.[81]

이렇게 해서 해천은 한국의 그리스도교가 세계의 신학계에 이바지할 수 있는 길이 다음에 있음을 밝혀낸다. 그것은 다름아닌 위에서 지적한 대로 한국 민족이 가지고 있는 고유한 효 사상으로, 그리스도교 진리를 재해석하고, 그것을 '윤리화'시키는 것이다. 그에 의하면 서구 그리스도교는 2,000년 동안 단지 번쇄철학적인 체계를 짓는 데만 급급해 왔고 삼위일체신론이 처음보다 일보도 진전되지 못했는데, 그것은 바로 이러한 종교적·교리적인 것의 현실적이며 구체적인 적용에 대해서 소홀히 해왔기 때문이라고 한다.[82] 다시 말하면 성부·성자와 같은 깊은 관계를 육신의 부자관계에서 좀더 구체적으로 언급하지 못했고 이것으로서 그리스도교는 교리화에는 철저했지만, 윤리화는 등한시했다고 지적될 수 있다는 것이다.[83] "유교적인 효 정신을 불러일으키는 것, 이것이 오늘날 한국의, 아니 온 인류를 향한 크리스천 메시지이다."[84]

---

[79] 윤성범, 「기독교와 현대윤리」, p.9.　　　　[80] 위의 글, p.9.

해천이 이와같이 단군신화가 그리스도교 삼위일체의 영향을 받아 형성된 것이라고 주장한 것 등에 관해서는 본 논문에서 상세히 다룰 수 없다. 그 주장의 진위에 관한 판단은 본인의 능력 밖이지만 본인의 인상으로는 여기서도 여전히 그의 신학적인 바빌론 포로의 모습이 드러난 것이 아닌가 여겨진다.

[81] 위의 글, p.13ff.　　　　[82] 위의 글, p.21.　　　　[83] 위의 글, p.22.

"한국 윤리의 종교화", "그리스도교 신관의 윤리화", 이것이 해천의 "한국적 신학"의 모토이다. 이것을 위해서 그는 동양 사상의 중심 개념인 '성'의 초월적 근거를 밝혔고, 거기에 근거해 있는 효의 의미를 드러내었다. 그는 그리스도교가 윤리적인 적용을 소홀히하였을 때 그것이 단지 차가운 교리로만 남게 됨과 같이, 한국의 윤리가 그 종교적 근원으로부터 새롭게 규정을 입지 못하는 경우에는 단지 "정적인 신(神), 혹은 의식(儀式)"으로 떨어짐을 지적했다.[85] 해천에 의하면 한국에는 그러나 아직도 효가 잔재하는데, 그 이유는 비록 한국의 효가 종교적 뒷받침을 받지 못하고 내려왔을망정 그 근거는 종교적인 차원에서 나왔기 때문이라고 한다.[86]

해천이 밝혀준 한국의 효 윤리는 결국 인류의 마지막 존재 근거는 하늘에 계신 아버지라는 것과, 육신으로는 군(君)과 모(母)를 겸한, 정의와 사랑[愛]을 겸한 아버지라는 것을 가르쳐주고 있다고 정리할 수 있겠다.[87] 오늘날 우리가 당면한 윤리 부재의 상황, 생태계 훼손의 문제, 극심한 이기주의 등을 극복하기 위해서는 개인주의로부터의 탈피를 통해서 자신의 존재 근거(天과 父母)를 인식함으로써 생명 외경의 정신으로, 또한 가정에 기초한 공동체 윤리를 지향하는 마음으로 나아가야 한다는 것이 해천의 우리를 향한 '효' 메시지이다.[88]

3. 책임과 효 ― 교육적 실천을 위한 한 종합

1) 해천(海天) 효(孝) 윤리의 한계

이상에서와 같이 해천이 자신의 '성의 신학'에 근거하여 정의와 사랑을 겸비한 "제삼의 원리"[89]로서 내어놓은 효 윤리는 오늘날의 우리에게 한 커다란 의미

---

[84] 윤성범, 「기독교 윤리가 유교 윤리를 어떻게 규정할 수 있을까?」, 『신학사상』, 제7집, p.715.

[85] 윤성범, 「기독교와 한국 윤리」, p.23. [86] 위의 글, p.24.

[87] 윤성범, 「誠學과 神學의 비교연구」, p.108. [88] 위의 글, p.111.

[89] 윤성범, 「기독교 윤리가 유교 윤리를 어떻게 규정할 수 있는가?」, p.718.

가 되는 것을 보았다. 그는 그것을 "가정 안에서의 신앙생활"[90]로 이해하면서 오늘날의 서구적 상황윤리에 대한 대안으로 내어놓았다. 그러나 그가 자신의 책『효』(孝)에서 이 상황윤리에 대한 해석에 우왕좌왕하는 것을 보여주듯이 우리는 그의 효 윤리도 여러 가지 내적 또는 외적인 근거에 의해 문제점들을 내포하고 있다는 것을 안다.

먼저 쉽게 눈에 띄는 것으로서 우리는 그의 효 이해가 너무나 남성 가치 위주임을 알 수 있다. 그는 언젠가 효 윤리의 한 특징으로 "힘차고 남성적인 것"을 꼽았고,[91] 또 그리스도교의 삼위일체론이나 우리 나라의 단군신화에 나타나는 세 위격이 모두 남성으로 이해되는 특징을 가졌다고 지적했다.[92] 그러면서 그는 이것으로 여기서의 관계가 효 윤리로 맺어진 것을 알 수 있다고 한다. 또한 한영숙 씨의 비판, 왜 하필이면 아버지냐에 대해 그는 대답하기를 아버지의 사랑만이 의(義)와 사랑을 겸비했기 때문이라고 한다.[93] 우리가 이 말에 수긍할 때, 그것은 한마디로 남성만이 인격이고 사람이 된다는 소리이다. 물론 우리는 효 윤리, '부자유친'의 도(道)가 원래 가부장주의적 가치체계의 상황에서 생겨난 것인 줄 안다. 그러나 그것을 오늘날도 여전히 발생 당시와 마찬가지로 눈에 드러나는 생물학적 성(性)의 구분에 적용해서 해석할 때, 그것은 인구의 절반을 차지하는 오늘날의 여성들에게 외면당할 수밖에 없는 것이다. 이것은 해천의 개인적인 한계에서 오는 것이라고 할 수 있지만, 오늘날의 여성신학·철학적 관점에서 볼 때 그것은 너무나 초보적인 단계에 머물러 있는 것이라고 할 수 있겠다.

이러한 해천의 사상에 나타나는 주변적 한계 외에 그러나 거의 핵심적이라고 할 수 있는 것으로서 우리는 그의 전(全) 사상에 일관되는 '인격 중심주의' 내지는 '그리스도 중심주의'의 문제점을 들 수 있겠다. 해천은 효 윤리의 근거로서 성(誠)의 초월적 차원을 밝히기 위해서 그것을 그리스도교 삼위일체 신관의 구조 안에 넣어서 위격적으로 해석했는데, 그러나 본인의 견해로는 이것을 통

---

[90] 윤성범, 『孝』, p.12ff.

[91] 윤성범, 「기독교 윤리가 유교 윤리를 어떻게 규정할 수 있는가?」, p.721.

[92] 윤성범, 「기독교와 한국 윤리」, p.7.　　　[93] 윤성범, 「한영숙 씨에게 답함」, p.147.

해 유교의 '성'이 너무 그리스도교적 초월신의 모습을 띠게 되어 오히려 이로
인해 해천 자신도 지적한 내재신(內在神)을 지적하는 유교의 특성이 흐려지게
되었다고 본다.[94] 예를 들어 해천은 이러한 인격적 신관의 바빌론 포로에 사로
잡혀 그의 효 이해에서 맹자의 다음과 같은 말, 인지실 사친시야(仁之實 事親
是也)를 유교에서의 통용의 의미대로 "인(仁)의 구체적인 표현은 효(孝)이다"
라고 하지 않고, "인의 실재, 존재 근거는 효이다"라고 뒤집어서 번역하였다.
이것은 필자의 견해로는 인격적 모습의 초월자 내지는 권위를 강조하기 위해
너무 억측을 부린 것이 아닌가 여겨진다. 그는 말하기를 "인은 효의 인식 근거
가 된다면, 효는 인의 존재 근거가 된다"고 했다.[95]

　해천의 이같은 성향은 곳곳에서 드러나, 그 예로 우리 나라의 단군신화를 해
석하는 데 있어서도 그것의 경교로부터의 영향 등을 주장하면서 너무 위격화해
서 이해한다거나, 또는 효의 인식 과정에서 육신의 아버지로부터 하늘의 아버
지에게로의 추론을 결정적으로 부인하는 것 등은 다 이런 성향의 결과라 할 수
있겠다. 그러나 우리는 이같은 폐쇄적이고 권위적인 태도는 오늘날의 종교다원
적이고 세속화된 사회에서는 더 이상 견지될 수 없는 것인 줄 안다. 필자의 견
해로는 해천의 비판, 즉 유교, 좁게는 율곡의 성학(聖學)은 성(誠)의 형이상학
을 충분히 발전시키지 못했고 단지 인간학적인 차원에만 머물렀다고 한 것은
오히려 위에서 말한 유교의 특성, 곧 '내재신을 지향하는 특성'이 내포하고 있
는 의미를 너무 간과하면서 나온 것이 아닌가 싶다.[96] 그 의미란 다름아니라 해
천 자신도 자신의 '성(誠)의 성학(聖學)'을 통해서 이루려고 희망했던 종합, 그
러나 결론적으로 그의 배타적인 그리스도 중심주의와는 내적 모순을 일으키는
조화, 즉 초월과 현실·자연과 인간·이론과 실천·종교와 윤리·윤리와 교육
등의 종합에의 가능성이다.[97]

　오늘날 초월의 유한과 인간에로의 내면화는 세속화된 사회에 사는 우리에게 의
미있는 것으로 다가온다. 그것은 다름아니라 오늘날 우리로 하여금 한 새로운 방

---

[94] 윤성범, 『誠의 신학』, p.19.　　　　[95] 윤성범, 『孝』, p.77ff.

[96] 윤성범, 『誠의 신학』, p.19.　　　　[97] 위의 글, p.13.

식으로 다시 초월을 경험하게 하는데, 곧 더욱 인간화되어 경험적이고 실천적인 방식으로 새롭게 초월을 만나게 하며, 이러한 초월의 내면화는 그 당연한 귀결로서 우리의 시선을 이제 좀더 구체적인 일에로, 실천적인 과제에로 돌리게 한다.[98]

이것을 지금 동·서양의 두 윤리 원리를 비교하면서 한 새로운 윤리 원리를 찾고 있는 우리에게 적용시켜 보면 이제 우리 문제의 본질은 더 이상 어떤 세계관적인 것이고 원리적인 것이 아니라는 것이다. 즉, 우리의 주된 관심은 이제 어떻게 하면 우리가 이 원리들을 실행할 수 있을까, 어떻게 하면 효를 진정으로 실천할 수 있으며, 또한 어떤 길을 통해서 우리가 좀더 책임적일 수 있을까가 된다는 것이다. 이것은 곧 '정행'(orthopraxis)이 문제이지 '정론'(ortho-doxie)을 따지는 것이 문제의 핵심이 아니라는 것이며,[99] 이것은 결론적으로 '교육의 문제'에로 귀결된다.

다시 말하면 우리의 진정한 문제는 어떻게 우리가 참으로 실행으로 교육되어져서 효를 실천할 수 있을까 하는 것이며, 또한 역으로 어떻게 우리가 이러한 우리 자신의 교육에의 책임을 다할 수 있겠는가라는 것이다. 이렇게 해서 우리는 여기서의 두 가치관(그리스도교와 유교, 서양 윤리와 동양 윤리) 사이의 만남이 더 이상 어느 편의 진리에 의한 어느 편의 굴복이라는 방식이 아니라 서로의 엄청난 차이에도 불구하고 '자극적이고 보완적이 되면서' 더 높은 차원의 통일성, 즉 진정한 인간화를 위한 하나됨으로 나아가게 하는 데에 그 핵심을 가지고 있다는 것을 알게 된다.[100] 이것은 곧 '교육'(Menschenbildung)에서

---

[98] 이은선, 「왕양명과 H. Pestalozzi의 인식론적 존재 물음 비교연구」, 『종교연구』 제5집, 한국 종교학회, 1989, p.90ff.

또한 이미 유교의 "제3의 시대"(the third epoch of Confucianism)에 대해 얘기한 하바드(Harvard)의 뚜 웨이밍(Tu Wei-ming) 교수도 얼마 전 행해진 한 인터뷰에서 밝히기를, 자신이 유교를 처음 대했을 때는 역사가나 철학자의 입장이었으나, 이제는 한 "신앙인"(religionist)으로서 만난다고 하면서, 그러나 이 말은 자신이 어떤 전통적인 의미로 유교라는 종파에 새로 가입했다는 뜻이 아니고 다음의 질문, 즉 "어떻게 하면 참된 인간이 될 수 있을까?"(How to be fully human)라는 인간적이고 실천적인 질문을 성실하게 묻고 행하려는 의미로서라고 밝혔다.

Bill Meyers, *A World of Ideas* (2), ed. A. Tucher (New York: Doubleday, 1990), p.108ff.

[99] P. Knitter, 앞의 책, p.342ff.

동·서의 두 원리, '효'와 '책임'이 만나진다는 것이다.

해천 자신도 교육의 중요성에 대해 말하기를 자신의 '성의 신학'에서는 "인간 교육의 중요성을 재강조하는 과제"가 대두된다고 하였고,[101] 또한 지적하기를 "바르트는 인간의 불신앙에서 신앙에로의 상승은 아무런 교량도 없는 신앙의 결단과 비약으로 보지만, 여기에 반해 율곡은 인간이 하느님의 말씀을 받아들일 수 있는, 말하자면 전(前)이해의 가능성을 교육적인 가치의 재인식에서 찾으려고 한다"[102]고 뚜렷하게 밝혔다. 또한 우리가 본 논문의 맨 처음 서구 포스트모던 윤리의 전형으로서 소개한 요나스의 책임의 원리보다도 다시 초월과 객관이 회복된 효 윤리를 제시하는 것 자체가 이미 교육의 중요성을 본질적으로 강조하는 의미이다.[103] 왜냐하면 교육은 그것을 가능케 하는 교육자의 존재가 먼저 전제되어야 하는데, 여기서는 계시 내지 신앙을 가능케 하는 초월자의 은혜와 또한 효의 실천을 가능케 하는 부모가 먼저 존재함을 인식하고 인정하는 것이기 때문이다.[104] 여기에서 더 나아가 위에서 우리가 지적한 동양적인 내재적 초월성의 의미를 더욱 밝혀낸다고 하는 것은 바로 인간의 내면에 '신적 씨앗'〔性〕으로 실재해 있는 인간성의 가능성을 교육하는 것이 우리의 더 근원적인 관심이 된다는 뜻이다. 이것을 중용의 애기대로라면 "하늘이 명하신 것은 성(性)이라 하고〔天命之謂性〕, 성(性)을 따르는 것이 도(道)이고〔率性之謂道〕, 이 도(道)를 닦는 것이 교(教)이다〔修道之謂教〕"라는 의미가 되는 것이다.

이러한 맥락에서 16세기 중국에서 자신의 급진적인 초월 경험〔心卽理〕에 근거해서 당시의 건조한 합리주의적 성리학에 반기를 든 양명이나 19세기 유럽

---

[100] Un-Sunn Lee, *Die religiöse Grundlage der Menschenbildung bei H. Pestalozzi und Wang Yang-ming* (ph. D. Diss Basel Universität 1987), p.239ff."

[101] 윤성범, 『誠의 신학』, p.14.　　　　[102] Ibid., p.20.

[103] 아이에 대한 부모의 마음을 책임감의 원형으로 보는 요나스도 그 책임감의 전체성, 지속성, 미래에 대한 관심을 들면서 교육의 중요성에 대해 얘기했다. 그에 의하면 책임의 원리는 미래에 대한 더욱 첨예화된 역사의식이다. 그러나 우리는 여기서 동양의 孝 윤리야말로 자신의 과거인 조상에 대한 禮에서부터 시작하여 미래의 자손에 대해 지극히 관심을 가지는 더욱더 역사적인 태도임을 알 수 있다.

[104] 윤성범, 『誠의 신학』, p.181 비교.

계몽주의의 때에 인간의 자연 속에 "신적 불꽃"(der göttliche Funke)이 계시됨을 보고 그것을 키우는 교육으로 세계의 미를 실현하려 했던 페스탈로치는 우리에게 한 좋은 시사가 된다. 따라서 우리는 본 논문의 결론으로서 이들의 사상을 알아보는데, 특히 오늘날의 의미로 더 교육적으로 표현해 놓은 것 같은 스위스의 페스탈로치가 어떻게 이 선한 인간 자연에 근거해서 그 안에 '효'(믿음)와 '책임'(사랑의 덕)을 키워나가는지 알아보고자 한다.

2) 페스탈로치의 자연의 교수법

유럽 근대 교육의 아버지라 여겨지는 페스탈로치가 살았던 시기는 대단한 격변의 시기였다. 그것은 프랑스 대혁명(1789) 전후의 전체 유럽의 혼란기로서 극심한 정치적·사회적 불안정과 부패, 그리고 그와 함께 과격한 계몽주의의 대두와 산업혁명의 도래로 이제까지 유래되었던 전통적 가치관과 윤리가 크게 흔들렸던 시기였다.

일찍이 유럽 계몽주의의 한 중심지였던 취리히에서 공부하면서부터 이러한 시대 상황에 깊은 관심을 가졌던 그는 신학과 법학을 공부하고 졸업한 후 농촌으로 들어간다. 거기서 그는 당시의 비참했던 농촌의 상황을 개선하려고 7여년에 걸쳐 여러 가지 일을 시도하나, 그 모든 것이 실패로 끝나는 것을 경험한다. 그러나 그는 이러한 절망적 상황 가운데서도 스스로 "앞으로 내가 쓸 모든 글의 서언"이라고 명명하는 조그마한 수상록 『은자의 황혼』(*Die Abendstunde eines Einsiedlers*, 1780)을 발표한다. 이 글에서 그가 앞으로 전개할 모든 사상과 활동들이 이미 씨앗으로 배태되어 있었다. 그 당시 자신의 전기적 상황과는 전혀 걸맞지 않게 그는 인간의 자연(본성)에 대해 열광적으로 찬양하면서 다음과 같은 인상깊은 표제어로 이 글을 열고 있다.

하느님의 아버지 마음(Vatersinn Gottes)
인간의 자녀 마음(Kindersinn der Menschen)
위정자의 아버지 마음(Vatersinn des Fürsten)

백성의 자녀 마음(Kindersinn des Bürger)

(이것이) 모든 성스러운 복의 근원(Quellen aller Glückseligkeit)[105]

이 말을 우리 동양적인 의미로 표현해 보면 바로 효(孝)와 충(忠)의 정신이라고 할 수 있다. 그 중에서도 '효'가 '충'의 근원이 됨을 알 수 있다. 페스탈로치의 인간 교육론은 이러한 근본덕('믿음'과 '사랑')을 키우려는 것이다.[106] 이것을 위해서 그는 맨 먼저 "인간의 본질"에 관해서 묻는다. 그는 『은자의 황혼』 첫머리에 왜 나라의 지도자들이 그들의 일을 위해서 가장 필요한 이 인간 본질에 관한 질문을 하지 않느냐고 반문한다. 심지어는 농부도 농사를 지으려면 그의 소에 대해서 알려고 하고 목동도 자신의 양에 대해서 탐구하는데, 인간이 무엇을 필요로 하는지, 무엇이 그를 고상하게 또는 비참하게 만드는지와 같은 자연에 대한 탐구가 너무 소홀하다는 것이다.[107]

이 질문과 함께 그는 "진리"(Wahrheit)에 관해서 묻는다. 그에게 있어서 진리란 어떤 추상적 이론이나 원리가 아니라 진정으로 우리의 삶을 기쁘게 해주고 풍부하게 해주는 것으로, 페스탈로치에 의하면 이러한 진리란 결코 다른 먼 곳에서 찾아지는 것이 아니라 다름아닌 "우리 본성의 내면 속에서"(im Innersten seiner Natur), "우리 본성의 필요에 따라서"(nach den Bedürfnissen seiner Natur) 발견된다는 것이다.[108] 그에 의하면 인간 자연의 내면 속에 이 "진리에로의 길"(die Bahn zu dieser Wahrheit)이 놓여져 있다.

이렇게 페스탈로치는 당시의 객관적인 삶의 정황과는 전혀 다르게 인간의 자연에 대해서 찬양하고 그를 "하느님의 자녀"(Kinder Gottes)로서, 인간 본성을 "하느님의 계시의 장소"(Offenbarung der Gottheit)로서 고백한다. 그는 고백하기를 "하느님에 대한 신앙은 마치 우리의 선과 악에 대한 의식처럼 옳고

---

[105] J. H. Pestalozzi, *Auswahl aus seinen Schrirften* 1, ed. A. Brühlmeier (Bern / Stuttgart: Paul Haupt Verlag), p.23.

[106] J. H. Pestalozzi, *Sämtliche Werke*, Kritische Ausgabe, begrundet von A. Buchenau, E, Spranger, H. Stettbacher (Berlin / Zürich, 1927ff), Bd.28, p.168.

[107] J. H. Pestalozzi, *Auswahl aus seinen Schriften* 1, p.23.   [108] Ibid., p.23.

그름에 대한 느낌처럼 그렇게 확실하게 인간 교육의 근거로서 우리 자연의 내면에 놓여 있다"[109]는 것이다. 페스탈로치 연구가들에 의하면 이같은 고백의 근거는 그가 1770년대 취리히 폭풍노도의 시기에 한 신비적인 종교체험을 통해 '신(神)의 직접성'을 경험한 때문이라고 밝혀준다.[110] 이 경험을 통해 그는 자신이 유학 시절에 가지게 되었던 계몽주의의 차가운 이성주의를 극복하게 되었고 인간과 그 자연을 참된 진리에로의 출구로 깨닫게 되었던 것이다.

그는 말하기를 인간을 그의 깊은 곳에서 만족시켜 주는 진리란 결코 그렇게 많지 않고, 그것들은 수천의 낱말이나 의견들을 배워서 가지게 되는 것이 아니라 다름아닌 마음의 내면 속에서 우리의 필요와 경험 등을 통해서 싹트는 것이라고 한다. 그는 그 뚜렷한 하나의 예를 다음과 같이 들고 있다.

> 흡족하고 배부르게 젖을 먹은 아이는 그 길을 통해 자기에게 어머니가 무엇을 의미하는지를 배우게 된다. 그녀는 아이에게 이 길을 통해 그가 의무나 감사라는 단어를 들어보기도 전에 사랑을 심어주게 되고 감사를 가르친다. 또한 아버지의 빵을 먹고 그와 함께 나란히 앉아 난롯불을 쬐는 아들은 바로 이 자연의 길을 통해 축복이란 바로 자식의 도리를 다하는 데 있다는 사실을 깨닫게 된다.[111]

여기서 페스탈로치가 얘기하는 진리란 '감사'나 '사랑', '자식의 도리'[孝]와 같이 참으로 인간의 삶에 복이 되는 것이고, 그는 이런 덕들을 길러주는 자신의 교육 방법을 "자연의 교수법"(die Lehrart der Natur)이라고 명명한다.[112] 이와 동시에 그는 이런 자신의 방법을 당시의 일반적인 학교교육 방법인 "인위적인 길"(diese künstliche Bahn der Schule)과 대치시킨다. 그에 의하면 이것은 조작적인 방법으로서 아이들이 전혀 이해도 할 수 없는 수천의 낱말들만을

---

[109] Ibid., p.30.

[110] P. Wernle, *Der schweizerische Protestantismus im XVIII Jahrhundert*, Bd II (Tübingen, 1924), p.276.

[111] J. H. Pestalozzi, *Auswahl aus seinen Schriften* 1. p.23.　　　　[112] Ibid., p.25.

외우게 하고(Wortschule), 천천히 그리고 질서에 따라 성장하는 인간의 자연력을 폭력적으로 몰아쳐서 단지 허풍선이와 수다쟁이의 혼동으로만 키운다고 한다.[113] 그러나 이에 반해서 인간의 본성에 근거한 "고상한 자연의 길"(die erhabene Bahn der Natur)은 인간으로 하여금 그의 평안과 행복을 위해서 필요한 "순수한 진리 감각"(reinen Wahrheitssinn), "진정한 인간의 지혜"(Wahrheit und Weisheit)를 키워주는데, 페스탈로치에 의하면 이 지혜란 다름아닌 "그의 주위나 생활에서부터 출발하여" 얻어진다는 것이다.

> 순수한 진리 감각은 좁은 범위에서 도야된다. 그리고 순수한 인간의 지혜는 자기와 가장 가까운 관계에 있는 대상에 대한 지식, 자기에게 가장 절실한 일들을 능숙하게 처리하는 바탕 위에 서 있다.[114]

페스탈로치에 의하면 이와같이 인간으로 하여금 그의 내면의 깊은 곳에서 만족을 얻게 하고, 진리로 하여금 그의 "봉사자"가 되도록 하는 것이 "인간의 규정이고 목표"이다. 이 목표는 그러나 결코 꿈이 아니고 이 길을 찾는 것이 인간의 삶의 근본 충동이고 목표이기도 한데, 그에 의하면 여기에 이르는 열쇠는 다름아닌 "인간 자연의 내면에 이 진리에로의 문이 있다"는 것을 인식하는 것이다. 그러므로 인간의 모든 진정한 축복된 힘은 결코 우연이나 인위적인 기술의 소산이 아니고 오직 "연습과 사용"을 통해서 이 인간 자연의 기초적인 힘이 키워진 것이라고 한다.[115]

페스탈로치는 이러한 참된 교육이 이루어지는 기초적인 장으로서 바로 "가정", "아버지의 집"(Vaterhaus), "안방"(Wohnstube)을 든다. 그는 말하기를 "아버지의 집, 그것은 인간의 모든 참된 자연 교육의 기초"(Vaterhaus, Grundlage allen reinen Naturbildung der Menschheit)라고 한다.[116] 그에 의하면 가정은 자연이 가져다주는 첫번째의 그리고 가장 우수한 관계의 장이고

---

[113] Ibid., p.24.　　[114] Ibid., p.24.　　[115] Ibid., p.27.　　[116] Ibid., p.29.

그것은 "도덕의 학교"(Schule des Sitten)이고 "국가의 학교"(Schule des Staats)가 된다.[117] 인간은 누구나 먼저 자녀로 태어나고 그런 후에 직업도 가지게 된다. 그러므로 이 자연의 순서에 따라 먼저 가정의 자연스러운 축복을 경험하지 못하고 그후의 직업교육이나 학교교육이 서둘러서 행해질 때, 여기서 앞으로의 모든 불행의 씨앗이 싹튼다고 한다.[118] 페스탈로치에 의하면 자녀의 덕은 인생의 모든 축복을 가능케 하는 기초이고 사람들이 자신의 직업이나 일에서 의무나 고통을 견디는 이유도 바로 이 가정생활의 행복을 평안하게 누리기 위한 때문이라고 한다.[119] 그러므로 페스탈로치는 말하기를 "인간의 직업이나 신분을 위한 교육은 이 순수한 행복을 누리려는 최종 목표에 종속되어야 한다"는 것이다.[120]

이와같이 가정을 모든 인간의 교육과 행복을 위한 기초로 보는 페스탈로치에게 있어서 '어머니의 존재'는 특별한 의미를 가진다. 어머니는 그 자신의 삶에 있어서도 특별한 역할을 했는데, 왜냐하면 그의 어머니는 일찍 혼자되어서 한 충실하고 경건한 하녀와 함께 온갖 역경에도 불구하고 그녀의 세 아이들을 신앙과 사랑으로 키워냈기 때문이다. 전해지는 말에 의하면 이 여인들이 나중에 페스탈로치가 썼던 유럽 최초의 농민소설 『린하르트와 게르트루트』(*Lienhard und Gertrud*, 1780)에서 그 용감하고 슬기로웠던 여인 게르트루트 — 경제적·도덕적으로 피폐된 자신의 가정과 마을을 그녀의 순수한 신앙과 슬기로 구해낸 한 촌부 — 의 모델이 되었다고 한다.

페스탈로치에 따르면 어머니는 한 개인에게 육체적으로 어머니인 것과 같이 정신적으로도 어머니(교사)가 되어야 한다. 그는 끊임없이 "안방교육"에 대해 얘기하면서 이 어머니와의 안정된 관계 속에서 인간의 모든 육체적·정신적·도덕적 힘들이 키워지는 것을 보여준다. 그는 그의 교육 주저 『어떻게 게르트루트가 그녀의 자녀들을 가르칠 것인가』(1801)는 바로 이런 평범한 어머니들을 위한 지침서가 됨을 밝힌다.

---

[117] Ibid., p.29.　　[118] Ibid., p.29.　　[119] Ibid., p.29.　　[120] Ibid., p.29.

페스탈로치는 『은자의 황혼』에서 교육 목표로서 "내적 평안"(innere Ruhe)
과 "순진과 무구"(Einfalt und Unschuld)를 얘기했다. 그런데 그에 의하면 이
삶에 있어서의 근원적인 힘이 되는 "내적 평안"이란 다름아닌 안방의 "거룩한
평화"(heilige Ruhe)에서 키워진다. 이와 더불어 그에 따르면 악(惡)이란 바로
이 안방의 평화가 깨졌을 때 생겨나는 것인데, 그는 이 악의 발생 과정을 다음
과 같이 생생하게 그려주고 있다;

> 어머니가 그녀의 울어대는 아이에게 자주 그리고 불규칙적으로 부재했을 때, 또
> 고대하는 아기가 자주 그리고 오래 동안 기다려야만 할 때, 그래서 고통과 절망
> 과 아픔의 감정이 생기기 시작할 때, 그때 바로 악한 불안정(böse Unruhe)이
> 싹트고 거기서부터 모든 악이 발전된다. … 이 요람의 처음 시기에 생겨난 불안
> 정은 그후의 모든 동물적인 폭력성과 부도덕과 불신앙의 씨앗이 되는 것이다.[121]

여러 가지 원인으로 인해서 깨진 안방의 평화가 바로 악의 발생 근거이지만,
페스탈로치에 의하면 그 반대로 모든 덕도 이 어머니와의 관계에서 생겨난다.
아이의 어머니에 대한 처음 사랑과 신뢰가 점차로 확산되어 아버지가 가족에게
로 이어지고, 그후 점점 더 그것을 확장시켜 결국은 하늘의 아버지에게로 이어
주는 것이 페스탈로치에 의하면 어머니의 최종의 교육 목표이다.[122] 이런 의미
에 있어서 그에게 있어 어머니는 신(神)의 중보자의 의미이고,[123] 그래서 그는
안방의 평화를 "성스러운 평화"라고 표현했다. 그에 따르면 하느님 신앙은 인
간 사랑과 인간의 신뢰, 인간에 대한 순종에서 생겨나고, 이 인간 사랑과 신뢰
는 다시 "어머니와 아이 사이의 본능적인 감정의 만남에서 나오는 당연한 귀
결"(eine bloße Folge des Zusammentreffens instinktartiger Gefühle zwi-
schen Mutter und Kind)[124]이라는 것이다.

---

[121] J. H. Pestalozzi, *Sämtliche Werke*, Kritische Ausgabe, Bd. 28, p.64.

[122] J. H. Pestalozzi, *Sämtliche Werke*, Kritische Ausgabe, Bd. 13, p.341.

[123] J. H. Pestalozzi, *Sämtliche Werke*, Kritische Ausgabe, Bd. 16, p.64 ff.　　[124] Ibid., p.341.

페스탈로치가 얘기하는 이러한 하느님 신앙은 그 당시의 일반적인 그리스
도교 신학에서 얘기하는 신앙과는 상당히 다르다. 그는 「종교에 관하여」(Et-
was über die Religion, 1782)라는 한 단상에서 인간이 하느님에 대해서 할
수 있는 말이란 오직 다음과 같은 말, 즉 "그는 아버지이시다. 그는 선하시
다. 감사, 감사"[125]라는 것밖에 없다고 한다. 그러므로 그는 당시의 이신론적
(理神論的) 신학 논쟁에 대해 신랄하게 비판하면서 다음과 같이 자신의 신앙
고백을 한다: "하느님은 인간에게 가장 가까운 상대이다." "하느님 신앙은 어
떤 교양이나 지식의 결과가 아니라 순수함의 순박한 감정이고, 그것은 '하느
님은 아버지이시다'라고 외치는 자연의 소리에 소박하게 귀기울이는 무구함
이다."[126]

페스탈로치는 그의 『어떻게 게르트루트는 그녀의 자녀를 가르치나』에서 한
어머니가 자신의 자녀에게 "하느님의 아름다운 자연(창조)"을 보여주면서 이
신앙에로 이끄는 모습을 감동스럽게 그린다.[127] 페스탈로치에 의하면 하느님은
"우리 본질의 내면"에 계시므로 "우리 자신을 믿는다는 것은 우리 본성의 내면
감각을 믿는 것이고, 그것은 곧 하느님을 믿는 것으로서 영혼의 불멸을 믿는
것이다". 이 하느님에 대한 신앙이 그의 고백에 의하면 "인생의 모든 평안의
근원"이다. 이것은 "모든 지혜와 축복의 근원으로서 인간을 참된 성장에로 이
끄는 자연의 길"인 것이다.[128]

페스탈로치는 이 하느님의 신앙으로부터 또한 사회의 정의를 희망한다. 그에
의하면 하느님 신앙은 하느님의 아버지되심과 인간의 자녀됨을 믿는 순수한 감
정으로서 모든 가정과 국가의 축복이 여기서 나오고, 또한 국민 행복이 유일한
근원인 위정자의 부모 마음도 바로 이 하느님 신앙에서 생겨난다는 것이다.[129]
그렇게 해서 페스탈로치는 인간의 가장 원초적인 감각과 거기에 근거된 인간관
계(자신의 동물적인 욕구를 채우는 것과 그 처음 필요를 충족시켜 주는 어머니

---

[125] J. H. Pestaglozzi, *Auswahl aus seinen Schirften* 1, p.52.   [126] Ibid., p.31.

[127] J. H. Pestalozzi, *Sämtliche Werke,* Kritische Ausgabe Bd. 13, p.3ff.

[128] Ibid., p.33.   [129] Ibid., p.36.

와의 관계)에서부터 시작해서 인간 덕의 최고 상태인 신앙에까지 이르게 하고, 거기서부터 다시 거꾸로 이웃에 대한 사랑과 의무에로 퍼져나감을 밝힌다. 이것은 곧 동양적인 의미로 효(孝)와 충(忠)의 의미〔修身, 齊家, 治國, 平天下〕와 같은 것이라 할 수 있겠다.

이렇게 페스탈로치가 인간과 세계의 의미 실현에 대해 낙관적이면 "자연의 질서"에 대한 믿음을 가지고 인간 교육을 신뢰하지만, 그러나 우리는 또한 그가 그 근원을 알 수 없는 악의 존재와 종교의 고유한 영역에 대해서 분명하게 고백하는 것을 듣는다. 그는 종교의 본질을 말하기 위해 "신적인 것"(das Göttliche)과 "예배의식적인 것"(das Gottesdienstliche)을 뚜렷하게 구분한다.[130] 또한 그는 분명하게 말하기를 "종교는 세상의 교육을 인간 본성의 발전을 위해 사용하지만, 그러나 세상은 종교에 대해서 아무것도 아니며 아무것도 될 수 없다"[131]고 한다. 이러한 고백에도 불구하고 그러나 그는 뚜렷이 교육을 택하는 이유로 다음과 같은 의미있는 얘기를 하고 있다:

> 어렸을 적의 한 좋은 질서에 따른 교육의 부재로 인한 불행한 결과는 나중에 '종교의 영향'으로 회복될 수도 있지만, 그러나 그럼에도 불구하고 그 악영향은 계속되어서 그는 인간다운 생활을 꾸려갈 만한 지속적인 힘을 가지지 못하고 또 그 악영향은 무덤까지 가기 때문이다.[132]

이렇게 해서 페스탈로치는 '지속적인 일'로서의 교육 쪽을 택했다. 그에게 있어 인간의 본성에는 "신적 불꽃"(der göttliche Funke)이 놓여 있으므로 이 씨앗에 대한 믿음을 가지고 그것을 성숙한 "인간적인 능력"에로 키워나가는 것이 그의 인간 교육을 통한 의미 실현의 길이다. 이 교육이란 다름아닌 가정에서, 어머니의 손으로, 신앙과 사랑에 의해 되어야 하는 일이다. 그러므로 그는 이

---

[130] Ibid., p.220.

[131] J. H. Pestalozzi, *Sämtliche Werke*, Kritische Ausgabe, Bd. 28, p.194.

[132] Ibid., p.220.

거룩한 일을 저버리는 당시의 시대 사조에 대해 다음과 같이 신랄하게 비판한다. 이것은 바로 오늘 우리에게 향한 질책이기도 하다:

> 세상의 나쁜 정신이 여자로 하여금 자신의 아이를 잊어버리게 하고, 그 도시나 사회생활의 영광 속에서 자신을 뽐내게 만들고 … 아버지조차 자신의 어린아이에게서 엄마를 빼앗고 대신에 도와 줄 사람을 찾아다니느라 분주하지만 … 그러나 오늘날 순수한 부모 마음을 가진 사람만큼 찾기 힘든 것도 없다. 그것은 마치 복권에 당첨되기를 바라는 것과 같다. 이렇게 해서 요람부터 거짓과 폭력이 난무하고 ….[133]

4. 마치는 글

이상과 같이 우리는 이제까지의 긴 윤리철학적 탐색을 마쳤다. 그것은 오늘날의 가치부재적인 상황 인식 아래 우리의 새로운 윤리 원리를 찾고자 하는 것이었다. 이 일을 위해서 우리는 맨 처음 서구 윤리의 한 전형으로서 한스 요나스의 책임의 윤리를 살펴보았다. 그러나 우리는 거기서 그의 원리가 가지는 존재론적 근거가 너무 미약함을 보았다. 그것에 대한 수정과 보완으로서 우리는 동양의 효(孝) 윤리를 탐색했었다. 특히 감리교 신학자 해천 윤성범의 초월적·신학적 효 이해를 살펴보았는데, 왜냐하면 우리는 그것을 통해 요나스의 한 미미한 애기에 의한 존재론적 근거보다 더욱더 확실한 우리 행동의 근거와 객관적 기반을 가지기를 원했기 때문이다. 그리하여 우리는 여기서 다시 우리가 거부하려야 거부할 수 없는 우리 존재의 기반인 부모와 더 나아가 하늘의 존재를 깨닫게 되었다. 그러나 우리는 또한 이 효 윤리도 그 안에 심각한 세계관적 모순을 품고 있는 것을 보았다. 그리하여 우리의 탐색은 결국 더욱 실천적인 의미 실현 방법인 인간 교육론에 이르게 되었다. 지극히 동양적인 사상가 페스탈

---

[133] J. H. Pestalozzi, *Sämtliche Werke*, Kritische Ausgabe, Bd.16, p.52.

로치의 인간 신뢰에 근거한 자연의 교수법은 우리로 하여금 다시 교육에 있어서의 종교·도덕적인 가치〔孝〕, 여성적인 가치, 가정과 자연의 의미를 깨닫게 하였다.

오늘날 우리는 그러나 페스탈로치가 살았던 때와는 전혀 다른 상황에서 살고 있다. 그러므로 우리의 문제는 그의 문제와는 많은 차이가 있다. 따라서 우리는 그의 생각들을 오늘날 우리의 학문과 테크닉의 시대에 문자 그대로 적용시킬 수는 없다. 또한 우리는 우리 역사 경험 속에서 효 윤리가 오히려 "사람을 잡아먹는 이치"[134]로 전락하기도 했고, 오늘날의 가치다원주의의 사회에서 쉽게 절대주의와 권위주의로 경직되기도 한다는 것을 안다. 그러나 그럼에도 불구하고 고전적인 것은 결코 낡은 것이 아니라는 가르침〔溫故而之新, 圓融會通〕에 따라 이러한 가르침들은 오늘날 우리가 삶을 살아가는 데 좋은 길잡이가 되어 준다. 왜냐하면 그것들이란 바로 우리 존재의 기반이고 우리가 거기서부터 나왔기 때문이다. 자기 존재의 근거와 한계를 알고 거기에 깊이 감사하며〔孝〕, 그러나 또한 오늘 여기서 우리의 책임을 다하도록 노력할 때 거기에 다시 삶과 생명과 존재가 피어오르는 것을 본다.

---

[134] Wei-ming Tu, "The Creative Tension between Jen and Li", *Philosophy East and West*, X 3 (1968), Hawaii, p.37.

마하트마 간디 사상의 포스트모더니즘적 조명 —

그의 비폭력 운동의
동양적 · 여성적 · 교육적 성격에 관하여

1. 시작하는 말

본 논문은 자신의 조국 인도의 독립과 관련하여 제국주의 영국에 대한 비폭력 저항으로 유명했던 20세기의 성자(聖子) 마하트마 간디(Mahatma Gandhi, 1869~1948)의 사상을 '포스트모더니즘'(postmodernism, 현대 이후주의)의 시각으로 조명해 보려는 것이다. 21세기를 향하고 있는 오늘날 또 하나의 새로운 가치관으로 떠오른 포스트모더니즘은 요즘 우리 나라에서도 활발히 논의되고 있는 주제인데, 그것의 해석이나 이해에 있어서 많은 차이점을 드러내놓고 있지만, 그럼에도 불구하고 한 가지 확실한 사실은 그것은 오늘날 동양과 서양의 대부분을 포함한 인류의 공통된 삶의 형태인 현대 과학기술 사회에 대한 날카로운 비판의식을 표현하는 것이다.

우리가 오늘 살고 있는 서구적 과학기술 사회를 이끌어 온 정신적 원동력이란 다름아닌 분석적 합리주의와 진보주의였다. 그것은 과학적 기술사회의 도래라고 하는 정확히 세워진 목표 아래 철저히 미래지향적이었으며, 인간 · 자연 이원적이었고, 남성 가치 위주적 효율주의였다. 그러나 오늘날 이러한 '현대 정신'(modernism)의 과도한 성공은 그 유토피아적 꿈의 실현 대신에 자신의 종족적 생존마저도 위협하는 삶의 상황을 초래시켰고, 그리하여 급기야 우리는 이제 삶의 곳곳에서 그러한 서구적 현대 정신이라는 것이 더 이상 무조건적으로 추구되어야 하는 최상의 가치가 아니라는 것과, 오히려 그것은 우리와 우리들의 후손을 위해서 극복되어야 하는 것이라는 강한 비판을 듣게 되었다.

요즘 각 방면에서 행해지는 포스트모더니즘 논쟁이란 바로 이러한 자각과 반성의 표현이며, 따라서 이 새로운 사고 모형의 추구로서의 '현대 이후' 정신은 철저한 목표 지향에서 오는 현대 정신의 획일주의와는 달리 삶의 다양성과 현재성에 깊은 관심을 가지며, 또한 그 다양성이 좀더 관계적(relational)이며 통전적(holistic)으로 이해되기를 바란다. 이것은 다르게 말하면 '현대 이후' 정신이란 이제까지 삶의 인식에서 그 가치가 망각되었던 동양적이고 여성적인 시각의 재발견을 의미하는 것이라 할 수 있으며,[1] 이것을 우리가 오늘 20세기의 한 전위적 '포스트모더니스트'로 이해하려고 하는 마하트마 간디의 사상과 연결시켜 볼 때, 그것은 목표·과정 분리적이었고, 종교(도덕)·정치경제 이원적이었으며, 이론·실천 양분적이었던 현대의 남성적 폭력주의에 대한 삶과 생활의 운동으로서의 '비폭력주의'라고 할 수 있겠다. 간디에게서의 비폭력 운동은 최종적으로는 교육운동으로 표현되었다.

이와같이 우리 탐구의 주제는 현대 의식의 극복과 보완을 위한 '현대 이후주의'를 건설적으로 '동양적·여성적·교육적' 성격으로 해석하면서 어떻게 그것이 간디의 '사티아'(satya, 진리) 신앙에 근거한 '아힘사'(ahimsa, 사랑 또는 비폭력)의 운동과 관계될 수 있는지를 알아보는 것이다. 이 일을 위해서 우리는 먼저 간디 삶과 운동의 초월적 근거가 되는 '사티아' 신앙이 어떻게 현대 이후적인가, 다시 말하면 그의 인도 전통에 깊이 뿌리박은 '진리 고수'와 '비폭력'의 신앙이 어떤 것이며, 어떻게 그가 그 신앙으로 참으로 종교적일 수 있었고 또한 동시에 참으로 현실적·정치적이 될 수 있었는가를 살펴보고자 한다. 3장은 이러한 간디의 동양적인 신앙관과 세계관에 입각하여 그것이 구체적으로 현실화된 모습을 살펴보는 것이다. 이것은 간디 비폭력 운동의 정치·경제·사회적인 표현인 '스와라지'(swaraj, 독립자치)와 '사르보다야'(sarvoda-ya, 모든 사람의 안녕)의 이상이 참으로 현대 이후적으로 동양적이고 여성적인

---

[1] F. 카프라, 『새로운 과학과 문명의 전환』, 이성범·구윤서 옮김(서울: 범양사 출판부, 1985), p.29ff. J. Holland, *A Postmodern Vision of Spirituality and Society*, in: D. R. Griffin, op. cit., p.45.

가치인 관계성의 진리에 근거되어 있는 것임을 보여주는 것이다. 즉, 그 운동이란 그의 개인·개체·생명 외경의 신앙과 온 우주의 하나됨의 직관에 입각한 생활정치 운동으로서, 한 몸을 이루는 각 세포들을 그 자체로서 존중하며 그것들을 더욱더 활성화시켜 그 몸 전체를 건강체로 만들려는 첨예화된 유기체적·통전적 사고였다는 것이다. 마지막 4장에서 그러나 우리는 그의 비폭력적 "진리 고수" 운동이 결국 가장 근원적인 방법론으로서 교육운동을 들고 있다는 것을 보게 될 것이다. 즉, 그는 어떠한 일시적인 정치적 혁명이나 단숨에 이루어지는 변화보다도 각 개인에게 직접적으로 관여하는 교육운동 속에서 인도의 참된 자치를 위한 가능성을 보았다는 것이다. 이것을 우리는 참으로 현대 이후적인 실천지향적 사고의 한 표현으로 이해하는 것이다.

2. 간디 비폭력 운동의 초월적 근거 —
그의 사티야그라하(진리 고수) 신앙의 포스트모던적 성격

오늘날 현대 과학문명의 위기적 상황에서 "책임 원리"를 내세우며 그 자신의 "책임 원리"를 다시 새롭게 형이상학, 즉 '존재의 원리'에 근거지으려 노력한다는 한스 요나스는 그러나 어쩌면 그 일은 종교가 없이는 불가능한지도 모르겠다고 고백하였다.[2] 또한 오늘날 한 사람의 포스트모더니스트로서 의미되어지기도 하는 러시아의 사상가 베르자예프도 현대사의 종말을 신(神)의 죽음을 선포한 니체에게서 보고 그와같이 영적인 근거와 중심에서 떨어져 나간 현대의 자기 이해 대신에 다시 그 신적(神的)인 뿌리와 깊이를 아는 '중세적 영성'(le Nouveau Moyen Age)을 회복하려고 하였다.[3]

이와같이 건설적 포스트모더니즘이 현대성의 문제를 극복하기 위하여 다시 우리 세계관에 있어서의 초월적 근거의 의미를 밝히는데, 그러나 그 초월적 근

---

[2] H. Jonas, *Das Prinzip Verantwortung* (Frankfurt am Main, 1983), p.36.

[3] N. Berdiaev, *Le Noveau Moyen Age* (Lausanne: L'Age d'Homme, 1985), p.51ff.

거 회복에 있어서 전통의 서구적 종교성이란 한계를 드러내고 있음을 본다. 즉, 전통적인 서구 그리스도교의 이원론적 초월신관이란 결국 그 신(神)의 죽음을 불러왔고, 그것과 더불어 인간과 자연의 죽음을 초래하여 오늘날의 상황이 도래되었다는 것이다. 이것은 다시 말하면 현대의 위기란 곧 서구 영성의 위기를 말하고,[4] 따라서 포스트모더니즘이란 이러한 서구 이원론의 극복을 위하여 "일·중·화"(一·中·和)를 말하고 "만물일체의 도"를 가르치는 동양의 내재신(內在神)관의 의미를 재인식하는 것이다.

우리는 이 일을 간디와 관련해서 행하고자 한다. 즉, 그가 어떻게 자신의 비폭력 운동을 초월적으로 근거지었으며, 그 초월적 근거의 모습이 어떻게 동양적이고 포스트모던적이었는가를 살펴보는 것이다.

1) 간디 비폭력 운동의 전개 배경

영국에서 3년간의 유학을 마치고 남아프리카의 한 인도인 상사로부터 고문변호사로 초청을 받은 간디는 1893년 5월에 나탈의 더번 항에 도착하자마자 앞으로의 그의 삶을 근본적으로 변화시킬 몇 가지의 사건을 겪게 된다.

당시 그곳에는 약 7만 명 정도의 인도인이 거주하고 있었는데, 이들은 주로 본국 — 인도는 16세기 말경부터 서구 제국주의 열강들의 동인도 회사들로부터 착취를 당해오다 1877년 영국령 인도 제국이 되어 완전히 독립을 상실했다 — 으로부터 일자리를 찾아온 계약노동자들로서 거기에서도 갖가지 인종차별과 박해를 겪고 있었다. 인도의 상류계층에서 태어나 영국 유학시절에도 별다른 뚜렷한 인종차별의 경험을 가지고 있지 않던 간디는 도착 며칠 후 위촉받은 소송 사건 때문에 더번에서 프레토리아로 기차여행하던 중 이것을 직접 겪게 된다. 즉, 그는 여행 도중 단지 유색인이라는 이유 때문에 백인 차장으로부터 일등칸에서 쫓겨나고, 거기에 항의하자 기차 밖으로 짐과 함께 내던져진 것이다. 이 사건은 그의 삶에 있어서 결정적인 경험이 되었다. 그는 아프리카 고지의 추운

---

[4] J. Holland, "A Postmodern Vision of Spirituality and Society", in: D. R. Griffin, *Spirituality and Society* (New York: State University of New York Press), p.45.

겨울밤에 등불도 없는 역 대합실에서 추위에 떨며 밤새 생각하였다; 어떻게 해서 이러한 일이 일어날 수 있으며, 이후 이 일에 대해 어떻게 대응해야 할 것인가? 여기서 그는 다음과 같은 결론에 도달하였다; 즉, 이 일이란 단순히 자기자신에게만 일어난 우발적인 것이 아니라 인종적 편견이라는 뿌리깊은 병의 한 징후에 불과하며, 앞으로 그는 이 병의 근절을 위해 노력하며, 이때 발생하는 고통을 스스로가 감내한다는 것이었다.[5] 이 시기에 그는 또한 다짐하기를 자기자신에게 가해진 공격 때문에는 어떠한 경우에도 법정에 가지 않는다는 것과 불필요한 소요를 불러일으킬 동기를 부여하지 않도록 조심한다는 것도 앞으로의 자신의 행동원칙으로 삼았다.[6] 이 사건은 후일에 그의 유명한 '아힘사'(ahimsa, 비폭력 또는 사랑) 운동과 '사티야그라하'(satyagraha, 진리 고수) 운동의 이념이 싹트게 된 계기가 되었다.

우리가 일반적으로 '단식'과 '비협력 운동', '불복종 운동' 등으로 알고 있는 이같은 간디 비폭력 운동의 정신사적 뿌리는 대단히 깊다. 그는 1923년 국내에서는 처음으로 투옥되어 옥중에서 자서전을 쓰기 시작했는데, 그것을 "나의 진리와의 실험"(My experiments with Truth)이라고 이름 붙이면서 인도 전통과 가문에서부터 뿌리내린 자신의 정신적 근원을 밝혀주고 있다.

그는 1869년 인도 서부 조그마한 해안 도시 포르반다르에서 태어났다. 그의 집안은 그곳 번 왕국의 수상을 3대째 내고 있던 상인계급의 가문이었는데, 그의 아버지는 금전에는 전혀 관심이 없고 거의 모든 재산을 자선사업에 바친 무욕의 사람이었고, 양친이 모두 힌두교의 일파인 '바이슈나바'파에 속해 있었으나, 그의 어머니는 특히 독실한 신자로서 그녀의 경건한 금욕과 수행의 생활은 지극했던 것으로 전해진다.[7] 수줍고 겁많던 소년이었던 간디는 회상하기를 자신이 그때 어떠한 거짓말이라도 한 기억이 나지 않으며, 당시 병상에 계셨던 아버지를 지극한 정성으로 간호했으며, 자신은 천성적으로 윗사람들의 실수에 대해서는 무감각했다고 한다.[8] 그의 이러한 정직한 마음씨와 부모에 대한 효(孝)의 마음은

---

⁵ M. Gandhi, *Mein Leben* (Suhrkamp Taschenbuch Verlag, 1983), p.70.

⁶ Ibid., p.87.　　　　　⁷ Ibid., p.8.　　　　　⁸ Ibid., p.10.

그가 전해주는 당시의 여러 에피소드에서 잘 나타난다; 학생시절 한 학우의 꾀임으로 부모 몰래 육식을 시작했으나, 부모에 대한 심한 양심의 가책으로 스스로 중단했고, 또한 형에게 꾼 돈을 갚기 위해 그의 금팔찌를 조금 떼어 팔아 갚고는 번민 끝에 아버지에게 고백하였다. 당시 병상의 아버지가 그 이야기를 듣고 뜨거운 비탄의 눈물과 함께 무언의 용서를 허락하심을 보고 간디는 말하기를 자신은 여기서 "아힘사"(비폭력)의 한 생생한 교훈을 보았다고 한다.[9]

1888년, 18세 되던 해에 6년 전에 결혼한 카스투르바이와 아들을 두고 단신 영국 유학을 떠날 때 그는 그의 어머니 앞에서 세 가지 서약을 하였다. 즉, 성생활에서 금욕생활을 하고 육식을 금하며, 그리고 술은 절대로 가까이하지 않는다는 것이었다.[10] 인도에서와는 달리 여러 가지 요인으로 인하여 이 서약을 지키기가 무척 어려웠지만, 그러나 간디는 그것을 끝까지 지켰다고 적고 있다.

그와 같은 여러 가지 어려움 가운데서 시작한 3년간에 걸친 영국 유학시절은 그에게 귀중한 것이었다. 여기서 그는 인도적인 것의 가치를 의식하기 시작했고 또한 유럽적인 것, 그리고 인류적인 차원을 인식하게 되었다.[11] 영국에 도착한 후 어머니와의 서약으로 육식을 들 수 없었던 그는 거의 굶주림의 지경에서 우연히 런던 거리에서 채식주의 레스토랑을 발견하게 되었고 — 간디는 이것을 신(神)의 도움으로 적고 있다 — 또한 거기에서 솔트(Salt)의 책 『채식주의 식사 찬양』을 만나게 되어 그후로부터는 스스로가 열렬한 채식주의자가 되었다고 한다.[12] 영국에서 간디는 또한 신지론(神智論)자들을 만나 그들로부터 힌두교 경전 『바가바드기타』를 소개받는다. 그때까지 자신의 전통 종교인 힌두교에 대해 일상의 생활의식으로부터 받은 영향 외에 뚜렷한 관념을 가지고 있지 않던 그는 평생 처음으로 이들과 함께 산스크리트어 원문을 접하게 된다. 간디는 고백하기를 이 책은 몇 년 후 그의 매일의 정신적 양식이 되었고 그것은 마치 영어 사전이 그의 영어에서 그렇듯이 자신의 "행위의 사전"이 되었다고 한다.[13]

---

[9] Ibid., p.26. 　　　　　　　　　　　　　[10] Ibid., p.37.

[11] 차기벽, 『간디의 생애와 사상』(서울: 한길사, 1989), p.54.

[12] M. Gandhi, 앞의 책, p.42.

간디는 이때 붇다의 전기도 읽게 되었고, 또한 크리스천으로부터 성서도 권해 받아 읽고서, 특히 신약성서의 산상보훈에 깊은 감명을 받았다고 전한다.[14] 카알라일의 『영웅과 영웅 숭배』를 읽으면서 마호메트의 위대성도 깨닫게 되었다는 그는 이때 여러 종교들의 정신을 조화시켜 보려고 했다고 하면서 종교적 진리에 대한 그의 탐구의 첫 모습을 보여주었다.

1891년 간디는 변호사가 되어 다시 고국으로 향하였다. 3년 반의 영국 생활에서 그는 인도적인 것에 대한 의식을 가지게 되었으며, 종교적 관심이 일깨워졌고 사회의 개선과 개혁에 커다란 관심을 가지게 되었다.

2) 간디 비폭력 운동의 초월적 근거 — 그의 사티야그라하(진리 고수) 신앙

우리가 앞서 언급한 대로 자신의 생의 모습을 "진리와의 실험"이라고 밝힌 간디는 그 자서전에서 남아프리카에서부터 시작된 자신의 저항적 삶의 진정한 동기를 다음과 같이 밝혀주고 있다.

> 내가 비록 점점 더 인도 사회 봉사에 전념했다 하더라도 그 뒤에 숨어 있는 진정한 동기란 다름아닌 나의 '자기 실현에 대한 염원'이었다. 나는 '섬김'을 나의 종교로 만들었는데, 왜냐하면 신(神)은 오직 섬김을 통해서만 만나질 수 있다고 느껴졌기 때문이다. — 나는 원래 친구의 음모에서 벗어나고자 그리고 생계를 벌고자 남아프리카로 왔으나, 그러나 나는 매번 또다시 자연스럽게 발견하기를 자기 실현을 위한 싸움 속에서 신(神)을 찾아가고 있는 나 자신의 모습이다.[15]

이상에서 밝혀진 바와같이 간디 삶의 진정한 모습은 바로 신을 찾아가는 구도자의 그것이었다. 종교에 대한 관심이 일깨워져 영국에서 돌아오는 길에 간디는 한 귀중한 만남을 가지게 되는데, 그것이란 다름아닌 젊은 보석상이요 시인

---

[13] M. Gandhi (1968), The Selected Works of M. Gandhi, Vol.VI, *The Voice of Truth*, ed. S. Narayan (Ahmedabad: Navajivan Publisching House), p.364.

[14] M. Gandhi, *Mein Leben*, p.50.   [15] Ibid., p.91.

이며, 그가 "참된 진리 탐구자"라고 지적하는 힌두교도 종교가인 레이챤드바이
(Raychandbai)와의 만남이었다.[16] 간디는 그의 자서전에서 자기 삶에 있어서
결정적인 영향력을 끼친 현대의 세 사람을 지적하는데, 그 첫번째가 바로 "경
전에 대한 깊고 폭넓은 이해를 가지고", "결코 한번도 내적 평안을 잃어버림이
없이", "신을 얼굴로서 직접 마주보려고 갈망하는" 위의 레이챤드바이이고, 두
번째는 톨스토이가 그의 책 『神의 나라는 그대의 마음 안에 있다』를 가지고 그
랬고, 마지막으로 영국의 러스킨의 『이 마지막 자에게도』(Unto this Last)라고
한다.[17] 이상의 사람들로부터 간디는 깊은 종교적 영감을 받았고, 그러나 그는
또한 분명히 밝히기를 그럼에도 불구하고 아직까지 자신의 영혼에 있어서의 구
루(Guru)의 자리는 비워져 있고 자신의 추구는 계속될 뿐이라고 한다.[18] "완전
함에 대한 끝없는 추구는 인간의 권리"라고 생각한 그는 자신의 신과 이상의
모습을 어떤 한정된 틀로 규정하기를 원하지 않았던 것이다.

남아프리카에서 활동을 시작한 후 간디는 한 독실한 그리스도인으로부터 그
리스도교에로의 개종을 권고받는다. 그래서 그의 강한 권고로 한 그리스도교 집
회에 참석하게 되나 간디는 스스로에게 다음과 같이 반문한다: 그는 거기 모인
사람들의 열정과 헌신을 이해하지만, 그럼에도 불구하고 왜 자신이 자신의 믿음
을 바꿔야 하는지 알 수 없었다고 한다. 그는 또 반문하기를 신이 자녀를 가질
수 있었다면 우리 모두가 그의 자녀이고, 또 그리스도가 신이었다면 우리 모두
가 그렇게 될 수 있다는 것이다. 예수의 십자가에서의 죽음이 세계를 위해서 한
위대한 모델이 되지만, 그러나 그것으로 그가 가장 완전한 인간이고 우리 모두
가 오직 그리스도인이 되어야만 구원을 받을 수 있다는 것은 용납할 수가 없었
다는 것이다. 왜냐하면 그는 다른 종교에서도 많은 사람들이 그리스도인들이 전
하는 것과 같은 내적인 새로움을 경험하는 것을 보았으며, 또한 그의 생각으로
는 희생정신에 관해서는 오히려 힌두교의 가르침이 그리스도교의 그것보다 훨
씬 더 뛰어나다고 느꼈기 때문이다. 그는 또한 그리스도교가 인간 외의 다른 모

---

[16] Ibid., p. 56.　　　　[17] Ibid., p.58.　　　　[18] Ibid., p.57.

든 생물에는 영혼이 없다고 하는 것도 받아들일 수가 없었다고 한다.[19] 그리하여 간디는 "자신은 이미 오래 전부터 자신의 내면의 목소리를 듣는 것을 배웠기 때문에" 그 목소리에 따라 더욱더 종교에의 공부에 정진할 것을 다짐했다.[20]

그가 그 목소리에 따라 자신의 전통 종교 힌두교에 머물면서 탐구를 계속하여 발견한 사실은 먼저 "신은 진리이다"(God is Truth)라는 것이었다. 이 진리로서의 신 이해는 간디의 고백에 따르면 더욱 전개되어 나중에는 "진리는 신이다"(Truth is God)로 되고, 그리하여 신을 찾아가는 그의 삶은 곧 "진리와의 실험"이 된 것이다.[21]

간디 사상에 있어 근간이 되는 이 '진리'(satya)는 원래 산스크리트어의 '존재'(being), 또는 '실재'(reality)를 뜻하는 '사뜨'(sat)에서 유래한 말이라고 한다.[22] 그것은 인도 전통(힌두교의 리그베다와 우파니샤드, 불교, 자이나교, 요가 학파, 베단타 학파, 바가바드기타)에서 가장 고귀한 궁극적 실재를 가리키는 형이상학적 개념으로서 간디는 이 개념에서 유래되어 좀더 도덕적이고 윤리적인 모습으로 표현된 '진리'(satya)를 바로 그 궁극적 실재와 동일시한 것이다.[23]

나에게 있어서 진리는 그 안에 다른 수많은 원리들을 내포하고 있는 최고의 원리이다. 이 진리는 단순히 말에 있어서의 진실됨 뿐만 아니라 생각에 있어서의 진실됨도 말하며, 또한 우리 사고 속의 상대적인 진리 개념을 의미할 뿐 아니라 절대 진리, 영원한 진리를 뜻하고 그것이 곧 신이다. 세상에는 신에 대한 수많은 이름들이 있는데, 왜냐하면 그의 현현이 또한 수없기 때문이다. 이러한 모든 것들 앞에서 나는 경탄하고 전율하지만, 나는 오직 진리로서의 신만을 경배한다. 나는 아직 그를 발견하지 못했지만, 그러나 나는 그를 찾아가고 있다."[24] "진리는 신이다. 이 정의는 나에게 가장 큰 만족을 준다.[25]

---

[19] Ibid., p.89.   [20] Ibid., p.88.   [21] M. Gandhi, *The Voice of Truth*, p.98.

[22] M. Gandhi, *Mein Leben*, p.157; 김선근, 『마하뜨마 간디 철학 연구』(서울: 불광출판사, 1990), p.127ff.

[23] 위의 책, p.148ff.

[24] M. Gandhi, *The Voice of Truth*, p.95.   [25] Ibid., p.100.

이와같이 도덕적 가치를 종교의 실질로 보면서 진리를 신과 일치시키는 간디의 신관은 그러나 결코 일반적 의미의 도덕적 이신론(理神論)이 아니다. 그는 신을 또한 "우주 만물에 가득 차 있는 신비한 힘"으로 보고 "생명의 근원"으로 보면서 그것을 결코 그리스도교의 초월적 인격신처럼 한 인격의 모습으로만 한정시킬 수 없다고 본다.[26] 신은 궁극적으로는 이름을 붙일 수 없으며, 단지 우리의 순수한 마음이 그것을 느끼고 그래서 우리 마음을 변화시키는 그러한 존재라고 간디는 고백한다.

> 신은 우리 바깥의 또는 우주에서 멀리 떨어져 있는 어떤 인격이 아니다. 그는 모든 것을 관통하며 모든 것 속에 내재해 있다 — 그는 모든 것을 듣고 우리의 가장 내밀한 생각도 알고 우리 마음 속에 존재하며, 바로 손톱이 손가락에 가까운 것보다 더욱더 가까이 우리에게 있다.[27]

이렇게 신이 우리 삶에 있어서 우리가 따라야 할 도덕의 법이고 자연의 법이며, 또한 온 우주에 편재해 있는 생명의 법인바, 이러한 간디의 신관은 전통적인 의미의 인격신과 내재신, 유일신과 무신론, 정신과 물질들의 구별을 무색한 것으로 만들어 버린다. 그리하여 그것은 오늘날 이 구별이 가져온 폐해가 심한 상황에서 더욱더 그 의미가 드러나보인다.

> 신은 우리가 단지 느낄 뿐 알 수 없고 정의할 수 없는 어떤 것이다. 나에게 있어서 신은 진리이며 사랑이다. 신은 도덕이고 윤리이다. 또한 신은 두려움 없음이다. 신은 빛과 생명의 근원이며, 그는 이런 모든 것들을 넘어서 있다. 신은 양심이다. 그는 또한 무신론자의 무신론이기도 하다. 왜냐하면 그의 끝없는 사랑 속에서 그는 또한 그 무신론자를 살게 하기 때문이다. 그는 마음(heart)을 찾는다. 그는 언어와 이성을 초월하고 우리가 우리 자신을 아는 것보다 더욱더 우리

---

[26] Ibid., p.103ff.　　　　[27] Ibid., p.101.

를 잘 알고 있다. 그는 또한 그의 인격적 현존을 원하는 사람에게는 한 인격적 신이 된다. 그의 손길을 원하는 사람에게는 그는 그렇게 체현되는 것이다 — 그는 모든 사람들에게 모든 것이다. 그는 우리 안에, 그리고 우리 위에 또 우리를 넘어서 계시다. 우리는 '신'이라는 말을 없애버릴 수는 있지만, 아무도 '그것 자체'(the Thing Itself)를 없애버릴 수는 없는 것이다.[28]

이렇게 신을 모든 인간적인 규정과 한계로부터 벗어나서 참으로 단순하게 '진리'와 '사랑'으로 이해한 간디는 모든 종교들의 "본질적인 하나됨"을 역설한다. 그는 말하기를 자신이 '종교'라는 말로서 이해하는 것은 결코 힌두교를 의미하는 것도 아닌 그것을 뛰어넘는 것, 그것은 사람의 본성을 변화시키고 그를 정화시켜 진리에로 묶는 것이라고 한다.[29] 그에 따르면 종교의 뿌리는 '무엇을 묶는 것'이다. 산스크리트어 '달마'(Dharma)와 같은 의미의 "뿌리"는 "무엇을 지탱하는 것"으로서 종교의 뿌리는 "도덕"(morality)이다.[30] 간디는 밝히기를 자신의 오랜 동안의 탐구 결과 종교에 대한 다음과 같은 세 가지의 결론에 도달했다고 한다.[31] 즉, ① 모든 종교는 진리이다. ② 모든 종교는 그들 안에 그 나름대로의 오류를 가지고 있다. ③ 모든 종교는 그에게 그 자신의 힌두교만큼이나 친밀하다라는 것이다. 이러한 이유들로 인해서 간디에 따르면 종교는 그 근원에 있어서는 하나이고, 그것들은 인류의 진화에 나름대로의 역할을 가지고 있으며, 마치 한 정원에 피어 있는 각기 다른 꽃들과 같다고 한다.[32] 따라서 그에 의하면 우리 모두는 각기 다른 종교들로부터 배워야 하며, 이 다른 종교들을 탐구함으로써만이 자기 자신의 종교를 더욱더 순수하게 간직할 수 있다는 것이다.[33] 간디에 따르면 "한 신에 대한 믿음(Belief in One God), 그것이 모든 종교의 주춧돌"이다. "모든 종교의 궁극적 목적은 이 본질적인 하나됨의 실현"이기 때문에 "이 다양성 속에서 하나됨"(to find unity in diversity)을 추구해야 된다면 다른 종교를 가진 사람들을 위한 기도는 다음과 같아야 한다는 것

---

[28] Ibid., p.103.　　　[29] Ibid., p.263.　　　[30] Ibid., p.263.

[31] Ibid., p.269.　　　[32] Ibid., p.265.　　　[33] Ibid., p.266.

이다.[34] 우리의 기도는 신이 그에게 나에게 주었던 것과 같은 빛을 주실 것을 간구할 것이 아니라 "신이여 그에게 그가 그 자신의 최고의 실현을 위해서 필요한 모든 빛과 진리를 주소서"라고 해야 한다는 것이다.

간디는 독실한 힌두교 신자였다.[35] 그러나 그는 결코 그 안에 내포되어 있었던 오류들에 대해 눈이 어두웠던 것이 아니어서 누구보다도 그 안의 폐습과 비이성적이고 비도덕적인 것의 개혁을 부르짖었다. 그러나 그럼에도 불구하고 힌두교의 본질적인 요소들이 인류의 영적 진화에 가지는 의미를 믿었기 때문에 간디는 끝까지 거기에 머물렀고, 그러나 또한 모든 종교의 본질적인 하나됨을 믿었기 때문에 오늘날의 어떠한 종교 대화가들보다도 더 급진적으로 종교간의 대화를 강조했다. 그러한 자신의 입장을 그는 서슴없이 "힌두교 종합주의"(Synthesis Hinduism)라고 불러도 좋다고 했다.[36] 이런 간디의 입장은 그리하여 오늘날 종교다원주의의 시대에 많은 종교 연구가들에 의해 한 전형적인 종교간의 대화의 모델로서 받아들여지고 있다.[37] 토인비가 그의 『역사의 연구』에서 후세의 역사가들이 우리의 20세기를 바라보면서 가장 흥미롭게 관심할 사건이란 결코 로켓의 발명이나 공산주의와 자본주의 사이의 갈등의 문제가 아니라 바로 동·서 종교간의 대화의 시작이 될 것이라고 예견했고, 또한 그것 때문에 이제 인류는 "포스트모던" 시대로 접어들었다고 지적했듯이 간디의 이러한 종교 이해는 참으로 포스트모던적이다. 그것은 만물의 하나됨을 믿고 세상의 모든 차이들은 순간적이라는 것을

---

[34] Ibid., p.270.

[35] 간디는 1921년 한 글에서 자신의 공적인 신앙 조항들을 다음과 같이 밝혔다. ① 나는 「베다」, 「우파니샤드」, 「푸라나」 그리고 힌두 경전의 이름 아래 포함되는 모든 것을 믿는다. 따라서 "아바타르"(화신)와 "푸나르잔마"(윤회)를 믿는다. ② 나는 "바르나슈라마 다르마"를 믿는다. 그러나 그것은 엄격하게 「베다」에 나타나 있는 의미에서이지 현재의 오염된 의미에서는 아니다. ③ 나는 통속적인 의미에서보다 훨씬 넓은 의미에서 소[牛]의 보호를 믿는다. ④ 나는 우상숭배를 불신하지는 않는다.

[36] Ibid., p.266.

[37] J. C. B. Webster, "Gandhi and the Christians: Dialogue in the nationalist Era", in: ed. H. Coward (1989), *Hindu-Christian Dialogue* (NY: Orbis Books), p.801ff; K. L. Seshagir Rao, "Gandhi's Experiments in Inter-religious Dialogue", in: ed. M. D. Bruyant (1989), *Interreligious Dialogue* (NY: Paragon House), p.127ff.

간파한 동양의 깊은 신비주의에 기초한 것이다.[38]

> 살아 있는 모든 것의 종합은 신이다. 우리가 신은 아닐지 모르나 우리는 신으로부터 되어졌다. 그것은 마치 대양의 물 한 방울이라도 그것이 대양으로부터 되어진 것처럼.[39]

이러한 간디의 범재신론적 '진리'(satya) 개념과 연관되어서 생겨난 유명한 '사티야그라하'(satyagraha, 진리 고수) 이념은 바로 그 신앙의 구체적인 적용 가운데서 생겨진 것이다. 1906년 남아프리카에서 '아시아인 등록법'이라는 강제 등록법안이 상정되었을 때, 간디는 그것에 대한 대책을 협의하기 위해 모인 3천여 명의 인도인에게 비록 그 법안이 통과되더라도 그 법을 무시할 것과 그 법을 무시한 데 대한 벌을 달게 받아 모두 감옥에 가고, 필요하다면 죽음을 택할 것을 맹세케 했다. 처음에 간디는 이 운동을 단순히 영어로 '소극적 저항'(passive resistance)으로 불렀으나, 그것이 약자의 무기인 듯한 인상을 주었으므로 이 새로운 저항운동의 이름을 그의 「인디언 오피니언」(*Indian Opinion*)지에 현상공모하였다. 그 결과 '사다그라하'(sadagraha, 선한 뜻에 확고부동함)라는 것이 당선되었는데, 간디는 이 뜻을 더 명확히 하기 위해 '사티야그라하'(satyagraha, 진리 파악·고수)로 고쳐서 사용하게 되었다.[40] 이것은 때때로 '영혼의 힘'(soul force)으로 해석되기도 한다. 즉, 그것은 정치적·사회적 행동의 한 도구로서 '진리의 힘'·'영혼의 힘'·'사랑의 힘'을 사용하는 것이고, 악에 대해서 악으로 대하는 것이 아니라 선으로 대하는 '비폭력'(ahimsa)의 저항운동인 것이다. 앞으로 우리가 구체적으로 살펴볼 간디 비폭력 운동의 초월적 근거는 바로 그의 '진리'(satya)에 대한 신앙, '진리 고수'(satyagraha) 신앙이었다.

---

[38] M. Gandhi, *The Voice of Truth*, p.267. [39] Ibid., p.269.

[40] M. Gandhi, *Mein Leben*, p.133.

3) '사티야그라하'(진리 고수)의 길 —
간디의 '아힘사'(비폭력 또는 사랑) 운동

1906년 남아프리카에서 처음으로 '사티야그라하' 운동을 일으킨 후, 간디는 그의 일생 동안 수없이 많은 운동을 진행시켰다. 그리하여 그 운동으로 1946년 당시 세계에서 최강국이었던 영국으로부터 마침내 조국 인도의 독립을 얻어내기도 했다.

우리가 일반적으로 비폭력·무저항 운동 등으로 더 잘 알고 있는 이 운동은 앞에서 우리가 지적했듯이 그의 깊은 '진리'(satya) 신앙에 근거한 것이었다. 다시 말하면 간디에게 있어서 이 진리 고수의 구체적인 방법론이 '아힘사'(비폭력 또는 사랑)였고, 그리하여 이 '아힘사'는 그의 '사티아' 개념과 함께 동전의 양면처럼 떨어질 수 없는 짝의 개념이 된 것이다.[41] '아힘사'는 원래 인도 고대종교의 근본 계율 중의 하나였고, 특히 자이나교와 불교에서 강조되었는데,[42] 간디에 따르면 진리 외에는 다른 신이 없고 이 진리를 실현시킬 유일한 길이란 바로 '아힘사'라는 것이다.[43]

진리를 볼 수 있는 길이란 오직 이 '아힘사'를 실현시키는 것이라는 그에 의하면 인간의 자연은 원래 '힘사'(폭력)가 아니라 '아힘사'(비폭력)이고,[44] 그리하여 그것은 바로 "인간의 법"(the law of the human race)이 되며,[45] 인류는 이 법을 향해 진보해 나간다는 것이다.[46] 이 '아힘사'에 대해서 그는 다음과 같이 말한다. "어떤 살아 있는 생명에게도 해를 끼치지 않는 것, 그것은 분명 '아힘사'의 한 부분이다. 그러나 그것은 가장 낮은 수준의 표현일 뿐이다. '아힘사'의 법칙은 모든 나쁜 생각, 불필요한 서두름들, 미움 그리고 다른 사람에 대한 원망 등을 통해서도 해쳐진다. '아힘사' 없이는 진리를 찾을 수 없다. '아힘사'와 '진리'는 그렇게 서로 연결되어 있어서 그것들을 떼어놓는 일이란 사실상 불가능하다."[47] '아힘사'란 간디에 따르면 생각과 말과 행동에 있어서 완

---

[41] M. Gandhi, *The Voice of Truth*, p.233.

[43] M. Gandhi, *The Voice of Truth*, p.123.

[45] Ibid., p.157.

[42] 김선근, 앞의 책, p.180ff.

[44] Ibid., p.155.

[46] Ibid., p.162.

전한 정화를 이루는 것이고, 그것은 또한 자기 자신을 제로(zero)로 돌리는 겸손이다.[48] 그것은 진리에 확고부동한 것이고, '사랑의 법'과 '영혼의 법'으로서 고통을 스스로가 감수하는 '자기희생'(self-suffering)인 것이다. 그는 그것을 "영혼의 양식"으로 비유하면서 우리 육체가 양식을 필요로 하듯이 우리 영혼이 그것을 계속적으로 필요로 한다고 역설한다.

간디에 의하면 고통을 받는 것은 인간의 법이다. '아힘사'는 그리하여 "무한한 고통을 감내하는 능력"(capacity for endless suffering)이고,[49] 그것을 의식적으로 받아들이는 것이다. 그러나 이렇게 '아힘사'가 자기희생과 비폭력의 도이지만, 그것은 결코 약자의 비겁함과 두려움이 아니고 오히려 더 강한 영혼과 정신의 힘이라는 것이다. 그리하여 그것은 행동의 매단계마다 상대방의 상황을 생각하는 것이지만, '아니오'라고 해야 할 때는 지체없이 '아니오'라고 하는 것이며, 신에 대한 깊은 믿음으로 결코 두려워하지 않는 것이라고 한다.[50]

간디는 이 '아힘사'의 힘을 전기의 힘이나 어떤 다른 에너지보다도 더 강한 힘이라고 하면서 이 '사랑의 법'을 발견한 사람은 오늘날의 어떤 과학자보다도 더 위대한 과학자라고 얘기한다.[51] 그는 그것의 실행을 과학자의 실험과 비유하는데, 수없이 잠못 이루는 밤을 지새면서 수세대에 걸쳐서 각 개인이, 사회가 그리고 인류가 실험해 나가야 하는 인간의 일이라고 역설한다.[52] 간디는 이 일을 펼쳐나가는 것이 바로 자신의 삶의 미션이고, 이 진리의 법, 비폭력의 법과의 실험이 없다면 그는 더 이상 살 맛이 나지 않는다고 고백한다.[53] 이러한 '아힘사'의 실행은 또한 단지 인간에 대해서만 한정된 것이 아니라 온 우주의 창조물에 대한 방법이어야 하며, 매일의 삶의 가장 작은 경우에서부터 시작하여 단순히 개인적인 덕으로서뿐만 아니라 사회적이고, 국가적이며, 범인류적인 덕으로 확장되어 나갈 수 있도록 해야 한다는 것이다.[54]

---

[47] M. Gandhi, *Sarvodaya*-Wohefahrt für alle, hrg. B. Kumarappa (G. Ladenbach: Verlaghinder / Deelmann 1983), p.17.

[48] M. Gandhi, *The Voice of Truth*, p.125.　　　　[49] Ibid., p.163.

[50] Ibid., p.165.　　　[51] Ibid., p.160.　　　[52] Ibid., p.169.

[53] Ibid., p.163.　　　[54] Ibid., p.172.

이러한 신념하에서 간디는 그 자신의 표현대로 하면 "과학자의 정확성"을 가지고 이 비폭력의 법과의 실험을 자신의 개인의 삶에서, 인도의 독립과 건설과 관련해서, 그리고 교육의 일로서 전개해 나갔다. 그는 자주 이 '진리 고수'와 '아힘사'를 실행하는 사람들이 가져야 하는 덕목들을 제시했는데, 그것들을 정리해 보면 다음과 같다.[55]

> ① 神에 대한 살아 있는 믿음을 가져야 한다.
> ② 진리와 비폭력을 자신의 신념으로 삼으며,
>   인간 본성의 선함에 대한 믿음을 가져야 한다.
> ③ '브라흐마챠라'(brahmacharya, 순결생활)를 실행해야 한다.
> ④ 두려움이 없어야 한다.
> ⑤ 훔치지 말아야 한다.
> ⑥ '아빠리그라하'(aparigraha, 무소유)를 준수해야 한다.
> ⑦ 식사와 음주에 있어서의 절제를 행해야 한다.
> ⑧ 육체노동을 통해 자신이 먹을 것을 벌어야 한다.
> ⑨ 모든 종교에 대한 존경심을 가져야 한다.
> ⑩ 자기 희생을 실행해야 한다.

간디 자신이 이러한 규칙들을 수행하기 위해서 겪었던 여러 감동스러운 에피소드들이 전해진다. 13세 때 결혼하여 그의 부인에 대한 정욕 때문에 아버지의 임종도 지켜볼 수 없었다고 고백하는 간디는 37세의 한창 나이에 결혼생활에서 순결의 생활(브라흐마챠라)을 서원한다. "인간의 일에 자신의 모든 마음으로 봉사하기 위해서"라고 고백하는 그는 이 서원 후에야 비로소 진정한 자유와 기쁨을 경험하게 되었으며, 그것을 실행해 나갈수록 신을 추구하고 자기실현을 추구하는 사람에게 그 금욕의 생활이 얼마나 큰 의미를 가지는가를 알게 되었

---

[55] Ibid., p.189ff.

다고 한다.[56] 그러나 간디는 또 고백하기를 56세가 넘은 때에도 그 서원을 지킨
다는 것이 얼마나 힘들며, 그것은 마치 칼날 위를 걷는 것과 같이 순간마다 영
원한 경각심을 필요로 했다고 한다.[57]

간디의 이같은 정욕과 욕망으로부터의 해방의 염원은 그의 식생활에서도 뚜
렷이 나타난다. 한때 강해지기 위해서는 고기를 먹어야 한다고 생각하던 간디
는 영국에서 의식적인 채식주의자가 된 후 더욱더 금욕적인 식생활을 실행해
나간다. 그리하여 나중에는 우유 제품과 소금, 견과까지도 제한하게 된다. 그
는 말하기를 "의학적인 관점에서 보면 그러한 실험에 대해서 서로 다른 의견이
있을 수 있지만, 그의 영혼을 위해서는 그것이 득이 된다는 것은 의심할 여지
가 없다. 자기극복을 원하는 사람의 양식은 욕망을 추구하는 사람의 그것과 달
라야 한다. 마치 그들의 삶의 길이 다르듯이."[58]

간디는 일생 동안 수많은 단식과 죽기까지 하는 단식을 통해서 자신의 '진리
고수' 운동을 전개해 나갔다. 그에 따르면 '단식'(fasting)은 음식물을 제한하
고 선택하는 것과 마찬가지로 '진리 고수' 운동자에게 필수적인 것이다. 신에
대한 살아 있는 믿음을 가지고 해야만 하는 이 단식은 그에 의하면 이기주의·
분노·신앙의 결핍·성급함 등을 없애주고, 순수하고 무한한 인내와 확고한 결
심과 목적에 대한 단일한 마음을 가져다준다.[59] 그는 말하기를 "단식이란 진리
고수 운동 중에서 가장 강력한 무기"이고, "죽기까지 단식하는 것은 진리 고수
운동의 가장 강력한, 그리고 마지막의 무기"[60]라는 것이다.

간디는 남아프리카에서 러스킨이나 톨스토이의 책을 읽고 깊은 감동을 받아
그들의 이상에 따라 두 차례의 살림 공동체를 결성한다. 1907년 나탈의 페닉스
농원과 1910년 요하네스버그의 톨스토이 농원이 그것이다. 여기서 간디는 위
의 '비폭력'(ahimsa)과 '순결'(brahmacharya), '무소유'(aparigraha) 그리고
'노동'(Bread-Labour)의 삶을 이루어 나가도록 노력한다. 간디는 이같은 모
든 실험은 오로지 신의 도움과 기도를 통해서 가능하다고 고백한다. 비폭력의

---

[56] M. Gandhi, *Mein Leben*, p.131ff. 　　[57] Ibid., p.132. 　　[58] Ibid., p.138.

[59] M. Gandhi, *The Voice of Truth*, p.216. 　　[60] Ibid., p.216.

일은 우리 마음의 일로서 그것은 모든 살아 있는 것이 신이며, 우리는 신은 아니지만, 신에 속해 있다는 것을 믿는 믿음에서 가능해질 수 있다고 한다.[61] 자신을 진리를 찾아가는 한 겸손한 수도자로 표현하는 그는 자신의 인도에 대한 봉사란 바로 이 자기수행의 한 과정이고 육으로부터의 영혼의 해방을 위해, 그리고 참된 자아의 발견을 위해 노력하는 과정의 일이었다고 고백한다.[62] 그래서 그는 말하기를 "동시에 종교가 아닌 정치란 나에게 있을 수 없다. 종교 없는 정치, 그것은 인류에게 그의 영혼을 죽이는 한 쓰레기에 불과할 뿐이다"라고 한다.[63] 이렇듯 간디의 모든 삶과 활동의 핵심은 종교였다.

3. 간디 비폭력 운동의 경제·사회학적 실천과 그 포스트모던적 의미

오늘날 과학기술 사회를 가능케 한 모더니즘이 서구의 남성 가치위주적 사고의 표현이었다면, 그것의 수정과 극복을 애기하는 포스트모더니즘이란 동양적 가치의 재발견이고 여성적 사고의 의미부여로서 이해될 수 있다. 20세기 후반에 들어와서 강하게 대두된 여성운동들은 ― 특히 오늘날의 여성 생태학자들(Ecofeminist)은 ― 그들의 여러 가지 탐색을 통해 현대 과학기술 사회에 들어와서 자연과 여성이 연결되어서 더욱더 착취되어 왔음을 밝힌다.[64] 인도의 여성 생태학자 반다나 쉬바는 그녀의 최근 저술에서 현대과학의 지배적인 흐름을 "환원주의"(우리 개념으로는 전체주의)와 "기계적 패러다임"으로 보면서 그것의 자연과 여성에 대한 폭력성을 날카롭게 비판하였다.[65] 그녀에 따르면 서구 남성 가치중심 과학의 원천이 "환원주의·폭력 그리고 이윤 사이의 관계"라면,

---

[61] Ibid., p.174.　　　[62] M. Gandhi, *Mein Leben*, p.260.　　　[63] Ibid., p.260.

[64] C. Merchant, *The Death of Nature* (San Francisco: Harper & Row, 1989).

[65] Vandana Shiva, 「과학, 자연, 性」, in:『녹색평론』1991년 11,12월호 창간호(대구: 녹색평론사), p.73.

여성적 원리는 "세계를 비폭력적으로 구성하고 자연의 상호 연관성과 다양성을 유지함으로써 모든 생명을 살리려는 것"이고, 그것은 "폭력에서 비폭력으로, 파괴에서 창조로, 반생명에서 생명으로, 획일에서 다양성으로 그리고 파편화와 환원주의에서 전일성과 복합성으로 생태적 길을 터주는 것"이라고 한다.[66]

또 다른 여성 포스트모더니스트는 자신이 전망한 "포스트모던적 방향"(post-modern direction)으로서 ① 생태학적 지혜 ② 풀뿌리 민주주의 ③ 개인적·사회적 책임 ④ 비폭력 ⑤ 지방분권화 ⑥ 지역사회에 기초한 경제 ⑦ 가부장제 이후적 가치 ⑧ 다양성에 대한 존중 ⑨ 지구적 관심 ⑩ 미래에의 관심 등을 들고 있다. 이와같이 우리가 여기에 소개한 여성 생태학자들의 포스트모던적 전망들을 우리는 지금부터 우리가 살펴보고자 하는 간디의 이상 사회 전망들에서 아주 비슷하게 다시 들을 것이다. 즉, 우리는 간디가 그의 범재신론(panentheism)적인 초월관에 근거하여 사회, 정치, 경제의 구체적인 이상으로 표현한 '사르보다야'(sarvodaya, 모든 사람들의 안녕)와 '스와라지'(swaraj, 독립 자치)의 이념이 참으로 포스트모던적이었다는 것을 보게 된다는 말이다. 그리하여 '제3의 물결'을 얘기한 토플러도 오늘날 이 '제3의 물결'이 일어나고 있는 상황을 "위성을 가진 간디"의 모습으로 표현하기도 했다.[67]

1) 간디의 '사르보다야' — 그의 비폭력적 경제 이상

이미 언급한 대로 남아프리카에서의 삶이 진행되면서 점점 더 종교적 성찰을 키워나가던 간디는 1904년 영국 시인 러스킨(J. Ruskin, 1819~1900)의 『이 마지막 자에게도』(*Unto this Last*)를 읽고 감동하여 그 이상에 따라 '페닉스 농원'이라는 일종의 수도장을 겸한 생활 공동체를 만든다. 그는 러스킨의 『이 마지막 자에게도』를 나중에 구자라티어로 '사르보다야'(the welfare of all)로 표현했는데, 그는 러스킨의 의미를 다음의 세 가지로 이해했다고 밝히고 있다.[68]

---

[66] Ibid., p.72.

[67] A. Toffler, 『제3의 물결』, 김태선·이귀남 옮김(서울: 기린원, 1989), p.408ff.

[68] M. Gandhi, *Mein Leben*, p.122.

① 한 개인의 안녕은 모든 사람의 안녕 안에 포함되어 있다.

② 한 법률가의 일은 한 이발사의 일과 똑같은 가치를 가지는데, 그것은 모두는 각기 자신의 일을 통해서 자기 생계를 꾸릴 권리를 가지고 있기 때문이다.

③ 육체노동의 삶, 예를 들어 농부나 수공업자의 그것이 제일 가치있는 삶이다.

자신이 삶의 지침으로 삼고 있던 『바가바드기타』가 그토록 강조하는 '무소유'(aparigraha)의 가르침을 여기서 확인한 간디는 그것을 자신의 실제 생활에 적용하도록 결정하였다. 그는 같은 해 창간된 기관지 「인디언 오피니언」도 이 농원으로 옮겨 모든 입소자는 농장과 신문사에서 자기 생계를 위해서 직접 일하고, 인종이나 민족의 구별없이 매달 똑같은 3파운드의 고정 임금을 받도록 했으며, 극히 검소한 생활을 하면서 정신훈련을 쌓아가도록 했다. 이 공동체 모임은 1910년 그가 다시 요하네스버그 근교에 세운 '톨스토이 농원'과 함께 남아프리카에 있어서 그의 '사티야그라하' 운동의 발단이 되었다.

이 세상의 모든 존재를 신의 현현으로 느끼는 간디에 따르면 이 '사르보다야'의 이상은 사람들로 하여금 인도의 가장 천한 사람을 인도의 가장 큰 통치자와 같은 사람으로 보게 한다.[69] 삶이란 한 "보이지 않는 전체"(invisible whole)라고 파악한 간디는 이러한 자신의 이상을 "참으로 민주주의가 실현된 것"으로 보기도 하고, "사회주의"의 개념으로 표현하기도 한다.[70] 그에 따르면 '사회주의'는 사회의 모든 구성원을 평등하게 보고, 귀족도 농부도, 부자도 가난한 자도, 고용주도 피고용자도 모두 같은 존재로 보게 하는 한 아름다운 개념이라고 한다.[71] 그는 그러나 자신이 『이 마지막 자에게도』의 의미로서 깨닫고 있는 사회주의란 결코 서구의 무신론적·폭력적 사회주의가 아니라고 밝힌다. 그에게 사회주의란 오히려 한 '이즘'으로 떠오르기 이전에 너무나 자연스러운

---

[69] M. Gandhi, *The Voice of Truth*, p.231.　　　　[70] Ibid., p.232.　　　　[71] Ibid., p.232.

것이었고, 어떤 책으로부터 배워진 것이 아닌 진리이신 신, "살아 계신 생명의 힘"으로서의 신에 대한 믿음에 근거한 것이라고 한다.[72] 그리하여 간디는 말하기를 진리와 비폭력이 '사회주의' 안에서 융화되어야 한다고 한다.

그에 따르면 사회주의의 기초는 '경제적 평등'이다. 경제와 윤리가 하나되어야 함을 강조하는 그에 의하면 경제가 한 개인으로 하여금 그의 윤리의식을 해치는 것이라면 그것은 비도덕적인 것이고 죄악된 것이다.[73] 이웃의 땀을 짜내서 부자는 더욱 부해지고 가난한 자는 더욱 가난해지는 일, 그것을 통해서 만들어진 생산물을 사고 즐기는 것은 죄악이라는 것이다.[74] 그는 경제에서 최고의 가치가 되어야 하는 것이 인간이고, 그것이 실현되기 위해서는 "완전고용"(full employment)이 이루어져야 한다고 본다.[75] 인간으로 하여금 누구나가 자신의 힘을 사용하여 자신의 필요한 것을 벌어들일 수 있는 기회를 제공하는 것, 이 기회가 한 곳에 집중되어 있을 때, 그것은 타락이고 비도덕이다. 굶주리고 더럽고 게으른 사람들이 유일하게 신의 현현 장소로서 받아들일 수 있는 곳, 그것은 "일과 양식의 약속"이라는 것이다.[76]

이러한 생각들에 근거하여 간디는 당시 서구의 자본주의와 러시아에서 실험되는 공산주의에 대해 예언자적 비판을 가한다. 서구 자본주의 사회에서의 부와 일자리의 편중을 신랄하게 비판하는 간디는 볼세비즘이란 현대 물질문명의 맘몬 숭상이 가져온 필연적인 결과라고 판단한다.[77] 경제적 평등을 그의 '사르보다야' 이상의 기초로 보았지만, 그러나 물질적 진보만을 최종 목표로 삼는 공산주의는 그에 따르면 삶의 궁극적인 것을 잃어버린 것이고, 또한 그의 지나친 목표지향적 사고는 성공에 집착하는 커다란 폭력인데, 간디는 자신은 설사 가장 고상한 목표에 봉사하는 일이라도 폭력적 방법에는 결코 동의할 수 없다고 밝힌다.[78]

간디의 현대 기계문명에 대한 비판과 육체노동에의 강조는 이러한 맥락에서 이해될 수 있다. 사회 모든 구성원의 완전고용을 주장하는 간디는 기계가 그 역할을 가지고 있지만, 그러나 그것이 결코 인간에게 필요한 노동까지 앗아가는 것이어서

---

72 Ibid., p.234.   73 Ibid., p.321.   74 Ibid., p.322.   75 Ibid., p.323.

76 Ibid., p.325.   77 Ibid., p.238.   78 Ibid., p.238.

는 안된다고 역설한다.[79] 그에 따르면 사람들에게 다른 일거리를 주지 않으면서 노동을 빼앗는 것은 죄악이다.[80] 그리하여 그는 분명히 말하기를 자신은 기계 자체에 대해서 '아니오'라는 것이 아니라 오히려 오늘날 현대문명의 기계열광주의, 그리고 그것이 소수의 욕심을 채우기 위해서 사용되는 것에 반대한다는 것이다.[81] 그는 밝히기를 "나는 시간과 노동을 절약하기를 원한다. 그러나 일부분의 사람들을 위해서 그런 것이 아니라 모두를 위해서이다".[82] "나는 우리 나라의 깨어나지 못한 수천만의 사람들이 건강해지고 행복해지기를 원하며, 그들이 정상적으로 성장하기를 원한다. 이 목표를 위해서 나는 아직 기계를 필요로 하지 않는다."[83]

간디의 경제원칙은 최대한의 이윤과 효율만을 추구하는 현대의 폭력적 경제원리와는 확연히 다른 것이었다. 그의 경제원리에서의 비폭력주의란 바로 그 사회 구성원 모두 지극히 작은 한 사람까지라도 같이 생각하는 것이었으며, 그들의 뒤처짐을 끌어올리려는 인내와 기다림의 그것이었다. 그리하여 그는 가장 빠른 시일 안에 극대한의 효율만을 추구하는 현대 과학기술 문명에 대해 제동을 걸었던 것이다. 그에게 있어서 경제의 참 목표란 사람의 영적 성장이지 무제한의 욕구 충족이 아니었기 때문이다. 육체의 노동은 우리의 욕망을 줄이고 우리의 삶을 단순하게 해준다고 역설하는 간디는 그리하여 "노동"(Bread-Labour)을 진리 고수 운동자들의 한 기본 덕목으로 삼았다. 그에 따르면 "육체의 유지는 육체노동으로부터 와야 하고, 정신적 일이란 정신의 계발을 위해서 필요한 것"이다.[84] 그는 또 말하기를 "모든 사람들이 자신의 이마의 땀으로 살아간다면 세계는 드디어 천국이 될 것"[85]이라고 한다. 모든 사람들이 자신의 빵을 위해서는 육체노동을 하고 그 다음에 시인이나 의사나 법률가, 또는 교사들은 그들의 일을 무보수로 오로지 사회 봉사를 위해서 행하는 사회를 꿈꿨던 간디는 다음과 같은 인상깊은 말로써 자신의 인간과 삶에 대한 포괄적인 이상을 뚜렷이 밝혀 주고 있다: "자연은 인간으로 하여금 그의 빵을 손의 노동 — 이마의 땀 — 을 통해서 얻도록 만들었고, 그의 머리를 그의 물질적 욕구를 증가시키고, 또한 자신의 주

---

⁷⁹ Ibid., p.379.　　⁸⁰ Ibid., p.375.　　⁸¹ Ibid., p.380.　　⁸² Ibid., p.380.

⁸³ Ibid., p.384.　　⁸⁴ Ibid., p.330.　　⁸⁵ Ibid., p.330.

위를 그 영혼을 고갈시키고 파괴시키는 사치로 둘러싸는 데 사용하는 것이 아니라 오직 그의 도덕적 존재를 위해서 ― 창조자의 뜻을 아는 데 ― 인류에게 봉사하고 그리하여 참으로 그 자신에게 봉사하는 데 사용하라고 가르쳤다."[86] 이러한 간디는 단순하고 소박한 삶을 살아가는 시골 농부의 삶을 가장 이상적인 삶으로 동경했다. 농부는 그에 따르면 "세상의 소금"이다.[87]

2) 간디의 '스와라지' ― 그의 비폭력적 사회 이상

경제의 참 목적을 도덕에 있다고 본 간디는 경제에 있어 두 가지 중대한 문제를 다루었는데, ① 모든 사람들에게 가난을 공평하게 나누는 문제이고 ② 어떠한 집중화도 거부하면서 모두가 생산체계에 참여하는 문제였다.[88] 무제한의 기술과 기계의 도입으로 복잡한 생산 과정을 거쳐 잡다한 물건을 만들어 내는 대신에 간디는 가능한 한 단순한 기계의 도움으로 일반 대중에 의해 행해지는 생산을 얘기했는데, 그 대표적인 것이 그가 1920년부터 본격적으로 전국적으로 펼친 '카디'(kahdi, 손물레질로 짠 옷감) 운동이었다.

외국에서 수입된 옷감의 옷 대신에 그것이 아무리 조악하다 하더라도 스스로가 손을 가지고 참여하고 자신의 고장과 나라에서 짜여진 옷감으로 입는다는 일은 간디에 따르면 나라의 경제적 자유와 또한 모두를 위한 평등의 첫걸음이다.[89] 간디는 여기서 경제적 이유 외에 더 나아가 여러 정치사회적·도덕적 의미를 보는데, 그것이란 바로 그 운동이 인도의 궁극적인 '스와라지'(독립과 자치)를 위한 첫걸음이 된다는 것이다.[90]

16세기말부터 봄베이, 캘커타 등지에 설립된 동인도회사들을 통하여 착취당해오다가 1877년에는 완전히 독립을 잃고 영국의 지배하에 들어간 인도에서는 당시 자본주의가 심한 사회적 폐해를 드러내고 있었다. 제1차 세계대전을 계기로

---

[86] Ibid., p.331.

[87] M. Gandhi, *Sarvodaya*, p.133.

[88] 수가타 다스굽타, 「간디의 사회경제 사상」, in: 『녹색평론』 1992년 3,4월호 제3호, p.147.

[89] M. Gandhi, *The Voice of Truth*, p.358.

[90] Ibid., pp.385, 386.

크게 발전한 인도의 공업은 노동력의 흡수보다는 도리어 실업을 초래하였고 대
중의 빈곤이 날로 증가되고 있다는 사실은 간디에게 강한 영향을 주었다.[91] 그러
한 소수의 부자와 가난한 대중간의 격차가 주로 대규모의 기계로 구성된 근대
유럽 자본주의의 착취와 지배라고 본 간디는 그리하여 자치적이며 자급자족적이
었던 옛 촌락 공동체 시대를 동경하게 되었다.[92] 이러한 그의 꿈이 표현된 것이
그의 '인도 자치'(Hindu Swaraj) 이념이었고, 그것은 민족 독립을 위한 여러
정치적 독립운동과 더불어 다양한 사회개혁 프로그램들 속에서 구체적으로 나타
난다. 그러나 간디는 또한 밝히기를 그의 이상은 단지 인도 민족만을 위한 것이
아니라 전세계 인류의 진정한 독립과 자치를 위한 것이라고 한다.

간디에 따르면 '스와라지'(swaraj)라는 말은 성스러운 말로서 그것은 '자기
규율'(self-rule)과 '자기 통제'(self-restraint)를 뜻하는 말이지 일반적으로
'자기 해방'(independance)을 뜻하는 모든 제한으로부터의 자유로움의 의미가
아니다.[93] 다르게 표현하면 그것은 "모든 국가가 그 나름대로 그 안에 사는 사
람들이 먹고 마시고 숨쉬는 데 적합한 것처럼 그렇게 각 나라는 자기의 일을
스스로가 처리하는 데 적합하다는 말이다".[94] 그는 말하기를 그에게 있어서 '스
와라지'라는 말은 "나라의 가장 미천한 자의 자유"(freedom for the meanest
of our countryman)를 의미한다.[95] 그가 관심하는 것은 인도가 단순히 영국의
억압에서 벗어나는 것이 아니라 모든 종류의 내적·외적 억압에서 벗어나는 것
이고, 단순히 이 왕(王)을 저 왕으로 바꾸려는 것이 아니라는 것이다.[96]

이와같이 간디가 원하는 자치란 대단히 근원적인 것이며, 그것은 그 사회의
가장 최소한의 단위인 개인·가정을 출발점으로 삼아서 그 기초의 건강함 위에
서 세우려는 것이었다. 그에 따르면 "민족의 자치란 각 개인의 '자기통제'의
합이며, 그러한 자치란 오직 개인들이 자신들의 시민으로서의 의무를 완성할
때 이루어진다".[97] 스와라지를 "참된 민주주의"(true democracy), 신을 "최고

---

[91] 차기벽, 앞의 책, p.129. [92] Ibid., p.129; M. Gandhi, *Sarvodaya*, p.79ff.

[93] M. Gandhi, *The Voice of Truth*, p.440. [94] Ibid., p.440.

[95] Ibid., p.442. [96] Ibid.,p.442 [97] Ibid., p.443.

의 민주주의자"로도 지칭하는 그는, 그러므로 이 자치란 자기희생과 억제, 국민의 도덕적인 힘에 기초하여 얻어진다고 강조한다.[98] 자신의 삶의 필요물을 자신의 가장 직접적인 이웃들의 수고로 얻어진 것을 가지고 충당하는 스와라지는, 따라서 그에 의하면 "한 종교적 훈련"이다. 즉, 그것이란 그 일을 위해 자신들에게 어떠한 육체적인 불편이 오더라도 그것을 감내하는 인내이며, 그것의 실행자는 오늘날 우리가 살아가는 데 필요한 것이라고 생각하는 수많은 것들을 포기하는 법을 배워야 한다는 것이다.[99]

간디에 따르면 인도를 구하는 것은 결코 서구적 산업화가 아니다.[100] 산업화란 완전히 착취에 근거해 있는데, 그것은 도시인들에 의한 농촌의 착취, 서구 제국에 의한 아시아·아프리카의 착취 그리고 인간에 의한 자연의 착취에 근거한 것이므로 오히려 점점 더 부와 일자리의 편중을 가져오고 인간의 욕망을 늘릴 뿐이라고 한다.[101] 간디는 현대 산업화를 두 가지 특징으로 요약했는데, 즉 ① "쉼이 없는 활동"(ceaseless activity) ② "시간과 공간의 탈취"(annihilation of space and time)이다.[102] 이렇게 시간과 공간에 대한 무한한 욕망의 펼침을 현대 산업문명으로 본 간디는 그것의 평가에 대해 당시 타고르와 네루와 유명한 논쟁을 벌였다.[103] 그러나 후자들과 다른 간디의 확고한 확신은 서구적 산업화는 이제 그 미래가 어둡다는 것이다. 왜냐하면 그것은 인간의 욕심에 근거한 것이고 모든 삶의 구성원의 하나됨과 협동 대신 경쟁에, 만족 대신 갈망에, 조화 대신 갈등과 폭력에 근거한 것이기 때문이다.[104] '스와라지'란 개인을 중시하지만 밀림의 동물의 법인 무제한한 개인주의를 허용하는 것이 아니며, 그것은 오로지 진리와 비폭력, 겸손과 사랑의 법으로써만 실현될 수 있다고 한다. 그러므로 스와라지란 또 하나의 '비폭력의 과학'(science of non-vio-

---

[98] ibid., p.444.　　[99] Ibid., p.337.　　[100] Ibid., p.376.　　[101] Ibid., p.376.

[102] Ibid., p.227.　　　　　　　　[103] 차기벽, 앞의 책, p.167ff.

참조: 김용옥·김우중, 『대화』(서울: 통나무, 1991), p.48ff. 이 책에서 김용옥이 無爲(무위)로서 자신의 동양철학적 입장을 대변하면서 有爲(유위)의 대변자라고 평가되는 대우그룹의 김우중 회장과 나누는 대화는 또 하나의 흥미로운 현대 산업문명에 대한 평가이다.

[104] Ibid., p.337.

lence)이고 그것은 오늘날 전통의 경제학과는 다른 '비폭력의 경제학'과 '작은 경제학'이 강조하는 것, 가난을 나누는 것이고, 욕망을 줄여가는 것이다.[105]

이렇게 해서 간디는 인도의 이상 사회의 모습을 "촌락 공동체"(village community)와 "지방 분권"(decentralization)의 모습에서 찾는다. 그는 말하기를 인도가 비폭력의 법에 따라서 발전하려면 많은 것이 분권화되어야 한다. 그에 의하면 집중화(centralization)란 도대체가 비폭력의 법과는 일치할 수 없고,[106] 인도가 참된 자유를 얻기 원하고 세계가 또한 그렇다면 사람들은 도시가 아닌 시골에, 궁전이 아닌 소박한 집에 살기를 원해야 한다.[107] 그 이유는 '비폭력'과 '진리'란 오직 시골 생활의 단순함 속에서만 가능하기 때문이다. 간디는 자신의 스와라지 촌에 대한 이념은 "한 완전한 공화국"(a complete republic)의 그것이라고 한다.[108] 즉, 그것이란 삶의 다른 부분에서는 서로의 의지가 어쩔 수 없지만, 그 자신의 육체적 생존을 위해 필요한 것은 외부에 종속됨이 없는 사회, 그리하여 그 공동체의 첫 관심은 그들의 곡식 생산이고 직물 생산인 사회, 이것이야말로 비폭력적인 자기충족적 사회의 상징이라는 것이다.[109] 간디는 모든 촌락이 독립 인도의 "중추신경"(the nerve-center)이 되기를 원한다. 그리하여 인도가 더 이상 봄베이나 캘커타 같은 대도시를 통해서 알려지는 것이 아니라 촌락들에 살고 있는 4억 인도인들에 의해서 알려지기를 소망한다.[110] 그에 따르면 이러한 인도만이 오히려 외국의 침략에 대해서 더 잘 견딜 수 있다는 것이다.

이러한 간디의 촌락 공동체에 근거한 '스와라지'의 이상은 오늘날의 우리 — 국내적으로도, 또한 국제적으로도 — 에게 큰 의미로 다가온다. UR의 압력과 세계 다국적 기업들의 횡포가 더욱 심해지고 온 국토가 도시화되어 식량과 필수 생활용품이 점점 더 소수의 사람들과 나라들에게 종속당하는 상황에서, 간디의 말대로 하면, 이런 모든 현상들은 현대 산업사회·정치·경제의 폭력주의

---

[105] Ibid., p.440. 참조: 반다나 쉬바, 앞의 글, p.80ff. 수가타 다스굽타, 앞의 글, p.146ff.

[106] Ibid., p.344.　　　　　[107] Ibid., p.344.　　　　　[108] Ibid., p.345.

[109] Ibid., p.393.　　　　　[110] Ibid., p.393.

와 집중화의 산물이다. 이것에 저항하면서 오늘날 새롭게 등장하는 작은 경제
학, 인간과 자연에 우호적인 또 다른 정치·경제, 이것을 토플러 같은 사람은
제3의 물결을 타고 나타난 "위성을 가진 간디"의 모습이라고 표현했다.[111] 그것
들이란 각 개체의 존재를 귀중하게 여기고 그 개체를 전체의 안녕을 위해 서로
연결시키고 조화시키는 참으로 유기체적이고 전일적인 포스트모던적 사고이다.
간디의 말대로 하면 "고립된 독립"(isolated independence)이 세계의 목표가
아니라 "서로간의 연결"(interdependence)이 그 참 목표가 된다는 말이다.[112]

3) 간디의 '건설적 프로그램'

1923년 회의파 안에 '스와라지 당'을 결성한 간디는 1924년부터 그러한 정
치적인 활동과는 별도로 그의 사회적 이상에 대해 전폭적으로 지지하는 추종자
들과 더불어 '건설적 프로그램'이라는 인도 농촌부흥 계획을 세운다. 모든 사
회는 지구가 마치 중력에 의해 유지되는 것처럼 '비폭력의 법'에 의해 유지된
다고 믿은 간디는 그러한 '진리 고수' 내지는 '비폭력'의 저항은 자제와 자기
희생 및 사회봉사에 대한 훈련이 필요하다고 보고 이 '건설적 프로그램'을 통
해서 그런 일꾼이 키워지기를 원했다. 여기에는 온갖 정신적·사회적 및 경제
적인 문제가 포함된다.

먼저 그는 종파간의 융화를 도모하고자 했다. 그것은 다만 정치적인 이유에
서만이 아니라 "모든 종교는 본질적으로 하나"이고, "진리란 그 파편들 속에
서, 그리고 서로 다른 시각들을 통해서만 볼 수 있다"는 그의 깊은 진리 통찰
에 근거한 것이었다. 간디 비폭력 운동의 많은 시간이 바로 인도의 광신적인
종파주의에 대항한 것이었고 그 자신이 그 종교적 폭력의 희생자가 되었는데,
오늘날 이 과제는 이제 우리 모두에게 커다란 포스트모던적 과제가 되었고 간
디에 대한 많은 글들이 이 주제에 관한 것일진대 그의 시각은 참으로 예언자적
인 것이었다.

---

[111] A. Toffler, 앞의 책, p.408.
[112] M. Gandhi, The Voice of Truth, p.258.

간디의 다음 노력은 힌두교 인도 사회의 오랜 병폐인 '불가촉 천민제'의 해
방에 대한 것이었다. 간디의 눈에는 인도 사회에서 사회적 차별대우의 최악의
표본인 불가촉 천민제는 결코 인정될 수 없는 죄악이었다. 그는 전통적인 인도
의 카스트 제도를 이제 더 이상 신분의 구별로 볼 것이 아니라 그 본질적인 의
미를 살려 직업의 구별과 일에서의 개별성의 의미로 보자고 주장한다. 그에 의
하면 인도인은 지금 그 동족에게 저지른 죄악으로 영국인의 불가촉 천민계급이
되었으며, 그리하여 영국인을 향해 피로 더럽혀진 손을 씻으라고 하기 전에 자
신들이 그렇게 해야 한다고 역설한다. 간디 자신은 그들에게 '하리잔'(harijan,
神의 아들)이라는 이름을 주었고 자신이 내고 있던 신문의 이름을 그것으로 바
꾸었다. 그는 또한 한 천민의 딸을 양녀로 삼기도 했으며, 1932년 불가촉 천민
의 분리 선거에 반대하여 죽기까지 단식을 단행하기도 했다.

앞에서 우리가 살펴본 '카디 운동' 뿐만 아니라 '퇴비 만들기 운동', '소의
보호 운동',[113] 촌락 위생, 성인교육 프로그램 등 조용한 사회혁명을 위한 프로
그램들을 진행시킨 간디는 그것을 특히 '여성의 힘'을 통해서 실행시키려 했
고, 그리하여 그는 사회에서의 여성의 역할과 지위를 향상시키고자 많은 노력
을 하였다. '아힘사'를 "고통에 대한 무제한한 인내의 능력"으로 본 간디에
따르면 여성, 남자의 어머니인 여성이야말로 그러한 비폭력의 화신이다.[114] 바
로 그녀에게 이 어지러운 세상에서 평화의 도를 가르칠 자격이 주어졌다는 것
이다.[115]

---

[113] 힌두교의 전통적 관습으로 잘 알려져 있는 소 숭배와 보호에 대해 간디는 그러나 그러
한 단순한 관습의 차원을 넘어서 더욱더 적극적인 의미를 부여하기를 원한다. 그에 따르면
소란 인간 아래 놓여 있는 말 못하는 짐승들의 전체를 대표하는 것이며, 인간에게 참으로 가
까운 동물로서 그 온순함은 신적인 동정심의 살아 있는 상징이다. 따라서 그것의 보호는 우
리가 살아 있는 모든 것과 하나라는 의식을 깨우쳐 주며, 그 소 보호의 상징적 의미는 모든
동물에게도 확장되어 우리의 "비폭력"과 "진리"의 도 실행을 전개시켜 준다. 인간에게 가장
무해(정결)하다고 여겨지는 쇠고기까지도 거부하는 이 의식을 간디는 그리하여 "인간 발전
의 가장 놀라운 현상"이라고 보면서 더욱더 이 규례를 지켜나갈 것을 권고한다. M. Gandhi,
Sarvodaya, p.74ff. 프란시스 무어라페, "작은 위선을 위한 식사", in:『녹색평론』1992년 1,2
월호 제2호, pp.112-21. 이 글에서 식량과 기아 문제에 관해 무어라페는 육식 위주의 식생활
이 얼마나 지구의 환경과 제3세계의 기아 문제를 심화시키는가를 잘 지적해 주고 있다.

[114] Ibid., p.482.　　　　[115] Ibid., p.482.

남자와 여자가 본질적으로 동등하지만, 그 역할의 차이를 애기하는 간디에 의하면 여성은 그녀의 자녀들의 교육을 통해 "나라의 어머니"가 되고 여성이 남성보다 약한 것이 아니라 오히려 고상하고, 또한 강하다는 것이 도덕적인 힘에 의해 재어진다면 여성들이 훨씬 더 능가한다는 것이다.[116] 그리하여 여성으로 태어나고 싶다는 소망을 자주 가지기도 했다는 간디는 "만일 비폭력이 우리 존재의 법이라면 미래는 여성과 함께 있다. 여자보다도 누가 더 우리의 마음을 감동시킬 수 있는가?"[117] "남자는 여자에게서 태어났으며, 그는 그녀의 살 중의 살이고 뼈 중의 뼈"라고 하면서 그리스도교 창세기의 창조설화와는 다른 이야기를 하는 간디는 자기희생과 무언의 침묵과 겸손, 그리고 신앙과 지혜의 화신으로서의 여성의 용기를 북돋운다.[118] 남자의 요구에 '아니오'라고 할 수 있는 여성, 결혼생활과 성생활에서 주체적이며, 영적 성장을 위해 선택할 줄 아는 여성, 이러한 여성을 간디는 인도와 인류를 위해서 원했다. 그의 사고에 대해 오늘날의 여성학적인 시각에서 다양한 비판이 가능하지만, 그의 이러한 이야기는 무척 진취적인 것이었다. 그는 참으로 여성적이었다.

4. 간디 비폭력 운동의 포스트모던적 귀결 — 그의 교육 실천

우리가 앞에서 여러번 언급한 "책임 원리"(Das Prinzip Verantwortung)의 철학자 요나스는 최근의 한 대담에서 오늘날 인류가 과학기술의 과도한 적용으로 인해 직면한 종말의 상황('강요된 현실 요건')에서 그래도 희망을 버려서는 안되는 마지막의 근거로서 "인간의 교육"을 들었다.[119] 즉, 인생관에 관한 인간 교육이 이제 스스로 자신의 욕망의 충족을 절제하고 자기 책임과 의무를 먼저 생각하는 인간을 키워낼 때, 인류의 미래는 희망될 수 있다는 것이다. 오늘날 인

---

[116] Ibid., p.486.　　　　[117] Ibid., p.486.　　　　[118] Ibid., p.487.

[119] 한스 요나스의 대담, 「더 가까워진 종말」, 『살림』 1992.7. 제44호(충남: 한국신학연구소), p.33ff.

류의 역사상 처음으로 물질적 소비를 자발적으로 자제하고 포기할 줄 아는 것
이 일반 대중에게 요구되는 때에 교육을 통해서 인간의 삶의 태도를 변화시키
고, 육체적 욕구의 충족을 넘어서 무엇인가 다른 가치를 추구할 수 있도록 가
르치는 것은 새로운 종교의 역할과 철학의 과제와 더불어 우리 미래의 근거가
된다는 말이다.[120] 그것은 진화의 잔인한 기본법, 즉 강자만이 살아남는 법이
인류 생존의 법이 되어서는 안되고, 오히려 그것보다 먼저 자기의 의무와 책임
을 생각하고 스스로가 자신의 자유를 제한하는 것을 실천할 수 있는 인간을 키
워야 한다는 것이다.[121]

이와같이 한 포스트모더니스트 요나스가 그의 새로운 통찰의 귀결로서 '인간
교육의 실천'을 들었듯이 간디의 비폭력 운동도 유사한 모습을 보여주고 있다.
'비폭력' 자체가 목표가 아니라 그 진정한 목표는 '자치'(swaraj)라고 밝힌 그
는, 그가 그 자치를 아무리 원한다 하더라도 결코 폭력의 방법으로는 안되고
결국 다시 영혼의 힘과 사랑의 무기와 진리의 힘을 통해서만 가능한바, 그 비
폭력의 도를 체현한 사람들을 키워내는 것, 그것이 그의 제일의 임무가 된다는
것이다.[122] 시간이 흐를수록 어떠한 정치적인 활동보다도 대중의 교육을 통한
근원적인 변화에 더욱 관심을 가지게 되는 간디는 그리하여 1934년에 '회의파'
로부터 물러나서 위의 '건설적 프로그램'에 더욱 몰두한다. 그는 다시 수도장
을 건설하고 1937년에는 그의 오랜 동안의 교육 이념이 응집된 기초교육 프로
그램인 '와르다 교육 플랜'을 발표하게 된다. 그는 분명히 밝히기를 "스와라
지, 그것은 대중의 교육을 통해서만 가능하다",[123] "(개혁이) 비폭력적 법에 의
해서 가져와져야 한다면 그것은 오로지 교육을 통해서만 가능하다".[124]

간디는 강조하기를 그가 원하는 자치란 단순한 정치적인 것이 아니라 그보다
더 근본적으로 정신적 및 도덕적인 의식에 근본적인 변혁을 가져오려는 것이라
고 한다. 개인과 가정을 가장 고상한 원리로 보고 그것의 개혁을 통해서만이

---

[120] Ibid., p.38.　　　　　　　　[121] Ibid., p.41, 47.

[122] M. Gandhi, *The Voice of Truth.*

[123] Ibid., p.454.　　　　　　　　[124] Ibid., p.422.

참된 민주주의와 자치가 가능하다고 보았던 그는, 그러므로 새로운 교육 프로그램을 원한다. 그것이란 새로운 세계창조를 위한 새로운 타입으로서 결코 지적 교육에 편중된 유럽식 교육이 아니라 노동을 기본 방법으로 하면서 도덕적 성격 형성을 그 첫번째 목표로 하는 것이었다. 또한 그것은 민족의 자치를 일깨워주며 농촌을 살릴 수 있고, 신체적·지적·영적 능력이 고루 신장되어서 진리와 사랑의 사람을 키워내려는 것이었다. 간디는 7년간의 의무교육을 전인도에 실시할 것을 요구했고, 교수 용어로는 모국어를 써야 하고 손공작을 주된 방법으로 하는 교육을 역설했다.

간디는 남아프리카 시절 페닉스 농원에서 학생 두 명이 저지른 비행을 스스로 참회하면서 7일간의 단식과 1일 1식의 고행을 4개월 이상 실행했는데, 그에 따르면 비폭력의 도란 결코 말로 전해질 수 없는 것이고, 교육이라는 성스러운 역할은 교사 스스로의 인격이 때묻지 않았을 때만 가능하다.[125] 그는 자신의 교육의 본질은 "인간활동의 모든 부분에서의 진리와 사랑의 법의 적용"에 놓여 있다고 밝힌다.[126] 따라서 그것은 그에 따르면 아무런 비용도 들지 않고 또한 어떤 힘에 의해서도 누구로부터도 빼앗아갈 수 없는 "삶의 책"(The Book of Life)으로부터 배우는 것이다.[127]

이렇게 더 깊은 곳에 뿌리를 두려고 하는 그의 교육이 채택하는 주된 방법론은, 그러므로 '수공'(handicraft)을 통한 교육, '노동'(Bread-Labour)을 통한 교육이다. 그에 따르면 "유용한 손노동"(useful manual labour)이란 사람의 지능을 계발시키는 데 아주 우수한 방법이다. 참된 지적 교육이란 그에 의하면 오로지 신체 조직, 즉 손이나 발·눈·귀·코 등의 훈련을 통해서만 가능해진다. 이것은 다시 말하면 어린아이들에게 그의 몸 조직을 지혜롭게 사용하는 기회를 제공해 주는 것이 그의 지능 발달의 가장 훌륭하고 신속한 길이 된다는 말이다.[128] 간디는 따라서 아이들의 교육이 유용한 공작을 가르치고 거기서부터 무엇인가를 만들어 내는 일에서 시작되도록 권고한다. 그에 따르면 이러한 아

---

[125] M. Gandhi, *Mein Leben*, p.142; M. Gandhi, *The Voice of Truth*, p.504.

[126] Ibid., p.505.　　　　[127] Ibid., p.505.　　　　[128] Ibid., p.506.

이들의 "노동을 통한 교육"은 또한 그것이 생산적인 노동으로 연결되어 그 학교가 경제적으로도 자립할 수 있게 한다는 것이다.[129] 간디는 또 학생들을 적어도 한 가지 직업에 훈련시킬 것을 강조한다. 그것은 그가 자립하여 인간다운 생활을 하는 데 필수적인 것이기 때문이다.[130]

간디의 이러한 수공작과 노동을 통한 교육에의 강조에는 또한 그의 농촌 재건에의 의지가 담겨져 있다. 그에 의하면 이렇게 물레질과 수직일과 같은 농촌 수공업을 통한 초등교육의 개혁은 "그 영향력이 가장 먼 데까지 미칠 조용한 사회혁명의 선두와 같은 것"이다.[131] 농촌과 도시 사이의 건강하고 윤리적인 관계의 회복을 강조한 그는 농촌 교육과 도시 교육 사이에 구별이 없이 획일화된 것에 반대한다. 농촌 교육은 그들의 필요에 맞게 지나친 지능 위주 교육에서 벗어나야 한다는 것이다. 농부의 아들들이 학교에 간 후 쓸모없는 사람이 되는 교육, 그런 교육의 폐해를 신랄하게 비판하면서 간디는 농촌에 수공예를 가르치는 것이 농촌 교육의 중추와 핵심이고, 글을 쓰기 전에 도구를 다룰 줄 아는 손을 길러주는 것, 그것이야말로 가장 자연스럽고 신속하고 또한 경제적인 교육이 된다고 역설한다.[132] 그리하여 그는 자신은 아이들(7~14세)에게 역사와 지리, 정신체조 그리고 물레질을 어느 정도 가르치기 전에는 알파벳을 가르치지 않겠다고 한다.[133] "기초교육, 그것은 농촌 아이들로 하여금 이상적인 농촌 사람이 되도록 키워주는 것, 그것이다."[134]

간디는 인간의 몸과 마음과 영혼, 이 셋이 조화롭게 교육되어져야 한다는 것을 강조한다. 그에 따르면 사회적으로 유용한 노동을 통해서 키워진 정신, 그것만이 쓸모있는 지성이 되고 사회의 봉사를 위한 도구가 된다.[135] 그러므로 지식에는 인류에의 봉사에 필요한 모든 훈련이 포함되고 모든 교육의 참 목적은 그 대상자들의 '인격 형성'(character-building)이라는 것이다.[136] 간디는 말하기를 문자교육 그것 자체로는 사람의 도덕성을 키우는 데 아무런 도움이 되지 않는다. 그러나 그는 국가가 종교교육을 관장하면서 종교와 교육을 혼합시키는 것에

---

[129] Ibid., p.516.　　[130] Ibid., p.516.　　[131] Ibid., p.512.　　[132] Ibid., p.513.

[133] Ibid., p.510.　　[134] Ibid., p.513.　　[135] Ibid., p.504.　　[136] Ibid., p.508.

는 반대한다. 인도에서의 뿌리깊은 종교 종파주의의 해악을 보아온 그는 '국가
종교'(state church, state-aided religion)를 단호히 거부하면서 공립학교에서
종교교육의 형태로 행해지는 도덕교육을 반대한다.[137] 그에 따르면 물론 학교가
도덕교육을 시키는 것은 마땅하지만, 기본적인 도덕은 모든 종교에 공통된 것이
므로 특정한 종교의 형태를 통한 도덕교육은 옳지 않다는 것이다. 종교교육은
각 가정의 일이고 공립이 아닌 사립 단체의 일이어야 한다는 의미이다.[138]

　인도가 독립을 쟁취하기 위해서는 먼저 인도의 정신을 해방시키지 않으면 안
된다고 생각한 간디는 인도가 유럽 문명의 멍에를 벗기를 소망하면서 참으로
인도적인 교육의 기초를 쌓으려고 노력했다.[139] 간디는 더 순수한 아시아 문화
의 본거지를 만들고자 1920년에 아흐메다바드에 구사라트 대학교를 세웠다.
이 대학교는 영국이나 식민지 정부의 도움을 원치 않았고 인도 통일의 이상에
입각해서 힌두교와 회교의 양대 종교를 그 정신적 지주로 삼았다.[140] 여기서는
인도 각지의 지방어를 찾아내고 과거의 풍요한 문화 위에 각 문화가 적절히 종
합되고 조화되는 새로운 문화를 건설하려고 노력하였다. 모든 학생들이 인도의
온갖 종교를 알아야 하지만, 특히 힌두교도는 코란을 배워야 했고, 회교도는
힌두교 경전을 배워야 하는 것을 기본원칙으로 했다. 간디는 말하기를 이 대학
이 배제하는 것은 오직 배타정신밖에는 없다는 것이다.[141]

　대학교육의 목적이란 민족을 위한 참된 일꾼을 키워내는 것이라고 밝히는 간
디는 대학교육이 민족의 필요에 부응하는 것이어야 한다며, 다시 한번 교육과 노
동, 대학교육과 산업훈련의 연결을 강조한다.[142] 자기자신의 교육을 스스로가 부
담하는 것에 커다란 강조점을 두는 그는 장학금도 평생의 짐이라고 하면서 여러
가지 실천적 실습을 통한 경제적 자립을 요구했다.[143] 이것과 관련하여 그는 대학
이 외국인들에 의해서가 아니라 자신들의 손으로 세워져야 한다고 역설한다. 인
도가 정치적으로는 독립된다 하더라도 정신적으로는 여전히 서구에 종속되는 상

---

[137] Ibid., p.518.　　[138] Ibid., p.518.　　[139] 차기벽, 앞의 책, p.134.

[140] Ibid., p.134.　　[141] M. Gandhi, *The Voice of Truth*.

[142] Ibid., p.520.　　[143] Ibid., p.521.

황을 크게 염려하는 간디는 지식이란 오직 서구로부터 올 수 있다고 믿는 사람들에게 더 이상 할 말이 없다고 한다.[144] 같은 맥락에서 그는 당시의 "잘못된 탈인도화 교육"(our false de-Indianizing education)에 대해 신랄하게 비판한다. 그에 따르면 아이들의 교육이 자신들의 모국어로 행해지지 않고 외국어로 이루어질 때 그것은 단지 "모방자"만을 만들어 낼 뿐이라고 한다. 그러한 사람은 그 자신의 뿌리로부터 유리되고 그리하여 결국에는 민족에게 적이 되는 사람을 만들어 낼 뿐이라고 했다.[145] 그는 지적하기를 이 폐해는 더욱 가중되어 결국 나라 안에서 교육받은 계층과 민중 사이의 깊은 골을 초래하며, 참다운 독립과 자치가 불가능해진다고 한다.[146] 당시 인도에서의 영어에의 집착, 이것은 그들의 노예성의 한 표시이고, 이렇게 외국어로 교육받은 아이들은 단지 겁많고 삐뚤어진 모방자만 될 뿐이고 그들 자신의 나라에서 이방인이 된다는 것이다.[147] 어느 나라도 이러한 모방자들을 가지고는 결코 자립할 수 없다는 것이 간디의 경고이다.

간디는 인도가 그들의 오래된 종교를 가지고 세계에 줄 것이 많다고 한다.[148] 이러한 자신들의 귀중한 것을 깨닫지 못하고 오랜 동안 외국에 종살이하며 모든 좋은 것이 그들에게서 나오는 줄 알고 두려워하는 인도 민중과 지도자들에게 그는 "두려워하지 말라"고 외친 참된 자치와 독립에의 길이 바로 자기자신에게 있고 이 믿음을 근거로 해서 공포심을 버리라고 외쳤던 간디는 인도가 수천 년 동안 갈고 닦아 왔으며, 오랜 동안 여성들의 길인 '아힘사'의 길을 그는 바로 인류 전체가 나아가야 할 길로 제시한다. 왜냐하면 그 길이야말로 바로 "인간의 길"이고, '자기희생'과 '정신'과 '사랑의 힘'을 통한 새로운 가능성이기 때문이다. 간디는 이 진리와 비폭력의 도를 일생 동안 실험하다가 그것의 계속적인 실험을 우리 모두의 과제로 남겨두고서 1948년 1월 15일 세상을 떠났다. 비록 그의 육체는 폭력의 법에 쓰러졌지만, 그의 정신은 영원한 진리로서 오늘도 우리들을 거기에로 부른다.

---

[144] Ibid., p.523. [145] Ibid., p.526. [146] Ibid., p.526.

[147] Ibid., p.528. [148] Ibid., p.272.

5. 마치는 글

독일의 포스트모던 신학자 한스 큉은 최근의 그의 저서에서 전지구적 차원의 윤리 없이는 인류가 살아남을 수 없고, 그러나 세계의 평화란 종교간의 평화 없이는 불가능하고, 그 종교간의 평화란 바로 종교간의 대화가 없이는 있을 수 없다고 하였다. 그러면서 그는 이러한 우리 시대에 요구되는 "포스트모던적 요청"(postmoderne Forderungen)으로서 다음의 여섯 가지의 덕목을 들었다.[149] 그것들이란 ① 자유뿐만이 아니라 정의 ② 평등뿐만이 아니라 다양성 ③ 형재애뿐만 아니라 자매애 ④ 공존뿐만 아니라 평화 ⑤ 생산성뿐만 아니라 환경과의 연대성 ⑥ 관용뿐만이 아니라 하나됨의 노력이다. 이러한 우리 시대의 요구는 바로 간디가 그의 일생 동안 삶의 미션으로 삼았던 위의 진리와 비폭력의 도가 가르치는 것과 매우 유사하다. 우리가 이 글을 마치면서 그 마치는 글로 대신하려고 하는 간디의 다음과 같은 말에서 우리는 그 가르침을 더욱더 선명하고 분명하게 들을 수 있다. 그런 의미에서 그는 참으로 시대를 뛰어넘는 포스트모더니스트였다. 다시 말하면 그는 참으로 인류를 위한 비폭력의 사도였다는 말이다. 이것은 그가 자신의 진리와의 실험에 관한 보고서를 마치면서 쓴 글인데 다음과 같다.

> 나의 모든 경험은 나로 하여금 다시 한번 진리 외에는 다른 신(神)이 없다는 것을 확신시켰다. 또한 내가 지금 쓰고 있는 이 책의 모든 페이지마다 이 진리를 생명에로 부를 유일한 길이 바로 비폭력(ahimsa)의 길이라는 것을 증명해 주지 못한다면 나는 이 모든 노력이 헛것이었다고 생각한다 — 모든 것 속에 존재하며 모든 것을 관통하는 이 진리의 정신을 얼굴로서 마주보기 위해서는 먼저 우리는 세상의 가장 작은 창조물까지도 사랑하는 것을 배워야 한다. 이것을 추구하는 사람은 삶의 어느 부분에서도 자기 자신을 닫아 놓을 수 없다. 그러므로 이

---

[149] H. Küng (1991), *Projekt Weltethos* (München / Zürich: Pieper), p.93ff.

러한 나의 진리에의 열정은 나를 정치의 영역에로 이끌었고, 나는 정말로 어떤 의심도 없이 — 비록 커다란 겸손함 가운데서지만 — 말할 수 있는 것은 종교가 정치와 아무런 관계가 없다고 말하는 사람은 종교가 무엇인지를 아무것도 모르는 사람이라는 것이다.

살아 있는 모든 것과 하나가 되는 것 — 그것은 자기 깨달음이 없이는 불가능하고, 자기 깨달음이 벗이는 아힘사의 법에 따라서 살려고 하는 희망은 공허한 미친 짓이 된다 — 자기 깨달음의 길은 그러나 험난하고 거칠다. 완전한 순결함을 얻기 위해서 우리는 사랑과 미움, 좋아함과 싫어함, 이러한 서로 모순되는 것들을 뛰어넘어야 하며, 사고와 말과 행동에서 모든 격정으로부터 철저히 자유로워야 한다. 나는 내가 끊임없는 노력에도 불구하고 아직 이 세 가지 영역에서의 순결함을 얻지 못한 것을 안다. 이러한 사실이 나를 겸허하게 만들지만 나의 용기를 잃게 만들지는 않는다 — 나는 아직 내 앞에 많은 험난한 길이 있다는 것을 안다. 나는 나 자신을 제로로 만들어야 한다. 우리가 우리 자신의 의지로 이 세상의 창조물 중에 가장 작은 자로 만들지 않는 한 우리에게는 어떠한 구원도 없다. 아힘사란 최고의 겸손이기 때문이다.[150]

---

[150] M. Gandhi, *Mein Leben*, pp.257-58.

여성의 원리, 공존의 윤리 —
그 실천의 의미와 가능성

1. 시작하는 말

지난 1995년 2월에 우리 나라를 방문한 일본의 노벨상 수상 작가 오에 겐자부로(大江健三郎)는 자신의 핵심적 문학 주제란 바로 어떻게 '실존적 주체'와 '타인의 공생'의 문제가 서로 관계될 수 있을까를 탐색하는 것이라고 밝혔다. 선천적 장애인의 아들 히카리가 태어나기 전에는 오직 사르트르만을 읽으며 실존적 주체를 추구해 온 그에게 그 장애인 아들의 탄생은 절망이고 비탄이며, 나락이었다고 한다. 그것은 그 아들의 존재가 자신의 모든 주체성을 삼켜버릴 것 같았기 때문이다. 그 아이가 더 이상 존재하지 않게 되기를 바라는 이기심과 잔혹성에 떨며 방황하던 그의 모습이 그의 소설 『개인적 체험』(1964)에 적나라하게 그려져 있다. 그러나 그는 그 소설의 말미에서처럼 자신이 자신의 아들을 죽이면서까지 지키려 했던 것이 도대체 무엇이며, 어떠한 자신의 모습을 지키기 위해 그렇게 해나가려 하느냐고 물었을 때, 그 답은 무(無)라는 것을 깨닫게 된다.[1] 거기서 그의 삶의 반전이 시작되고 그는 이전에는 도저히 같이 살 수 없을 것 같았던 생명과 더불어 살아나가는 것을 인내하고 배워나가면서, 오히려 그가 이전에 오로지 자기자신에게만 관심이 집중되어 있을 때 겪었던 절망과 허무의 늪에서 벗어나서 삶의 긍정과 치유가 가능해지는 것을 체험하게 된 것이다.[2] 그 개인적 체험을 바탕으로 그는 오늘 한국과 일본, 아시아, 세계의 화해와 치유를 위해 노력하는 양심으로 살고 있다. 이러한 오에의 이야기는 오늘 우리 삶의 딜레

---

[1] 오에 겐자부로, 『개인적 체험』, 정효영 엮음(서울: 소학사, 1994), p.268.

[2] "일본의 순결한 지성 오에 겐자부로", 「시사 저널」 제277호, 95.2.6, p.44ff.

마와 그곳으로부터의 치유의 길을 잘 지적해 주는 것 같다.

오늘 우리의 삶은 우리 자신의 '더 나은' 미래를 위해서 '더 안정된' 기반을 위해서 우리 이웃은 물론이려니와 우리의 부모도, 형제도, 자식도 제거시키기를 원한다. 심지어는 우리 자신의 가장 적나라한 생명과도 경쟁을 벌여 그 생명의 최소한의 생존 요구마저도 들어주지 않으려고 한다. 그러나 그 생명이 죽어버리고 나면 도대체 우리는 어떤 다른 우리를 더 기대할 수 있을 것인가? 부모도 가고 가족과 이웃도 모두 떠난 후 우리에게 남겨진 울타리에서, 설령 그 울타리가 아무리 훌륭하다 해도 우리는 과연 행복할 수 있을까?

이러한 성공과 경쟁, 안정에의 추구의 이야기는 단순히 개인적 삶에만 적용되는 것이 아니다. 오늘날 가해지는 현대 과학기술 문명의 끝없는 요구, 점점 더 대기업과 다국적 기업화되어 가는 세계 경제, 우리 나라에서의 남한과 북한의 관계 등은 다 그런 모습이다. 자신의 성공과 안정을 위해서 한쪽 편을 완전히 제거시키기까지 치닫는 오늘의 경제 신화, 개발 신화, 성공 신화는 그러나 요즘 서서히 그 진행이 부드럽지 못하고 발목이 잡혔음을 드러낸다. 그것은 아주 치명적이다. 1950년 이후, 엄청나게 확대된 세계 경제 규모로 인해 그 경제체계가 환경에 끼치는 부담이 지금 이 지구 행성의 허용 한도를 넘어서고 있다는 이야기나, 힘의 원리가 지배하는 사회 전반에 나타나는 깊은 우울증·허무·퇴폐·불특정 다수에 대한 무차별한 공격·패륜적 범죄 등은 다 그러한 징후들이다.[3] 누구를 위한 안정인가, 무엇을 위한 효율성인가를 이제 심각히 물어보아야 한다는 것이다.

본 글의 목적은 이같은 오늘날의 상황에 비추어서 그 원인의 이해와 가능한 한의 대안의 모색을 '페미니즘적' 시각에서 시도해 보는 것이다. 즉, 이제까지 인류의 삶의 전개를 '여성'과 '남성', '여성적 원리'(Feminine Principle)와 '남성적 원리'(Masculine Principle) 등의 성(性)의 구별의 차원에서 이해하면서 이제까지 주도적 가치였던 남성적 원리 대신에 그 대안적 가치가 되고 더욱

---

[3] 도정일, 「문명의 야만성과 세계화 비전」, in: 『녹색평론』 1995년 3-4월 통권 제21호, pp.31-47; 데이비드 코튼, "세계 경제와 지속 가능한 사회 — 브레턴우즈 체제를 넘어서", in: 위의 책, pp.48-62.

더 근원적인 삶의 원리가 되는 여성의 원리를 드러내 보이는 것이다. 본 글의 초점은, 그러나 그 여성의 원리에 대한 이론적 탐색을 심화하는 것이 아니다. 오히려 우리가 참으로 적나라하게 구체적 여성들의 삶에서 만나지는 모습과 가치들을 여성의 원리로 보면서, 그것들이 남성의 원리와는 다른 '공존의 윤리'가 되며, 그 가치들이 억눌리고 짓밟혀졌을 때, 우리 삶에서 나타나는 파괴적 모습들을 보면서 그 실천의 의미를 되새기는 것이다. 한 인간이, 한 여성이 어떻게 진정으로 더불어 사는 능력을 가지게 될 수 있을까, 그것의 중요한 관건을 우리는 '여성 원리'의 인정으로 보는 것이다. 그것의 탐색을 우리는 본 글에서는 주로 서양적인 연구 결과의 테두리 안에서 행할 것이다.

2. 여성의 원리와 공존의 윤리

'여성'이 본격적 탐색의 대상이 된 후, 시몬느 보봐르(Simone de Beauvoir)는 이미 그 분야에서 고전이 된 책 『제2의 성』에서 여성에 대한 본체론적·실재론적 규정의 어려움과 그 개별적인 학문적 탐색의 불충분성을 얘기했다. 이같은 어려움은 우리가 지금 '여성의 원리'(Feminine Principle)를 얘기하고 '공존의 윤리'를 탐색하고자 하는 데도 그대로 적용된다. '여자란 무엇인가', '여성의 성격'이란 과연 무엇이며, '여성의 원리', '여성의 윤리'라는 것이 과연 있는가? 있다면, 그것은 여전히 전통적으로 나뉘어진 한쪽의 성(性)에만 관계된 것인가, 아니면 인간 누구나에게나 한 보편적 삶의 원리로 이해될 수 있는가 등이 물어지게 된다. 또한 이 '여성의 원리'에 대한 논의는 이미 여성과 남성이 똑같다는 것을 주장해 옴으로써 여성의 해방을 추구해 온 근본주의적 페미니스트들에게는 여성들을 다시 전통의 굴레에 묶으려는 의도가 아니냐는 의혹의 물음을 가지게 한다.[4]

---

[4] 참조: Judith, Grant, *fundamental feminism* (Routledge: New York / London 1993).

보봐르는 여성에 대한 실체론적 정의는 부정하지만, 그러나 현실에서 그 뚜렷한 차이와 구별이 여전히 명백히 존재한다는 사실은 부정할 수 없다고 했다.[5] 그리하여 그녀는 그 불충분성의 인식에도 불구하고, 여성에 대한 생물학적·정신분석학적·사회학적 탐색 등을 통해 그 이해의 시야를 넓혀갔고, 거기서 더 나아가, 그러나 그녀는 여성들의 진실한 세계를 그녀들이 실제로 살아온 구체적 삶에서의 '체험'들을 분석함으로써 밝혀내고자 했다. 이러한 보봐르의 방법론은 지금 '여성의 원리'를 탐색하고자 하는 우리에게도 의미가 깊은 것으로 보인다. 먼저는 그녀의 지적대로 현실적으로 오늘날도 여전히 뚜렷하게 존재하는 성별의 차이를 인정함으로써 '여성의 원리'가 이제까지는 인류의 수천년의 전통 속에서 특히 한쪽의 성(性)에 연결되어 전개되어 왔다는 것을 인정하게 한다. 즉, 여성과 남성의 차별없음을 강하게 주장하는 논의에도 불구하고, 그 '여성의 원리'(Feminine Principle), '여성의 성격' 등은 여전히 따로 구별되어 얘기되어질 수 있다는 뜻이다. 두번째는 여성의 원리 이해를 위해서 각 개별 학문들의 탐색을 살펴보고 그것들을 종합하는 방법이다. 최근까지 여성에 대한 생물학, 인류학, 심리학, 철학, 신학 등 개별 학문들의 탐구가 심화되어 왔다. 그러한 개별 과학들의 탐색은 여성의 존재 이해를 위해서 중요한 관건이 되는데, 다만 오늘의 문제는 어떻게 그 시각들이 서로 관계되어서 더욱더 통합된 시각으로 구성되느냐 하는 것이다.[6] 세번째는 그녀의 '체험' 연구가 여성 연구의 한 특별한 방법론이 된 것처럼 우리가 '여성의 원리'를 이해하고, '공존의 윤리'를 말하려고 하는 데 있어서도 그러한 현상학적 방법은 중요한 의미를 지닌다는 것이다. 즉, 우리가 어떠한 한두 가지의 객관적 논리들을 가지고 이해하기보다는 구체적으로 우리의 삶 속으로 들어가서 보면, '여성의 원리'가 더욱더 확연히 드러나고, 그것이 진정으로 생명을 살리는 '공존의 윤리'가 됨을 볼 수 있다는 확신이다. 우리 주변의 구체적인 여성들의 삶과 살림하는 사

---

[5] 시몬느 드 보봐르, 『제2의 성 上』, 조홍식 옮김(서울: 을유문화사), p.8ff.

[6] 바이올러 클라인, 『여자란 무엇인가 — 이데올로기의 역사』, 김한경 옮김(서울: 태광문화사, 1988), p.3ff.

람들의 삶 속에서 그것의 지극한 예들을 발견할 수 있다는 이야기이다.

　이러한 세 가지의 방법론적 시각에 근거하여 가능한 한의 '여성 원리'의 탐색을 시도해 보면, 먼저 최근의 여성 인류학자들의 탐색이 주목을 끈다.『성의 계약』(*Sex Contract*),『사랑의 해부학』(*Anatomy of Love*) 등의 책을 가지고 우리에게 알려진 미국의 소장 여성 인류학자 헬렌 피셔에 따르면, 인류 진화의 원동력은 여성의 섹스할 수 있는 능력이다. 이제까지 우리의 일반적인 통념과는 달리 그녀는 인류 진화에 있어서의 여성들의 역할, 특히 그 중에서도 이제까지 남성주의적 가치관에 의해서 가장 무시되고 억눌려져 왔던 여성의 성적 매력을 가장 중요한 미덕으로 얘기하고 있다. 섹스를 통해 번식하는 생물종 중에서 인간만큼 시간의 제약을 받지 않고 — 매일, 임신중에라도 — 할 수 있는 존재가 없다는 사실에 주목하면서 그녀는 그 섹스할 수 있는 능력을 통한 '성의 계약' 이야말로 모든 인류 진화 — 인류의 신체적 진화·감정·언어·가족관계 등 — 의 단서이자 힘이라고 주장한다.[7] 즉, 지금부터 800~400만년 전쯤에 아프리카의 숲에서 사바나로 나오게 된 인류의 선조들은 더 이상 예전처럼 나무를 타며 다닐 수 없게 되면서 '직립보행'을 하게 되었다. 그러나 이 직립보행은 그들의 골격에 여러 가지 변화를 가져왔고, 특히 '암컷'들에게는 문제가 되었는데, 즉 골반의 형태가 변해서 산도가 좁아져서 차츰 난산을 하게 되었다. 그러나 여기서 다시 자연의 선택이 개입되어 '조산'이라는 인간의 특성이 나타났다고 한다. 미숙한 인간 태아의 머리는 작아서 산도를 쉽게 통과할 수 있기 때문이다. 그러나 여기서 문제가 다 해결된 것이 아니라 암컷은 또 다른 어려운 문제를 짊어지게 되었는데, 즉 다른 포유류 동물과 비교하여 거의 1년 정도나 일찍 세상 밖으로 나오는 것이라는 조산된 새끼를 몇 개월, 혹은 몇 년 간 보살펴 주지 않으면 안되었다. 다시 말하면, 인간의 오랜 기간의 양육의 문제가 생긴 것이다. 여기서 선조의 암컷들은 이제 각자의 힘만으로 새끼를 기르던 시대를 뒤로 하고 수컷과 특별한 관계를 가질 수밖에 없게 되었고, 그래서

---

[7] 헬렌 피셔,『성의 계약 — 인간의 진화를 보는 새로운 관점』, 박매영 옮김(서울: 정신세계사, 1993).

남녀의 '성(性)의 계약'이 시작되었다는 것이다.[8]

새끼를 기르는 책임 일부를 분담하기 위하여 시작한 성의 계약으로 그후 인간의 신체적 진화, 가족, 사회조직, 언어 등이 오늘날과 같은 형태를 취하는 방향으로 전개되었다고 한다. 수컷에게 자신의 성적 매력을 제공해 주고 자신의 아이들을 살려낼 수 있었으므로 그러기 위해서는 더 긴 기간 섹스할 수 있는 암컷, 임신중에도 하는 암컷, 출산 후 즉시 가능한 암컷의 새끼들이 더 많은 양식을 제공받아 생존율이 높게 되었고, 그리하여 인간에게는 마침내 발정기가 없어지게 되었다고 한다. 이 성(性)의 혁명은 인류 진화 과정에서 일어난 사건 중에서 "가장 획기적인 사건"이라고 한다.[9] 수컷은 더 많은 섹스를 제공받기 위해 더 좋고 많은 고기를 가져와야 했으므로 그의 신체는 점점 커지고 소위 남자답게 되었고, 섹스를 하는 가운데 더 좋고 싫은 감정이 생기면서 지속적인 관계인 가족이 생겨났으며, 아버지라는 개념과 언어, 여러 가지 금기사항과 윤리의식 등 모두 "섹스 베테랑"인 암컷에 의해 주도되었다고 한다. 발정기가 없어지자 인구가 폭발적으로 증가할 수 있었다.[10]

이상에서처럼 헬렌 피셔의 이야기를 들어보면, 여성이 그녀의 몸이 전체 인류 삶의 전개를 위해서 얼마나 공헌했는지를 알 수 있다. 그녀의 가장 적나라한 몸의 사용을 통한 후손 양육에의 배려와 수고가 밑받침이 되어 인류의 삶이 전개될 수 있었다. 그러나 이제까지 3,000년 이상이나 지속되어 온 가부장주의는 그 기초와 삶의 기반으로서의 여성의 역할, 그녀의 몸의 원리를 무시하고 억눌러 왔다. 대략 3만여년 전쯤에 남성들에 의해 주도된 것으로 여겨지는 인류의 사냥문화는 '기본활동'으로서의 여성의 채집활동이 있었기 때문에 가능했다고 한다.[11] 최근 생물학의 유전자 탐색에 의하면 인간도 단 하나의 X만으로도 살 수 있고(XO), 세 개의 X로도 살 수 있으며(XXX), 또한 XYY, 또는 XYY라는 남성 염색체의 인간은 있으나, 그러나 어떤 경우든 인간이 되기 위

---

[8] 위의 책, p.100.   [9] 위의 책, p.104.   [10] 위의 책, p.125.

[11] Adrienne L. Zihlman, "Woman in Evolution, Part II: Subsistence and Social Organization among Early Hominids", in: *Signs,* Autumn 1978, Vol. 4, Nr. 1.

해서는 여성 염색체인 X가 동반되지 않고는 가능하지 않다고 한다.[12] 이러한 이야기는 여성의 자연적 기본됨을 잘 지적해 주고 있다.

　레비스트로스 등의 문화인류학자들의 탐색이 인간의 '자연의 상태에서 문화의 상태로의 이행은 생물학적 관계를 일련의 대립, 즉 이중성·교체·반대 그리고 대칭 등으로 관찰할 수 있는 능력에 의해서 이해된다'고 밝혔다면, 이는 현실적으로 우리로 하여금 이제까지 인간 삶에서의 성 역할의 구분과 대립을 인간 사회현실의 기본적이며 직접적인 사실로서 받아들이게 한다.[13] 다시 말하면 이제까지 인류 삶의 전개에서 여성의 원리와 여성의 가치가 한 특정한 성(여성)에 밀착되어 전개되어 왔음을 인정하는 것이다. 그러나 우리가 위에서 여러 가지로 살펴본 대로 '여성의 원리' — 그것이 비록 역사의 필연에 의해서 특정한 하나의 성에 부과되어 온 역할과 거기서 얻어진 가치를 지칭하면서 파생된 의미이긴 하지만 — 는 인간 모두의 기본이 되며, 더 나아가서 더 지극한 자연적 기초가 됨을 보았다. 오늘날의 변화된 현실은 여러 가지 차원에서 이제 이 성의 구별과 차별이 지양될 수 있고 통합될 수 있으며, 그렇게 되어야 한다는 사실을 지적해 준다. 그런 의미에서 심리학자 칼 융이 인간의 더 깊은 내면을 '아니무스'(animus, 남성적 영혼)와 '아니마'(anima, 여성적 영혼)라고 하는 두 원형적 원리의 통합으로 이해한 것은 의미있다고 하겠다. 한편의 페미니스트들에 의해서는 융의 이러한 이해는 오히려 '여성성'이라는 것을 실체화시키고 고정화시켜 현실에서의 여성의 차별을 더욱더 조장하는 것이고, 융이 남성이듯이 그 여성의 영혼이라고 하는 것은 결국 다시 남성에 의해서 규정되고 조작된 것이라고 비판되지만,[14] 본인의 생각에는 위에서 살펴본 대로, 우리가 생물학이나 인류학 등의 탐구 결과들을 같이 고려해 볼 때, 오히려 그것은 양

---

[12] 엘리자베드 바댕테, 『XY 남성의 본질에 관하여』, 최석 옮김(민맥, 1993), p.69ff.

[13] 시몬느 드 보봐르, 앞의 책, p.12.

[14] Demaris S. Wehr, *Jung and Feminism* (Boston: Beacon Press 1989), p.3ff.
　Rosemary R. Ruether, *Sexism and Good-talk: Toward a Feminist Theology* (Boston: Beacon Press 1983), p.190.
　Mary Daly, *Gyn / Ecology: The Metaethics of Radical Feminism* (Boston: Beacon Press, 1978), p.280.

쪽 성(性)의 모두에게 자신들의 또 다른 성적 본질의 존재를 자각케 한다는 점에서 해방적이라고 여겨진다. 독일의 여성 심리학자 한나 볼프는 그녀의『남성 예수, 심층심리학적 시각에서 본 예수의 형태』라는 글에서 역사상에서 어떻게 예수가 한 남성으로서 그 자신 안에 자신의 여성적 영혼을 자각하고 통합하여 한 온전한 인격체가 될 수 있었는지를 적고 있다. 그녀에 따르면 예수가 그리스도가 되는 이유는 바로 이러한 통합의 작업을 참으로 원형적으로, 선구적으로 이루었기 때문이라고 한다.[15]

융은 '여성의 원리', 여성적 영혼인 '아니마'의 특성을 크게 '수용성'(receptivity)으로 보았다. 융의 추종자가 아니라 하더라도 1970년대 이후 심화된 여러 심리학적 탐색들이 이 여성적 원리에 주목하게 되었다. 그 대표적인 예가 우리 나라에서도 작년에야 번역·소개된 미국 여성 심리학자 캐롤 길리건의 탐색이다. 1980년대 초 그녀는 그녀의 책『다른 목소리로』에서 이제까지 전통적으로 남성 심리학자들이 남성 심리의 관찰을 통해 밝혀놓은 것과는 달리 여성 고유의 인식 발달과 도덕 발달 과정을 밝혀냈다.[16] 그녀에 따르면 인간의 윤리 중 '정의의 윤리'(a morality of justice)와 '보살핌의 윤리'(a morality of care) 사이에는 분명한 차이가 있는데, 그 차이가 주로 남성과 여성의 구별과 일치한다고 한다. 즉, 대부분의 남성들에게는 정의의 윤리가 나타나는데 그것이란 칸트나 롤스(J. Rawls)의 윤리에서처럼 보편적인 원리들에 관심하는 것이고, 정당성·원리들·공정성·객관성 등에 주목하는 것이다. 반면, 여성들에게서 많이 나타나는 보살핌의 윤리는 다른 사람들과 그들의 차이들, 또한 원리보다는 책임감 등에 관심하는 것이고, 도덕적 상황의 다양성을 인정하면서 그 상황성에 열려져 있는 의식이라고 한다. 더 나아가서 정의의 모랄은 자기 자신에게 관심하여 '자율의 이성'(idea of autonomy)을 추구하지만, 보살핌의 윤리

---

[15] Hanna Wolff, *Jesus der Mann. Die Gestalt Jesu in tiefenpsychologisher Sicht* (Stuttgart 1977).

[16] Carol Gilligan, *In a Different Voice: Psychological Theory and Women's Development* (Cambridge: Harvard University Press, 1982). 캐롤 길리건, 『심리이론과 여성의 발달』, 허란주 옮김(서울: 철학과 현실사).

에 특징적으로 나타나는 관계에의 관심은 '상호관계의 이상'(the idea of in-dependence)을 가지고, 그리하여 여성들이 자신들의 삶에 대해서 말할 때는 인간관계가 가장 큰 관심이 된다고 한다.

이렇게 '관계지향적'이며 '책임지향적이고', '구체성과 상황성에 관심하는' 여성들의 다른 목소리는 1986년 메어리 블렝키 등을 비롯한 네 명의 여성 심리학자들에 의해서 다시 한번 탐색되었다. 이들이 5년여에 걸쳐 135명의 여성들과 심도깊은 인터뷰를 통해 발견한 여성 인식 발달과 도덕 발달의 양상을 보면, 우선 여성들이 그들의 생각이나 경험을 표현하는 데 사용하는 언어가 남성들의 그것과 다르다는 점이다. 즉, 여성들은 조사원들의 질문에 응답하거나 서로의 대화에서 주로 '말한다'나 '듣다'와 같은 소리와 침묵에 관련된 은유, 다시 말하면 청각적 은유와 구술적 은유를 많이 사용하는데, 이것은 지금까지 대부분의 남성 철학자나 과학자가 그들의 정신활동을 표현하는데 써온 '빛'이나 '본다'와 같은 '시각적 은유'와 다르다고 한다. 시각적 은유가 실재에 대한 비참여와 객관화를 중요시하는 데 반해서 청각적 은유는 말하는 자와 듣는 자, 주체와 객체의 상호 접근과 상호 참여를 내포한다는 것이다.[17]

이러한 탐색을 할 때, 여성 심리학자들은 이제까지 남성 심리학자들이 주로 남성들을 표본으로 삼아 연구해 온 발달이론과는 다른 전제에서 시작한다. 즉, 지금까지 이루어진 대부분의 인지 발달, 도덕 발달, 신앙 발달에 관한 실증 연구에서 보면, 그 완성이나 성숙의 개념이 아주 단편적이어서 근대 합리주의 정신에 입각한 합리성·자율성·독립성·객관성 등만을 목표로 삼는 데 반해, 이 페미니스트 심리학자들은 지금까지의 발달 요인에다가 몇몇의 요인이 더 첨가되고 보완되어야 한다고 주장한다. 즉, 직관력·상상력·상호관계력·상황적 고려 등이다.[18] 이들이 전제하는 '성숙'과 '완성'이란 순수한 합리적 단계에 머

---

^[17] Mary Field Blenky, Blythe McVicker Clinchy, Nancy Rule Goldberger, Jill Mattuck Tarule, *Das andere Denken* (Campus Verlag: Frankfurt / New York, 1989), aus dem Englischen von Nele Löw Beer., p.30ff.

^[18] 캐롤 길리건, 앞의 책.

무르는 것이 아니라 인식자가 하나의 인격체로서 이성과 정열을 고루 갖추고 사람과 사람 사이의 '연결의식'(a sense of connectedness) 내지 '관계의식'을 포함하는 의미이다. 블렝키 등의 연구팀은 여성들이 맨 처음 소리가 없는 "침묵의 단계"를 거쳐 "받아들이는 인식의 단계", "주관적 인식의 단계" 그리고 "절차적 인식의 단계"를 지나 마지막으로 "구성적 인식의 단계"(constructed knowledge)에 이르는 길을 밝혀주었는데, 이 단계란 짧게 말하면 다양한 상황들과 목소리들을 통합할 수 있는 능력의 단계이다.[19] 이 성숙된 단계에서의 여성들은 "정열적인 사고가"(a passionate thinker)로서 세계를 자신 안에 품기 위해 정신과 가슴이 동시에 열려진 인격을 말한다.[20] 이 단계에 들어서면 여성들은, 특히 이전 단계와 확연히 구별되는 모습으로 다른 사람들에게 진정으로 관심을 가질 줄 알고 그들과 연결된 것임을 느낄 줄 안다고 한다. 블렝키 등의 여성 팀은 의미깊게도 이러한 여성의 능력을 프랑스 여성 철할자 시몬느 베이유가 종교적이고, 깊은 영적인 의미로 이해한 "집중하는 사랑"(attentive love)과도 같은 것으로 보았다.[21]

이상에서처럼 우리는 여성 인식과 경험, 여성 원리의 독특성을 살펴보았다. 그것은 여성들의 책임지향성, 타인에의 관심, 차이들을 묶으려는 통합에의 배려 등이었다. 그것은 남성들의 '분리된'(separated) 인식방식 대신에 상황을 살피고, 남을 돌보는 '연결된'(connected) 인식방식이었다. 그러나 이제까지 이러한 여성의 인식방식과 삶의 원리는 무시되었고, 열등하고 미성숙한 것으로 여겨져 왔다. 그것의 독특성을 인정받지 못했고, 그것이 우리 삶의 또 하나의 기준이 되는 것이 받아들여지지 않았기 때문에 여성들의 좌절과 우울, 고통은 깊다. 개인적인 성취가 아니라 보살핌의 관계가 유지되고 있는가를 더 가치로운 발달 기준으로 가지고 있는 그녀들에게 이제까지의 성취지향적 남성원리의 잣대는 그것에 도달한 여성에게든 그렇지 않은 여성에게든 모두에게 좌절이 되

---

[19] 참조: 이은선, 「여성신학에서의 여성의 경험에 대한 해석학적 이해」, in: 『한국 여성의 경험』, 여성신학회편(대한기독교서회, 1994, pp.29-60).

[20] Mary Field Blenky, op. cit., p.164.　　　　　[21] Ibid., p.166.

었던 것이다.[22] 그러나 우리는 오늘의 개인적·사회적·지구적 상황에서 그 공존을 지향하는 여성의 원리가 더욱더 절실히 요구됨을 본다. 그런 의미에서 남성 윤리학자 한스 요나스도 오늘날의 전지구적 생존 위기의 상황 속에서 이제까지의 진보 윤리 대신에 '책임 원리'를 제시하면서 그 책임적 윤리의 원형적 모습으로서 '우리 앞에 갓 태어나 무조건적인 생존을 요구하는 아기에 대한 부모의 배려의 마음'을 들었다.[23]

진정으로 공존할 수 있는 능력을 키워주는 여성의 원리, 우리는 앞에서 그것이 비록 이제까지 한 특정 성에 부과되어 전개된 원리이기는 하지만, 남녀 모두에게 공통된 삶의 원리가 되며, 더 근원적인 기반이 되는 것을 보았다. 또한 시몬느 베이유의 종교적인 '집중하는 사랑' 등과 관계시켜 봄으로써 우리는 그것이 오히려 우리 모두가 지향해야 하는 "더 성숙된 사고"(das Andere der Vernunft)가 되며,[24] 단순히 한 생물학적 원리이거나 심리이론의 차원으로만 이해할 것이 아니라 더 깊은 차원의 생명과 창조의 역이 됨을 볼 수 있다. 시몬느 베이유는 "집중력"이란 바로 신적 삶의 본질을 이루는 것이라고 했다. 우리들이 알고 있는 이웃 사랑도 같은 본질로서, 그녀에 따르면 불행한 사람이 이 세상에서 필요로 하는 것은 정말로 다른 것이 아니라 바로 집중할 줄 아는 사람, 그들에게 진정으로 집중할 수 있는 능력을 가진 사람이라고 한다. 그런데 불행한 사람에게 집중할 수 있는 능력이란 그녀에 따르면 세상에서 아주 드문 것이고, 아주 어려운 것으로서 그것은 사실 거의 하나의 "기적"에 가까운 것이다.[25] 그것은 우리가 일반적으로 생각하듯이 한 단순한 감정의 차원이나 동정심 정도가 아니라 그것은 완전히 내가 사라지는 것이고, 상대를 위해서 나를 완전히 비우는 것이며, 아무것도 기대하지 않고 단지 기다리며, 그 대상을 그

---

[22] 캐롤 길리건, 앞의 책, p.295.

[23] Hans Jonas, *Das Prinzip Verantwortung* (Frankfurt am Main, 1983), p.234ff.

[24] Alfred Schäfer, "Zur Kritik der Weibliher Pädagogik": Bericht über eine Arbeitsgruppe, 23. Beiheft, *Zeitschrift für Pädagogik* (Beltz Verlag: Weinheim und Basel, 1988), p.144.

[25] Simone Weil, *Aufmerksankeit für des Alltägliche, Ausgewählte Texte zu Fragen des Zeit* (Kösel-Verlag: München, 1984), p.65.

의 적나라한 진실 속에서 그대로 받아들이는 것이라고 한다.[26] 그녀에 따르면 모든 혼합으로부터 완전히 정화된 집중력이란 기도이고 구도이고,[27] 그것은 우리 모든 교육과 공부의 목표가 된다.[28]

우리가 앞에서 여성의 원리를 탐색해 내는 세번째의 방식에서 얘기한 것처럼 이러한 원리는 단순히 한두 가지의 합리적 이론만 가지고는 파악해낼 수가 없는 것으로 보인다. 오히려 우리가 우리 삶의 구체적 현장으로 들어가서 거기서 생생한 예들로 살아가는 구체적 모습들을 보면서 그것의 전체적인 모습을 파악해낼 수 있을 뿐이다. 딸로서 · 여성으로서 · 아내로서 · 어머니로서 살아가는 모습들 속에서, 또는 겉모습은 다르지만 그들의 삶 속에서 이 여성의 원리와 가치를 통합하며 살아가는 모습들 속에서 보여질 뿐이다. 다음 장에서의 우리의 과제는 그리하여 여성의 구체적인 성장 과정 속에서 그 여성의 원리가 관계하며, 그 원리의 억압으로 인한 상처, 그것의 회복과 거기서부터의 성숙에의 길이 열려지게 되는지를 살펴보는 것이다. 미국의 여성 작가 낸시 프라이디가 이미 1977년에 책(*My Mother, My Self*)으로 발표하여 큰 반향을 일으켰던 그녀 자신의 자전적 체험의 이야기가 중심적으로 다루어진다. 비록 한 서양 여성의 이야기이고, 또 그후 많은 새로운 여성 연구가 있어왔지만, 본인의 생각으로는 여성 이야기의 한 전형을 밝게 밝혀주는 것이라 여겨져서 여기서 살펴보고자 한다. 우리 나라에서는 1985년에 작가 안혜성 씨에 의해서 『여성의 자기 발견』이라는 제목으로 번역 · 소개되었다.[29]

3. 여성 원리의 인정, 여성의 자기 발견의 길

낸시 프라이디는 이 책에서 여성으로서의 자신의 자아 발견과 성숙에로의 과정을, 특히 어머니와 자신, 모녀관계의 빛에서 조명한다. 그 모녀관계 중에서도

---

[26] Ibid., p.62. [27] Ibid., p.61. [28] Ibid., p.77.

[29] 낸시 프라이디, 『여성의 자기 발견』, 안혜성 역(서울: 대완대도출판사, 1958).

여성 원리의 한 중요한 측면인 성(性)의 원리, 즉 신체성의 인정 여부에 중점을 두어서, 어떻게 그것이 그들 사이에서 역할되면서 그녀들의 삶과 성장이 이어지게 되는가를 관찰한다. 이 성의 원리가 충분히 인정받지 못하고 억눌려지고 기만되면서 그녀는 그녀의 어머니와의 건강한 공생의 단계를 놓치게 되고, 거기서부터 이어져서 한 건강한 독립적 인격에로의 성장이 방해를 받고, 그 방해 속에서 진정으로 타인과 공존할 수 있는 능력 대신에 흔들리고 불안해하고 매달리는 기생의 여성이 됨을 보여준다.

그녀의 어머니는 스무 살에 두 딸을 데리고 과부가 된 여인이었다. 그 어머니는 이미 소녀시절에 그녀의 아버지로부터 손이 못생겼다고 자주 지적을 받은 경험을 가지고 있고, 지독히 가부장적인 아버지의 폭압에 못이겨서 그 어머니가 집을 떠났고, 외로웠던 그녀 자신은 17세 때 저자의 아버지를 만나서 빠른 결혼을 했다고 한다. 연년생의 두 딸이 곧 태어나고, 그러나 그녀의 남편은 곧 사망했으므로 저자인 낸시 프라이디에 의하면 그녀의 어머니, 곧 "자아라고는 한번도 가져보지 못했던 사람"에게 그것은 말할 수 없는 충격이었을 것이라고 한다.[30]

이렇게 한번도 자아 정체감을 가져보지 못한 여성이 어머니가 되어 모성의 역할을 해야 되었을 때, 그녀는 그 아이들에게 그들이 자신들의 정체감을 키우기 위해서는 반드시 필요로 하는 정서적 발판이 되어주지 못함을 생각해 볼 수 있다. 이 정서적 발판이란 우리가 앞에서 살펴본 시몬느 베이유의 개념으로 얘기하면 "집중력", "집중하는 사랑"과 같은 것이라고 얘기할 수 있겠고, 또 전문적인 심리학적 용어로 얘기하면, 생후 거의 세 살까지 지속되는 것으로 여겨지는 '공생기'(Symbiosis)에 형성되는 '건강하고 근원적인 나르시시즘'(자기애)의 형성을 위한 '거울'과 같은 역할을 말한다고 하겠다. 낸시 프라이디는 그녀의 어머니가 역시 자신도 그렇게 필요로 했던 정서적인 안정감을 줄 수 있는 남성을 택하지 못했고, 한 여성으로서의 생활을 통해 느끼게 된 욕망은 모성과

---

[30] 위의 책, p.49.

는 정반대라는 사실을 발견해 내고, 그래서 어머니로서의 역할에 심한 갈등을 느끼고 절망해 버려 사실 그들 "자매들과는 정신적으로 거의 헤어져서 지낸 것"이나 다름없는 것이었다고 적고 있다. 그들 자매가 어머니를 필요로 했던 만큼이나 그 어머니 자신도 아버지가 필요했고, 그녀의 솔직한 몸의 요구가 경청되고 받아들여져야 했으나, 그녀는 '모성 본능'이라는 더 큰 이야기 앞에서 마치 그 자녀들이 자신의 생활에서 가장 중요한 사람들인 척할 수밖에 없었다고 한다. 그러나 이렇게 어머니가 섹스와 모성에 대하여 느끼는 모순과 그것으로 인한 정서적 불안정은 아이들에게 은밀히 전달되고 강요되어 그후 그들의 불안·가식·죄책감·공포 등의 원인이 된다고 한다.[31]

낸시는 어렸을 적 어머니가 머리를 땋아주는 것을 싫어했는데, 왜냐하면 등 뒤에서 어머니의 한숨소리가 들렸기 때문이라고 한다. 그녀와 한 방에 있으면서 그녀의 한숨소리와 절망하는 모습을 참을 수가 없었다는 그녀는 아이들에게 있어서 그들의 부모가 불완전하다는 것을 인정하는 일을 결코 받아들이기 쉬운 일이 아니라고 지적한다. 왜냐하면 그들은 어려서 너무나 그들의 부모에게만 의존해 있기 때문에 그럴 경우 자신들의 생존의 위협을 느끼기 때문이며, 그들은 그리하여 무슨 일이 잘못되면 오히려 그들 자신들의 잘못이라고 생각한다는 것이다. 자기는 훌륭한 어머니를 가졌으며, 어머니의 삶 속에서 가장 중요한 사람이 됨을 영원히 바라는 희망 속에서, 그러나 현실에서의 괴리 속에서 아이는 실망하고, 그러나 그 괴리의 원인이 자신에게 있다고 자책하고, 쌓이는 분노를 묻어두면서 가식하고, 어머니도 또한 자기 부정과 방어에만 급급하게 되어 여기서는 이 두 사람 사이의 진실한 정서적인 관계는 성립되기 힘들다고 한다. 이러한 위선과 거짓의 대가는 엄청나서 이 삶의 초기 단계의 불신과 불안은 그후의 모든 불안과 불만족, 자립적이지 못함, 독립하지 못함의 원인이 된다고 한다. "이 지상에 있는 1다인의 에너지도 근본적으로 태양으로부터 얻어지는 것과 마찬가지로 우리는 우리의 용기, 자아의 인식, 우리가 비록 홀로 있

---

[31] 위의 책, p.55ff.

을 때라도 자신의 가치를 믿고 일할 수 있고 남을 사랑할 수 있고, 그리고 자기자신이 사랑받을 수 있다고 느끼는 이 모든 능력을 전적으로 우리가 영아였을 때 어머니로부터 받은 사랑에서 나오는 것이다"라고 강조된다.[32]

삶에 대한 맨 첫번째 인상이 가장 깊게 뇌리에 박히는 법이고 그러한 인상들이 모여서 우리의 성격을 형성하고, 그 성격을 통해 우리 삶의 경험이 이루어지게 되는 것을 생각해 볼 때, 이 어머니에 대해서 느끼는 최초의 애정 위에 앞으로 닦쳐올 일생 동안의 긍지와 자존심의 기초가 세워진다고 한다. 특히, 여성들에게는 이 초기의 공생의 단계가 매우 중요한 의미를 지니는데, 그것이 바로 우리 일생 동안의 대부분의 대인관계를 결정지어 주기 때문이다. 또한 이 공생의 단계가 건강했다면 대략 18개월 이후부터는 분리의 과정이 힘차게 북돋아져야 하는데, 많은 여성들에게서 이 분리는 이루어지지 못하고 건강하지 못한 기생의 모습으로 변형됨을 알 수 있다. 그 어머니로부터 분리하기까지 거의 일생이 걸리는 경우도 많으며, 그런 경우 그 여성이 경험하게 되는 분노와 죄책감, 애증의 교차는 우리에게 전혀 생소하지 않다. 저자는 어린 시절에 충분한 공생의식을 느끼지 못하고 자란 여성에게 있어서 그후의 삶이란 단지 안정과 만족감을 찾기 위한 노력이 된다고 지적한다. 그리하여 최초의 청혼을 받으면 그녀는 다시는 그런 기회가 오지 않을까 두려워서 얼른 결혼해 버린다든가, 독립적인 일을 하려는 용기보다는 안정성 있는 공무원 같은 직업을 택해 버리게 되고, 애인과 남편에게 끊임없이 매달리며 사랑한다는 말을 듣고 싶어하고 상실과 분리에 대한 끝없는 "여성 특유의 공포의식"을 보인다고 한다.[33]

자기자신들도 어머니로부터 온전히 받아들여지는 경험을 하지 못했고, 또 그녀들의 건강한 성(性)의 원리와 몸의 요구가 무수히 부정되는 것을 경험한 어머니들은 딸이 생기자마자 이제 그녀들에게 자신들의 모든 성적 불안감을 투사하며, 끊임없이 부정적인 말과 저지로 그녀들을 자신들 곁에 묶어두려고 한다. 남자아이는 공생 단계에서 벗어나 독립된 개체가 되는 기쁨을 맛보며 세상으로

---

[32] 위의 책, p.58.　　　　[33] 위의 책, pp.68-70.

나아가나, 여자아이는 정반대의 교육을 받는다. "위대하면서도 사람을 병신으로 만드는 것이 바로 '무슨 일이 있어도 내 딸은 상처를 받아서는 안된다'는 생각이다." '내 그럴 줄 알았어', '이리 와, 아빠는 할 일이 많아요' 등의 말을 수없이 되뇌고, 그리하여 어린 소녀는 분명히 이 세상에서 끝까지 자기를 버리지 않고 돌봐줄 사람은 어머니 단 한 사람밖에는 없다고 믿게 된다는 것이다. 어머니가 이렇게 딸을 묶어두는 것은 그러나 악의에서 나오는 행동이 아니고 자신도 역시 공포감과 욕망을 가지고 있기 때문이다.[34] 건강하고 근원적인 나르시시즘을 가지고 있지 못한 사람은 제2차적인 나르시시즘에 빠지기 쉽다고 한다. 그것은 조심스러운 반복을 특징으로 가지는 것으로서 거울 앞에서 끊임없이 자신을 확인해야 하는 불안감이며, 자기 자신을 절대로 남 앞에서 칭찬하지 못하고 자신에 대한 긍정의 말을 그대로 받아들이지 못하는 자기비하와 부정의 모습이기도 하다. 떠나야 하고 세상으로 나가야 할 시기에 자기자신에게 과도하게 집착하고 집중하는 것이므로 그런 여성에게서 진정한 공존은 기대할 수 없고, 후에 어머니가 되었을 때 자신의 자녀를 위한 비움, 거울의 역할, 집중력을 가질 수 없어 다시 갈등과 문제는 대를 이어가는 것을 알 수 있다. 자신의 딸이 여성으로서의 성적 특징을 나타내기 시작하면, 어머니의 불안과 간섭, 미묘한 모녀간의 경쟁 등은 더욱더 증폭되는데, 예를 들어 딸의 첫 월경에 대한 어머니의 반응은 그후 그 딸의 성에 대한 태도를 많이 좌우한다고 한다. 만약 그때 그녀가 월경에 관련된 수치심을 겪는다면, 그 수치심은 쉽게 지워지지 않고, "수치심에 사로잡혀 있는 사람들이야말로 가장 치료하기 어려운 환자들이다. 수치심은 가장 강력한 감정이기 때문에 그 감정은 경우에 따라서 사람들을 파멸로 이끌 수도 있다. 수치심은 자아를 위축시키고, 의지력을 말살시키기도 한다"는 지적대로 자아존중감에 심한 타격이 될 수 있다는 것이다.[35]

프라이디는 이 시기에 있어서 다른 또래 소녀들과의 연대와 친어머니와의 갈등 속에서 그것을 완화시켜 주고, 그녀의 어머니와 또 다른 삶의 모형을 보여

---

[34] 위의 책, p.72.　　　　[35] 위의 책, p.150.

줄 수 있는 '대리인의 존재'가 중요하다고 이야기한다. 항상 불행한 모습을 보였던 그녀의 어머니와는 달리 저자에게는 그러한 역할을 그녀의 이모가 해주었다. 그녀의 지적에 따르면, 그녀의 이모는 "자신의 독특한 스타일과 자기확신, 그리고 독창적인 정신"을 가지고 살아가던 여성으로서 저자가 사춘기 때 열렬히 남자들을 쫓아다니고 만나러 다닐 때도 비판적인 말 대신에 한없는 너그러움을 보여주었다고 한다. 그런 모습을 보면서 저자는 "점점 세련돼 가고 있는 자신에 대해 자부감을 가지기 시작했으며, 인생에 있어서 남자를 사냥하는 것보다 더 좋은 일이 있지 않을까"라고 자문하기 시작했다고 한다. 즉, 졸업식날 학사모와 웨딩드레스를 함께 입고 싶었을 정도로 이제 결혼을 통해서 안정과 만족감을 충족하기를 원했던 저자가 비로소 진정으로 홀로 설 수 있는 가능성에 대해 생각해 보기 시작했다는 의미이다.

저자에 따르면, 여성들이 자신들을 안전하게 어머니로부터 독립시켜 주체적인 여성이 되도록 도와 주는 모델들을 발견할 수 없을 경우, 다시 자신이 출발했던 단계로 후퇴할지도 모르는 위험을 가지고 있다고 한다. 이 발달 단계에 조급한 결혼과 출산으로 어머니에게 돌아간다는 것은 중대한 패배이며, 자기확신과 재시도의 의지를 스스로 약화시키는 어리석은 짓이라고 한다. 그렇게 되면 계속해서 "지배적이고, 이기적인 사람들(남편들)과 메조키즘 관계에 사로잡혀 헤어나지 못하고", 그것은 그녀들에게 "자아 발달의 첫 단계조차 허용치 않는 사람들"에게서 안식처를 찾으려 하는 것과 마찬가지라고 한다. 그리하여 여기서 여성의 "독신시절"의 중요성이 강조된다. 어머니에의 의존성이 깊으면 깊을수록 저자는 자신의 결혼을 신중히 생각하라고 하는데, 왜냐하면 그 결혼으로 인해서 또 다른 형태의 나쁜 공생이 시작되기 때문이다. 그것은 자신보다 강한 사람 속에 자아를 묻어버리려는 나쁜 공생에의 욕구이고, 또한 자신을 남성에게 의탁시키고, 그 남성이 없으면 살아갈 수 없다는 두려움에 빠지는 것이라고 한다.

일찍이 직장생활을 통해 자립감을 맛본 여성들은 대체로 만혼(晚婚)의 경향을 보인다고 한다. 그녀들은 "남자를 잃어버릴까봐 무조건 침대로 뛰어드는 처녀들의 경우"와는 다를 수 있다. 여성들이 섹스에 대해서 보여주는 많은 수동성들, 마치 남성들이 오르가슴을 베풀어 주는 것처럼 생각한다거나, 우리의 처녀성을 '차지'했으니 영원히 우리를 떠나지 말아달라고 매달린다거나, 어느 경우이든지 자신의 남편은 자신보다 나은 사람이어야 한다고 생각한다거나, 백만장자가 되겠다는 사람은 드물어도 백만장자와 결혼하겠다는 사람은 흔한 것 등은 모두 타인에 의존하겠다는 여성심리가 극복되지 못했음을 보여주는 것이라고 한다. 이렇게 하여 그녀는 자기 어머니와 똑같은 인생을 원치 않으면서도 자신도 모르게 닮아가고, 남자 친구나 남편이 '너도 네 어머니와 똑같구나'라는 소리라도 하면 분노는 더욱 커지게 된다.[36]

이상과 같이 많은 경우에 있어서 결혼은 여성들에게 또 하나의 굴레가 되고 더 심각한 자아상실을 초래할 수 있지만, 그것이 하나의 기회가 되어서 진정으로 여성들이 회복될 수 있고 자신의 과거(어머니)와도 화해할 수 있는 계기가 되기도 한다. 결혼을 통한 "공존에의 복귀"가 힘이 되어주는 경우이다. 저자인 프라이디의 결혼이 그런 경우였다.

프라이디 자신도 그녀의 남편 빌을 만나기 전에는 열렬히 남성들을 쫓아다니면서 안정을 추구해 왔고 그들에게서 모든 것을 구하려고 했다고 얘기한다. 그러나 그러한 가운데서도 신문사에서 글을 쓰며, "성적 매력이 풍부한 성공한 여인상"의 모습을 보여주며 살았으나, 사실은 그녀는 진정으로 원하는 그녀만의 독특한 글을 써내지 못했고, 자신이 의미있는 일을 진지하게 추구해 본 적이 없는 천박한 여자임을 느끼고 있었다고 한다. 겉으로는 독립적인 것처럼 행동했으나, "함께 밤을 즐긴 남자로부터 아무 연락도 받지 못하면 모욕을 느끼며", "그들의 전화를 기다리며 안절부절못하면서 그런 자신의 자세에 대해 역겨움을 느끼고", "남자가 문을 박차고 나갈 때 버려졌다는 어린애 같은 유약감에 빠지는" 여성이었다고 한다. 그녀가 그러한 이율배반적인 모습으로 독신녀의 절정기에 있을 때 그녀의 남편을 만났다고 얘기한다. 알고 지낸 지 2년이

---

[36] 위의 책, p.240.

지났고, 그때까지의 다른 남자와는 달리 서로 손목조차 잡아보지 않았으나, 그 둘이 처음으로 같이 있게 되자 자신들의 여생의 나머지를 같이 지내기로 결정했다고 한다. 그녀의 남편은 대부분의 남자들처럼 '나는 당신의 전부가 되고 싶소'라고 말하는 대신에 "나는 내가 당신 생활의 전부가 아닌 것이 좋소"라고 말하는 남자였던 것이다.[37]

그녀의 남편은 '독신생활의 즐거움'에 관해 여러 권의 책을 썼을 정도로 독립적인 사람이었다고 한다. 그렇게 홀로 설 수 있는 남자, 성숙한 남자를 만나서 결혼하게 되자, 그녀는 비로소 자신의 어머니와도 화해를 시작하게 되었다고 한다. 그녀는 고백하기를 그녀는 그와 결혼하기 전까지는 떠돌이 작가나 다름없었고, 자신이 생각하기보다는 남들이 성공이라고 판단하는 글들을 써왔는데 그의 도움으로 비로소 이 책처럼 그 이전에는 감히 물어볼 수도 없었던 자신의 내밀한 비밀들을 탐색할 수 있었다고 한다. 마침내 그녀가 그토록 원했던 "공생에의 복귀"를 결혼으로 이룬 것이다. 그것은 '좋은 공생'이고, 공존의 삶이며, 평등과 자기 존중감과 사랑에 근거한 공생이다.

그 사이에 그녀의 어머니도 재혼을 하여서 새로운 삶을 살고 있었다. 이제 그녀는 그녀의 어머니를 더 이상 예전의 어린아이의 눈으로 보지 않는다. 성인이 되어서 과거를 이해하고, 그 당시의 어머니의 어려웠던 상황을 터득하게 된 것이다. "성인이 된 우리가 할 일은 과거를 이해하고, 배울 점은 배우고, 그리고 잊어버리는 것이다. 어머니를 탓하는 것은 아직도 어머니에게 매달려 있는 바람직하지 못한 태도"이기 때문이다. 이제 그녀는 완벽하고 언제나 자신을 받아줄 것이라고 생각하는 어머니에 대한 기대가 다시 깨져도 더 이상 예전처럼 죽을 것같이 절망하지 않는다. 오히려 이제야 "진정으로 자신을 자신이 책임지는 시작이 되었다"고 생각하게 되었다. 이제 그녀와 그녀의 어머니는 친구가 되었다. 아니 그보다 더 나아가서 이제 딸이 오히려 그 어머니가 그때까지 이룰 수 없었던 삶의 또 다른 모습의 모델이 될 수 있고, 어머니를 보살피고 배

---

[37] 위의 책, p.289.

려할 수 있게 되었다. 어머니는 죽고, 이제 다시 그녀의 딸이 탄생한다. 이렇게 해서 인생은 반복되고, 그 이해 속에서, 그녀의 참된 자아의 회복 가운데서 그녀는 그녀의 딸을 위해 이제 그녀의 어머니가 했던 것보다 좀더 커다란 이해력을 가지고 거울이 되어줄 수 있고, 집중할 수 있게 되었다. "자기 아기를 가슴에 안고 있을 때, 우리는 생애의 그 어떤 때보다 어머니에 대해 노여워할 수 없게 된다. 우리가 어머니와 아버지에게 지고 있는 감사의 빚은 늘어만 간다. 부모에게 입고 있는 빚에 대해 우리 아이들이 우리한테 지불청구서를 제시한다고나 할까?" 여성의 자기 발견, 그리하여 그것은 우리의 진정한 공존의 삶에로의 가능성이 된다.[38]

4. 여성의 자기 발견, 공존의 삶에로의 길

위의 저자는 그러나 결국 여성이 구속의 삶을 지속하는 것이 남성 탓도 아니고, 사회 탓도 아니며, 남성의 구속을 벗어나는 일도, 그리고 나래를 펴는 일도 여성 자신이 해야 할 일이라고 지적한다. 그러나 우리가 위에서 또한 살펴보았듯이 남성과 사회가 그 여성의 원리에 대한 인정과 더불어 지지를 보낼 때, 그 일이 훨씬 용이해지는 것을 보았다. 여성의 몸의 요구가 인정되고, 그녀의 따뜻함과 섬세함(zärtlichkeit)에의 요구,[39] 공생에의 취향이 건강하게 받아들여지고 키워질 때, 거기서 우리는 요즘 우리에게 특히 요구되는 공존할 수 있는 능력을 가진 사람, 남과 더불어 살고, 그를 인정해 주며, 보살펴줄 줄 아는 사람들이 키워짐을 보았다. 그러나 우리가 여기서 또한 지적하고 싶은 것은 그 여성의 모성이라고 하는 것은 여성의 여러 성적 동일성의 요소들 중 한 요소라는 것, 그리하여 그것이 너무 과도하게 요구되고 이상화될 때 손상을 일으킨다는 것이다. 세상의 어느 어머니도 완벽할 수 없다. 따라서 영국의 심리분석학자 위니코트(D. W. Winnicott)의 말을 빌려 낸시 프라이디는 지적하기를,

---

[38] 위의 책, p.350.

[39] Gabriele Presber, *Die Kunstist Weiblich* (Knaur, 1988), p.189ff.

아이가 세상을 믿을 만하다고 하는 '근본적인 신뢰감'만 키워주었다면, 그녀는 '좋은 어머니'인 것이라고 한다. 아이가 기만을 느낄 때, 완벽한 사랑에 대한 환상과 현실 사이에서 괴리를 느낄 때 아이는 혼란스럽게 되며, 거기서의 건강한 자아정체감의 성장은 기대할 수 없기 때문이다. "거짓말이라면 나는 이제 지긋지긋하다. 바로 그 거짓말 때문에 나는 항상 나 자신을 이해하기 힘들었다"는 고통에 찬 외침을 생각해 볼 때, 어머니가 자신의 또 다른 성적 동일성을 솔직하게 인정하고 이해시켜 주며, 자신이 처한 상황의 여러 가지 어려움을 좀더 솔직하게 밝혀준다면 아이들은 훨씬 더 건강하게 자랄 수 있다는 것이다. 그리하여 아버지가 인생에 있어서 아이스크림과 같은 존재라고 얘기되면서 어머니는 빵과 밥 같은 존재이고, 그녀를 통한 건강한 자기애의 형성이 그렇게 중요한 것이 얘기되지만, 그러나 또 한편 그 어머니도 하나의 성적 인간이고, 상황의 한계를 받고 있다는 것을 얘기하는 '모성의 비신화화'도 중요한 메시지를 담고 있다는 것을 알 수 있다. 우리가 앞에서 살펴본 대로, 특히 오늘날은 그 모성이라는 것을 하나의 특정한 성의 전유물로만 생각할 수 없게 된 이상 반드시 친어머니와 여성만이 그 역할을 담당해야 한다고 주장하는 것은 더 이상 받아들여질 수 없다는 것이다. 어머니 자신들도 자신의 자유를 원하면서도 예전의 모성애의 신화에 사로잡혀 아이들만은 전적으로 자신에게 묶어두려고 고집하는 것은 결국 아이들만 피해를 보게 할 뿐이라고 한다. 아이들에게 중요한 것은 그 모성애가 누구한테서 오는가가 아니라 그 모성애의 따뜻함과 보살핌 자체이기 때문이다.

우리에게도 잘 알려진 독일의 작가 하인리히 벨의 소설 중에서 『한 광대의 시선들』(1967)이라는 작품이 있는데, 그것은 어떻게 한 아이가 부모와 전후 독일 사회의 기만성과 허위, 이기주의와 인색함, 차가움 등에 의해서 파멸해 가는지를 생생하게 그려주고 있다.[40] 부모와 기성사회의 허구에 찬 논리, 도덕률은 아이로 하여금 혼동을 일으키고, 그 아이의 섬세한 느낌과 감각으로 그 부

---

[40] Heinlich Böll, *Ansichten eines Clowns* (Deutscher Taschenbuch Verlag, 1987[36]).

모들의 거짓과 위선이 감지되자 아이는 병들어간다. 성(性)과 돈, 명예와 권력에 대한 부모들의 이율배반적 태도, 조그마한 것일지라도 그것이 그들에게 이익과 안정을 가져다줄 것이라고 생각되면 모든 인간다움을 벗어버리고 다른 얼굴로 변신하는 그들, 그들의 추상성·인색함·잔인함에 눌려 아이의 우울은 깊어지고 메말라간다. 배고팠고 외로웠던 그 부모집의 허위를 떠나 그녀의 여자 친구와 함께 집을 나가고, 낯선 고장에서 그는 그 직업의 성공을 위해서는 "전혀 동정심을 불러일으키지 않을 것", "죽은 사람의 얼굴처럼 어떠한 감정도 드러내지 않을 것" 등이 요구된다고 하는 "광대"가 되어서 살아나간다 — 그가 사실 그때까지 그 주변의 환경에서 보고 배웠던 것은 그 광대 역할이었다. 그러나 그는 6년이나 같이 살아온 자기 "부인"이 교회의 결혼 승낙을 받지 못했다고 괴로워하다가 결국 나가버리자 더 이상 삶을 지탱할 수 없음을 깨닫게 된다. 그가 몇 시간, 몇 날을 광대로 지내면서 자신을 잃고 살다가 그래도 집에 돌아와 자신의 참 모습을 다시 확인하고 비추어볼 수 있는 거울, 그녀의 눈동자가 사라졌기 때문이다. 그에게 있어서 그녀란 그의 자기 동일성을 비추어보고 발견할 수 있는 마지막 거울이었던 것이다.[41]

　하인리히 벨에 의해서 "매춘의 시대"(Zeit der Heuchelei)[42]로 규정된 오늘날의 가부장주의적·성취지향적 윤리관은 여성들로 하여금 이러한 거울의 역할의 수행을 더욱 어렵게 만들고 있다. 보살피고 배려하고 공존하려는 그녀들의 특성은 열등한 것으로 치부되고, 밖에서의 성공과 성취만이 인정됨으로 인해서 그녀들은 자기 분열의 위기에 직면해 있다. 힘과 강한 것, 빠른 것만이 추종되고 찬양되면서, 또한 추상적인 미래만이 관심되면서 여성들의 구체성과 현재성, 배려의 마음, 기다리는 마음은 짓밟혀진다. 이 가운데서 가장 큰 피해를 입는 것은 어린이들이다. 왜냐하면 그들은 아직 약하고 이해가 부족하며, '현재'와 '순간'의 존재들이고, 우리가 외형적으로 우리의 모습을 가다듬기 위하여 날마다 거울을 필요로 하듯이, 그들이 자신들의 미완의 모습을 가꾸어 나가

---

[41] Ibid., p.16ff.　　　　[42] Ibid., p.230.

기 위해서는 반드시 확인해 주는 눈길과 기다려주고 배려하는 손길이 필요하기 때문이다. 한 가정에서, 그리고 한 사회에서 힘의 원리가 지배하고 대신에 이러한 여성의 원리가 짓밟혀지고, 그리하여 그곳에서의 여성과 어머니는 아무것도 아닌 것이 되어버렸을 때 어떠한 폭력과 파괴가 결과될 수 있는지를 살펴볼 수 있는데, 그 중에서도 스위스 여성 심리학자 알리스 밀러가 행한 히틀러의 어린 시절에 대한 탐색은 그 한 극단적 예를 보여주고 있다.[43]

히틀러의 어린 시절의 가정은 '아버지'라는 독재자를 통치자로 한, 한 "전제국가"의 모습을 보여주었다고 한다. 거기서 부인과 아이들은 아무런 권리도 없었고, 그 아버지의 기분과 감정에 따라 철저히 복종해야 했으며, 굴욕과 부당함을 아무런 이의 없이 받아들여야 했다고 한다. '복종'이 그들의 가장 중요한 생활수칙이었다고 한다. 거기서 어머니는 비록 가계 살림은 맡고 있었지만, 그녀 자신이 한 노예인 노예 감시인의 역할을 하였는데, 즉 그 독재자 아버지가 없을 때 노예인 아이들에게 그의 뜻을 수행하고 그의 이름으로 공포를 주고 벌을 내리는 역할이었다.[44]

이러한 폭군 아버지의 출생과 성장 배경은 또한 비극적인 것이었다. 그는 한 유대인 가정에서 식모로 일하던 여자의 사생아였던 것이다. 그 어머니와도 그는 다섯 살 때 그녀의 결혼으로 인해 헤어지게 되었고, 그후 가난과 불투명한 출생의 의혹 속에서 외롭게 자랐다고 한다. 그런 그는 그러나 고된 노력 속에서 국가 공무원이 되었고, 자수성가한 사람의 위엄과 엄격으로 자기 주변의 가까운 사람들에게도 자신에 대한 경칭을 요구했다고 한다. 히틀러는 그의 책 『나의 투쟁』(*Mein Kampt*)에서 자신의 아버지를 "주인 아버지"(Herr Vater)라고 부르고 있다.

히틀러의 어머니는 매우 여린 사람이었다고 한다. 열여섯 살 때, 먼 친척 아저씨였던 히틀러의 아버지 집에 들어갔는데, 그것은 그의 전 부인이 아파서 그들의 두 아이들을 돌보러 간 것이었다. 그러나 거기서 그녀는 그의 전 부인이

---

[43] Alice Miller, *Am Anfang war Erziehung* (Suhrkamp Taschenbuch 951, 1983).

[44] Ibid., p.174.

죽기도 전에 임신을 하게 되었고, 스물네 살의 나이에 마흔여덟 살의 그의 아버지와 결혼하였다고 한다. 어머니로서도 그녀는 많은 고통을 경험한다. 2년 반 사이에 세 명의 아이들을 출산하지만, 한 달 반 동안에 모두 전염병으로 잃고, 네번째 아이였던 히틀러의 탄생은 그 비극 후 그렇게 오래지 않은 시절이었다고 한다. 히틀러는 열 살쯤에 그의 남동생의 죽음도 경험한다. 우리가 이러한 모든 상황을 생각해 볼 때, 거기서의 여인에게서 어떻게 한 어머니가 아이에게 줄 수 있고, 주어야만 하는 사랑과 집중력, 관심들을 기대할 수 있겠는가? 아이의 연달은 죽음으로 인한 공포와 불안감, 가톨릭 신자로서 그것이 혹시 자신의 '부정'에 대한 신(神)의 벌이 아닌가 하는 두려움, 이러한 정서 속에서 그녀는 결코 아이에게 안정감을 심어줄 수 없었고, 히틀러에 대한 다른 남성 전기작가들의 의견과는 달리 히틀러를 향한 그의 어머니의 사랑은 사실 거의 집착이고 그것과 연결된 무절제였을 거라고 저자는 추측한다.[45] 그 가운데서 그의 아버지는 그의 학업 성적과 훈육을 이유로 무서운 매질을 해댔고, 거의 아이를 죽일 것같이 때리는 아버지에 대해서, 그러나 그녀는 아무것도 할 수 없었다고 한다. 그러나 그 상황에서 아이는 무엇을 생각했을까? 평상시에는 자신에게 사랑을 얘기하고 밥을 차려주고 보호해 주던 어머니가 그 아버지 앞에서는 자신이 그토록 도움과 구원을 청하는데도 아무것도 해주지 못하는 것을 보면서, 아이는 깊은 절망과 당혹감·힘 없음에 대한 분노·좌절을 느꼈을 것이다. 아이에게는 존재의 기반이 되고 모든 안정의 근거가 되는 어머니가 그 아이의 면전에서 아버지의 폭력으로 아무도 아닌 것(niemand)이 되는 경험, 그것은 아이에게는 치명적이다. 그의 존재의 기반이 무너질 수 있고 흔들리고 안전하지 않다는 경험, 거기에 그 아이의 세상에 대한 불신과 분노, 힘에의 집착, 폭력성의 기원이 있다는 것이다. 그의 어머니는 그러나 그녀의 남편에 대해서 그가 갑작스럽게 죽고 난 후 남긴 파이프에 대해서까지 경외를 보이는 사람이었으므로 그 어머니에게도 자신의 아버지에 대한 분노를 표현할 수 없었을

것이라고 한다.[46] 이렇게 해서 그의 아버지에 대한 분노와 복수는 후에 다른 사람들 특히 유대인에게 투사가 되고, 힘없고 이방인이고 약한 사람들은 다 처치해 버려야 하는 무가치한 사람들로 본 것이다. 그것은 마치 자신과 자신의 어머니가 한때 그 아버지에 대해서 그랬던 것과 마찬가지이다. 이렇게 해서 "모든 범죄 뒤에는 하나의 개인적인 비극이 숨어 있다는 것"을 알 수 있고, 아무리 커다란 세상의 범죄자라도 원래 범죄자로서 세상에 태어나는 것은 아니며, 이러한 상황에 대한 '이해'를 통해서만 문제를 바로잡을 수 있다는 것이 저자의 결론이다. 그리하여 저자는 여성 아동심리학자로 다음과 같은 관점들을 밝히면서 폭력 없는 사회, 공존하는 사회를 향한 자신의 대안들을 밝힌다.[47]

① 모든 어린이들은 자라나고, 자신을 펼치고, 살기 위해서 이 세상에 태어난 것이다.

② 자신들을 펼치기 위해서는 그들은 어른들의 관심과 보호, 그들을 진지하게 받아주고 사랑해 주며, 도와 주는 배려가 필요하다.

③ 어린이들의 삶에 결정적으로 필요한 이러한 요구들은 때때로 거부되고, 대신 어린이들은 어른들의 필요에 의해서 착취당하고, 매맞고, 벌받고, 무시당하는데, 그러면서 이유도 제대로 몰라 그들의 자아정체는 심히 손상된다.

④ 이러한 상처에 대한 정상적 반응은 분노와 고통이다. 그러나 그의 상처주는 환경은 그것을 드러내는 것을 허용하지 않기 때문에 아이는 그 감정들을 내면으로 억누르고, 성장해서도 그 실체는 정확히 모르는 채 고통을 받는다.

⑤ 이렇게 원래의 원인에서부터 분리된 분노와 무력·절망·기대·두려움·고통의 감정들은 범죄나 민족 말살 등 다른 사람들에 대한 파괴적인 행동이나, 마약·알코올·매춘·정신병·자살 등의 자신에 대한 폭력적인 행동으로 표현된다.

⑥ 많은 경우에 있어서 이 복수행위의 희생자는 다시 자신들의 아이들이 된다.

---

[46] Ibid., p.218.　　　　[47] Ibid., p.230ff.

이제까지 그러한 부모들의 행동들이 오히려 '교육'이라는 이름으로 고무되기까지 한 것이 우리 사회의 실정이다.

⑦ 그리하여 이 손상당한 아이들이 범죄자나 정신병자가 되는 것을 막기 위해서는 반드시 그의 일생에 있어서 최소한 한 번만이라도 그들을 이해할 수 있는 사람들을 만나야 한다. 즉, 잘못된 것은 매질당하고 버려졌던 그들이 아니라 그의 환경이 미친 것이었다는 것을 깨우쳐주는 사람들을 말한다. 친척이나 변호사, 판사들, 의사들 그리고 배려해 줄 수 있는 사람들이 그의 편이 되어줄 수 있다.

⑧ 지금까지 사회는 어른들의 편으로서 그들을 보호하고 희생자인 아이들에게는 죄를 물었다. 이러한 상황에서는 아이들도 부모들은 잔인한 행위의 원인들은 자신들에게 있는 것으로 보고 대신 부모들을 이상화시키고 그들에게서 책임을 덜어준다.

⑨ 이렇게 지금까지 부정되어 왔던 어린 시절의 일반적인 잔혹함과 그것들의 결과들에 대한 우리의 확인과 인식은 바로 폭력이 세대에서 세대를 걸쳐 지속되는 것을 막을 수 있다.

⑩ 어린 시절에 그들 인격의 전체성이 상처받지 않고 그들의 부모에게서 보호와 존중, 그리고 진지함을 경험한 아이들은 나중에 청소년기와 성인이 되어서도 더욱더 지성적이고 섬세하며, 풍부한 감성과 배려를 가진 받아들일 수 있는 사람들이 된다. 그들은 삶에 기쁨을 가질 것이며, 자신이나 다른 사람을 해치고 싶은 어떠한 욕망도 가지지 않게 된다. 그들은 자신들을 보호하기 위해서는 자신들의 힘을 쓰지만, 다른 사람들을 공격하기 위해서는 그렇게 하지 않는다. 그들은 '약자와 같은'(schwachere) 사람들로 행동하는 것 외에 다른 길을 찾지 않으며, 그들의 아이들을 보살펴주고 존중한다. 왜냐하면 그들이 과거에 그러한 대우를 받아왔으므로 잔인함에 대해서는 처음부터 아는 바가 없기 때문이다. 그러한 사람들은 왜 도대체 예전에 그의 조상들이 이 세상을 더 살기 좋고, 안전하게 만든다는 이유로 그 어마어마한 전쟁산업을 일으켰는지를 이해할 수 없게 된다.

5. 마치는 말을 대신하여

유엔은 올해를 ‘세계 관용의 해’로 정했다. 그러나 현실로는 이 ‘관용’이라고 하는 것은 오늘 우리가 주변에 자주 듣는 ‘세계화’, ‘무한경쟁’, ‘경쟁력’ 등의 의미와 많은 면에서 서로 같이할 수 없는 것 같다. 관용을 베푸는 것은 정말 어려운 일이다. 모두가 다 앞으로 나아가려고 하고, 좀더 찬란한 성취를 지향하는데, 자신보다 못한 처지의 사람들을 배려하고, 기다려주고, 도와 주고, 이해하는 일이란 참으로 힘든 일이다. 그리하여 간디 같은 사람은 그러한 비폭력의 길을 가는 것은 현대의 어떤 어려운 과학적 실험보다도 더 어렵고, 세밀한 집중력을 필요로 하는 일이라고 했다.

우리가 본 글에서 이 관용과 비폭력, 배려와 공존에의 가능성을 여성 원리의 인정, 그것을 통한 어머니와 모성의 회복으로 보았다면, 우리는 마지막으로 한 그리스도인으로서 우리의 신앙의 대상인 예수와 그 어머니와 그리고 아버지의 관계에 대해서 물어보고 싶어진다. 예수와 그의 어머니와의 관계는 어떠했을까? 그의 아버지 요셉과의 사이는? 또한 그 어머니 마리아와 요셉은 어떤 부부의 모습을 보여주었을까?

예수는 아마도 마리아의 혼전의 아이였던 것 같다. 오늘날에도 이 사실은 용납되기 힘들고 허용될 수 없는 일로 여겨지는데, 그 당시 오늘날보다 더 철저했던 종교적 가부장주의의 시대 속에서 이 일을 겪은 마리아는 상상을 초월하는 고통을 겪었을 것이다. 좌절과 분노, 고통과 절망 속에서 어쩔 줄 몰라 하던 마리아에게, 그러나 하느님은 계시되어, 그 미천하고 멸시받는 아이가 바로 하느님의 아들인 것을 인정하라고 요구한다. 있을 수 없는 일이다.

그러나 마리아는 그 일을 해냈다. 그 아이가 자신의 친남편의 아들이 아님에도 불구하고, 그녀는 때때로 그녀를 엄습하는 한없는 부끄러움과 좌절, 고통 속에서도 자신의 모든 힘을 짜내어서 그 아들을 인정해 주었고, 위해서 거울이 되어주었으며, 그가 하느님의 아들이라고 불릴 정도로 귀한 아들이며, 보배가 됨을 새겨주었다. 어떻게 이 일이 가능할 수 있었을까? 그러나 이 일이 가능했다는 것이 바로 하느님의 기적이고, 그의 탄생의 비밀이 아니겠는가?

요셉도 그 당시의 다른 남성들과는 달리 참으로 섬세했고 배려하는 마음의 소유자였던 것 같다. 그는 자신의 약혼녀가 임신했다는 것을 알게 되자, 그때의 관행대로 돌로 치려고 하지도 않았고, 처음에는 조용하게 그녀를 떠나보내려 했으나, 마침내는 그것을 자신의 일로 받아들이기로 했다. 그리고 그 아이를 자신의 다른 아이들과 똑같이 자상함과 배려로 키워냈다.

예수는, 그러나 그러한 부모들의 배려에도 불구하고 자라면서 어떤 심상치 않은 것을 느꼈을 것이다. 좀더 커서는 어쩌면 자신의 탄생의 비밀을 알았을지도 모른다. 그의 번민과 고통, 좌절도 상상해 볼 만하다. 이러한 개인적 상황과 당시의 사회적·국가적 상황 속에서 방황하고 헤맸던 예수에게, 그러나 다시 하느님의 음성이 들렸다. "너는 나의 기뻐하는 아들"이라고. 사람들이 버리고, 멸시하고, 천시한 사람이 그렇게 그들 모두의 하느님이 인정하는 아들이 되었으니, 이제 그 은혜에 보답하기 위해 그에게 남은 길은 바로 자신과 똑같이 멸시받고 천대받는 사람들을 위한 십자가의 길을 걷는 것이었다. 예수의 구원자로서의 삶은 바로 그렇게 시작된 것이리라.

기적이란, 하느님의 섭리와 계시란 바로 그렇게 우리들의 힘만으로는 다 이루어낼 수 없는 일이 이루어지는 것이리라. 그 시대에 여성들에게 있어서 가장 힘들고 불가능했던 일은 아마 자신의 그러한 아들을 하느님의 아들로 키워내는 일이었을 것이다.